寻找
牛股驱动力

1970 年以来全球资产轮动
与美国"十倍股"复盘

冯凤荻 ◎ 著

中国财经出版传媒集团

经济科学出版社

Economic Science Press

·北 京·

图书在版编目（CIP）数据

寻找牛股驱动力：1970 年以来全球资产轮动与美国
"十倍股"复盘/冯凤荻著．－－北京：经济科学出版
社，2024.6

ISBN 978 - 7 - 5218 - 5730 - 6

Ⅰ. ①寻…　Ⅱ. ①冯…　Ⅲ. ①股票市场－研究－美国
Ⅳ. ①F837. 125

中国国家版本馆 CIP 数据核字（2024）第 061088 号

责任编辑：周国强
责任校对：隗立娜
责任印制：张佳裕

寻找牛股驱动力：1970 年以来全球资产轮动与美国"十倍股"复盘
XUNZHAO NIUGU QUDONGLI：1970 NIAN YILAI QUANQIU ZICHAN LUNDONG
YU MEIGUO "SHIBEIGU" FUPAN
冯凤荻　著
经济科学出版社出版、发行　新华书店经销
社址：北京市海淀区阜成路甲 28 号　邮编：100142
总编部电话：010 - 88191217　发行部电话：010 - 88191522
网址：www. esp. com. cn
电子邮箱：esp@ esp. com. cn
天猫网店：经济科学出版社旗舰店
网址：http：//jjkxcbs. tmall. com
固安华明印业有限公司印装
787 × 1092　16 开　34.5 印张　650000 字
2024 年 6 月第 1 版　2024 年 6 月第 1 次印刷
ISBN 978 - 7 - 5218 - 5730 - 6　定价：128.00 元
（图书出现印装问题，本社负责调换。电话：010 - 88191545）
（版权所有　侵权必究　打击盗版　举报热线：010 - 88191661
QQ：2242791300　营销中心电话：010 - 88191537
电子邮箱：dbts@ esp. com. cn）

本书为冯凤获在博时基金和南开大学联合培养博士后期间的研究成果，荣获第十二届广东省优秀金融科研成果一等奖。

前　言

　　"已有的事，后必再有；已行之事，后必再行；日光之下，并无新事。"通过复盘获得历史经验是投资实践中不可或缺的参考来源，对海外拥有较长历史资本市场的复盘分析能为中国市场投资提供更为宏大的视野和具体的参考。

　　现有的关于全球大类资产以及海外股市历史经验的研究，几乎都止步于对宏观、产业背景下行业与个股表现的简单复盘，且多为某一历史时期的切片式分析，缺乏系统性、全局性研究。本书基于海量数据、文献、研报、新闻、公告，通过对1970年以来全球宏观、产业、大类资产以及美股表现进行详细复盘、拆解，构建起50余年美国高收益股（"十倍股"）驱动力分析的完整框架。本研究类似于为20世纪70年代以来全球宏观、产业变迁之下的大类资产及美股表现编纂了一部"字典"，并总结出获得高收益的重要因素和规律，供未来投资实践和学术研究查阅、参考。

　　时光飞逝，转眼间我从北京大学博士毕业已三年有余。在编纂这本"字典"的过程中，我不仅初步构建起从全球宏观到产业再到高收益股的驱动力框架，更培养了挖掘关键议题、解构问题、深入分析、提炼共性规律的能力。在此期间，我的快速成长离不开老师和前辈们对我的指导、帮助与支持，在此我深表感谢。首先，我要感谢博时基金江向阳董事长和南开大学经济学院段文斌教授对我的精心指导，他们在研究方向把控和细节完善上给予我极大帮助，并提出诸多宝贵意见；其次，我要感谢父母及各位领导同事，无论是在日常工作生活还是本书写作过程中，他们都无私地给予我各种支持；最后，我还要感谢经济科学出版社的各位老师，是他们专业细致的工作让本书得以顺利出版。

撰写这本书，于我而言是一段锤炼自我、收获颇丰的难忘历程。站在新的起点上，响应金融高质量发展的号召，胸怀"国之大者"，扎实做好研究、投资工作，助力真正的优质企业与产业发展转型，是每个金融投研人员的职责与使命，我也将为之继续奋斗。

2023 年 12 月

目　　录

第一章

绪　论

　　"复盘"在投资实践中的重要地位不言而喻，但现有的关于全球大类资产以及海外股市历史经验的研究几乎都止步于对某一历史时期宏观、产业与个股表现的切片式描述，缺乏系统性、全局性研究。本书基于海量信息，通过对 1970 年以来全球宏观、产业、大类资产以及美股表现进行详细复盘、拆解，构建起 50 余年美国"十倍股"驱动力分析的完整框架，并总结归纳出获得高收益的重要因素和规律，以期为投资实践和学术研究提供参考。

　　当然，当下的全球格局与三五十年前相比早已沧海桑田，全球产业发展更是经历了多轮更迭与迁移；对于中国而言，国情差异使得发达经济体的经验也很难直接复制，但海外资本市场历史仍有很多可以挖掘、参考、借鉴的地方。比如在能源转型大趋势下，各国均面临新能源增长难以弥补传统能源供给下降的局面，能源供需紧张推升通胀中枢，而 20 纪 70 年代全球大滞胀时期的宏观背景、政策应对以及资产表现仍能对当下提供有益借鉴；再如 80 年代美国启动医保控费，近年来中国医疗政策走向与其不谋而合，当时美股医疗细分板块分化加剧或对 A 股医疗行业的投资形成参考价值。

　　本书总共包含三大部分。第一部分是第一章的绪论，对本书的研究背景和意义、结构安排、研究方法以及创新之处进行阐述；第二部分是第二章至第六章，对全球大滞胀期、大缓和时期、两次泡沫期、金融危机后十年以及新冠疫情这五个时期的宏观背景、大类资产和行业表现以及各期间诞生的高收益股进行详细复盘分析，深入挖掘全球大类资产投资规律以及长周期中诞生高收益股的主要驱动因素；第三部分是第七章的总结与启示。

　　本书在大量数据和资料的基础上，针对各个历史时期，先从美国、日本、欧洲等经济体的增长、通胀、流动性、政策、产业周期出发，构筑起自上而下的宏观产业图景，在此框架下对各阶段全球大类资产和美股行业表现进行分析；然后本书使用海量数据筛选出美国在各时代诞生的"十倍股",并对高收益个股的行业分布、股价走势以及宏观、产业、企业内外生驱动力进行详细复盘、归纳;最后将过去 50 余年高收益股的分布特征以及多维度驱动因素进行规律总结并得到启示。

此外,本书在资料整合、高收益股筛选分析上均在已有报告基础上有所改进。具体而言,在数据来源上,除了基础的彭博(Bloomberg)、CEIC、万得(Wind)、弗伦奇(French,2022)① 等金融数据库以及各国政府、货币当局、国际机构公布的数据外,本书进行高收益股筛选和分析时主要采用美国股票和指数资料数据库(CRSP)和标准普尔公司会计数据库(Compustat)② 获取更为完整统一的历史美股价格及财务指标,资料来源包括现有文献、报告、公司公告、国内外新闻等;在个股筛选方面,本书兼顾代表性和可获得性,在各时代市值最高的 500 只股票池中选出涨幅居前的股票,其中许多高收益股是首次在中文报告中出现并得到分析;在美股上涨动力的探讨上,本书将驱动因素分位宏观、产业、企业三层次,其中产业层面包括产业周期和产业政策,企业层面分为内生(赛道/模式、产品、品牌/定位、周转/管理)和外延动力(国际化、横向并购、纵向整合),试图对于较长周期下美股大幅上涨的驱动力做到更为精准的拆解。

---

① 弗伦奇(Kenneth R. French)教授建立的美股历史数据库(http://mba.tuck.dartmouth.edu/pages/faculty/ken.french/index.html)。

② 来自沃顿研究数据中心(WRDS)。

第二章

全球大滞胀时期：
1970 ～ 1980 年

第一节　宏观背景

20世纪70年代是全球"大滞胀"时期，美国、日本、欧洲在1970～1980年均呈现增长明显放缓、通胀大幅上行的宏观背景。具体而言，如图2.1所示，60年代和80年代美国实际国内生产总值（GDP）增速中枢分别为4.5%和3.4%，而70年代GDP中枢降至3%以下；美国70年代通胀[①]中枢也从60年代的2.4%飙升至7%以上，直至80年代才回落至5%以下；日本、英国和联邦德国的增长与通胀几乎也复刻了这一规律，只是日本、联邦德国在步入80年代后增长相对乏力。

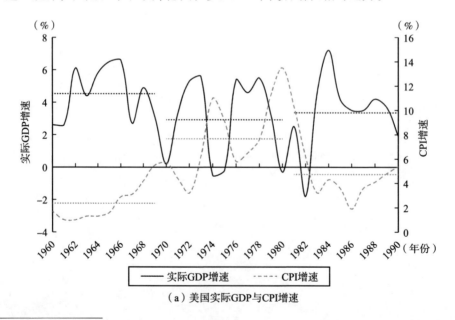

（a）美国实际GDP与CPI增速

---

① 用居民消费价格指数（CPI）来度量。

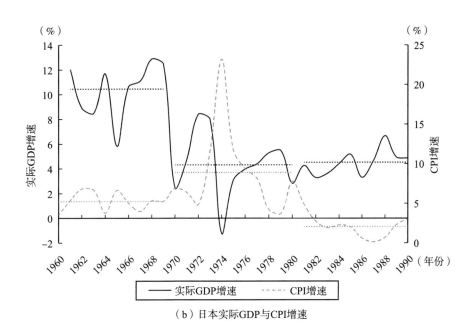

（b）日本实际GDP与CPI增速

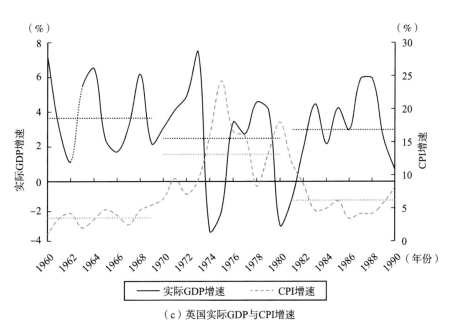

（c）英国实际GDP与CPI增速

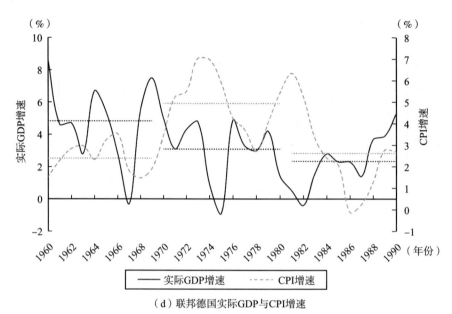

（d）联邦德国实际GDP与CPI增速

图 2.1　1960～1990 年美国、日本、英国和联邦德国实际 GDP 与 CPI 增速

资料来源：万得（Wind）。

以美国为例，20 世纪 60 年代随着"二战重建红利"减退，日本逐渐崛起，面对美国制造业全球竞争力下滑的局面，肯尼迪和约翰逊政府采取了减税和增加政府开支等方式带动就业和经济增长，凯恩斯主义大行其道，叠加越南战争引发国防支出大增，均为随后的"滞胀"埋下伏笔。进入 70 年代后，供需矛盾更加剧了"大滞胀"格局的深化：供给端（如图 2.2 所示），粮食危机（1974 年）、两次石油危机（1973 年、1978 年）成为引爆物价飙升的导火索，反复的"价格管制"政策扰乱了价格信号，进一步加剧供给约束；需求端（如图 2.3 所示），美国依然采取财政与货币政策宽松的方式应对经济和就业压力，1971 年布雷顿森林体系终结，货币政策失去黄金锚，货币超发与双赤字为高通胀火上浇油。另外，这一时期美国工会力量尤其强势，实际工资刚性和通胀预期高涨引发工资－物价螺旋式上升。在高通胀环境下，失业率攀升抑制了居民消费意愿，成本上行侵蚀了企业盈利、压制投资能力，整体经济持续低迷。

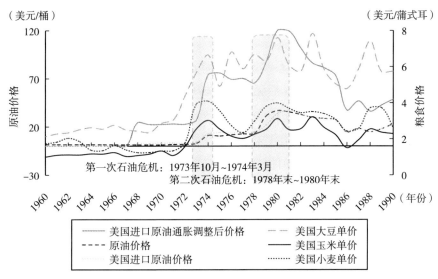

图 2.2　20 世纪 70 年代原油、粮食价格大涨

资料来源：万得（Wind）。

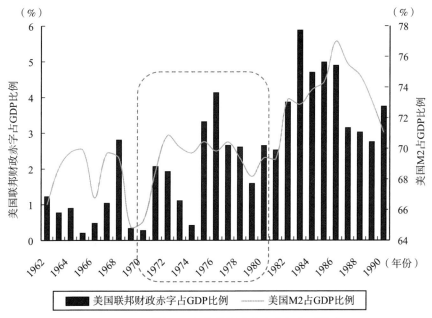

图 2.3　20 世纪 70 年代美国政府赤字与货币供应

资料来源：万得（Wind）。

欧洲主要国家在 20 世纪 70 年代面临的宏观背景与美国类似，英国、法国、联邦德国在应对经济衰退和高通胀时都面临着左支右绌的局面，尤其是英国在第一次石油危机后进入深度衰退，随之而来的是国际地位的不断下降，"英国病"一词即用来形容"大滞胀"时期英国的颓势。

20 世纪 70 年代初期第一次石油危机、布雷顿森林体系崩塌等外部冲击叠加政府严重依赖减税的财政刺激措施（后无法承受转向加税）也将日本拖入"滞胀"的泥淖，GDP 增速中枢从 60 年代的 10.4% 下滑至 70 年代的 4.3%，通胀最高飙升至近 25%。但与美国不同的是，70 年代末的第二次石油危机并未对日本的经济和资本市场产生较大冲击，这主要归功于日本在 70 年代通过"减量经营"和"科技立国"成功实现第二次产业转型升级，节约能源耗用和劳动力成本的同时大力发展自主创新，推行"国产替代"，形成汽车和半导体两大优势产业。

全球"大滞胀"终结的关键在于各国央行坚定紧缩货币抗击通胀。1979 年 8 月保罗·沃尔克就任美联储主席，10 月议息会议宣布将贴现率从 11% 提高 100bp 至 12%，同时决定将货币供应量作为货币政策中介目标，直接控制需求对抗通胀，美联储信用的建立有效控制了通胀预期，1982 年末 CPI 已从最高点 14.8% 下降至 3.8%，高通胀问题被彻底解决（如图 2.4 所示）。如图 2.5 所示，与美国类似，日本、欧洲央行亦通过大力紧缩货币有效控制了通胀。

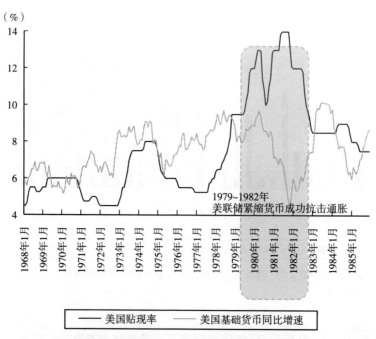

图 2.4　20 世纪 70 年代末美联储紧缩货币

资料来源：万得（Wind）。

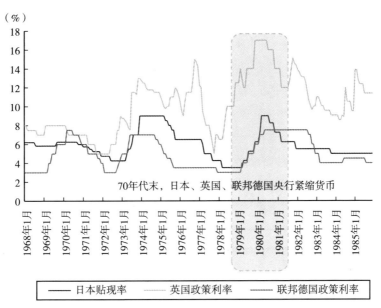

图 2.5　20 世纪 70 年代末日本、英国、联邦德国央行紧缩货币

资料来源：万得（Wind）。

　　财政方面，里根政府和撒切尔政府摒弃凯恩斯主义，以积极的财政政策和结构性改革引导低迷的经济重回正轨。措施包括减税、扩张财政支出，以及缩减政府规模、放松行业管制、弱化工会力量等结构性改革。此外，20 世纪八九十年代信息技术革命带来增长新动能，全球化为跨国企业提供了廉价劳动力和广阔市场，共同推动发达经济体从滞胀中走出。

第二节　大类资产表现

　　类似于美林时钟，本书用美国工业生产指数和 CPI 的同比增速将经济周期划分为复苏、扩张、滞胀和衰退四种场景。如图 2.6 所示，全球大滞胀时期（1970～1980年）可划为 13 段宏观场景，分别为 3 段复苏、3 段扩张、2 段滞胀、5 段衰退。

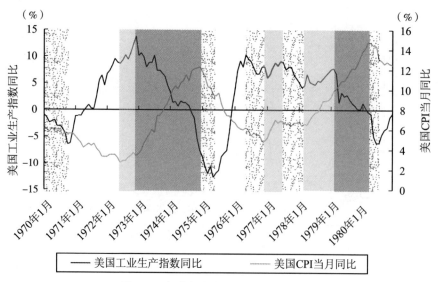

图2.6 全球大滞胀时期经济周期划分

注：复苏、扩张、滞胀和衰退分别为白、浅灰、深灰、点状。
资料来源：万得（Wind）。

如表2.1所示，我们统计股（美国三大股指、德国DAX指数①、东京证券交易所指数）、债（10年期美国国债）、现金（美元指数）、大宗商品（黄金、原油、铜）在大滞胀时期以及四种"宏观场景"下的表现，总体来看基本符合传统"投资时钟"对经济周期的认知，即大宗商品＞股＞债。

大宗商品方面，在全球大滞胀背景下，黄金表现持续领先，年化收益近30％，尤其在"滞胀"场景下经历数次暴涨；作为重要导火索，油价大涨与滞胀周期基本吻合，整体录得36.8％的年化收益率；但同为大宗商品的铜却在长期高通胀对经济的压制下走弱，年化收益率不到1％，不过在"滞胀场景"还是获得了超20％的平均收益（中位数）。

权益资产整体弱于大宗商品，从国别来看，日股强于美股，欧股（以德国DAX指数为代表）最为疲软。如上节所述，日本在20世纪70年代通过"减量经营"和"科技立国"成功实现第二次产业转型升级，因而第二次石油危机对日本经济和资本市场影响很小。在70年代四种宏观场景下，复苏场景最有利于股市，扩张次之，再次是衰退，股市表现最差场景是滞胀。

---

① 该指数由德意志交易所集团于1988年发布，指数推出之时发布了回溯至1959年的指数点位。

表 2.1 全球大滞胀时期经济周期划分与大类资产表现

起	止	宏观场景	时长(月)	标准普尔500指数涨跌幅(%)	道琼斯工业指数涨跌幅(%)	纳斯达克综合指数涨跌幅(%)	德国DAX指数涨跌幅(%)	东证指数涨跌幅(%)	美元指数涨跌幅(%)	10年期美国国债收益率变化(bp)	伦敦金现涨跌幅(%)	原油涨跌幅(%)	铜价涨跌幅(%)
1970-01-01	1970-10-31	衰退	10	-9.6	-5.6		-23.3	-12.4		-66	6.7	-4.7	-32.8
1970-11-01	1972-06-30	复苏	20	28.7	23.0	30.1	15.1	80.7	-10.0	-117	65.5	46.3	-6.9
1972-07-01	1972-12-31	扩张	6	10.2	9.8	2.8	-2.3	42.7	1.5	26	2.9	5.6	-3.6
1973-01-01	1974-12-31	滞胀	24	-41.9	-39.6	-55.3	-25.1	-30.6	-11.7	99	187.7	450.8	25.8
1975-01-01	1975-05-31	衰退	5	32.9	35.1	38.9	19.5	16.4	-2.7	79	-9.2	1.2	-2.7
1975-06-01	1976-05-31	复苏	12	9.9	17.2	5.9	13.0	6.8	13.4	-19	-24.9	10.5	20.6
1976-06-01	1977-01-31	衰退	8	1.8	-2.1	8.5	-5.5	8.2	-1.6	-56	5.4	8.6	-7.7
1977-02-01	1977-06-30	扩张	5	-1.5	-4.0	4.4	2.5	0.4	-1.6	-21	8.1	-0.4	-6.0
1977-07-01	1978-02-28	衰退	8	-13.4	-19.0	1.7	5.3	3.9	-8.9	82	27.4	1.7	-7.2
1978-03-01	1979-02-28	扩张	12	10.6	9.0	20.8	2.0	14.6	-6.8	115	37.9	63.9	59.7
1979-03-01	1980-03-31	滞胀	13	6.0	-2.9	6.9	-15.7	1.3	6.1	355	96.8	78.3	18.6
1980-04-01	1980-07-31	衰退	4	19.2	19.0	31.2	10.4	3.6	-8.0	-211	24.2	-4.4	-5.6
1980-08-01	1981-07-31	复苏	12	7.6	1.8	23.2	3.4	25.7	29.8	395	-33.9	-5.3	-22.7
复苏时段涨跌幅中位数				9.9	17.2	23.2	13.0	25.7	13.4	-19	-24.9	10.5	-6.9
扩张时段涨跌幅中位数				10.2	9.0	4.4	2.0	14.6	-1.6	26	8.1	5.6	-3.6
滞胀时段涨跌幅中位数				-17.9	-21.2	-24.2	-20.4	-14.7	-2.8	227	142.2	264.6	22.2
衰退时段涨跌幅中位数				1.8	-2.1	19.8	5.3	3.9	-5.4	-56	6.7	1.2	-7.2
1970~1980年化涨跌幅				3.6	1.7	6.6	-2.3	9.7	-2.6	674	29.2	36.8	0.9

注：美债对应的涨跌幅含义为10年期美债收益率在对应期间变化值，非年化值。如无特殊说明，下同。最后一行674bp为收益率在对应期间变化基点数。

资料来源：万得（Wind）。

由于各国试图通过紧缩货币、抬高利率的方式压制通胀，债券资产在全球大滞胀周期表现最差，尤其在滞胀场景下，稍好一点的场景是衰退期。

第三节　宽基和行业指数表现

如图 2.7 ~ 图 2.9 所示，在整个大滞胀周期中，美国和欧洲股市整体平淡，日本股市亮眼。标普 500 价格指数在 1970 ~ 1980 年这 11 年的累计收益仅为 47%，标普 500 全收益指数在此期间上涨 131%，即大滞胀时期股息成为不容忽视的收益来源。道琼斯指数较弱，11 年累计涨幅仅 20%，联邦德国股市表现垫底，20 世纪 70 年代整体下跌 23%。纳斯达克在 70 年代后半段跑出明显超额收益，大滞胀周期累计上涨 100%，主要源于产业转型与相关支持政策对"科技小票"的支撑；日本股市在 70 年代表现相对较强，除了 1972 ~ 1974 年受第一次石油危机冲击明显下跌外，整体上涨近 2 倍。

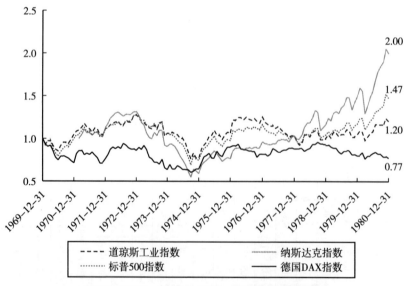

图 2.7　1970 ~ 1980 年美国、欧洲股市定基指数

注：定基指数由价格指数计算而来，不包括股息。如无特殊说明，下同。

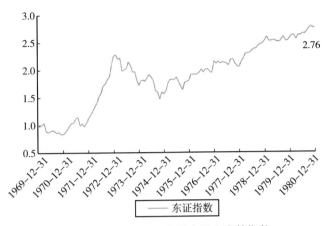

图 2.8　1970～1980 年日本股市定基指数

资料来源：万得（Wind）。

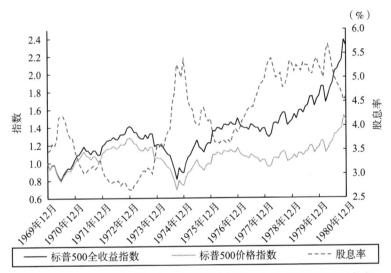

图 2.9　20 世纪 70 年代标普 500 指数股息率、全收益指数和价格指数

资料来源：弗伦奇（French，2022）、万得（Wind）。

　　在 20 世纪 70 年代大滞胀周期中，美股共呈现出四轮行情：第一轮是 1970～1972 年"漂亮 50"的卓越表现引发的投资者狂热；第二轮是 1973～1974 年，第一次石油危机带来的滞胀引发股市"急杀估值"；第三轮是 1975～1976 年，股市在石油危机冲击消退的过程中实现"小复苏"；第四轮是 1977～1980 年，企业利润持续增长，逐步用盈利消化估值。

　　如图 2.10 所示，20 世纪 70 年代美股盈利整体上行，美股走势不振主要是由高通胀下货币紧缩政策带来利率大幅上行，进而压制估值所致，估值下行最剧烈的阶段是 1972～1974 年第一次石油危机期间。

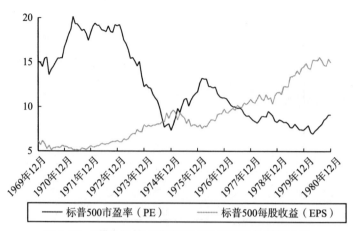

图 2.10　20 世纪 70 年代标普 500 指数的估值与盈利

资料来源: 弗伦奇 (French, 2022)、万得 (Wind)。

　　如图 2.11 所示, 分板块来看, "大滞胀" 周期中, 能源股一骑绝尘, 年化收益率近 13%, 其他板块收益率均在 5% 以下, 化学品、医疗、制造业等板块相对较强, 公用事业、消费、通信较弱。科技板块 (计算机软硬件和电子设备) 整体表现一般, 20 世纪 70 年代前半段股价大幅下挫, 后半段估值压力减弱、盈利持续上行, 在 1975 ~ 1980 年走出年化 18% 的高收益。

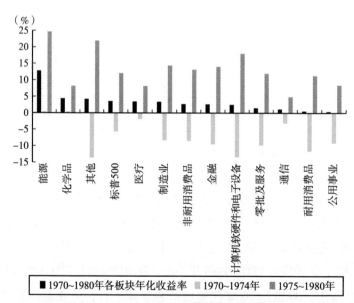

图 2.11　1970 ~ 1980 年美股各板块年化收益率

注: 不含股息。"其他" 包括矿山、铁路、酒店、巴士服务、娱乐等行业。如无特殊说明, 下同。
资料来源: 弗伦奇 (French, 2022)。

如图 2.12 所示，从细分行业来看，上游资源品中的石油和天然气/煤炭/金属、制造业中的飞机船舶铁路设备/机械/化学品/电子电气设备，以及烟草/运输等行业在大滞胀周期收益居前，而消费品中的汽车、零售、纺织服饰、酒等品类，以及公用事业、通信表现较差，医疗、计算机软硬件和电子设备表现居中。

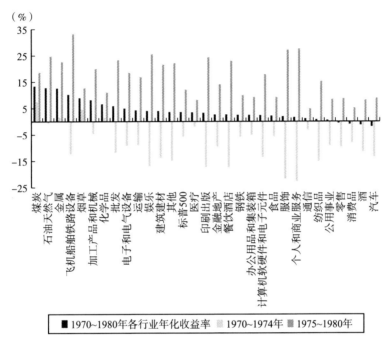

图 2.12　1970～1980 年美股各行业年化收益率

资料来源：弗伦奇（French，2022）。

如表 2.2 所示，从不同宏观场景来看，能源板块在整个 20 世纪 70 年代持续走强，在扩张和滞胀期拔得头筹，复苏期位列第三，仅衰退期排名相对靠后；70 年代的两次滞胀伴随着石油危机，除能源板块年化涨幅 19.7% 外，其他板块全面下跌，尤其是消费（零批及服务、耐用消费品、非耐用消费品）和科技（计算机软硬件和电子设备）估值大幅下杀，其盈利亦遭受原材料成本攀升以及需求不振的双重挤压，滞胀场景下公用事业板块亦大幅下跌；扩张期基本面上行，美股明显上涨，增长、通胀驱动利率上行，行业相对表现与滞胀期类似。衰退场景利率明显回落，各行业估值受全面提振，与滞胀期正好相反，消费、科技以及公用事业收益较高。复苏期增长回暖，通胀下行，利率温和上行，各板块均呈现上涨态势，耐用消费品、计算机软硬件和电子设备表现较好，公用事业和通信走势偏弱。

表 2.2　全球大滞胀时期各宏观场景下的行业涨跌幅

单位：%

起	止	宏观场景	时长（月）	标普500	能源	化学品	制造业	非耐用消费品	耐用消费品	零批及服务	医疗	计算机软硬件和电子设备	通信	公用事业	金融	其他
1970-01-01	1970-10-31	衰退	10	-9.6	3.5	-6.9	-18.7	-8.9	-2.3	-9.4	-14.9	-28.0	-10.5	-5.1	-17.2	-20.7
1970-11-01	1972-06-30	复苏	20	28.7	6.8	48.0	41.0	40.1	33.0	57.0	54.6	36.2	4.8	1.1	37.5	35.9
1972-07-01	1972-12-31	扩张	6	10.2	20.6	11.8	4.7	1.7	6.2	4.2	8.0	3.1	19.5	15.5	9.2	-4.0
1973-01-01	1974-12-31	滞胀	24	-41.9	-24.7	-35.0	-46.0	-50.7	-60.9	-59.7	-36.0	-51.9	-24.0	-44.1	-51.2	-53.6
1975-01-01	1975-05-31	衰退	5	32.9	25.4	41.4	45.2	41.5	41.4	54.6	24.1	45.6	15.2	21.7	27.8	43.9
1975-06-01	1976-05-31	复苏	12	9.9	12.1	6.2	13.2	9.5	34.3	10.2	-14.7	16.6	11.2	11.5	1.0	8.8
1976-06-01	1977-01-31	衰退	8	1.8	12.3	-8.5	-3.3	5.1	5.7	-0.5	-9.3	2.9	16.7	20.3	11.9	5.0
1977-02-01	1977-06-30	扩张	5	-1.5	0.9	-4.7	-0.3	-0.7	-2.7	-6.3	-2.0	0.0	0.8	2.6	3.6	2.2
1977-07-01	1978-02-28	衰退	8	-13.4	-15.9	-15.4	-16.4	-5.4	-15.4	-5.2	-1.9	-7.7	-5.5	-9.5	-8.8	-5.5
1978-03-01	1979-02-28	扩张	12	10.6	16.1	9.7	20.5	9.9	1.8	4.4	15.1	22.2	3.9	-2.4	13.8	18.4
1979-03-01	1980-03-31	滞胀	13	6.0	56.2	1.4	3.5	-2.4	-4.3	-3.4	8.9	-3.9	-17.0	-9.8	3.3	15.2
1980-04-01	1980-07-31	衰退	4	19.2	18.0	23.8	22.2	25.7	15.7	28.0	20.5	24.0	10.7	18.8	22.8	31.9
1980-08-01	1980-12-31	复苏	12	11.6	31.0	5.4	10.8	1.7	2.0	1.5	15.1	15.1	-2.0	2.4	11.5	15.2
复苏期年度平均收益率				12.9	15.7	13.5	16.2	11.7	18.7	15.3	11.0	17.8	4.0	4.8	11.7	15.2
扩张期年度平均收益率				9.1	19.8	7.3	9.7	3.9	2.6	-0.8	8.7	9.5	14.9	11.6	13.6	5.2
滞胀期年度平均收益率				-7.7	19.7	-8.1	-9.9	-13.8	-17.2	-16.5	-4.9	-14.8	-13.9	-15.5	-11.3	-6.4
衰退期年度平均收益率				21.6	22.7	25.3	24.6	33.1	25.8	39.0	16.9	28.1	14.6	23.8	23.9	35.1
整体年度平均收益率				12.19	19.97	13.28	13.93	14.23	12.20	15.82	10.32	14.84	7.86	10.55	13.27	17.23

资料来源：弗伦奇（French，2022）。

第四节　"十倍股"挖掘

我们在纽约证券交易所、纳斯达克交易所、美国证券交易所股票中筛选出在 1970～1980 年最高上涨超 13 倍（对应十年十倍、27% 的年化收益率），以及在这 11 年间最高上涨超 6 倍（对应 20% 的年化收益率）的股票来代表 20 世纪 70 年代"大滞胀"时期美国表现最优秀的个股。需要说明的是，在 1970～1980 年存续且数据、行业分类相对完整的美股共有 2 000 多只，其中市值前 500 名（TOP500）的股票其市值之和占总市值 86%，前 200 名（TOP200）的股票其市值之和占总市值 66%，对美股市场已具备一定代表性。因此，本节"13 倍股""6 倍股"均在市值 TOP500 和 TOP200 股票中进行筛选。[①]

1970～1980 年的全球"大滞胀"时期，若不考虑股息，市值 TOP200 美股中最高上涨超 13 倍的股票有 14 只，最高上涨超 6 倍的股票有 38 只；市值 TOP500 美股中最高上涨超 13 倍的股票有 52 只，最高上涨超 6 倍的股票有 111 只。若考虑股息，市值 TOP200 美股中最高上涨超 13 倍的股票有 21 只，最高上涨超 6 倍的股票有 57 只；市值 TOP500 美股中最高上涨超 13 倍的股票有 70 只，最高上涨超 6 倍的股票有 147 只。由于是否考虑股息对高收益股特征影响不大，因此后续主要讨论不含股息的收益率。

如表 2.3 所示，从部门和行业组分布来看，在 TOP200 美股的 14 只"13 倍股"中，能源部门数量最多，共有 5 只；其次是工业部门（资本品）共有 4 只；另外 5 只分布在材料、非必需消费品（零售）、信息技术（技术性硬件和设备）以及通信服务（媒体与娱乐）部门。在 TOP500 美股的 52 只"13 倍股"中，同样是能源部门的 22 只高收益股占据绝对优势；其次是信息技术（技术性硬件和设备 6 只、半导体和半导体设备、软件与服务）、工业部门（资本品 6 只、商业与专业服务），分别有 9 只和 7 只，可以发现信息技术行业的高收益股更偏小盘；材料和非必需消费品（零售、消费者服务）分别有 5 只和 4 只，其余部门有 1～2 只；"大滞胀"周期金融和地产部门没有出现"13 倍股"。

---

① 这里的市值是 1969 年 12 月、1975 年 6 月、1980 年 12 月三个时点市值的算术平均值。

表 2.3　　　　　　　1970～1980 年美股"13 倍股"行业分布（不含股息）

"13 倍股" （CAGR = 27%） 11 部门	"13 倍股" （CAGR = 27%） 24 行业组	市值 TOP200 中		市值 TOP500 中	
		14 只	占比（%）	52 只	占比（%）
能源	能源	5	35.7	22	42.3
材料	材料	1	7.1	5	9.6
工业	资本品	4	28.6	6	11.5
	商业和专业服务			1	1.9
	运输				
非必需消费品	汽车及零部件				
	耐用消费品和服装				
	消费者服务			2	3.8
	零售	1	7.1	2	3.8
必需品	食品和主食零售				
	食品、饮料和烟草				
	家庭和个人用品			1	1.9
卫生保健	医疗保健设备与服务			2	3.8
	制药、生物技术和生命科学				
信息技术	软件与服务			1	1.9
	技术性硬件和设备	1	7.1	6	11.5
	半导体与半导体设备	1	7.1	2	3.8
通信服务	通信服务				
	媒体与娱乐	1	7.1	1	1.9
金融	银行				
	多元化金融				
	保险				
公共事业	公共事业			1	1.9
房地产	房地产				

注：行业按 GICS 分类，市值是 1969 年 12 月、1975 年 6 月、1980 年 12 月三个时点的市值算术平均值。
资料来源：WRDS。

　　如表 2.4 所示，从部门和行业组分布来看，在 TOP200 美股的 38 只"6 倍股"中，能源部门共 16 只，占比超 40%；工业（资本品 6 只、商业和专业服务、运输）亦有 8 只，占比超 20%；信息技术（技术性硬件和设备）有 4 只，材料、非必需消费品（耐用消费品和服装、消费者服务、零售）各有 3 只，其余高收益股分布在卫生保健、通信服务和公用事业部门，TOP200 美股中必需品、金融、房地产部门没有出现"6 倍股"。在 TOP500 美股的 111 只"6 倍股"中，上游能源和材料分别占据

38 席和 11 席，合计占比超 40%；工业部门亦占据 20 席（资本品 17 席）；其次是信息技术占 13 席（技术性硬件和设备 10 席），卫生保健（医疗保健设备与服务）占 8 席，非必需消费品占 7 席；其他高收益股均匀分布在各行业组中。

表 2.4　　　　　　　　　　1970～1980 年美股 "6 倍股" 行业分布

"6 倍股"（CAGR = 20%）11 部门	"6 倍股"（CAGR = 20%）24 行业组	市值 TOP200 中		市值 TOP500 中	
		38 只	占比（%）	111 只	占比（%）
能源	能源	16	42.1	38	34.2
材料	材料	3	7.9	11	9.9
工业	资本品	6	15.8	17	15.3
	商业和专业服务	1	2.6	2	1.8
	运输	1	2.6	1	0.9
非必需消费品	汽车及零部件				
	耐用消费品和服装	1	2.6	2	1.8
	消费者服务	1	2.6	3	2.7
	零售	1	2.6	2	1.8
必需品	食品和主食零售			2	1.8
	食品、饮料和烟草			1	0.9
	家庭和个人用品			1	0.9
卫生保健	医疗保健设备与服务	1	2.6	7	6.3
	制药、生物技术和生命科学	1	2.6	1	0.9
信息技术	软件与服务			1	0.9
	技术性硬件和设备	3	7.9	10	9.0
	半导体与半导体设备	1	2.6	2	1.8
通信服务	通信服务				
	媒体与娱乐	1	2.6	3	2.7
金融	银行				
	多元化金融			2	1.8
	保险			1	0.9
公共事业	公共事业	1	2.6	4	3.6
房地产	房地产				

资料来源：WRDS。

　　总体来看，如表 2.5 所示，20 世纪 70 年代 "大滞胀" 时期，高收益股票主要集中在能源中的石油天然气、原材料中的金属与矿业、工业资本品中的航空航天与国防、科技中的硬件及设备、医疗中的卫生保健设施及服务等行业。

表 2.5　1970～1980 年市值 TOP200 中"13 倍股"和"6 倍股"基本信息

序号	最大上涨倍数	公司名（中文）	公司名（英文）	平均市值（千美元）	市值排序	GICS-11 部门	GICS-24 行业组	GICS-69 行业	GICS-158 子行业
1	40.0	特利丹公司	Teledyne Inc	1 427 133	104	材料	材料	金属与矿业	钢
2	38.8	坦迪电子公司	Tandy Corp	1 067 113	149	非必需消费品	零售	专业零售	电脑和电子产品零售
3	38.0	米切尔能源与开采公司	Mitchell Energy & Dev Corp	984 556	169	能源	能源	石油、天然气和消费燃料	油气勘探与生产
4	31.8	王安电脑公司	Wang Laboratories Inc	1 754 472	76	信息技术	技术性硬件和设备	技术硬件、存储和外部设备	技术硬件、存储和外部设备
5	31.7	利顿工业公司	Litton Industries Inc	1 512 415	99	工业	资本品	航空航天国防	航空航天与国防
6	27.3	贝克石油工具公司	Baker Oil Tools Inc	1 316 373	118	能源	能源	能源设备与服务	石油和天然气设备与服务
7	20.8	得克萨斯石油和天然气公司	Texas Oil & Gas Corp	1 322 253	117	能源	能源	石油、天然气和消费燃料	油气一体化
8	19.9	圆顶石油公司	Dome Petroleum Ltd	1 179 485	133	能源	能源	石油、天然气和消费燃料	油气勘探与生产
9	18.4	金尼国民服务公司	Kinney National Service Inc	886 226	193	通信服务	媒体与娱乐	媒体	影视娱乐
10	17.9	福陆公司	Fluor Corp	1 250 326	127	工业	资本品	建筑与工程	建筑与工程
11	15.0	波音公司	Boeing Co	1 833 240	71	工业	资本品	航空航天国防	航空航天与国防
12	14.9	哈里伯顿公司	Halliburton Company	4 759 189	24	能源	能源	能源设备与服务	石油和天然气设备与服务

续表

序号	最大上涨倍数	公司名（中文）	公司名（英文）	平均市值（千美元）	市值排序	GICS－11 部门	GICS－24 行业组	GICS－69 行业	GICS－158 子行业
13	13.1	通用动力公司	General Dynamics Corp	1 049 445	153	工业	资本品	航空航天与国防	航空航天与国防
14	13.0	英特尔公司	Intel Corp	1 095 213	142	信息技术	半导体与半导体设备	半导体与半导体设备	半导体
15	12.1	李维斯公司	Levi Strauss & Co	1 046 480	155	非必需消费品	耐用消费品和服装	纺织品、服装和奢侈品	服装、配饰和奢侈品
16	11.9	俄亥俄标准石油公司	Standard Oil Co Oh	3 995 348	27	能源	能源	石油、天然气和消费燃料	石油和天然气精炼与销售
17	11.2	雷神公司	Raytheon Co	1 972 400	65	工业	资本品	航空航天国防	航空航天与国防
18	10.5	联合太平洋公司	Union Pacific Corp	3 434 896	31	工业	运输	公路与铁路	铁路
19	10.0	麦克德莫特公司	Mcdermott J Ray & Co Inc	898 531	187	能源	能源	能源设备与服务	石油和天然气设备与服务
20	9.5	天腾电脑公司	Tandem Computers Inc	889 140	190	信息技术	技术性硬件和设备	技术硬件、存储和外部设备	技术硬件、存储和外部设备
21	9.4	印第安纳标准石油公司	Standard Oil Co Ind	11 216 918	6	能源	能源	石油、天然气和消费燃料	油气一体化
22	8.7	弗里波特－麦克莫兰公司	Freeport Sulphur Co	890 715	189	材料	材料	金属与业	多种金属与综合矿业
23	8.6	史密斯·克莱恩－法兰西实验室	Smith Kline & French Labs	2 274 552	53	卫生保健	制药、生物技术和生命科学	制药	制药

续表

序号	最大上涨倍数	公司名（中文）	公司名（英文）	平均市值（千美元）	市值排序	GICS－11 部门	GICS－24 行业组	GICS－69 行业	GICS－158 子行业
24	8.4	德莱赛工业公司	Dresser Industries Inc	1 744 855	78	能源	能源	能源设备与服务	石油和天然气设备与服务
25	8.2	恩格尔哈德矿产和化学公司	Engelhard Minerals & Chems Corp	1 675 194	81	材料	材料	金属与矿业	多种金属与综合矿业
26	8.0	卡梅伦钢铁公司	Cameron Iron Works Inc	1 077 474	146	能源	能源	能源设备与服务	石油和天然气设备与服务
27	7.8	加利福尼亚联合石油公司	Union Oil Co Calif	3 412 046	32	能源	能源	石油、天然气和消费燃料	油气勘探与生产
28	7.2	海洋钻探公司	Ocean Drilling & Expl Co	1 525 297	97	能源	能源	石油、天然气和消费燃料	油气勘探与生产
29	7.0	信号公司	Signal Companies Inc	973 367	171	工业	资本品	航空航天与国防	航空航天与国防
30	7.0	惠普公司	Hewlett Packard Co	3 322 577	33	信息技术	技术性硬件和设备	技术硬件、存储和外部设备	技术硬件、存储和外部设备
31	6.9	壳牌石油公司	Shell Oil Co	8 238 348	12	能源	能源	石油、天然气和消费燃料	油气勘探与生产
32	6.7	休斯顿天然气公司	Houston Natural Gas Corp	1 067 834	147	公共事业	公用事业	燃气事业	燃气事业
33	6.6	马拉松石油公司	Marathon Oil Co	2 279 040	52	能源	能源	石油、天然气和消费燃料	油气勘探与生产

续表

序号	最大上涨倍数	公司名（中文）	公司名（英文）	平均市值（千美元）	市值排序	GICS-11部门	GICS-24行业组	GICS-69行业	GICS-158子行业
34	6.3	阿美拉达赫斯公司	Amerada Hess Corp	1 422 986	105	能源	能源	石油、天然气和消费燃料	油气勘探与生产
35	6.1	休斯工具公司	Hughes Tool Co	1 575 802	88	能源	能源	能源设备与服务	石油和天然气设备与服务
36	6.0	麦当劳公司	Mcdonalds Corp	1 560 172	91	非必需消费品	消费者服务	酒店、餐厅与休闲	餐厅
37	6.0	雅培实验室	Abbott Laboratories	1 853 500	69	卫生保健	医疗保健设备及服务	保健设备及用品	保健设备
38	6.0	国家领导公司	National Lead Co	1 169 751	135	工业	商业和专业服务	商业服务与用品	办公服务和用品

注：个别公司会因为重组等因素实际主营业务与行业分类有出入。市值是 1969 年 12 月，1975 年 6 月，1980 年 12 月三个时点的市值算术平均值。

资料来源：WRDS、各公司网站、研报、网络信息整理。

一、能源与材料

如表 2.6 所示，1970～1980 年能源板块有 38 只高收益股[1]，业务覆盖能源全产业链，包括石油和天然气的勘探、钻探、生产、精炼、储运、相关设备及服务。

能源股中，我们选择涨幅和市值都具有代表性的哈里伯顿公司（Halliburton Company）来分析。哈里伯顿成立于 1919 年，是全球最大的油田服务商之一，与贝克休斯（Baker Hughes）、斯伦贝谢（Schlumberger）合称三大油服公司，1970～1980 年最高涨幅 14.9 倍，年化收益率 28.6%。哈里伯顿发展初期的三十年主要聚焦于其最擅长的固井业务，相关技术随后成为全球性的标准，并一直沿用。到 20 世纪 50 年代左右起，哈里伯顿开始加速收购其他油服公司，同时开启高速的国际化扩张，大规模拓展了储层改造、电法测井等业务，尤其在水力压裂业务上的开拓，至今在美国页岩油产业中仍处于领先地位。1962 年，哈里伯顿收购工程建设巨头布朗·鲁特公司，切入电厂、炼厂、军工厂、海洋平台设施建设的市场。70 年代，石油危机爆发，石油产业利润大增，提高油田采收率技术服务炙手可热，擅长于此的哈里伯顿又一次进入了超高速扩张时期。到 1979 年，哈里伯顿年收入达到了 70 亿美元，是十年前的 7 倍。其他能源股在 70 年代的出色表现基本也受益于石油天然气等能源价格暴涨对盈利的大幅推升。

如表 2.7 所示，1970～1980 年材料板块有 11 只高收益股，业务主要集中在金属矿石开采、冶炼、加工制造、贸易等，前 5 只"13 倍股"中有 3 只主营金矿和黄金生产，与 20 世纪 70 年代"大滞胀"周期下金价大涨相吻合，见图 2.13。

两次石油危机前后（1973 年底至 1974 年初、1978 年末至 1980 年末），上游资源品价格暴涨带来的盈利显著抬升是能源、材料两大资源板块能产生众多高收益股的关键所在。如图 2.14 所示，两部门的一个差异点在于能源板块高收益股的盈利走势与板块整体盈利走势大体一致，而材料板块的高收益股盈利大幅高于该板块整体盈利。即油价上涨驱动能源板块整体盈利上行，市值 TOP500 的 58 只能源股中走出了 38 只高收益股；而材料股内部不同细分行业则出现较大分化，62 只材料股中仅产生 11 只高收益股，且涨幅居前企业集中在黄金相关业务，以钢铁为代表的其他材料股走势相对平淡。

---

[1] 即在市值 TOP500 的美股中，1970～1980 年最大涨幅超 6 倍的个股。后文中如无对"高收益股"的另外说明，则定义与此处类似。

表2.6 1970～1980年能源板块高收益股（市值TOP500）

序号	最大上涨倍数	公司名（中文）	公司名（英文）	平均市值（千美元）	市值排序	GICS-69 行业	GICS-158 子行业	ROE中位数（%）
1	65.1	罗文钻井公司	Rowan Drilling Co	391 851	420	能源设备与服务	石油和天然气钻探	19.1
2	45.2	南方特许权公司	Southland Royalty Co	693 033	259	石油、天然气和消费燃料	油气勘探与生产	31.6
3	44.9	北美西部公司	Western Company Of North America	656 289	273	能源设备与服务	石油和天然气设备与服务	20.7
4	38.0	米切尔能源与开采公司	Mitchell Energy & Dev Corp	984 556	169	石油、天然气和消费燃料	油气勘探与生产	23.0
5	35.0	赫尔默里奇和佩恩材料公司	Helmerich & Payne Inc	487 889	354	能源设备与服务	石油和天然气钻探	16.8
6	33.8	萨宾公司	Sabine Rty Corp	496 879	347	石油、天然气和消费燃料	油气勘探与生产	18.6
7	27.3	贝克石油工具公司	Baker Oil Tools Inc	1 316 373	118	能源设备与服务	石油和天然气设备与服务	19.1
8	22.1	诺布尔公司	Noble Affiliates Inc	637 172	280	石油、天然气和消费燃料	油气勘探与生产	16.6
9	21.0	墨菲石油公司	Murphy Oil Corp	749 293	240	石油、天然气和消费燃料	油气勘探与生产	11.1
10	20.8	得克萨斯石油和天然气公司	Texas Oil & Gas Corp	1 322 253	117	石油、天然气和消费燃料	油气一体化	20.8
11	20.3	环球海运公司	Global Marine Inc	368 105	446	能源设备与服务	石油和天然气钻探	9.7
12	19.9	圆顶石油公司	Dome Petroleum Ltd	1 179 485	133	石油、天然气和消费燃料	油气勘探与生产	17.3
13	19.3	史密斯国际公司	Smith International Inc	615 819	290	能源设备与服务	石油和天然气设备与服务	17.7
14	18.4	滨海州立天然气开采公司	Coastal Sts Gas Producing Co	667 240	270	石油、天然气和消费燃料	油气储运	13.2
15	16.3	油页岩公司	Oil Shale Corp	380 598	431	石油、天然气和消费燃料	石油和天然气精炼与销售	36.8
16	16.0	梅萨石油公司	Mesa Petroleum Co	849 723	206	石油、天然气和消费燃料	油气勘探与生产	14.1
17	15.3	赫斯基石油有限公司	Husky Oil Ltd	549 129	320	石油、天然气和消费燃料	石油和天然气精炼与销售	14.7
18	14.9	哈里伯顿公司	Halliburton Company	4 759 189	24	能源设备与服务	石油和天然气设备与服务	17.4
19	14.0	奥多比石油天然气公司	Adobe Oil & Gas Corp	311 719	490	石油、天然气和消费燃料	油气勘探与生产	12.5

续表

序号	最大上涨倍数	公司名（中文）	公司名（英文）	平均市值（千美元）	市值排序	GICS-69行业	GICS-158子行业	ROE中位数（%）
20	13.7	Mapco公司	Mapco Inc	682 591	264	石油、天然气和消费燃料	石油和天然气精炼与销售	18.4
21	13.1	派克钻井公司	Parker Drilling Co	533 390	329	石油、天然气和消费燃料	石油和天然气钻探	17.6
22	13.0	潮水公司	Tidewater Marine Svc Inc	490 232	352	能源设备与服务	石油和天然气设备与服务	16.7
23	11.9	俄亥俄标准石油公司	Standard Oil Co Oh	3 995 348	27	石油、天然气和消费燃料	石油和天然气精炼与销售	9.0
24	11.9	伍兹石油公司	Woods Petroleum Corp	391 871	419	石油、天然气和消费燃料	油气勘探与生产	30.2
25	11.6	巴西石油公司	Inexco Oil Co	377 618	434	石油、天然气和消费燃料	油气勘探与生产	12.4
26	10.0	麦克德莫特公司	Mcdermott J Ray & Co Inc	898 531	187	能源设备与服务	石油和天然气产	11.9
27	9.7	鹏斯海上天然气公司	Pennzoil Offshore Gas	532 989	330	石油、天然气和消费燃料	油气勘探与生产	16.8
28	9.6	雷丁和贝茨海上钻井公司	Reading & Bates Offshore Drill	400 031	416	石油、天然气和消费燃料	石油和天然气钻探	12.9
29	9.4	印第安纳标准石油公司	Standard Oil Co Ind	11 216 918	6	石油、天然气和消费燃料	油气一体化	13.8
30	8.4	德莱赛工业公司	Dresser Industries Inc	1 744 855	78	能源设备与服务	石油和天然气设备与服务	14.9
31	8.0	卡梅伦钢铁公司	Cameron Iron Works Inc	1 077 474	146	能源设备与服务	石油和天然气设备与服务	19.8
32	7.8	加利福尼亚联合石油公司	Union Oil Co Calif	3 412 046	32	石油、天然气和消费燃料	油气勘探与生产	14.0
33	7.3	海外船务集团	Overseas Shipholding Group Inc	413 996	397	石油、天然气和消费燃料	石油与天然气储运	17.5
34	7.2	海洋钻探与出口公司	Ocean Drilling & Expl Co	1 525 297	97	石油、天然气和消费燃料	油气勘探与生产	12.9
35	6.9	壳牌石油公司	Shell Oil Co	8 238 348	12	石油、天然气和消费燃料	油气勘探与生产	12.8
36	6.6	马拉松石油公司	Marathon Oil Co	2 279 040	52	石油、天然气和消费燃料	油气勘探与生产	14.6
37	6.3	阿美拉达赫斯公司	Amerada Hess Corp	1 422 986	105	石油、天然气和消费燃料	油气勘探与生产	42.2
38	6.1	休斯工具公司	Hughes Tool Co	1 575 802	88	能源设备与服务	石油和天然气设备与服务	19.3

资料来源：WRDS、各公司网站、研报、网络信息整理。

表2.7　1970～1980年材料板块高收益股（市值TOP500）

序号	最大上涨倍数	公司名（中文）	公司名（英文）	平均市值（千美元）	市值排序	GICS-24 行业组	GICS-69 行业	GICS-158 子行业	ROE中位数（%）
1	40.0	特利丹公司	Teledyne Inc	1 427 133	104	材料	金属与矿业	钢	22.7
2	31.7	第一密西西比公司	First Mississippi Corp	341 382	465	材料	化学品	特种化学品	18.1
3	22.5	多姆矿业有限公司	Dome Mines Ltd	685 924	261	材料	金属与矿业	金	26.9
4	17.3	坎贝尔红湖矿业有限公司	Campbell Red Lake Mines Ltd	413 290	399	材料	金属与矿业	金	37.0
5	14.5	霍姆斯特克矿业公司	Homestake Mining Co	605 451	296	材料	金属与矿业	金	17.9
6	12.5	卡博特公司	Cabot Corp	408 643	405	材料	化学品	商品化学品	10.5
7	8.7	弗里波特－麦克莫兰公司	Freeport Sulphur Co	890 715	189	材料	金属与矿业	多种金属与综合矿业	9.4
8	8.2	恩格尔哈德矿产和化学公司	Engelhard Minerals & Chems Corp	1 675 194	81	材料	金属与矿业	多种金属与综合矿业	22.6
9	7.2	Big Three Indl 燃气设备公司	Big Three Indl Gas & Equip Co	647 193	279	材料	化学品	多种化学品	15.1
10	6.4	石油岩公司	Petrolite Corp	381 703	429	材料	化学品	多种化学品	19.4
11	6.4	砂石发展有限公司	Placer Development Ltd	408 950	404	材料	金属与矿业	金	11.9

资料来源：WRDS、各公司网站、研报、网络信息整理。

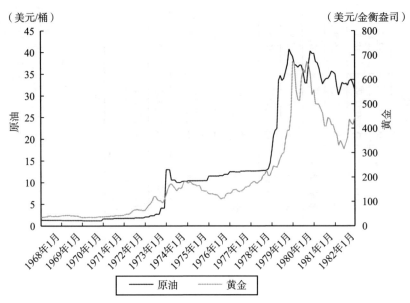

图 2.13　1968~1982 年黄金、原油价格

资料来源：万得（Wind）。

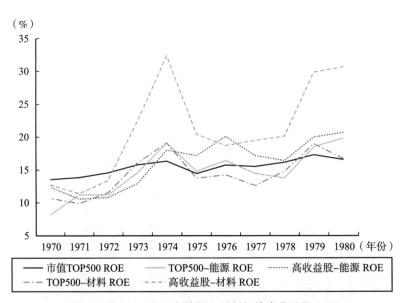

图 2.14　1970~1980 年能源和材料板块高收益股 ROE

资料来源：WRDS。

　　如图 2.15 所示，20 世纪 70 年代美国钢铁股的低迷是国内钢材需求放缓以及美国钢铁产业国际竞争力下降的内外因素共振所致。60 年代开始，二战红利逐步消退，美国进入后工业化时代。70 年代两次能源危机推升钢铁成本，叠加城市化进程几乎停滞，本国需求出现大幅下滑，钢铁产能过剩；与此同时，日本钢铁产业在技术创新与应用、设备投资、生产规模与成本等方面开始领先美国，进一步削弱美国钢铁企业的竞争优势。面对外部冲击，美国政府不断在钢铁进出口方面施加保护措施，如1968年签署《钢铁自愿约束协议》，通过分配进口配额来限制美国从日本和欧洲煤炭和钢铁共同体（ECSC）进口钢铁，后续在数量、种类上不断加码，但国内钢铁企业生产成本较高、技术相对落后的核心矛盾未解决，保护政策的实施反而进一步加剧了钢铁产业竞争力的滑坡。从表2.8可以看出，除特利丹公司（Teledyne Inc.）外，70年代其他钢铁企业的ROE基本都在10%以下。

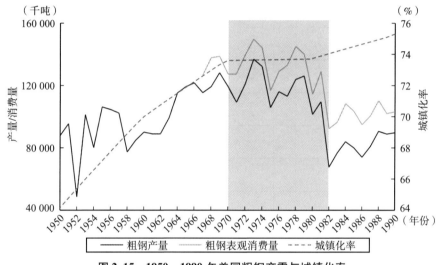

图2.15　1950～1990年美国粗钢产需与城镇化率

资料来源：万得（Wind）。

材料股中，特利丹公司（Teledyne Inc.）在20世纪70年代的超高收益并非源于钢铁等金属材料的贝塔（beta）行情，而是一个凭借大量回购股票实现40倍涨幅的典型案例。特利丹成立于1960年，60年代的美国，多元化联合集团模式非常流行，企业利用高涨的股价，用股票交换收购和兼并低估的企业，在做大营收和利润后，再进一步扩张和并购，代表企业包括利顿、美国电话电报公司（AT&T）、西方海湾公司等。特利丹的首席执行官（CEO）亨利·辛格尔顿充分利用这轮收购狂潮，在1961～1969年利用特利丹高估的股票（20～50倍市盈率）买入130家公司，既有保险银行金融业，也有航空、电子、钢材等一系列制造业。到60年代末，特利丹共有16个集团，在120个地点拥有94个利润中心。进入70年代，众多联合集团业绩无法

表 2.8　1970～1980 年钢铁行业股票 ROE（市值 TOP500）

序号	最大上涨倍数	公司名（中文）	公司名（英文）	平均市值（千美元）	市值排序	GICS-158 子行业	ROE（%）											ROE中位数
							1970年	1971年	1972年	1973年	1974年	1975年	1976年	1977年	1978年	1979年	1980年	
1	40.0	特利丹公司	Teledyne Inc	1 427 133	104	钢	7.3	10.7	8.8	13.6	6.3	21.4	26.3	31.3	30.3	32.4	23.9	21.4
2	2.7	阿姆科钢铁公司	Armco Stl Corp	1 257 012	126	钢	6.0	5.3	7.6	10.1	17.0	8.8	8.7	8.5	13.2	13.0	13.2	8.8
3	2.5	LTV 公司	Ling Temco Vought Inc	314 353	485	钢	-27.9	-12.0	5.4	24.7	32.9	3.8	8.1	-6.1	5.4	30.7	18.4	5.4
4	1.4	内陆钢铁公司	Inland Steel Co	611 239	294	钢	6.8	6.1	8.1	9.7	15.9	8.2	9.4	7.2	12.0	9.2	2.0	8.2
5	1.2	伯利恒钢铁公司	Bethlehem Steel Corp	1 315 124	119	钢	4.4	6.5	6.0	8.7	13.3	8.7	5.7	-17.3	9.9	11.1	4.6	6.5
6	0.9	共和钢铁公司	Republic Steel Corp	486 666	357	钢	3.1	0.1	3.8	7.3	13.3	5.2	4.5	2.7	7.0	7.2	3.0	4.5

资料来源：WRDS、各公司网站、研报、网络信息整理。

达到预期，出现会计报表舞弊，收购狂潮退烧。辛格尔顿随后基本上停止了对公司的直接收购，并开始投资技术公司的股票。在70年代初的"熊市"中，特利丹股价大幅下跌，辛格尔顿趁机大量回购股票。在1972～1984年，通过8次要约回购买回了特利丹公司90%流通股，甚至发行固定利息的债券筹资买下所有接受要约的股票，回购总费用高达25亿美元，使得特利丹每股净资产增值66%，每股收益增加40倍，让从不分红的特利丹一度长期霸榜美股最昂贵股票之列。巴菲特曾点评，"在美国商界，就企业运营和资本配置来看，亨利·辛格尔顿的记录无人可比"。①

二、工业板块中的航空航天与国防

1970～1980年，工业板块的高收益股主要集中在航空航天与国防行业，该行业16只股票中9只取得了较高收益。整个20世纪七八十年代都是美苏冷战的对峙期，军费持续上行；但70年代前中期，美国面临越南战争后期以及第一次石油危机冲击的宏观地缘背景，其军费受到明显抑制。直到70年代末美国将重心转向应对苏联扩张，军费支出快速上行，国防股盈利提振和股价翻倍上涨都集中在1978～1980年，如图2.16～图2.18及表2.9所示。

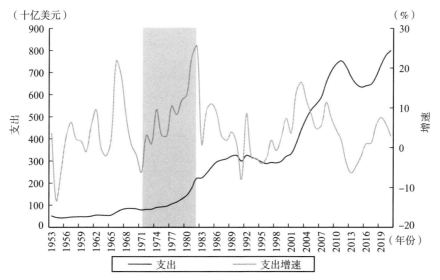

图2.16　1953～2019年美国军费支出与增速

资料来源：万得（Wind）、瑞典斯德哥尔摩国际和平研究所（SIPRI）。

---

① 威廉·桑代克：《商界局外人》，北京联合出版公司，2016年。

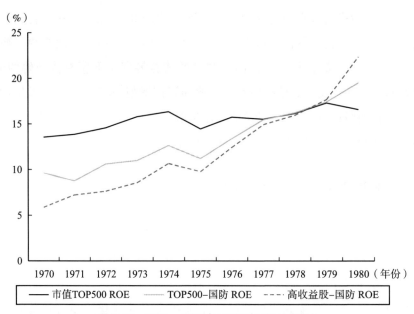

图 2.17　1970～1980 年国防军工行业 ROE

资料来源：WRDS。

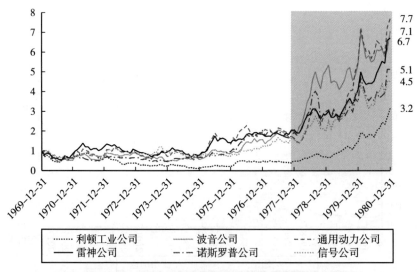

图 2.18　1970～1980 年部分国防行业高收益股价格定基指数

资料来源：WRDS。

表 2.9 1970～1980 年航空航天与国防板块高收益股基本信息（市值 TOP500）

序号	最大上涨倍数	公司名（中文）	公司名（英文）	平均市值（千美元）	市值排序	GICS-69 行业	ROE (%) 中位数	1970年	1971年	1972年	1973年	1974年	1975年	1976年	1977年	1978年	1979年	1980年
1	31.7	利顿工业公司	Litton Industries Inc	1 512 415	99	航空航天与国防	4.9	5.2	7.3	4.4	2.9	6.1	-2.9	4.3	4.9	7.3	-7.7	29.4
2	15.0	波音公司	Boeing Co	1 833 240	71	航空航天与国防	7.6	2.5	2.5	3.4	5.6	7.6	7.5	9.3	14.6	22.0	27.4	25.1
3	14.7	哈里斯公司	Harris Intertype Corp	743 584	243	航空航天与国防	12.0	11.9	7.6	8.2	10.1	11.2	12.0	15.9	20.5	21.8	18.2	18.6
4	13.1	通用动力公司	General Dynamics Corp	1 049 445	153	航空航天与国防	11.4	-1.9	5.9	6.9	9.8	11.4	15.3	15.5	13.5	-5.9	20.3	16.9
5	11.2	雷神公司	Raytheon Co	1 972 400	65	航空航天与国防	16.4	15.0	14.1	13.7	13.3	15.2	16.4	17.0	19.5	22.0	24.2	25.7
6	10.9	李尔西格勒公司	Lear Siegler Inc	322 927	479	航空航天与国防	12.4	12.4	2.2	9.3	12.0	12.3	12.3	16.1	20.0	22.8	22.6	20.0
7	10.6	诺斯罗普公司	Northrop Corp	376 794	435	航空航天与国防	15.9	11.4	9.9		8.0	11.7	14.4	17.4	25.5	27.6	23.3	19.1
8	9.5	Sundstrand公司	Sundstrand Corp	432 044	387	航空航天与国防	19.9	9.6	5.2	10.2	15.4	18.6	20.9	23.7	19.9	22.0	23.7	21.1
9	7.0	信号公司	Signal Companies Inc	973 367	171	航空航天与国防	7.6	-7.5	4.8	7.2	6.8	8.8	5.1	7.6	11.1	15.4	15.9	10.9

资料来源：WRDS、各公司网站、研报、网络信息整理。

　　当今美国五大军工巨头雷神、波音、洛克希德·马丁、通用动力、诺斯罗普（或被其兼并收购公司）早在 20 世纪 70 年代就取得了不错的收益。除了军费驱动的行业整体性机会外，国防龙头股的高收益也与其重磅产品带来的订单紧密相关：如 70 年代巨型客机"波音 747"的问世满足了航空业迅猛发展的需求，为波音公司（Boeing Co.）带来了长达数十年的旺盛订单；再如 1975 年美国空军宣布通用动力公司（General Dynamics Corp.）的 YF－16 战斗机中标，军用编号定为 F－16，1976 年开始批量生产，1978 年末开始装备美国空军，逐步成为美国空军的主力机种之一，且出口多地区，海外订单亦超千架。利顿工业公司（Litton Industries Inc.）的惯性制导系统在 70 年代末从沙特阿拉伯空军获得了价值 16 亿美元的合同。[①] 此外，利顿31.7 倍的巨大涨幅也来自石油危机的大背景，以及从盲目多元化向专注化的转变。利顿在五六十年代通过大量收购保持高速增长，进入 70 年代后并购热潮褪去，其治理问题凸显，业绩下滑。经历了近十年的低迷后利顿启动新战略，出售了部分亏损的业务，并专注于盈利的子公司，其中 Western Geophysical 的地震勘探服务作为钻探人员查明石油来源的宝贵信息来源，在石油危机期间蓬勃发展，成为利顿最赚钱的资产之一。

三、消费

　　消费是"大滞胀"背景下走出牛股比例最低的板块，市值 TOP500 中必需和非必需消费品共 89 只股票仅产生 11 只高收益股。消费板块不抗通胀的主要原因：一方面是无法将原材料、劳动力涨价造成的成本上行完全转嫁给消费者；另一方面则是 20 世纪 70 年代过高的通胀对居民实际购买力产生严重伤害，抑制了消费意愿。

　　如图 2.19 所示，在消费板块中，必需品整体走势强于非必需品。必需品虽也受到石油危机冲击，但需求刚性带来了盈利的稳定，而非必需品在通胀高企、利率飙升的背景下，需求大幅承压，图 2.20 显示非必需消费品 ROE 在 1973～1974 年、1978～1980 年的两次石油危机期间均大幅下挫。

---

① 胡正洋、赵炳楠等：《美国军民融合发展历程》，广发证券研究所，2018 年。

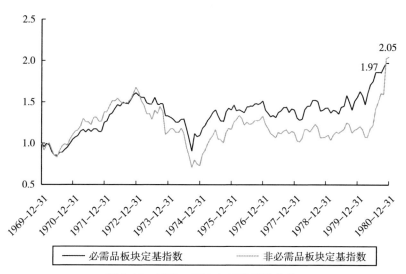

图 2. 19　1970～1980 年消费板块走势

资料来源：WRDS。

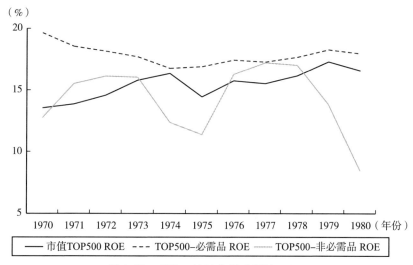

图 2. 20　1970～1980 年消费板块 ROE

资料来源：WRDS。

　　如图 2.21 和图 2.22 所示，从细分板块来看，必需品中刚需属性更强的食品、饮料和烟草，以及食品和主食零售表现相对较好，家庭和个人用品走势偏弱；非必需品中零售和消费者服务总体表现更好，而依赖于借贷消费的耐用品、汽车等在高利率背景下走势低迷。零售景气紧密挂钩宏观经济导致其在 20 世纪 70 年代前中期表现一般，但随着货币当局决心遏制通胀，零售股在 1980 年前后异军突起；消费者服务

（酒店、餐厅与休闲）大幅上涨主要出现在 70 年代初 "漂亮 50" 行情以及第一次石油危机之后的修复期。

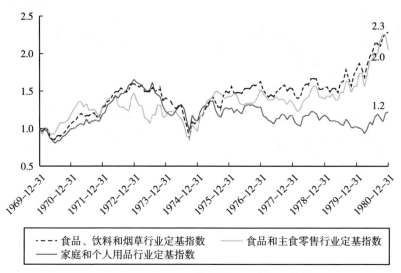

图 2.21　1970～1980 年必需品细分行业走势

资料来源：WRDS。

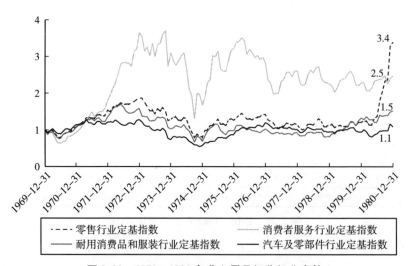

图 2.22　1970～1980 年非必需品细分行业走势

资料来源：WRDS。

　　表 2.10、表 2.11 显示："大滞胀" 周期的消费板块的高收益股主要出现在零售、食品零售、酒店餐厅与休闲行业，其他细分行业如家居用品、服装等有个别股票涨幅较高。

表 2.10

1970～1980 年必需消费品板块高收益股基本信息（市值 TOP500）

序号	最大上涨倍数	公司名（中文）	公司名（英文）	平均市值（千美元）	市值排序	GICS-11部门	GICS-24行业组	GICS-69行业	GICS-158子行业	ROE中位数（%）
1	13.9	Zapata Norness 公司	Zapata Norness Inc	369 072	445	必需品	家庭和个人用品	家用产品	家居用品	10.7
2	12.6	阿奇尔·丹尼斯·米德兰公司（ADM）	Archer Daniels Midland Co	757 301	238	必需品	食品、饮料和烟草	食品	农产品	14.6
3	11.7	沃尔玛超市	Wal Mart Stores Inc	569 574	309	必需品	食品和主食零售	食品和主食零售	大型超市和超级购物中心	25.8
4	8.7	A.E. 斯特利公司	Staley A E Manufacturing Co	309 152	494	必需品	食品和主食零售	食品和主食零售	食品分销商	10.8

资料来源：WRDS、各公司网站、研报、网络信息整理。

表 2.11 1970～1980 年非必需消费品板块高收益股基本信息（市值 TOP500）

序号	最大上涨倍数	公司名（中文）	公司名（英文）	平均市值（千美元）	市值排序	GICS-11 部门	GICS-24 行业组	GICS-69 行业	GICS-158 子行业	ROE 中位数（%）
1	38.8	坦迪电子公司	Tandy Corp	1 067 113	149	非必需消费品	零售	专业零售	电脑和电子产品零售	22.7
2	37.9	数据点公司	Datapoint Corp	586 281	301	非必需消费品	零售	互联网与直接营销零售	互联网与直销零售	23.1
3	17.8	巴利制造公司	Bally Manufacturing Corp	343 402	463	非必需消费品	消费者服务	酒店、餐厅与休闲	赌场与游戏	20.9
4	16.9	希尔顿酒店公司	Hilton Hotels Corp	585 417	302	非必需消费品	消费者服务	酒店、餐厅与休闲	酒店、度假村与邮轮公司	13.5
5	12.1	李维斯公司	Levi Strauss & Co	1 046 480	155	非必需消费品	耐用消费品和服装	纺织品、服装和奢侈品	服装、配饰和奢侈品	28.3
6	8.9	森达克斯公司	Centex Corp	315 255	484	非必需消费品	耐用消费品和服装	家庭耐用品	房屋建筑	15.6
7	6.0	麦当劳公司	Mcdonalds Corp	1 560 172	91	非必需消费品	消费者服务	酒店、餐厅与休闲	餐厅	21.4

资料来源：WRDS、各公司网站、研报、网络信息整理。

必需消费品的 4 只高收益股中有 3 只与食品（食品零售）相关，分别为农业生产、加工及制造公司阿奇尔·丹尼斯·米德兰公司（Archer Daniels Midland Co.，简称 ADM 公司），超市和购物中心沃尔玛公司（Wal-Mart Stores Inc.），以及玉米和甜味剂生产商 A. E. 斯特利公司（Staley A E Manufacturing Co.），都是满足基本生活需要的食品生产和零售商。

沃尔玛于 1962 年成立，1972 年在纽交所上市，目前是全球最大的连锁零售企业，多年蝉联世界 500 强第一，"低价策略和高效供应链管理"是沃尔玛的核心竞争力。20 世纪 70 年代沃尔玛的崛起离不开其顺应需求变化，大力发展"折扣店"业态的明智战略。两次石油危机带来消费需求下滑、经营成本上升，整个零售业态受到冲击，而折扣店的低采购成本、低品牌溢价给顾客带来高性价比产品，最终获得稳定客流，在零售市场中的占有率快速提升。[1] 如图 2.23 所示，虽然第一次石油危机期间，沃尔玛也遭受利润下滑，但其盈利仍大幅高于必需品板块整体水平，支撑其在 70 年代获得最高 11.7 倍的涨幅。[2]

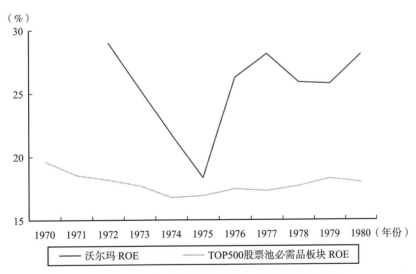

图 2.23　1970～1980 年沃尔玛与必需品板块 ROE

资料来源：WRDS。

---

① 史琨等：《从美国超市发展史复盘沃尔玛》，中信建投证券研究所，2019 年。

② 工俊杰、金秋：《沃尔玛经营历程和股价走势深度复盘，以供应链之手，执低价之矛》，兴业证券研究所，2018 年。

ADM公司是全球最大的油籽、玉米、小麦、可可和其他农产品加工企业之一，也是蛋白粉、植物油、玉米甜味剂、面粉、生物柴油、乙醇和其他高附加值食品和饲料添加剂的主要制造商，与邦吉、嘉吉以及路易达孚并称"四大粮商"。ADM公司成立于1923年，在最初的40年里，由单一的亚麻籽压榨业务发展到以油籽、大豆、面粉和饲料加工业务为主的多元化业务结构，并成为农产品主要加工企业。20世纪70年代，ADM公司迅猛发展一方面来自其专注农产品加工业务、发力产业链纵向整合、玉米深加工带来巨大回报；另一方面则是把握时机切入能源领域。两次石油危机沉重打击了对石油依赖度较高的美国经济，美国在加快建立战略石油储备以抑制油价上涨的同时开始高度重视并推动可再生能源的研发。1978年，美国总统卡特要求ADM公司将一个新建的饮料酒精厂改造成合成燃料厂，由此ADM公司开始进入生物能源领域。1980年ADM公司成立工业油事业部，到1986年底共收购、建立了3座乙醇加工厂。如今，ADM公司已成为世界上最大的玉米乙醇和生物柴油生产商，其乙醇年产能达到18亿加仑，而生物柴油年产能已经达到4.5亿加仑。[①] ADM公司股价在"大滞胀"时期的上涨也主要集中在70年代末期，见图2.24。

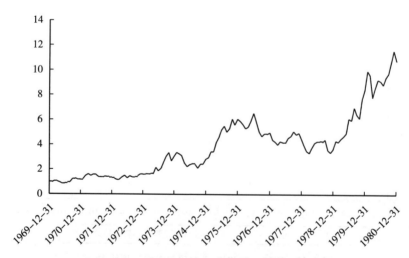

图2.24　1970~1980年ADM公司定基股价

资料来源：WRDS。

非必需消费品中的7只高收益股，涨幅最高的2只出现在零售业，3只分布在酒

---

① 陈佳等：《四大粮商之ADM——打造以农产品加工为核心的产业链闭环》，长江证券研究所，2015年。

店餐厅与休闲业，剩余2只分别属于服装、耐用品行业。

零售业的2只高收益股依托于20世纪70年代美国个人计算机（PC）的蓬勃发展。坦迪电子公司（Tandy Corp.）是"大滞胀"时期涨幅最大的消费股，11年间上涨38.8倍，年化收益率40%，股价飙升集中在70年代中后期。坦迪电子成立于1919年，最初是皮革用品店，60年代开始寻求多元化发展，1963年收购了电子产品连锁店睿侠（Radio Shack），之后迅速开店扩张。70年代石油危机背景下的车辆限速引发了民用波段无线电的狂热，短时期无线电天线"橡皮鸭"对睿侠的销售做出了30%的贡献。1977年公司推出的TRS-80（台式微型计算机）成为当时最畅销的个人计算机（PC），到1984年电脑占了公司销售额的35%。[1] 除了PC大发展下爆款产品的推出，睿侠在70年代末80年代初保持近50%的ROE亦受益于其销售管理策略：第一，将睿侠的20 000商品库存减少到2 500件最畅销的商品，以提高资产周转率，见图2.25；第二，将库存限制在自有品牌商品上（联营公司和子公司），消除了整个中间商成本，提高利润率，见图2.26；第三，全力以赴做广告，尤其是在最初几年，公司高达9%的毛利润直接用于广告投放，扩大市场份额。

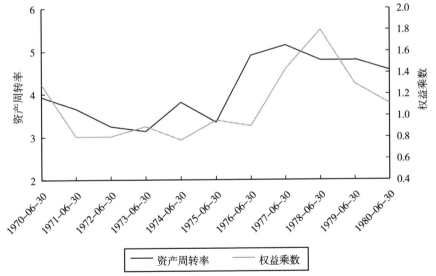

图2.25　1970年6月~1980年6月坦迪电子公司资产周转率与权益乘数

资料来源：WRDS。

---

① Emma Chou：《1977年的今天，Tandy推出世界第一批大规模生产的个人电脑TRS-80》，前瞻网，https://t.qianzhan.com/caijing/detail/190803-5a0c86af.html，2019年。

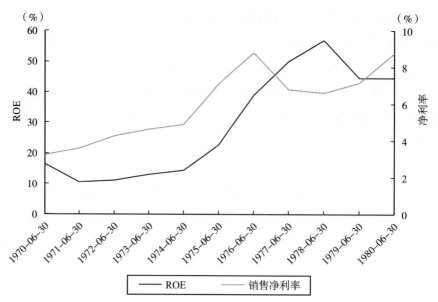

图 2.26　1970 年 6 月～1980 年 6 月坦迪电子公司 ROE 与销售净利率

资料来源：WRDS。

数据点公司（Datapoint Corp.，曾用名：Computer Terminal Corporation）成立于 1968 年，1969 年生产出名为 Data Point 3300 的计算机终端，用来连接大型计算机，在全国电脑展上一炮而红后取得大量订单。1971 年数据点公司使用英特尔 8080 芯片制造出第一个计算机微处理器"Datapoint 2200"，这是世界上第一部大量生产的个人计算机，而后数据点公司开启惊人增长。1973～1981 年，数据点公司收入以每年近 40% 的速度增长，销售额在 1977 年超过 1 亿美元，到 1981 年接近 4.5 亿美元。除 Datapoint 2200 外，公司还拥有众多创新产品，如让许多独立于大型机的终端相互通信的 Data Share，再如 1976 年推出可以自动将拨出电话路由到最便宜的可用线路上的机器，并引入了电话簿软件、文字处理程序以及电子邮件功能。它的附加资源计算机（ARC）于 1977 年推出，是业内第一个被称为局域网（LAN）的计算机，迅速被如施乐（Xerox）、国际商业机器公司（IBM）和王安（Wang）等主要计算机公司模仿。此外，所有不同的数据点公司技术都可以连接在一起，每一个都相对便宜，而且该公司提供免费软件且经常更新，客户对数据点公司产品线依赖度增强。1981 年数据点公司控制了约 21% 的分布式数据处理行业。

消费者服务行业的 3 只高收益股分别为游戏、酒店以及餐厅公司。

巴利制造公司（Bally Manufacturing Corp.）成立于 1932 年，最初是一家弹球和老虎机制造商，后来扩展到赌场、视频游戏、健身俱乐部和主题公园。在 20 世纪 70 年代后期，巴利凭借巴利专业街机（Bally Professional Arcade）进入了不断增长的家用电脑游戏市场，电子游戏热潮为其带来利润增长。

希尔顿酒店（Hilton Hotels Corp.）的高增长则受益于 CEO 巴伦在 20 世纪 70 年代以 1.12 亿美元买入两家拉斯维加斯的博彩娱乐城，将希尔顿的业务范围扩展到博彩业，成为首家涉足博彩业的纽交所上市公司。当时拉斯维加斯的两家娱乐城占到希尔顿酒店公司总收入的一半，博彩业的繁荣使希尔顿成为第一批进入《财富》500 强的企业。

麦当劳（Mcdonalds Corp.）是全球最大的餐饮连锁公司，其原型为 1948 年麦当劳兄弟在加州圣贝纳迪诺开设的汽车餐厅，1965 年在纽交所上市。麦当劳在 20 世纪 70 年代的快速发展与宏观产业背景及其自身独特的商业模式都密不可分。首先，二战后"婴儿潮"、家庭规模缩小和女性就业率提升推动餐饮业发展；"郊区化"的兴起和汽车的普及助推快餐行业进入爆发期，生活节奏加快使得人们对餐饮服务效率的需求越来越强烈；50 年代末食品冷冻与 60 年代加工技术的革新也为快餐业发展创造条件。其次，麦当劳"房产租赁＋品牌授权"的特殊模式进一步丰富了收入来源，使公司盈利水平得到提升。1956 年成立房地产公司，以相对低价签订土地长期租约或直接购买房产，出租给加盟商并收取租金。随着 70 年代美国滞胀时期的到来，利率和地价大幅上行，"房产租赁＋品牌授权"的模式使麦当劳既避免了其他竞争对手需承担的日益攀升的租金压力，又可以从加盟商处获取上涨的租金，成就了难以超越的竞争优势。最后也是最重要的，产品是麦当劳的核心竞争力，麦当劳在 60～70 年代进行了大量的产品创新，当时研发的产品至今依然是菜单的绝对主力，如巨无霸汉堡、苹果派、开心乐园套餐等；畅销产品与成本控制使得麦当劳在 70 年代具有较强的抗通胀能力，上游供应商的涨价压力可以顺利地传导给终端消费者，在"大滞胀"环境下保持了盈利稳定（见图 2.27）。[1][2]

　　① 王薇娜：《从麦当劳看美式快餐系列》，华创证券研究所，2018 年。
　　② 林思婕、郭海燕：《麦当劳：全球餐饮连锁标杆》，中金公司研究所，2019 年。

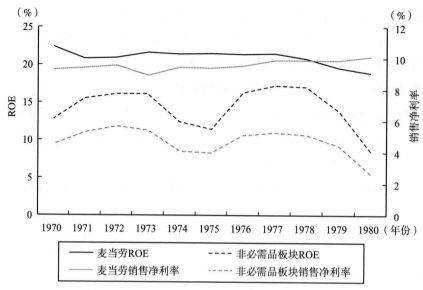

图 2.27　1970～1980 年麦当劳 ROE 和销售净利率

资料来源：WRDS。

李维斯公司（Levi Strauss & Co.）作为全球牛仔裤行业的鼻祖成立于 1853 年，是美国消费文化的标签之一。20 世纪 60 年代美国社会运动频发，牛仔裤成为许多反叛场景下的"制服"，公司销售额大增。1971 年李维斯首次上市，70 年代公司通过大量外延并购（如 1979 年收购了大型男女运动服制造商 Koracorp Industries Inc. 和男装制造商 Santone Industries Inc.），并授权将其名称用于其他产品，如鞋袜等，实现业绩爆发性增长，销售额在短短四年内翻了一番，在 1979 年达到 20 亿美元。[①]桑达克斯公司（Centex Corp.）是 1950 年成立的建筑公司，其 70 年代的增长一方面来自多元化并购扩张，包括收购其他建筑商、水泥生产商以及进军石油天然气业务等；另一方面则是其较高的存货周转得以成功压低成本，保持健康利润率。

四、医疗保健

1970～1980 年美股 TOP500 中医疗保健板块包含 32 只股票，共产生 8 只高收益股（见表 2.12），其中 7 只都属于医疗保健设备与服务行业，分别属于医院（2 只）、零售药房（1 只）、保健设备和用品（4 只），制药行业仅有 1 只高收益股。

---

① 施红梅、赵越峰：《李维斯如何两度走出困境，重获新生》，东方证券研究所，2019 年。

表 2.12　1970~1980 年医疗保健板块高收益股基本信息（市值 TOP500）

序号	最大上涨倍数	公司名（中文）	公司名（英文）	平均市值（千美元）	市值排序	GICS-11 部门	GICS-24 行业组	GICS-69 行业	GICS-158 子行业	ROE 中位数（%）
1	52.5	哈门那公司	Humana Inc	499 408	345	卫生保健	医疗保健设备与服务	医疗保健提供者和服务	卫生保健设施	10.9
2	39.6	国家医疗公司	National Medical Enterprises Inc	394 702	418	卫生保健	医疗保健设备与服务	医疗保健提供者和服务	卫生保健设施	11.1
3	12.3	马林克罗公司	International Minerals & Chem Co（Mallinckrodt Inc）	863 997	202	卫生保健	医疗保健设备与服务	保健设备及用品	保健设备	16.6
4	8.6	博士伦公司	Bausch & Lomb Inc	375 111	439	卫生保健	医疗保健设备与服务	保健设备及用品	卫生保健用品	13.9
5	8.6	史密斯·克莱恩-法兰西实验室	Smith Kline & French Labs	2 274 552	53	卫生保健	制药、生物技术和生命科学	制药	制药	22.4
6	8.3	贝克曼仪器公司	Beckman Instruments Inc	352 103	456	卫生保健	医疗保健设备与服务	保健设备及用品	保健设备	11.2
7	6.3	CVS 药房公司	Melville Shoe Corp（Cvs Pharmacy Inc）	555 697	317	卫生保健	医疗保健设备与服务	医疗保健提供者和服务	卫生保健服务	25.6
8	6.0	雅培实验室	Abbott Laboratories	1 853 500	69	卫生保健	医疗保健设备与服务	保健设备及用品	保健设备	17.9

资料来源：WRDS、各公司网站、研报、网络信息整理。

哈门那公司（Humana Inc.，曾用名：Extendicare Inc.）和国家医疗公司（National Medical Enterprises Inc.）这两家连锁医院是 20 世纪 70 年代涨幅最高的医疗股，此外，美国医院公司（Hospital Corp. America，HCA）[①] 在 1970～1980 年最大涨幅亦超 20 倍。

美国医疗行业在 20 世纪 60～70 年代得到快速发展。1965 年美国政府建立了联邦医疗保险（Medicare）和医疗辅助保险（Medicaid）等政府主导的医疗保险，1965～1981 年美国卫生总费用从 416 亿美元增加到 2 936 亿美元，复合增速达到 13%，见图 2.28。60 年代，美国医院多数以单体形式各自独立；进入 70 年代后，面对医疗需求激增，为实现规模效应、降低成本，美国医院管理集团开始了并购之路。

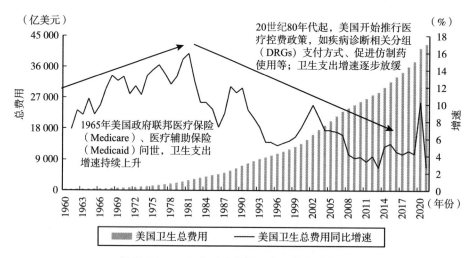

图 2.28　1960 年以来美国卫生总费用及增速

资料来源：万得（Wind）。

三家高收益医院公司的增长都离不开成功的并购扩张和成本管控。Extendicare Inc. 成立于 1961 年，1968 年成为美国最大的疗养院公司。由于市场供过于求，Extendicare Inc. 于 1968～1972 年剥离所有疗养院，同时收购多家医院，1974 年更名为哈门那公司（Humana Inc.）沿用至今。1975～1980 年，哈门那公司通过大量采购用品和设备实现了规模经济，通过集中管理很好地执行了成本控制，实现了盈利目标。1978 年收购美国医疗公司（American Medicorp Inc.）使公司的规模翻了一番，并在

---

① 由于部分财务指标缺失，美国医院公司未被纳入本节股票池，因此表 2.12 中不包含。

20 世纪 80 年代成长为世界上最大的医院公司。国家医疗公司成立于 1968 年，随后在 70 年代收购多家医院及相关的咨询、建筑公司，在众多医院的建设、管理、经营过程中，公司实现了良好的成本管理。这一时期公司着眼于市场需求，致力于打造多元化、多设施的医院公司，1979 年底，国家医疗公司已成为美国第四大公立医院连锁店。美国医院公司（HCA）于 1968 年成立，经历三度首次公开发行（IPO）、两度退市，目前是全球最大的连锁医院运营商。20 世纪七八十年代，美国医院公司通过兼并收购的方式快速扩展其版图，抢占市场份额，形成规模效应。1970～1986 年，美国医院公司市值上涨 12 倍，而同期标准普尔仅上涨 2.5 倍。1969 年首次 IPO 时，HCA 仅拥有 11 家医院，到规模扩张巅峰的 1987 年，其下属医院创纪录地发展到 463 家公司（自有医院 255 家、管理医院 208 家）。[①]

CVS 药房公司（Cvs Pharmacy Inc.）成立于 1963 年，1969 年被出售给零售巨头梅尔维尔（Melville），1996 年从母公司剥离，目前与沃博联公司（Walgreens Boots Alliance，简称 WBA 药房）形成全美零售药店双寡头格局。20 世纪 60～90 年代，CVS 药房持续通过行业间"并购＋自建"，快速扩大规模。1972 年从克林顿药品折扣店（Clinton Drug and Discount Store）手中收购 84 家门店，1977 年收购了拥有 36 家药店的马克药品（Mack Drug Chain）连锁，1990 年 CVS 从人民药品（People's Drug）收购了 500 家药店。1985 年，CVS 药房年销售额突破 10 亿美元；90 年代 CVS 占据零售药店的市场份额接近 20%。[②]

除医院和药房外，保健设备和用品也走出 4 只高收益股，其中包括目前仍享誉全球的体外诊断（In Vitro Diagnosis，IVD）巨头雅培实验室、贝克曼仪器公司（丹纳赫旗下）、隐形眼镜生产商博士伦。雅培和贝克曼在 20 世纪 70 年代的增长主要由医疗行业蓬勃发展带来的诊断需求爆发所驱动，而博士伦的超额收益则更多依赖于全球首款软性隐形眼镜的推出。制药行业唯一的高收益股是史密斯·克莱恩－法兰西实验室（Smith Kline & French Labs，简称 SKF 实验室），其股价爆发来自药品泰胃美的问世及公司多产品布局。总的来看，在 70 年代取得高收益的保健设备用品以及制药公司一方面把握住了医疗行业发展下的需求爆发，另一方面这些公司亦大力加强新产品研发、减少对单一产品依赖，与此同时，剥离与主业无关的其他多元化业务，资源聚焦

---

① 曹健：《美国 HCA：世界最大医院集团是如何炼成的？》，健康界，https://www.cn-healthcare.com/article/20140220/content-432585.html，2014 年。

② 国民基金：《从美国零售药店发展背景，看 CVS 与 WBA 间的博弈》，亿欧，https://www.iyiou.com/analysis/2017102358056，2017 年。

于拳头产品，最终实现高增长。

雅培实验室（Abbott Laboratories）于 1888 年成立，历经百年从小药厂发展成全球医疗保健巨头。20 世纪 60 年代凯恩带领雅培开启多元化征程，开始从药企向医疗器械、奶粉和营养、体外诊断（IVD）三方面领军企业的转变。1964 年，雅培收购 M&R Dietetics 获得畅销婴儿配方奶粉心美力（Similac）的生产经营权，奠定让雅培成为营养品龙头企业的基础。1972 年，雅培推出 ABA-100 血液化学分析仪和检测试剂，这是用于检测血清中肝炎病菌的放射免疫检测产品，其问世在行业中具有突破意义，标志着雅培开启现代诊断业务（仪器和试剂），很快雅培成为 IVD 领域的全球领导者，但 70 年代初的甜蜜素销售禁令和静脉注射液被大量召回事件对雅培造成巨大冲击。70 年代后期雅培从多元化转回制药，确立了以药品、营养品和诊断设备为核心的战略方向，主张加强研发、强调效率、严控成本、积极国际化扩张。药品方面，推出了丙戊酸（Depakene）、二甲氯氮（Tranxene）和尿激酶（Abbokinase）三种新药。除此以外，雅培还积极与其他公司合作，与当时正在出海的武田成立了合资公司 TAP 制药（TAP Pharma），共同开发和销售药物。营养品方面，积极地开发维生素疗法通过一系列的营养品治疗方案来加速住院患者的康复，降低医疗费用。从 70 年代末起，雅培大力研发推出多种新药，销售额大增，从此开启数十年长牛。[1][2]

贝克曼仪器公司（Beckman Instruments Inc.）于 1935 年随阿诺德·贝克曼（Arnold O. Beckman）博士发明 pH 计（酸度计）而创立，20 世纪 40 年代 DU 分光光度计的推出带来销售增长。20 世纪六七十年代，临床和医疗市场迅速增长为诊断测试带来巨大需求，1971～1975 年在美国进行的诊断测试数量从 29 亿增加到 50 亿。贝克曼仪器逐步摆脱与医疗、工业仪器无关的多元化，在诊断领域推出了蛋白质肽测序仪以及贝克曼葡萄糖分析仪等畅销产品，医学研究和临床产品在贝克曼销售额中的占比从 1965 年的 25% 升至 1974 年的 40%；在工业领域，贝克曼推出了过程控制仪器、空气和水污染控制仪器等产品，70 年代末医疗和工业产品占公司销售额的 80%。2011 年，贝克曼被生命科学巨头丹纳赫收购。

博士伦公司（Bausch & Lomb Inc.）成立于 1853 年，主营眼睛护理产品制造及销

---

① 吉姆·柯林斯：《从优秀到卓越》，中信出版社，2019 年。
② 魏利军：《雅培/艾伯维发家史：在鼎盛时分家，到底是对还是错？》，药事纵横，https://mp.weixin.qq.com，2021 年。

售，包括眼睛护理用品、隐形眼镜、隐形眼镜护理药品及眼科手术仪器等。20 世纪上半叶，博士伦以生产光学仪器为主。1966 年，博士伦获得制造和销售由吸液亲水性塑料制成的隐形眼镜的许可。1971 年推出世界上第一个规模化生产的软性隐形眼镜产品"清朗"（Softlens），随即迎来销量大爆发。1979 年，博士伦在软性隐形眼镜这个 4 亿美元的市场上占有 55%～65% 的份额，公司在盐水溶液和镜片润滑剂都占有 50% 以上的市场份额，在日常清洁剂市场也占有 32% 份额。

制药公司史密斯·克莱恩–法兰西实验室（Smith Kline & French Labs，简称 SKF 实验室）成立于 1929 年，SKF 实验室的化学家戈登·亚勒斯（Gordon Alles）在 1932 年获得了苯丙胺专利。20 世纪 70 年代以前，SKF 实验室最大的贡献是使用法国制药商罗纳·普朗克（Rhone-Poulenc）的研究，开发了精神科药物氯丙嗪（Thorazine）。1954 年上市后，精神病院住院人数显著减少，公司销售和收入有所提振。1970 年，氯丙嗪专利到期后，SKF 实验室面临无新药的困境。70 年代中期，随着新管理层加强研发，大力推进产品多样化以降低对苯丙胺等药物销售的依赖，如针对不断增长的抗高血压市场的利尿剂、头孢菌素抗生素、康泰克感冒药、ARM 过敏药等新药都使得 SKF 销售有所改善，但其在化妆品方面的尝试最终以失败告终。SKF 股价爆发的关键还来自 1976 年泰胃美（Tagamet，西咪替丁）的问世，这种药物彻底改变了消化性溃疡的治疗模式，使得以手术为主的传统治疗方式退出了历史舞台。1979 年泰胃美成为第二大销售药物，利润达到 2.34 亿美元，四年内增长 266%。1980 年泰胃美的销售额到超过 5.8 亿美元——几乎等于 1975 年公司的全部总收入。1981 年，泰胃美取代安定（Valium，地西泮）成为最畅销的药物。这一时期，SKF 亦开始进军日本等国际市场。公司的股票价格从 1975 年的 10.81 美元涨至 1980 年的每股 65.25 美元。

五、信息技术

1970～1980 年，美股市值 TOP500 的 31 只科技股中共产生 13 只高收益股，其中 6 只属于技术硬件、存储和外部设备子行业，3 只为半导体企业，2 只为通信设备企业，软件和技术分销商各有 1 只（见表 2.13）。

表 2.13　1970～1980 年信息技术板块高收益股基本信息（市值 TOP500）

序号	最大上涨倍数	公司名（中文）	公司名（英文）	平均市值（千美元）	市值排序	GICS-11 部门	GICS-24 行业组	GICS-69 行业	GICS-158 子行业	ROE 中位数（%）
1	197.0	Prime 电脑公司	Prime Computer Inc	609 434	295	信息技术	软件与服务	软件	应用软件	32.7
2	98.1	计算机视觉公司	Computer Vision Corp	546 958	323	信息技术	技术性硬件和设备	技术硬件、存储和外部设备	技术硬件、存储和外部设备	27.6
3	32.0	微波联合公司	Microwave Association Inc	404 503	409	信息技术	技术性硬件和设备	通信设备	通信设备	11.5
4	31.8	王安电脑公司	Wang Laboratories Inc	1 754 472	76	信息技术	技术性硬件和设备	技术硬件、存储和外部设备	技术硬件、存储和外部设备	26.3
5	22.9	国家半导体公司	National Semiconductor Corp	694 575	258	信息技术	半导体与半导体设备	半导体与半导体设备	半导体	18.7
6	22.7	克雷公司	Cray Research Inc	659 115	271	信息技术	技术性硬件和设备	技术硬件、存储和外部设备	技术硬件、存储和外部设备	23.6
7	19.1	通用仪器公司	General Instrument Corp	382 766	428	信息技术	技术性硬件和设备	通信设备	通信设备	9.7
8	18.1	存储技术公司	Storage Technology Corp	337 552	467	信息技术	技术性硬件和设备	技术硬件、存储和外部设备	技术硬件、存储和外部设备	20.0
9	13.0	英特尔公司	Intel Corp	1 095 213	142	信息技术	半导体与半导体设备	半导体与半导体设备	半导体	24.1

续表

序号	最大上涨倍数	公司名（中文）	公司名（英文）	平均市值（千美元）	市值排序	GICS-11 部门	GICS-24 行业组	GICS-69 行业	GICS-158 子行业	ROE 中位数（%）
10	12.6	安富利公司	Avnet Inc	333 641	470	信息技术	技术性硬件和设备	电子设备、仪器及组件	技术分销商	17.8
11	9.6	百令达公司	Paradyne Corp	363 094	448	信息技术	技术性硬件和设备	半导体与半导体设备	半导体	16.9
12	9.5	天腾电脑公司	Tandem Computers Inc	889 140	190	信息技术	技术性硬件和设备	技术硬件、存储和外部设备	技术硬件、存储和外部设备	20.1
13	7.0	惠普公司	Hewlett Packard Co	3 322 577	33	信息技术	技术性硬件和设备	技术硬件、存储和外部设备	技术硬件、存储和外部设备	16.1

资料来源：WRDS、各公司网站、研报、网络信息整理。

20 世纪 40~60 年代，电子技术刚刚起步，美国政府通过财政支持以及各种产业政策帮助培育半导体行业开放、多元的生态。例如，"第二来源"政策要求美国国防部采购的任何芯片至少由两家公司生产。再如，要求贝尔实验室等大型研发部门公布技术细节并许可其他公司使用该技术，确保小公司能分享新的技术进步，同时允许大公司获得大规模生产这些创新设计的好处。这一阶段，国防是美国半导体市场的最大的需求来源。

在长期不断的资金和政策倾斜下，半导体产业得以蓬勃发展。到 20 世纪 60 年代末，半导体由国防转向商用，70 年代美国半导体行业进入黄金时代。半导体的发展为大规模、超大规模集成电路的问世提供了基础，而后大规模集成电路应用于微处理器，引爆计算机新一轮技术革命。在此过程中，计算机和电子产品对芯片的需求又推动了半导体封装和集成的进步，半导体的市场份额不断扩大。此外，70 年代石油危机亦加速了美国从高能耗产业（钢铁、化工等）向高新技术产业（半导体、计算机、互联网等）转型升级的步伐。

具体而言，1959 年仙童半导体公司的罗伯特·诺伊斯（Robert Noyce）发明的平面工艺技术使集成电路可量产，让半导体商用成为可能。1965 年，戈登·摩尔（Gordon Moore）提出著名的摩尔定律。1967 年，大规模集成电路出现；1977 年，单个硅晶片中可集成 15 万个以上的晶体管的超大规模集成电路面世。1968~1988 年，美国集成电路市场规模由不到 20 亿美元扩张到接近 180 亿美元。20 世纪 70 年代大规模和超大规模集成电路应用于微处理器，推动了小型个人计算机（PC）的发展，1970 年国际商业机器公司（IBM）推出 S/370，标志着第四代大规模集成电路计算机诞生。1978 年，英特尔（Intel）生产出 8086 处理器，统治计算机领域的"x86"架构雏形初现；1981 年，IBM 推出第一台个人计算机，意味着计算机时代到来。1977~1982 年，美国计算机和电子产品占制造业比重由 6.2% 增长至 8.8%，如图 2.29~图 2.31 所示。[①]

---

① Alex Williams and Hassan Khan, *A Brief History of Semiconductors*: *How The US Cut Costs and Lost the Leading Edge*, 2021, Medium, https://employamerica.medium.com/a-brief-history-of-semiconductors-how-the-us-cut-costs-and-lost-the-leading-edge-c21b96707cd2.

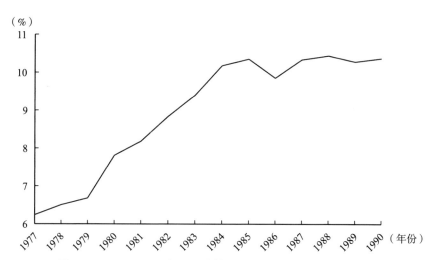

图 2.29　1977~1990 年美国计算机和电子产品占制造业的比重

资料来源：万得（Wind）。

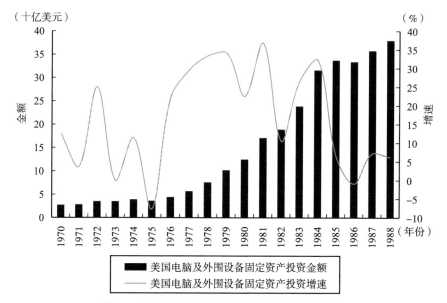

图 2.30　1970~1988 年美国电脑机外围设备投资

资料来源：万得（Wind）。

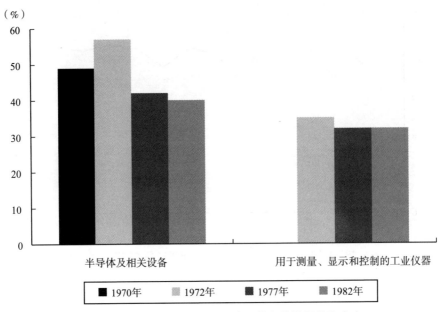

图 2.31　20 世纪 70 年代美国半导体和仪器行业集中度

注：集中度为行业前四名份额集中度。

资料来源：美国普查局（US Census Bureau）。

　　20 世纪 70 年代后期，美国科技股表现出现较大分化，中小盘股票显著占优于大盘股。首先，战后几十年美国的各种产业支持政策为初创科技公司提供了开放、多元的生存土壤；其次，六七十年代从国防向商用的需求转变使得订单更为分散，小型初创公司也能凭借新产品获得细分市场份额；最后也是最重要的，1975 年前后美国反垄断法的大力实施让中小企业亦能参与竞争，如 IBM 在受到反垄断诉讼的巨大压力后，决定开放 PC 的生态闭环、将其硬件与软件服务解绑，从而造就了巨大的软件市场。70 年代中期开始，美国半导体、仪器仪表等新兴产业集中度下降，大市值股票靠市场集中度提升带来稳定盈利能力的商业模式受到破坏，与中小市值股票净资产收益率（ROE）的差距出现明显收敛，股价表现远远落后，见图 2.32 ~ 图 2.33。

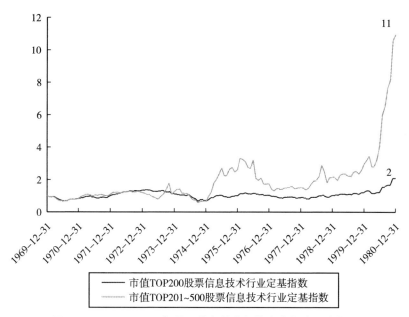

图 2.32　1970～1980 年美国信息技术板块大盘与中小盘指数

资料来源：WRDS。

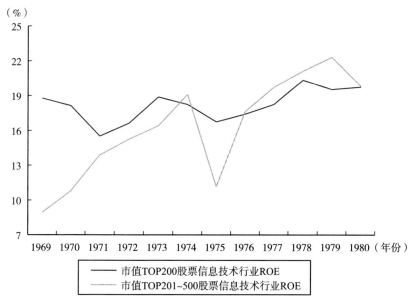

图 2.33　1969～1980 年美国信息技术板块大盘与中小盘 ROE

资料来源：WRDS。

技术硬件、存储和外部设备子行业的 6 只高收益股的共同点是都在 20 世纪 70 年代计算机革命中推出过爆款计算机及相关软硬件产品。

王安电脑公司（Wang Laboratories Inc.）是基于计算机的办公信息处理系统（包括数据、文本、图像和语音处理系统）以及网络产品的全球供应商。王安电脑公司于 1965 年创造了具有里程碑意义的 LOCI 和 300 系列可编程计算器。1970 年起，随着英特尔芯片的问世，计算器市场急剧衰落，王安电脑公司果断全面撤出计算器市场，以 3300 型号进入计算机市场，成功实现第一次战略转型。1971 年王安电脑公司推出世界上最先进的文字处理设备——"Wang-1200"型打字机，1972 年开发出配套的文字处理系统（Word Processing System，WPS），它能让使用者直接在屏幕上看到文字的编辑过程。软、硬件的珠联璧合让王安得以抢下 IBM 的部分办公市场，其客户包括银行、报社、证券公司、保险企业等，收入大幅增长，进入 20 世纪 80 年代后随个人计算机的崛起而衰落。[1][2]

计算机视觉公司（Computer Vision Corp.）创立于 1969 年，是计算机辅助设计和制造（CAD/CAM）的早期先驱。计算机视觉公司的第一个产品 CADDS-1 是针对印刷电路板布局和二维绘图市场的；CADDS-2 产品添加了集成电路布局，该产品具有专用操作系统和 16 位图形数据库；1975 年，计算机视觉公司制造了自己的 16 位计算机，与计算机视觉图形处理器（GGP）Nova 兼容，并且添加了针对图形应用优化的指令，使用了自己的操作系统——计算机视觉图形操作系统（CGOS）。CADDS-3 于 20 世纪 70 年代后期在 CGP80 和 CGP100 上推出，使用泰克存储管矢量设备作为显示终端和带有菜单供操作员输入的图形输入板。1975 年，计算机视觉公司引入了改进的数据库，实现轻松引入其他实体和数据类型的功能，同时也进行了多种改进以提高新性能，大客户相继采用，如波音公司为 757/767 飞机计划购买了数十个系统。后来计算机视觉公司于 1988 年被 Prime 电脑公司以 4.34 亿美元收购。

克雷公司（Cray Research Inc.）于 1972 年成立，1976 年 3 月该公司向美国国家大气研究中心交付了第一款产品 Cray-1 超级计算机，取得了巨大的成功，它使用了矢量处理技术代替标量处理，比当时的其他所有计算机都快得多，随后公司为其超级计算机补充了软件程序。运营初期，克雷公司将其超级计算机出售给政府实验室和机构，1978 年克雷公司的客户已扩宽到商业组织。

---

① 王安：《教训》，生活·读书·新知三联书店，1986 年。
② 颢顼：《王安电脑兴衰史》，品玩，https://www.pingwest.com/a/185812，2019 年。

存储技术公司（Storage Technology Corp.）于 1969 年成立，是设计和制造用于大型机和中型计算机系统的信息存储和检索设备的全球领导者，该公司的产品包括固态磁盘、旋转磁盘、卷盘和盒式磁带驱动器、自动化图书馆系统以及各种支持软件。创始者杰西·阿韦达（Jesse Aweida，IBM 前高管）相信更廉价的大型计算机的磁带驱动器可以成功对抗 IBM 自己的产品。存储技术公司于 1970 年 5 月推出了其第一款产品 2450/2470 磁带机，销量增长证明了其产品的竞争力。在接下来的几年中，存储技术公司设计并制造了 SuperDisk 和 8000 系列磁盘子系统，并率先推出了固态磁盘"4305"。这些产品的成功使该公司成为 IBM 兼容的高速磁带子系统的领先制造商。公司的增长始于 20 世纪 70 年代中期，在 70 年代末和 80 年代初加速，年增长率达到 38%，1981 年其销售额接近 10 亿美元。

天腾电脑公司（Tandem Computers Inc.）由前惠普员工于 1974 年 11 月创立。专注于银行、商品交易所、电信公司和其他企业使用的"容错"多处理器计算机系统。20 世纪 70 年代，计算机故障是一个严重的问题，大多数大型计算机系统每年至少遭受一次硬件故障。天腾计算机系统中的 Guardian 软件可以"监视"整个系统并在其中一个处理器发生故障时转移操作；天腾还设计了"NonStop（无停止）计算机"，以便在不关闭整个系统的情况下更换任何组件；此外，天腾的计算机无须更改任何软件即可连接在一起，使客户能够从两个处理器系统开始，随着需求增长逐步添加更多处理器。可靠性成为天腾的最大卖点，这精准满足了银行、证券交易所、制造商和其他企业对于"无故障"的需求，一直到 80 年代初期它基本上没有竞争对手，在其成立的头六年里，销售额每年都在增长并翻一番。公司于 1977 年上市，销售额从 1979 年的 5 600 万美元上升到 1982 年的 3.12 亿美元。目前天腾是惠普的一个服务器部门。

惠普电脑公司（Hewlett Packard Co.，HP）创立于 1939 年，是世界上最大的电脑公司之一，主营制造和销售计算机、打印机以及相关软硬件和服务。二战后惠普在电子仪器设备领域高速扩张，1966 年惠普设计出第一台计算机产品（HP2116A），用来控制测试及测量仪。1968 年，世界第一台台式科学计算器 HP9100A 在惠普问世。1972 年，惠普推出具有划时代意义的第一台个人计算工具：HP-35 掌上科学计算器，并将工程计算尺淘汰，并以 HP3000 微电脑进军计算机领域。20 世纪 80 年代，惠普凭其系列的计算机产品而成为重要厂商。惠普还成功进入打印机市场中，推出了可与个人计算机连接的喷墨打印机和激光打印机。除了产品创新，惠普公司在管理上亦与众不同，如开创弹性工作制、股权激励等，大大提高了员工工作动力。[1]

半导体行业共产生 3 只高收益股，分别是国家半导体公司（National Semiconductor Corp.）、英特尔公司（Intel Corp.）和百令达（Paradyne）公司，其高收益的首要原因是 20 世纪 70 年代半导体行业的巨大增长。

国家半导体公司（National Semiconductor Corp.）创立于 1959 年，是一家专门从事模拟设备和子系统的美国半导体制造商，2011 年被德州仪器收购。国家半导体公司在 20 世纪 70 年代后期迅速崛起依靠的是以极低的成本生产出各种标准化、可靠的部件，尤其是计算机的普及与发展给半导体带来了巨大的市场需求。相对于科技创新，国家半导体公司的竞争优势更多来自成本控制。一方面，公司率先将组装业务转移到劳动力成本低得多的东南亚地区，同时公司还将约 20% 的成品销往欧洲为主的海外；另一方面，公司严格控制开销，尽可能将销售、基本工程和会计工作外包。繁荣的半导体市场和低成本优势让国家半导体公司在 1981 年成为第一家达到 10 亿美元年销售额的半导体公司。70 年代公司还尝试过向下游整合制造消费电子和计算机等，均以失败告终。而后 80 年代日本通过复制产品线生产更为物美价廉的半导体产品对公司产生巨大冲击。

英特尔公司（Intel Corp.）由罗伯特·诺伊斯、高登·摩尔于 1968 年创立，目前是世界上第二大的半导体公司。创立之初，英特尔公司主要产品是半导体存储器芯片。1969 年，英特尔推出自己的第一批产品——3101 存储器芯片，随后又推出"1101"和"1103"，半导体存储芯片逐渐淘汰了磁芯存储器。1971 年，英特尔开发出第一个商用微处理器 Intel 4004，引发了计算机和互联网产业的大变革。1978 年，英特尔生产出了著名的 16 位 8086 处理器，1981 年，IBM 生产的第一台电脑使用英特尔的 8086 芯片，自此英特尔一举成名。20 世纪 80 年代，竞争力日益提升的日本半导体制造商抢走了美国半导体市场的份额，同时 IBM 个人计算机的成功让英特尔坚定了将处理器作为核心业务的决心，这造就了英特尔在十余年的空前增长，成为 PC 产业链中最主要（和最有利可图）的硬件供应商。存储器和微处理器研发的领先造就了英特尔在 70 年代的高收益。[2]

---

① 砺石商业评论：《惠普成长史：没有惠普，就没有蓬勃发展的硅谷》，新浪专栏，http://tech.sina.com.cn/zl/post/detail/it/2016-09-18/pid_8508527.htm，2016 年。

② 新智元：《英特尔今天 50 岁，一文看尽芯片 50 年发展史》，36 氪，https://www.36kr.com/p/1722677280769，2018 年。

第三章

大缓和与经济转型时期：
1981～1994 年

第一节　宏观背景

20世纪70年代末80年代初，以美国为首的发达经济体通过严格紧缩货币成功击退高通胀，迎来了数十年高增长、低通胀、小波动的"大缓和"时期。具体而言，如图3.1所示，80年代美国通胀逐步恢复正常，CPI平均增速从70年代7.7%降至八九十年代的4.3%；而增长保持较高韧性，1981～1994年美国实际GDP平均增速为3.1%，略高于70年代的2.9%。这一时期日、欧大体上也呈现出类似的"大缓和"态势，但90年代初日本泡沫的破灭终结了其最为高光的发展阶段，被推入经济增长和资产表现持续低迷的"失去的二十年"。

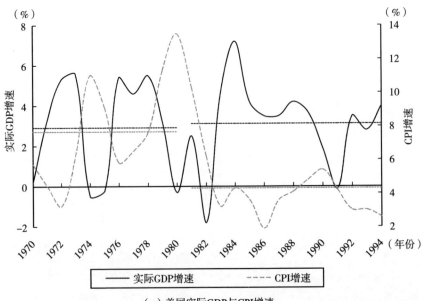

（a）美国实际GDP与CPI增速

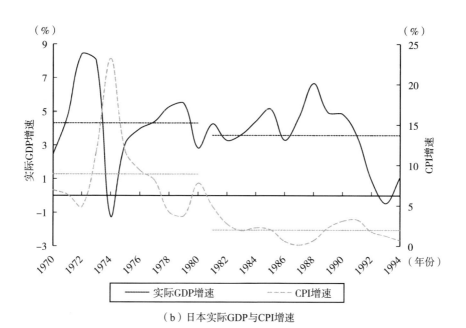

（b）日本实际GDP与CPI增速

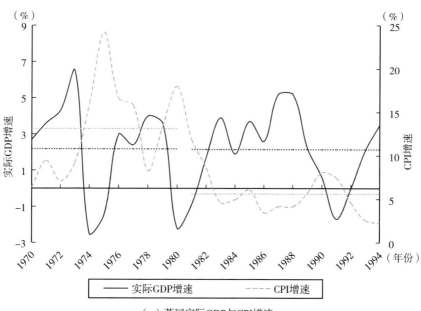

（c）英国实际GDP与CPI增速

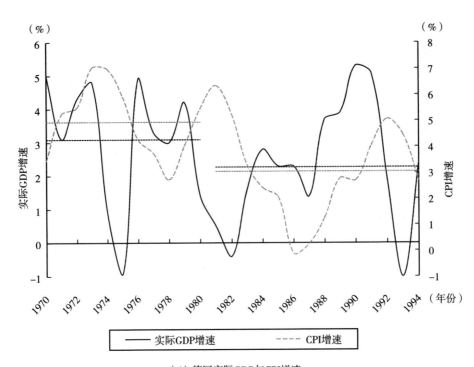

（d）德国实际GDP与CPI增速

图 3.1　1970～1994 年美国、日本、英国和德国实际 GDP 与 CPI 增速

注：德国数据 1990 年前为联邦德国数据，下同。
资料来源：万得（Wind）。

　　1981 年里根上任美国总统后提出"经济复苏计划"，主要内容包括大幅减税、削减联邦政府开支、控制货币供应量增长速度和放松政府对企业干预等，次年开始全面实施。叠加沃尔克坚定推行紧缩货币政策，困扰美国整个 20 世纪 70 年代的高通胀问题在 1982 年出现明显拐点，自此美国利率进入长达几十年的下行通道，欧洲和日本亦是如此，见图 3.2、图 3.3。政府减税、利率下行以及通胀正常化推动美国经济从"大滞胀"的泥淖中走出，是 80 年代的稳健增长的重要基础。

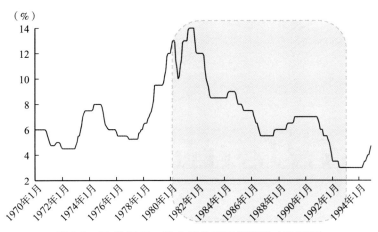

图 3.2　20 世纪 70～90 年代美国政策利率（贴现率）

资料来源：万得（Wind）。

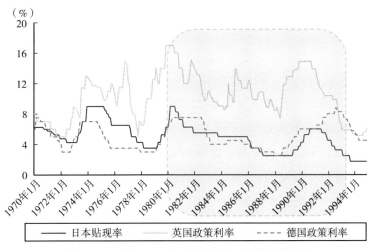

| 日本贴现率 —— | 英国政策利率 …… | 德国政策利率 - - - |

图 3.3　20 世纪 70～90 年代日本、欧洲政策利率

资料来源：万得（Wind）。

20 世纪 80 年代减税等政策的推行引发美国政府赤字的大幅上升，国内投资、消费需求旺盛以及美元持续走强加剧了贸易逆差极速扩张，见图 3.4。为了解决巨额贸易赤字，1985 年 9 月美国联合日本、德国、法国、英国政府共同干预外汇市场，诱导美元对主要货币有序贬值（即"广场协议"），美元指数从 140 一路下行至 1987 年底的 100 以下。1986 年里根政府再度推出"税制改革法案"进一步下调个人和企业所得税，支撑美国经济保持较快增长。在经济走强的背景下，贸易高赤字和美元疲软引发市场对通胀的担忧，1987 年 9 月美联储将贴现率提高 50bp，触发 10 月美股的暴跌。

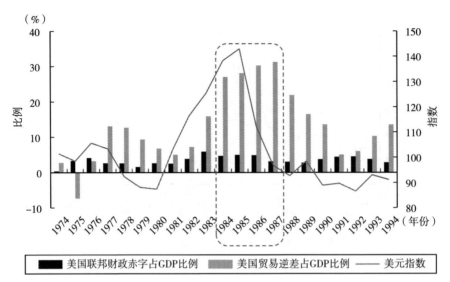

图3.4　20世纪80年代美国财政赤字与美元指数

资料来源：万得（Wind）。

20世纪80年代前中期，利率下行以及对里根政府改革的良好预期对美股估值产生明显提振，成为美股上行的主要动力，1980年12月~1987年9月标普500市盈率（PE）提升47%，而每股收益（EPS）几乎保持不变；1987年股灾后，估值泡沫被挤出，减税等改革红利逐步传导到企业利润端，叠加产业结构的转型升级，盈利成为支撑美股持续上涨的主要动力，1987年1月~1994年12月标普500 EPS提升67%，而PE仅上升11%，如图3.5所示。

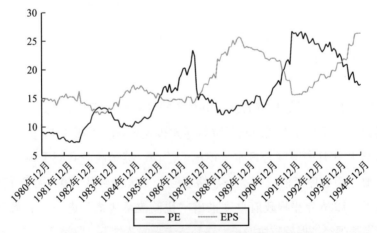

图3.5　1981~1994年标普500指数的估值与盈利

资料来源：弗伦奇（French，2022）、万得（Wind）。

日本在 20 世纪八九十年代经历了从泡沫积聚到破灭的全过程。由于日本采取了严格控制能源消耗等一系列措施，70 年代末的第二次石油危机对其冲击相对较小。1980 年的《80 年代通商产业政策构想》确立了以尖端技术为中心的知识集约型产业的主导地位，在传统产业改造升级同时，支持引导电子、机械等技术密集型产业加速扩张，如图 3.6 所示。80 年代初，随着日本制造业向中高端升级，高附加值产品在国际市场上的竞争力不断增强，贸易顺差迅速扩张，如图 3.7 所示。

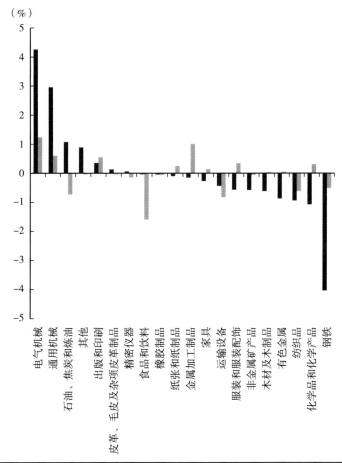

图 3.6　日本制造业增加值占比变化

资料来源：CEIC、万得（Wind）。

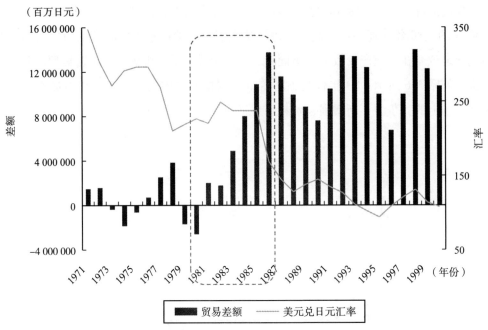

图3.7 日本贸易差额与日元汇率

资料来源：万得（Wind）。

伴随着日本出口的高歌猛进，美日之间的贸易摩擦越来越频繁，最终导致1985年9月"广场协议"的签订，五国联合干预外汇市场，日元从1985年9月的240日元/美元迅速升值至1987年底的120日元/美元。日元的大幅升值对其出口型经济造成巨大冲击，日本政府选择了以扩大内需为目的的"财政货币双宽松"政策来应对这一严峻考验。经济景气向上、政策宽松叠加日元升值吸引大量外资流入，日本股市和房市疯狂上涨，如图3.8所示。1986~1989年东证指数上涨175%，东京圈地价涨幅达135%。资产价格泡沫迫使日本央行开始收紧货币，1989年连续加息三次，1990年再度两次大幅加息，股市在1989年12月29日触顶后开始大跌，经济转头下行，地产泡沫破灭，1991年央行转而宽松，市场仍继续下挫，直至1993~1994年才止跌（见图3.9）。

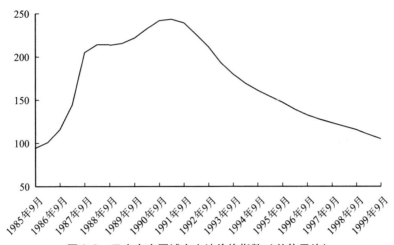

图 3.8 日本东京圈城市土地价格指数（总体平均）

资料来源：万得（Wind）。

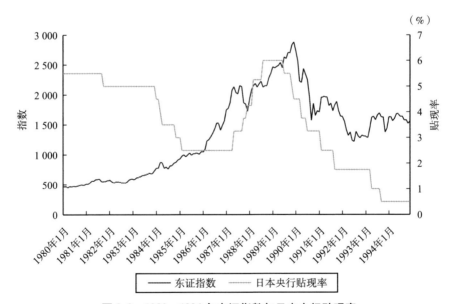

图 3.9 1980~1994 年东证指数与日本央行贴现率

资料来源：万得（Wind）。

欧洲同样通过紧缩货币以及撒切尔夫人、科尔等领导人的"新经济改革"在 20 世纪 80 年代前中期摆脱大滞胀，走向繁荣。虽然 80 年代末 90 年代初的"广场协议"、欧洲货币危机也对欧洲国家产生了阶段性冲击，但纵观八九十年代，欧洲整体仍呈现出增长向上、通胀回归正常的"大缓和"宏观背景。

第二节　大类资产表现

如图 3.10 所示，全球"大缓和"时期（1981～1994 年）可划为 19 段宏观场景，分别为 5 段复苏、6 段扩张、1 段滞胀、7 段衰退。

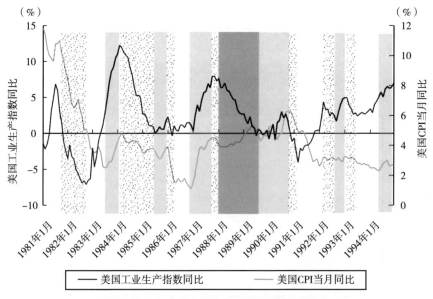

图 3.10　全球"大缓和"时期经济周期划分

注：复苏、扩张、滞胀和衰退分别为白、浅灰、深灰、点状。
资料来源：万得（Wind）。

在大类资产中，"大缓和"时期全球经济从滞胀的阴霾中走出，美债利率和商品价格持续下行，股票和债券表现较好，大宗商品走势较弱。

权益资产方面，由于 20 世纪 90 年代初期日本经历了资产价格泡沫破灭，整个"大缓和"时期美欧股指走势强于日本股指。美股在四种宏观场景下的表现与传统认知略有差异：表 3.1 统计显示美股在扩张场景下表现相对弱，这可能源于央行在扩张期加

表 3.1　全球"大缓和"时期经济周期划分与大类资产表现

起	止	宏观场景	时长（月）	标准普尔500指数涨跌幅（%）	道琼斯工业指数涨跌幅（%）	纳斯达克综合指数涨跌幅（%）	法国CAC40指数涨跌幅（%）	伦敦富时100指数涨跌幅（%）	德国DAX指数涨跌幅（%）	东证指数涨跌幅（%）	美元指数涨跌幅（%）	10年期美国国债收益率变化（bp）	伦敦金现涨跌幅（%）	原油涨跌幅（%）	铜价涨跌幅（%）
1981-08-01	1982-10-31	衰退	15	2.1	4.1	0.5			-5.7	-8.9	11.7	-394	4.2	0.8	-13.1
1982-11-01	1983-07-31	复苏	9	21.6	20.9	43.0			44.2	24.0	2.9	95	-0.3	-9.8	16.7
1983-08-01	1984-03-31	扩张	8	-2.1	-2.9	-17.5		11.5	5.0	29.5	-0.2	65	-7.9	-3.1	-11.9
1984-04-01	1985-09-30	衰退	18	14.4	14.1	11.8		16.0	47.6	18.4	3.0	-219	-16.0	-8.6	-9.0
1985-10-01	1986-01-31	扩张	4	16.3	18.2	19.8		11.2	21.4	1.5	-8.0	-121	7.4	-8.5	3.8
1986-02-01	1986-05-31	衰退	4	16.8	19.5	19.2		11.7	-0.5	24.8	-3.3	-111	-2.1	-44.4	0.0
1986-06-01	1986-12-31	复苏	7	-2.1	1.0	-12.8		4.8	3.8	20.2	-11.8	-76	13.3	14.3	-5.9
1987-01-01	1987-11-30	扩张	11	-4.9	-3.3	-12.5	-30.0	-5.9	-28.6	18.2	-14.0	188	26.7	13.2	86.4
1987-12-01	1988-03-31	衰退	4	12.4	8.4	22.8	-2.0	10.3	3.9	16.3	-1.0	-42	-7.2	-16.7	-6.0
1988-04-01	1989-10-31	滞胀	19	31.5	33.0	21.6	79.0	23.0	38.5	25.4	11.1	-65	-17.9	24.6	11.2
1989-11-01	1990-09-30	扩张	11	-10.1	-7.3	-24.4	-18.0	-7.1	-9.4	-41.7	-12.3	99	8.8	77.5	2.4
1990-10-01	1991-03-31	衰退	6	22.6	18.8	40.0	21.8	23.4	14.1	25.4	7.0	-74	-12.9	-44.7	-12.8
1991-04-01	1992-03-31	复苏	12	7.6	11.0	25.2	6.9	-0.7	12.8	-28.0	-2.6	-51	-3.9	-3.4	-5.9
1992-04-01	1992-09-30	衰退	6	3.5	1.1	-3.4	-10.6	4.6	-14.6	-7.6	-9.5	-117	2.4	15.5	6.1
1992-10-01	1993-02-28	扩张	5	6.1	3.0	15.0	14.2	12.3	14.9	-2.0	15.9	-34	-5.9	-9.8	-9.0
1993-03-01	1993-07-31	衰退	5	1.1	5.0	5.1	5.2	2.0	7.1	29.3	1.5	-22	23.6	-11.5	-8.9
1993-08-01	1994-05-31	复苏	10	1.9	6.2	4.3	-2.7	1.5	18.0	1.4	-3.0	131	-4.9	-1.8	14.4
1994-06-01	1994-12-31	扩张	7	0.6	2.0	2.3	-7.3	3.2	-1.0	-7.3	-4.1	65	-1.1	0.3	34.7

续表

起止	宏观场景	时长（月）	标准普尔500指数涨跌幅（%）	道琼斯工业指数涨跌幅（%）	纳斯达克综合指数涨跌幅（%）	法国CAC40指数涨跌幅（%）	伦敦富时100指数涨跌幅（%）	德国DAX指数涨跌幅（%）	东证指数涨跌幅（%）	美元指数涨跌幅（%）	10年期美国国债收益率变化（bp）	伦敦金现涨跌幅（%）	原油涨跌幅（%）	铜价涨跌幅（%）
	复苏时段涨跌幅中位数		4.7	8.6	14.8	2.1	1.5	15.4	10.8	-2.8	22	-2.1	-2.6	4.3
	扩张时段涨跌幅中位数		-0.7	-0.4	-5.1	-12.7	7.2	2.0	-0.3	-6.1	65	3.1	-1.4	3.1
	滞胀时段涨跌幅中位数		31.5	33.0	21.6	79.0	23.0	38.5	25.4	11.1	-65	-17.9	24.6	11.2
	衰退时段涨跌幅中位数		12.4	8.4	11.8	1.6	11.0	3.9	18.4	1.5	-111	-2.1	-11.5	-8.9
	1981~1994年年化涨跌幅		9.1	10.4	9.8	1.7	8.3	11.1	8.6	-0.1	-689	-3.0	-6.3	3.4

注：美债对应的涨跌幅含义为10年期美债收益率在对应期间变化的变化值，最后一行-689bp为收益率在对应期间变化基点数，非年化值。如无特殊说明，下同。
资料来源：万得（Wind）。

息对权益资产的压制，"大缓和"时期 10 年期美债收益率在扩张期平均上行 65bp，大幅高于其他宏观场景；此外，美股在 1988～1989 年的"滞胀"场景出现大幅上涨，主要受益于美国贸易逆差的明显改善。

大宗商品整体乏力，但不同品种有所分化。原油和黄金经历了 20 世纪 70 年代大滞胀时期的飙升后于 80 年代逐步回落，而与宏观经济景气联系最紧密的铜在 80 年代全球增长向上的背景下走势较强，1981～1994 年年化涨幅 3.4%。

第三节　宽基和行业表现

如图 3.11、图 3.12 所示，在"大缓和"时期，美国、欧洲股市持续上行，日股在 20 世纪 80 年代暴涨，1990 年泡沫破灭后大幅下挫。美股三大股指标普 500、道琼斯以及纳斯达克指数在 1981～1994 年这 14 年分别上涨 238%、298%、272%，德国 DAX 和英国富时 100 指数累计收益率分别为 338% 和 188%。八九十年代法国传统制造业衰落、科技进步停滞，由二战后高速增长的奇迹年代转为经济增长相对乏力时期，1987～1994 年法国 CAC40 指数仅上涨 26%。

日本经济在 20 世纪 80 年代前中期的全面崛起带来日本股市暴涨，1981～1989 年东证指数上涨近 5 倍，而后资产价格泡沫破灭，东证指数腰斩，直至一系列宽松政策刺激经济于 1993～1994 年再度复苏，日本股市才得以喘息。

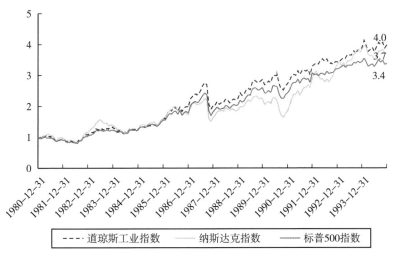

图 3.11　1981～1994 年美股定基指数

资料来源：万得（Wind）。

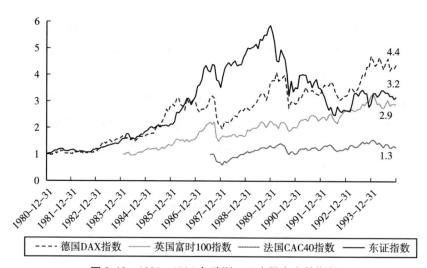

图 3.12　1981～1994 年欧洲、日本股市定基指数

资料来源：万得（Wind）。

　　分板块来看，20 世纪八九十年代是美股消费板块的黄金时期，1981～1994 年非耐用品年化收益率近 17%，零批服务以及耐用品亦表现优异，年化收益率分别为 15% 和 10%。其中耐用消费品板块行情主要集中在利率急速下行的 80 年代前中期，1987 年股灾后走势趋弱。此外，通信、医疗也是"大缓和"时期的强势板块，年化收益率均超 12%；金融板块亦强于标普 500；能源板块在油价回落的背景下走势最为低迷，见图 3.13。

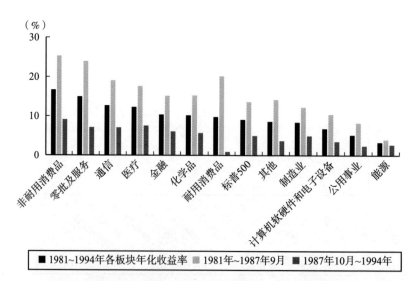

图 3.13　1981～1994 年美股各板块年化收益率

资料来源：弗伦奇（French，2022）。

科技板块整体表现相对靠后，20 世纪 70 年代美国在半导体和集成电路上一枝独秀，80 年代后，日本与美国在国际半导体市场上展开激烈竞争，一定程度上冲击了美国科技股。80 年代美国个人计算机（PC）蓬勃发展，由此催生出一批专精 PC 产业细分领域的公司，激烈竞争下科技个股之间表现明显分化。

从细分行业来看，如图 3.14 所示，非耐用品消费属性的酒、食品、零售、纺织品在 1981～1994 年收益最佳，汽车等耐用消费品在 1987 年股灾前大幅上涨，而后走势趋弱。通信、医疗以及电子电气设备表现靠前，金融地产略强于大盘，信息技术中的计算机软硬件和电子元件走势偏弱。上游资源品中的石油天然气、金属、煤炭表现最差，与 70 年代大滞胀时期资源品的一骑绝尘恰恰相反。

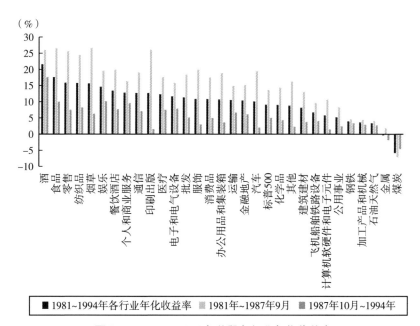

图 3.14 1981～1994 年美股各行业年化收益率

资料来源：弗伦奇（French，2022）。

从不同宏观场景来看，如表 3.2 所示，消费板块在"大缓和"时期持续走强，尤其是非耐用品和零批服务行业几乎在各个宏观场景中都涨幅居前，在滞胀、衰退和复苏期走势更佳，这或来源于 20 世纪 80 年代通胀下行的大环境对居民购买力的提振。金融板块在各宏观场景表现居前，滞胀和衰退场景中，美债利率大幅下行明显提振房地产景气度，支撑金融板块涨幅扩大。通信和医药都是整体表现不错且在滞胀和衰退期涨

表 3.2　全球"大缓和"时期各宏观场景下的行业涨跌幅

单位：%

起	止	宏观场景	时长（月）	标普500	零批及服务	非耐用消费品	金融	耐用消费品	通信	医疗	化学品	其他	制造业	计算机软硬件和电子设备	公用事业	能源
1981-01-01	1981-07-31	复苏	7	-3.6	14.8	12.3	5.5	6.1	17.2	1.0	0.3	4.3	0.2	-10.8	-1.0	-14.6
1981-08-01	1982-10-31	衰退	15	2.1	37.4	25.3	11.1	21.0	13.0	21.3	-3.2	-4.6	-9.0	15.8	4.7	-28.4
1982-11-01	1983-07-31	复苏	9	21.6	42.1	20.2	22.1	35.9	10.4	16.8	22.6	35.2	24.9	40.2	10.9	22.1
1983-08-01	1984-03-31	扩张	8	-2.1	-14.7	-1.1	-3.3	-6.5	-8.0	-13.1	-5.1	-11.0	-3.5	-14.4	-4.9	11.5
1984-04-01	1985-09-30	衰退	18	14.4	23.3	36.6	23.8	9.7	40.6	21.7	11.9	13.6	10.7	-3.1	20.0	5.0
1985-10-01	1986-01-31	扩张	4	16.3	21.8	19.6	24.5	20.1	12.0	17.6	19.1	17.6	16.5	20.0	17.6	-5.3
1986-02-01	1986-05-31	衰退	4	16.8	28.2	29.9	15.6	17.6	18.3	27.3	24.6	16.6	16.0	8.9	7.5	6.4
1986-06-01	1986-12-31	复苏	7	-2.1	-11.1	-4.0	-9.0	-5.2	0.9	-2.7	-0.6	-4.9	-5.0	-13.1	6.7	9.2
1987-01-01	1987-11-30	扩张	11	-4.9	-14.5	-2.6	-15.9	-4.2	1.9	-2.5	-2.2	-8.0	-5.3	-4.6	-13.4	-3.3
1987-12-01	1988-03-31	衰退	4	12.4	24.2	14.5	10.5	14.1	9.9	13.0	13.8	20.4	18.7	10.9	2.6	21.7
1988-04-01	1989-10-31	滞胀	19	31.5	30.5	56.0	34.7	11.0	59.6	38.8	22.2	35.0	18.6	-2.6	22.9	21.0
1989-11-01	1990-09-30	扩张	11	-10.1	-13.8	-7.2	-34.2	-27.8	-18.4	5.2	-13.8	-18.6	-13.0	-15.5	-9.0	9.9
1990-10-01	1991-03-31	衰退	6	22.6	40.8	36.9	38.1	16.4	12.2	36.6	24.9	20.7	24.0	35.1	12.5	0.8
1991-04-01	1992-03-31	复苏	12	7.6	21.5	12.6	21.7	18.9	0.0	13.7	20.1	12.3	11.5	7.0	4.0	-11.7
1992-04-01	1992-09-30	衰退	6	3.5	1.3	4.8	7.2	-2.9	10.8	-9.3	-1.2	-2.5	-1.0	-4.2	10.1	15.5
1992-10-01	1993-02-28	扩张	5	6.1	10.4	-0.8	18.9	21.3	15.5	-10.1	2.8	11.5	9.1	12.9	8.6	2.2
1993-03-01	1993-07-31	衰退	5	1.1	-2.7	-10.5	6.4	13.7	10.2	-4.5	-0.3	4.4	4.4	2.2	4.6	5.4
1993-08-01	1994-05-31	复苏	10	1.9	2.3	2.5	1.1	4.7	-5.9	7.3	14.3	0.7	7.4	15.4	-19.3	-2.5
1994-06-01	1994-12-31	扩张	7	0.6	-5.5	7.0	-6.4	-9.2	-2.8	10.2	2.6	-4.7	2.3	14.9	-1.9	-2.5

续表

起	止	宏观场景	时长（月）	标普500	零批及服务	非耐用消费品	金融	耐用消费品	通信	医疗	化学品	其他	制造业	计算机软硬件和电子设备	公用事业	能源
		复苏期年度平均收益率		5.8	17.4	11.3	9.3	14.8	7.6	8.4	13.4	11.8	9.1	7.6	1.0	1.1
		扩张期年度平均收益率		7.5	4.7	9.4	8.0	8.5	6.4	4.9	7.2	4.5	8.4	12.2	6.4	1.6
		滞胀期年度平均收益率		19.9	19.2	35.4	21.9	7.0	37.7	24.5	14.0	22.1	11.8	-1.6	14.5	13.3
		衰退期年度平均收益率		22.0	40.0	33.7	29.9	25.5	27.5	28.0	23.9	23.3	22.9	19.6	14.8	15.8
		整体年度平均收益率		13.03	21.81	20.23	17.14	16.33	16.11	15.36	15.34	14.29	14.10	12.98	8.50	7.31

资料来源：弗伦奇（French, 2022）。

幅较大的板块，前者受益于利率下行带来的融资成本下降，后者则体现出较强的"逆周期"属性，在增长向下的滞胀和衰退期表现更好。科技板块在扩张期和复苏期略好，其他场景都跑输大盘，而且进入 90 年代后，随着互联网浪潮即将来临，科技股表现有所好转；公用事业和能源在各场景中都表现不佳，公用事业的防御属性在"大缓和"时期很难得到市场追捧，而能源板块则受到资源品价格下行的拖累。

第四节 "十倍股"挖掘

我们在纽约证券交易所、纳斯达克交易所、美国证券交易所股票中筛选出在 1981 ~ 1994 年最高上涨超 28 倍（对应十年十倍、27% 的年化收益率），以及在这 14 年间最高上涨超 12 倍（对应 20% 的年化收益率）的股票来代表 20 世纪八九十年代"大缓和"时期美国表现最优秀的个股。需要说明的是，在 1981 ~ 1994 年存续且数据、行业分类相对完整的美股共有 10 000 多只，但其中市值 TOP500 的股票其市值之和占总市值 65%，TOP200 的股票其市值之和占总市值 48%，对美股市场而言已具备一定代表性。因此，本节"28 倍股""12 倍股"均在市值 TOP500 和 TOP200 股票中进行筛选。[①]

1981 ~ 1994 年的全球"大缓和"时期，市值 TOP200 美股中最高上涨超 28 倍的股票（不考虑股息）有 12 只，最高上涨超 12 倍的股票有 38 只；市值 TOP500 美股中最高上涨超 28 倍的股票有 22 只，最高上涨超 12 倍的股票有 82 只。由于是否考虑股息对高收益股特征影响不大，因此后续主要讨论不含股息的收益率。

从部门和行业组分布来看，在 TOP200 美股的 12 只"28 倍股"中，信息技术（软件服务、硬件）和非必需消费品（零售、汽车及零部件）部门数量最多，分别有 4 只和 3 只；其次是卫生保健（制药生物技术和生命科学）和金融（银行、多元化金融）部门各有 2 只；剩下 1 只属于必需品（食品和主食零售）部门。在 TOP500 美股的 22 只"28 倍股"中，最多的同样是非必需消费品（零售、汽车、耐用品和服装）的 6 只和信息技术板块（软件、硬件）的 5 只；卫生保健（制药生物技术和生命科学、医疗保健设备与服务）和金融（多元化金融、银行）部门各有 4

---

① 此处市值是 1981 ~ 1994 年多时点市值的算术平均值。

只；其余3只分布在必需消费品（食饮零售）和通信板块。这一时段上游资源属性的能源/材料板块、工业板块、防御性的公用事业以及房地产板块没有出现"28倍股"（见表3.3）。

表3.3　　　　　　　　　　　1981～1994年美股"28倍股"行业分布

"28倍股"（CAGR=27%）11部门	"28倍股"（CAGR=27%）24行业组	市值TOP200中		市值TOP500中	
		12只	占比（%）	22只	占比（%）
能源	能源				
材料	材料				
工业	资本品				
	商业和专业服务				
	运输				
非必需消费品	汽车及零部件	1	8.3	1	4.5
	耐用消费品和服装			1	4.5
	消费者服务				
	零售	2	16.7	4	18.2
必需品	食品和主食零售	1	8.3	1	4.5
	食品、饮料和烟草			1	4.5
	家庭和个人用品				
卫生保健	医疗保健设备与服务			2	9.1
	制药、生物技术和生命科学	2	16.7	2	9.1
信息技术	软件与服务	3	25.0	4	18.2
	技术性硬件和设备	1	8.3	1	4.5
	半导体与半导体设备				
通信服务	通信服务			1	4.5
	媒体与娱乐				

续表

"28 倍股"(CAGR＝27％) 11 部门	"28 倍股"(CAGR＝27％) 24 行业组	市值 TOP200 中		市值 TOP500 中	
		12 只	占比（％）	22 只	占比（％）
金融	银行	1	8.3	1	4.5
	多元化金融	1	8.3	2	9.1
	保险			1	4.5
公共事业	公共事业				
房地产	房地产				

注：行业按 GICS 分类。
资料来源：WRDS。

从部门和行业组分布来看，在 TOP200 美股的 38 只"12 倍股"中，必需消费品部门以 11 只拔得头筹，主要分布在食饮烟草和食品零售行业；其次是信息技术（软件服务、硬件）和非必需消费品（零售、汽车及零部件）部门数量较多，分别有 7 只和 6 只"12 倍股"；再次是卫生保健（制药生物技术和生命科学）和金融（银行、多元化金融）部门各有 2 只；剩下 12 只平均分布在通信（媒体娱乐）、金融（多元化金融、银行、保险）、卫生保健（制药生物技术和生命科学）和工业（商业专业服务、资本品）部门。

在 TOP500 美股的 82 只"12 倍股"中，消费品占比超 45％，非必需消费品（零售、消费者服务、耐用品和服装、汽车）和必需消费品（食饮烟草、食饮零售）板块分别有 20 只和 17 只；其次是信息技术（软件、硬件）和卫生保健（医疗设备服务、制药和生物科技）板块，均有 9 只"12 倍股"，占比超 10％；金融（保险、多元化金融、银行）、通信（媒体娱乐、通信服务）、工业（商业专业服务、资本品）、材料板块亦各有 5~8 只高收益股。TOP500 中的能源、房地产部门没有产生"12 倍股"（见表 3.4）。

表 3.4　　　　　　　　1981~1994 年美股"12 倍股"行业分布

"12 倍股"(CAGR＝20％) 11 部门	"12 倍股"(CAGR＝20％) 24 行业组	市值 TOP200 中		市值 TOP500 中	
		38 只	占比（％）	82 只	占比（％）
能源	能源				
材料	材料			5	6.1

续表

"12 倍股"（CAGR＝20%）11 部门	"12 倍股"（CAGR＝20%）24 行业组	市值 TOP200 中		市值 TOP500 中	
		38 只	占比（%）	82 只	占比（%）
工业	资本品	1	2.6	2	2.4
	商业和专业服务	2	5.3	4	4.9
	运输			1	1.2
非必需消费品	汽车及零部件	2	5.3	2	2.4
	耐用消费品和服装			4	4.9
	消费者服务	1	2.6	5	6.1
	零售	3	7.9	9	11.0
必需品	食品和主食零售	2	5.3	5	6.1
	食品、饮料和烟草	8	21.1	11	13.4
	家庭和个人用品	1	2.6	1	1.2
卫生保健	医疗保健设备与服务			4	4.9
	制药、生物技术和生命科学	3	7.9	5	6.1
信息技术	软件与服务	3	7.9	4	4.9
	技术性硬件和设备	3	7.9	4	4.9
	半导体与半导体设备	1	2.6	1	1.2
通信服务	通信服务	1	2.6	2	2.4
	媒体与娱乐	3	7.9	4	4.9
金融	银行	2	5.3	2	2.4
	多元化金融	1	2.6	2	2.4
	保险	1	2.6	4	4.9
公共事业	公共事业			1	1.2
房地产	房地产				

资料来源：WRDS。

总体来看，如表 3.5 所示，20 世纪八九十年代"大缓和"时期，高收益股票主要集中在消费品中的零售/食饮、信息技术中的软件服务/硬件、卫生保健中的等制药/医疗设备与服务以及通信、金融等行业。

表 3.5　1981～1994 年市值 TOP200 中 "28 倍股" 和 "12 倍股" 基本信息

序号	最大上涨倍数	公司名（中文）	公司名（英文）	平均市值（千美元）	市值排序	GICS-11 部门	GICS-24 行业组	GICS-69 行业	GICS-158 子行业
1	316.1	家得宝公司	Home Depot Inc	7 212 460	60	非必需消费品	零售	专业零售	家居装饰零售
2	104.3	安进公司	Amgen Inc	3 477 976	161	卫生保健	制药、生物技术和生命科学	生物技术	生物技术
3	88.9	网威公司	Novell Inc	3 651 025	151	信息技术	软件与服务	软件	系统软件
4	68.5	沃尔玛超市	Wal Mart Stores Inc	24 627 309	7	必需品	食品和主食零售	食品和主食零售	大型超市和超级购物中心
5	64.9	Limited 服装公司	Limited Inc	4 473 773	119	非必需消费品	零售	专业零售	专卖店
6	52.5	康柏电脑公司	Compaq Computer Corp	3 634 638	154	信息技术	技术性硬件和设备	技术硬件、存储和外部设备	技术硬件、存储和外部设备
7	50.6	甲骨文系统公司	Oracle Systems Corp	3 841 917	144	信息技术	软件与服务	软件	系统软件
8	46.5	伯克希尔·哈撒韦公司	Berkshire Hathaway Inc Del	7 057 532	61	金融	多元化金融	多元化金融服务	多领域控股
9	41.2	马里昂梅勒道公司	Marion Merrell Dow Inc	3 759 581	148	卫生保健	制药、生物技术和生命科学	制药	制药
10	40.2	微软公司	Microsoft Corp	14 419 370	24	资讯技术	软件与服务	软件	系统软件
11	40.0	克莱斯勒公司	Chrysler Corp	5 831 503	73	非必需消费品	汽车及零部件	汽车	汽车制造商
12	35.8	联邦国家抵押贷款协会	Federal National Mortgage Assn	7 445 305	54	金融	银行	储蓄与抵押金融	储蓄与抵押金融
13	27.2	玩具反斗城公司	Toys R Us Inc	4 851 142	106	非必需消费品	零售	专业零售	专卖店
14	25.2	思科系统公司	Cisco Systems Inc	4 857 758	105	信息技术	技术性硬件和设备	通信设备	通信设备

续表

序号	最大上涨倍数	公司名（中文）	公司名（英文）	平均市值（千美元）	市值排序	GICS-11部门	GICS-24行业组	GICS-69行业	GICS-158子行业
15	24.6	远程通信公司	Tele Communications Inc	3 813 746	145	通信服务	媒体与娱乐	媒体	广播
16	22.7	艾伯森公司	Albertsons Inc	3 113 673	177	必需品	食品和主食零售	食品和主食零售	食品零售
17	21.6	吉列公司	Gillette Co	5 645 859	80	必需品	家庭和个人用品	个人产品	个人产品
18	19.8	可口可乐公司	Coca Cola Co	25 245 393	6	必需品	食品、饮料和烟草	饮料	软饮料
19	19.6	通信公司	MCI Communications Corp	4 870 940	104	通信服务	通信服务	多元化电信服务	综合电信服务
20	19.2	萨拉·李公司	Sara Lee Corp	5 734 765	78	必需品	食品、饮料和烟草	食品	包装食品和肉类
21	17.8	英特尔公司	Intel Corp	8 248 482	50	资讯技术	半导体与半导体设备	半导体与半导体设备	半导体
22	17.6	福特汽车公司	Ford Motor Co	13 729 988	27	非必需消费品	汽车及零部件	汽车	汽车制造商
23	15.4	凯洛格公司	Kellogg Co	7 296 440	56	必需品	食品、饮料和烟草	食品	包装食品和肉类
24	15.4	华特迪士尼公司	Disney Walt Co	9 992 131	44	通信服务	媒体与娱乐	娱乐	影视娱乐
25	14.7	菲利普莫里斯公司	Philip Morris Cos Inc	28 745 578	5	必需品	食品、饮料和烟草	烟草	烟草
26	14.6	必能宝公司	Pitney Bowes Inc	2 873 018	196	工业	商业和专业服务	商业服务与用品	办公服务和用品
27	14.3	富国银行	Wells Fargo & Co	2 858 756	197	金融	银行	银行	多元化银行

续表

序号	最大上涨倍数	公司名（中文）	公司名（英文）	平均市值（千美元）	市值排序	GICS-11 部门	GICS-24 行业组	GICS-69 行业	GICS-158 子行业
28	13.8	默克公司	Merck & Co Inc	23 990 414	8	卫生保健	制药、生物技术和生命科学	制药	制药
29	13.5	首都城市 ABC 公司	Capital Cities Abc Inc	5 484 455	85	通信服务	媒体与娱乐	媒体	广播
30	13.3	派拉蒙通信公司	Paramount Communications Inc	3 276 349	172	工业	资本品	工业集团	工业集团
31	13.2	百事可乐	Pepsico Inc	13 651 227	29	必需品	食品、饮料和烟草	饮料	软饮料
32	12.8	康尼格拉公司	Conagra Inc	3 356 982	168	必需品	食品、饮料和烟草	食品	包装食品和肉类
33	12.4	摩托罗拉公司	Motorola Inc	9 316 718	48	信息技术	技术性硬件和设备	通信设备	通信设备
34	12.3	金宝汤公司	Campbell Soup Co	5 207 360	95	必需品	食品、饮料和烟草	食品	包装食品和肉类
35	12.3	安海斯－布希公司	Anheuser Busch Cos Inc	8 158 391	51	必需品	食品、饮料和烟草	饮料	啤酒厂
36	12.1	WMX 科技公司	WMX Technologies Inc	8 809 373	49	工业	商业和专业服务	商业服务与用品	环境与设施服务
37	12.1	安达保险公司	Chubb Corp	3 227 042	174	金融	保险	保险	财产保险
38	11.9	麦当劳公司	Mcdonalds Corp	9 431 582	47	非必需消费品	消费者服务	酒店、餐厅与休闲	餐厅

注：个别公司会因重组等因素有进出人。行业按 GICS 分类，市值是 1981～1994 年多时点市值的算术平均值。如无特殊说明，下同。

资料来源：WRDS、各公司网站、研报、网络信息整理。

一、消费

消费是"大缓和"时期诞生牛股最多的板块，市值 TOP500 中必需和非必需消费品共 100 只股票中产生 37 只高收益股。消费股的优异表现既来自摆脱滞胀后居民购买力的提升，又受益于二战后"婴儿潮"一代成长为中青年对社会消费倾向的提振，如图 3.15、图 3.16 所示；此外，20 世纪 80 年代初期 401K 退休福利计划的推行标志着美国社会保障制度的逐步完善，此后居民储蓄率快速下降，消费和投资意愿提升。这一时期消费龙头企业逐步开拓海外市场实现营收扩张也是牛股诞生的另一大重大助力。

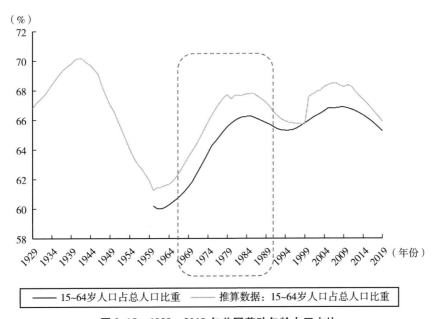

图 3.15 1929～2019 年美国劳动年龄人口占比

资料来源：万得（Wind）。

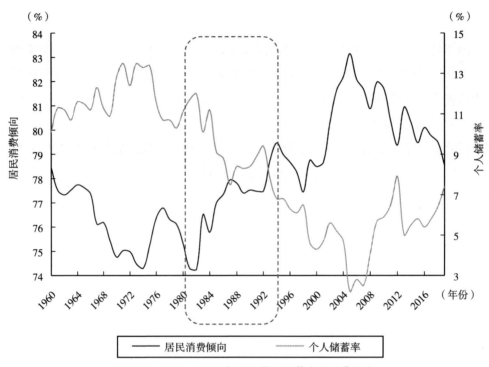

图 3.16　1960～2019 年美国居民储蓄率和消费倾向

资料来源：万得（Wind）。

　　如图 3.17 所示，在"大缓和"时期的大部分时段，消费板块的 ROE 持续高于市场平均 ROE，尤其是必需消费品其盈利非常稳定，在 20% 附近逐年稳步上行；非必需消费品板块和经济周期关联紧密，其盈利波动更大，但在 20 世纪 80 年代前中期以及 90 年代初都大幅高于市场平均水平以及必需消费品板块。80 年代必需和非必需消费品板块的走势基本一致，进入 90 年代后非必需消费品板块盈利急速抬升，大幅跑赢必需消费品（见图 3.18）。

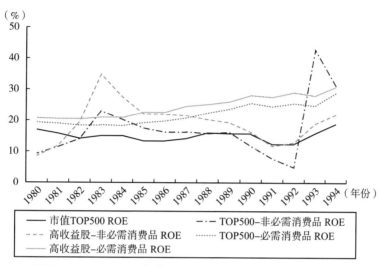

图 3.17　1980～1994 年非必需消费品、必需消费品板块 ROE

资料来源：WRDS。

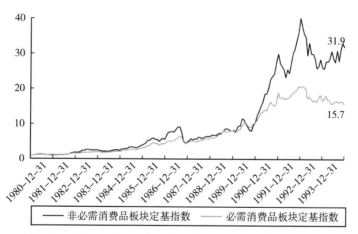

图 3.18　1981～1994 年非必需消费品、必需消费品板块走势

资料来源：WRDS。

　　如图 3.19 和图 3.20 所示，在消费板块的所有细分行业中，零售走势遥遥领先，1981～1994 年累计收益超 60 倍，食品与主食零售最高累计收益超 50 倍，主要依靠 20 世纪 80 年代的稳步上行以及 90 年代初的爆发式上涨。其他非必需消费品中，耐用品和服装行业在 80 年代前后期均有不错表现，汽车和消费者服务整体偏弱，汽车股的高光时刻在 1987 年"股灾"之前，而后走势相对低迷。在稳定盈利的支撑下，必需消费品细分行业稳步上行，食品零售 > 食饮烟草 > 家庭和个人用品。

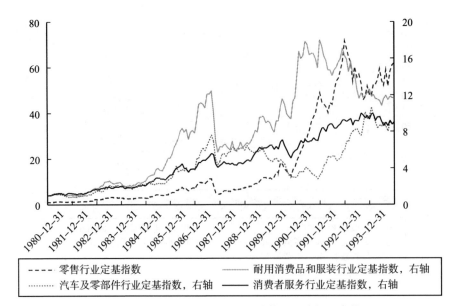

图 3.19　1981～1994 年非必需消费品细分行业走势

资料来源：WRDS。

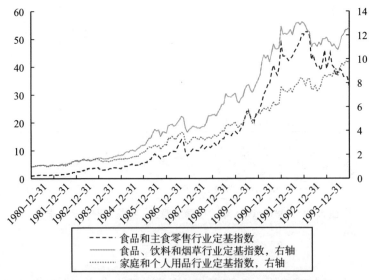

图 3.20　1981～1994 年必需消费品细分行业走势

资料来源：WRDS。

　　如表 3.6 所示，"大缓和"时期消费板块的高收益股主要出现在零售（食品/专业/多线零售）、食饮烟草、服饰、酒店餐厅与休闲、汽车行业，其他细分行业有个别股票涨幅较高。

表 3.6　1981～1994 年非必需消费品板块高收益股（市值 TOP500）

序号	最大上涨倍数	公司名（中文）	公司名（英文）	平均市值（千美元）	市值排序	GICS-11 部门	GICS-24 行业组	GICS-69 行业	GICS-158 子行业
1	316.1	家得宝公司	Home Depot Inc	7 212 460	60	非必需消费品	零售	专业零售	家居装饰零售
2	130.7	盖璞公司	Gap Inc	1 826 099	331	非必需消费品	零售	专业零售	服装零售
3	92.9	迪拉德百货公司	Dillard Department Stores Inc	1 776 519	342	非必需消费品	零售	多线零售	百货商店
4	64.9	Limited 服装公司	Limited Inc	4 473 773	119	非必需消费品	零售	专业零售	专卖店
5	50.6	丽兹克莱伯恩公司	Liz Claiborne Inc	1 641 289	373	非必需消费品	耐用消费品和服装	纺织品、服装和奢侈品	服装、配饰和奢侈品
6	40.0	克莱斯勒公司	Chrysler Corp	5 831 503	73	非必需消费品	汽车及零部件	汽车	汽车制造商
7	27.2	玩具反斗城公司	Toys R Us Inc	4 851 142	106	非必需消费品	零售	专业零售	专卖店
8	24.5	乐柏美公司	Rubbermaid Inc	2 265 393	270	非必需消费品	耐用消费品和服装	家庭耐用品	家庭用品和特色
9	24.1	耐克公司	Nike Inc	1 353 085	455	非必需消费品	耐用消费品和服装	纺织品、服装和奢侈品	鞋类
10	20.6	劳氏公司	Lowes Companies Inc	1 481 886	409	非必需消费品	零售	专业零售	家居装饰零售
11	18.9	马戏团公司	Circus Circus Enterprises Inc	1 442 380	424	非必需消费品	消费者服务	酒店、餐厅与休闲	赌场与游戏
12	18.0	诺德斯特龙公司	Nordstrom Inc	1 720 923	354	非必需消费品	零售	多线零售	百货商店
13	17.6	福特汽车公司	Ford Motor Co	13 729 988	27	非必需消费品	汽车及零部件	汽车	汽车制造商
14	16.7	Price 公司	Price Co	1 416 888	430	非必需消费品	零售	专业零售	专卖店

续表

序号	最大上涨倍数	公司名（中文）	公司名（英文）	平均市值（千美元）	市值排序	GICS-11 部门	GICS-24 行业组	GICS-69 行业	GICS-158 子行业
15	15.9	威富集团	VF Corp	1 616 131	376	非必需消费品	耐用消费品和服装	纺织品、服装和奢侈品	服装、配饰和奢侈品
16	14.0	好市多公司	Price Costco Inc	1 615 555	377	非必需消费品	零售	多线零售	百货商店
17	13.9	华盛顿邮报公司	Washington Post Co	1 565 166	392	非必需消费品	消费者服务	多元化消费者服务	教育服务
18	13.0	H&R 布洛克税务公司	Block H&R Inc	1 798 200	339	非必需消费品	消费者服务	多元化消费者服务	专业消费者服务
19	12.4	普罗姆斯公司	Promus Companies Inc	1 807 072	336	非必需消费品	消费者服务	酒店、餐厅与休闲	赌场与游戏
20	11.9	麦当劳公司	Mcdonalds Corp	9 431 582	47	非必需消费品	消费者服务	酒店、餐厅与休闲	餐厅

资料来源：WRDS、各公司网站、研报、网络信息整理。

　　非必需消费品的 20 只高收益股中有 9 只零售股，分别为家庭装饰品与建材零售商家得宝（Home Depot Inc.）和劳氏（Lowes Companies Inc.）、服装饰品零售商盖璞（Gap Inc.）和 Limited 服装（Limited Inc.）、百货公司迪拉德（Dillard Department Stores Inc.）和诺德斯特龙（Nordstrom Inc.）、玩具连锁店玩具反斗城（Toys R Us Inc.）、连锁零售商好市多（Price Costco Inc.）和 1993 年与好市多合并的 Price Co. 公司。

　　家得宝（Home Depot Inc.）成立于 1978 年，是提供建筑材料、家居饰品、花园产品以及装修安装、装修设备租赁等综合服务的建筑装饰零售商，1981 年于美国纳斯达克市场上市，目前家得宝已成为全球最大的家居装饰商之一。1981～1994 年，家得宝最大涨幅达高达 316 倍，同期可比公司劳式的最大涨幅为 20 倍左右。高增长、低通胀、年轻人口结构带来的家居消费扩张是美国家装零售商在 20 世纪八九十年代的优异表现的基础，见图 3.21、图 3.22。

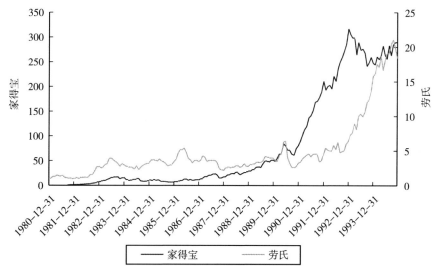

图 3.21　1981～1994 年家得宝、劳氏定基股价

资料来源：WRDS。

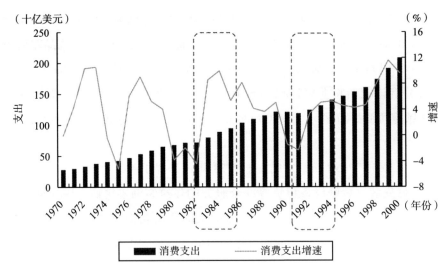

图3.22 1970～2000年美国家具和家用设备消费支出

资料来源：万得（Wind）。

　　而家得宝相对家居行业跑出巨大超额收益的重大驱动在于渠道的迅速扩张。20世纪八九十年代，家得宝独具特色的家居DIY（自己动手做）模式、优质低价产品以及仓储一站式购物环境不断吸引客流，1981年家得宝在全美仅拥有8家门店，到1995年门店数量已迅速攀升至423家，到1999年再翻一倍至930家，1981～1995年平均每年开店28家。与此同时，家得宝单位面积销售额也显著提升，1981年门店单位面积销售额仅102美元，1995年门店单位面积销售额已达到352美元，翻了3倍多。在地域上，家得宝率先拓展行业龙头劳氏布局薄弱的美国西南部地区，"大缓和"时期美国南部"阳光地带"人口比重的不断上升以及随之而来的置业装修需求增长给家得宝提供了广阔的市场拓展空间。[①]

　　除渠道扩张外，领先于同行的经营效率亦让家得宝如虎添翼。在存货管理方面，与一般零售企业先将产品储存在仓库再陆续上架不同，家得宝仓储式门店使产品一经到达门店就能迅速置于卖场相应位置，公司每日对存货进行清点并及时通知供应商补货，提高产品周转效率。家得宝在发展中还不断完善管理信息系统，加强存货追踪管理，到1984年，改造后的信息系统已能实时追踪各门店产品销售情况、毛利水平、周转率等情况，为公司在产品类别选择、存货数量等决策提供依据。此外，大规模、高水平员工也是家得宝竞争力的重要保障。

---

① 陈羽锋、倪娇娇：《家得宝：精准定位市场需求，渠道发力铸造龙头》，华泰证券研究所，2019年。

　　如图 3.23 和图 3.24 所示，1987～1994 年家得宝平均库存周转天数为 61 天，低于竞争对手劳氏的 76 天；综合考虑应收账款和应付账款后的资产周转周期为 41 天，也比劳氏的 51 天更低。1990 年，家得宝的营收规模超过 1941 年成立、1961 年上市的大型家居零售企业劳氏（Lowes Companies Inc.）。1991～1992 年是家得宝资产周转最快、经营效率最高时段，对应其股价飙升；无独有偶，劳式股价急速上涨的 1993 年也是其存货和资产周转效率出现大幅改善的时段，足可见经营效率对零售企业的重要性。

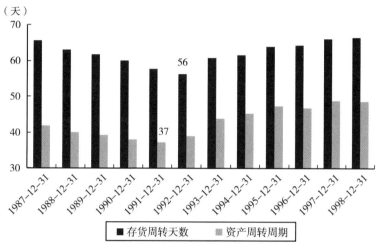

图 3.23　家得宝公司存货、资产周转天数

资料来源：彭博（Bloomberg）。

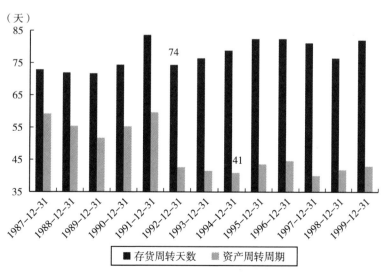

图 3.24　劳氏公司存货、资产周转天数

资料来源：彭博（Bloomberg）。

　　服装饰品零售商盖璞公司（Gap Inc.）和 Limited 服装公司（Limited Inc.）在 1981～1994 年的最大涨幅分别为 131 倍和 65 倍，见图 3.25。盖璞公司创立于 1969 年，早期专注于美式休闲服装市场，主打产品包括牛仔、T 恤、衬衣、卡其裤等衣橱必需品，并先后于 1982 年收购香蕉共和国（Banana Republic）、1994 年创立老海军（Old Navy）品牌，形成了高中低档价位全覆盖的美式休闲服装品牌集团。1986 年盖璞公司创造性地提出了自有品牌专业零售经营（specialty retailer of private label apparel，SPA）模式、通过垂直一体化的经营模式实现快速扩张是其 20 世纪八九十年代大涨的核心原因。1981～1994 年盖璞公司收入和净利润复合增速分别达 17.9% 和 26.8%，如图 3.26～图 3.28 所示。

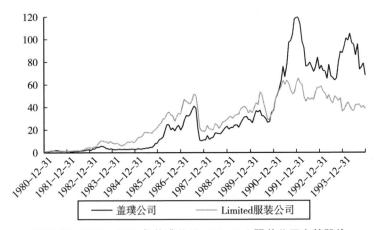

图 3.25　1981～1994 年盖璞公司、Limited 服装公司定基股价

资料来源：WRDS。

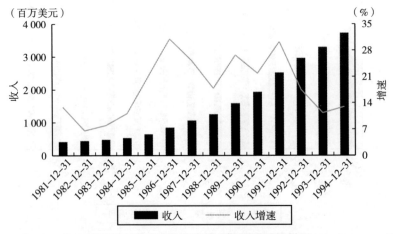

图 3.26　1981～1994 年盖璞公司收入及增速

资料来源：WRDS。

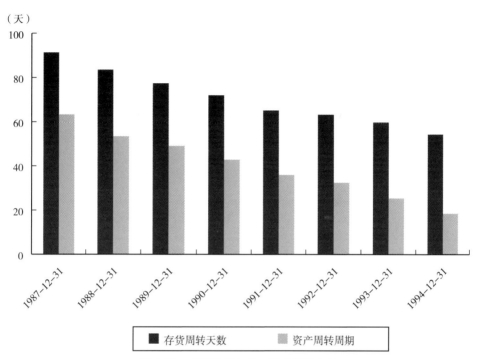

（天）

图 3.27 盖璞公司存货、资产周转天数

资料来源：彭博（Bloomberg）。

SPA 模式是一种企业全程参与商品设计、生产、物流、销售等产业环节的一体化商业模式，由盖璞（GAP）于 1986 年正式提出并凭借此于 20 世纪 80 年代末 90 年代初实现快速扩张，而后 ZARA、H&M、日本优衣库、WORLD 等服装品牌相继运用 SPA 模式获得成功。SPA 模式实质上是一种高效的供应链管理思想，核心在于快速响应和准确供应。一方面，针对服装行业供应链条长而慢与时尚产品需求变化快的矛盾，SPA 模式沿着供应链上下游进行整合，把分散变为集中，加快链条运转速度。比如后续把 SPA 模式做到极致的快时尚巨头 ZARA，从染印、面料、缝制到设计、店铺终端、物流等全方位整合控制，大幅缩短了服装生产及销售的全部周期，产品从规划设计到店铺销售仅用两周时间，而传统服装企业这个周期至少要 6~9 个月。另一方面，针对畅销品缺货、滞销品积压的供需不匹配问题，SPA 模式采取了以消费者的需求为起点、从消费者向生产者的"拉"动模式，基于对消费数据、成本以及流行趋势分析来进行产品开发设计，尽可能降低市场预判失误和库存风险。①

Limited 服装公司（Limited Inc.）是美国老牌女装零售商，1980 年创办时装零售商 Express，1982 年收购维多利亚的秘密（Victoria's Secret）等一系列服装品牌，维多利亚的秘密销售额的大幅增长支撑了 20 世纪八九十年代 Limited 服装公司保持较高营收水平，收入和净利润复合增速分别达 27% 和 33%。

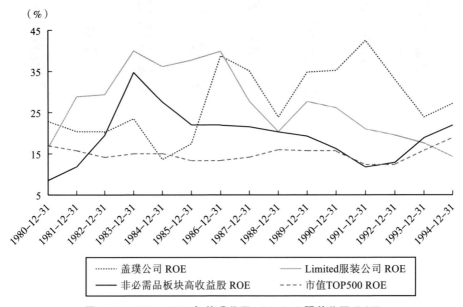

图 3.28　1981～1994 年盖璞公司、Limited 服装公司 ROE

资料来源：WRDS。

迪拉德百货公司（Dillard Department Stores Inc.）和诺德斯特龙百货公司（Nord-strom Inc.）在 1981～1994 年的最高涨幅分别为 93 倍和 18 倍，如图 3.29 所示。中高端百货公司告别 20 世纪 70 年代"大滞胀"环境下的低迷，迎来八九十年代的蓬勃发展，最主要的驱动因素仍然是高增长、低通胀对居民购买力及消费意愿的提振。

---

① 郝凤茹：《为什么 ZARA、优衣库、GAP 都是"SPA 模式"？》，搜狐，https://www.sohu.com/a/166720671_398293，2017 年。

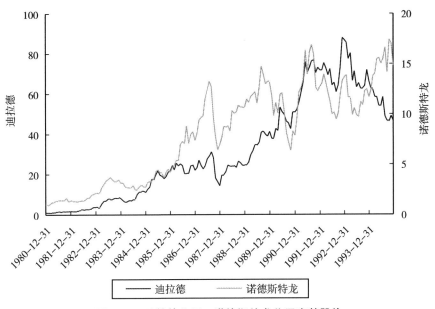

图 3.29　迪拉德公司、诺德斯特龙公司定基股价

资料来源：WRDS。

迪拉德百货公司（Dillard Department Stores Inc.）是创立于 1938 年的中高档百货连锁店，迪拉德在 20 世纪八九十年代的快速上涨与其不断收购其他地区连锁店、版图大规模向全国扩张密不可分。1984 年，迪拉德百货公司向代顿·哈德森（Dayton Hudson）公司支付 1.4 亿美元收购在美国西南部的 18 家约翰·A. 布朗（John A. Brown）商店和 12 家钻石（Diamond）商店；1985 年以 1 亿美元的价格收购了位于密苏里州堪萨斯城以及堪萨斯州托皮卡和威奇托的 12 家梅西百货商店；1989 年，迪拉德收购了由 12 家俄亥俄州的百货公司和专卖店组成的希格比（Higbee）公司以及在路易斯安那州、密西西比州、亚拉巴马州和佛罗里达州拥有 17 家连锁店的 DH 霍尔姆斯公司（DH Holmes Company）；1990 年向 BAT 工业（BAT Industries）支付了 1.1 亿美元，收购了 JB 艾维公司（JB Ivey & Company）在卡罗来纳州和佛罗里达州的 23 家商店等；迪拉德的全国扩张延续至 90 年代。

诺德斯特龙百货公司（Nordstrom Inc.）也是定位于中高端消费人群的综合百货公司，以优越服务闻名于世。诺德斯特龙创立于 1901 年，20 世纪六七十年代实现从单一品类零售商向多元化百货的转变，70 年代美国滞胀使得"物美价廉"的折扣店等超市业态飞速发展，而中高端百货业普遍低迷。这一阶段，诺德斯特龙公司精耕细作美国西部大本营附近区域门店，深入了解周边客群需求，力争与其他百货公司做出差异化服务。1980 年左右，诺德斯特龙公司已经基本形成了中高端定位。80 年代中期，诺德斯特龙在扩大西部门店的同时，开启向东部乃至全国的拓展，1988 年 3 月在东海岸华盛顿特区外开设了第一家门店，1989 年开设了位于五角大楼购物中心的华盛顿特区第二家门店。伴随着快速扩张，诺德斯特龙的高质量服务和多品类商品使其在国内零售竞争者中脱颖而出，1985 ~ 1988 年，公司净利润复合增速约为 32%，对应股价涨幅最快时段，见图 3.30。①

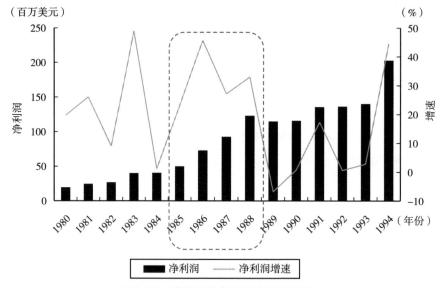

图 3.30　诺德斯特龙公司净利润及增速

资料来源：WRDS。

　　连锁零售商好市多公司（Price Costco Inc.）和 Price 公司（Price Co.）在 1981 ~ 1994 年的最大涨幅分别为 14 倍和 16.7 倍，如图 3.31 所示，在此我们主要探讨更有代表性的好市多公司取得高收益的主要驱动力。

　　好市多公司创立于 1983 年，1993 年与 Price Co. 合并成立 Price Costco.，后于 1999 年更名为"Costco Wholesale Corporation"，目前是全球第三大以及美国第一大连锁零售型、会员制仓储式量贩店。

----

　　①　欧亚菲：《诺德斯特龙（Nordstrom）——美国中高端百货发展的典范》，广发证券研究所，2012 年。

图 3.31　1985～1994 年好市多公司定基股价

资料来源：WRDS。

好市多公司的商业模式核心特点在于：以低价优质商品引流，以会员费获利。在商品销售端，通过低价优质的商品和少量爆款同规格商品（SKU），带来单品更高的销售量和更高的周转效率，而高销量和高周转又反过来推动销售成本和运营费用的降低，形成正向循环；会员费为好市多公司的主要利润来源，会员费收入和公司净利润规模基本相等，推进公司业绩实现持续高质量的成长。

在发展初期的 20 世纪 80 年代，好市多公司从进货渠道相对匮乏的小型商业化客户入手，并选择从西北部向西海岸其他地区扩张，避免了与成熟对手沃尔玛、塔吉特在东部和北部市场展开直面竞争，形成客群差异化。客户的快速增长带动盈利能力的持续提升，支撑 1992 年之前股价的快速上涨。90 年代前期公司业绩下滑主要受原"Price Club"门店经营拖累以及后续再拆分产生一次性费用影响。[1][2]

"大缓和"时期共产生 3 只高收益服装股（见图 3.32），分别是丽兹克莱伯恩公司（Liz Claiborne Inc.）、耐克公司（Nike Inc.）以及威富集团（VF Corp.），在 1981～1994 年的最高涨幅分别为 51 倍、24 倍和 16 倍。

丽兹克莱伯恩公司（Liz Claiborne Inc.）于 1976 年在曼哈顿成立，主营女装设计和销售，产品还包括男装、运动服饰、配饰和香水产品等。2012 年更名为"Fifth &

---

[1]　樊俊豪等：《Costco 的成功没有秘密》，中金公司研究所，2019 年。
[2]　王俊杰、金秋：《Costco，品质与价格的极致追求，以顾客为本的最佳典范》，兴业证券研究所，2019 年。

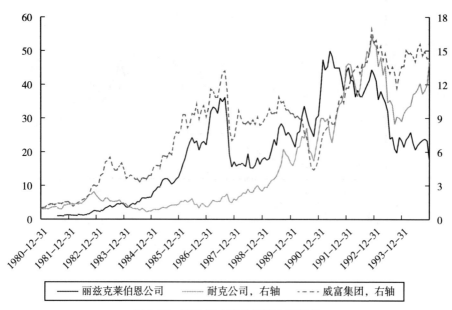

图 3.32　服饰行业高收益股定基股价

资料来源：WRDS。

Pacific Companies, Inc."，2014 年再更名为"Kate Spade & Company"，现为美国跨国奢侈品时尚控股公司泰佩思琦（Tapestry，原蔻驰公司）所有。丽兹克莱伯恩公司在 20 世纪 80 年代的迅猛发展关键在于瞄准了职业女性这一利基市场，当时美国"婴儿潮"一代女性以创纪录的数量进入劳动力市场，丽兹克莱伯恩公司开始为她们提供职业服装。丽兹克莱伯恩公司忽略了传统的春秋两季，而是选择了早春、春一、春二、夏、秋、冬等六个销售时段，每两个月为消费者提供新款式。这些短周期允许更频繁地更新款式并在适当的季节将衣服放在架子上。两个额外的周期填补了闲置期，有利于降低库存成本，实现更为高效的运营。1988 年是丽兹克莱伯恩公司跻身《财富》工业公司 500 强之列，也是有史以来最年轻的获此殊荣的公司之一。

耐克公司（Nike Inc.）创立于 1962 年，前身为蓝丝带体育用品公司，主要在美国代理日本鬼冢跑鞋，1972 年正式更名为耐克，1980 年上市，是目前全球市占率第一的运动服饰龙头，旗下目前运营耐克、乔丹和匡威三大品牌。

20 世纪 70 年代，美国慢跑风潮兴起，耐克超越阿迪达斯位居美国市场第一，但80 年代英国锐步进入美国后，精准把握住了运动服饰休闲化和健身运动发展的潮流，主打大众健身穿着和女性运动休闲服饰，至 1987 年在美国的市占率达 30%，超越耐克成为全美乃至全球第一大运动品牌，这一阶段耐克在美国营收和利润都有所下滑，市值受到压制。

为了应对竞争冲击，20 世纪 80 年代中期耐克从产品、营销以及海外市场等方面积极发力，于 1988 年成功实现反超。产品方面，耐克依托技术创新，发力 Air Jordan、Air Max 等拳头鞋品，并顺应健身风潮推出健身鞋，以及加快拓展服装品类，实现营收大增，如表 3.7 所示；品牌营销方面，1984 年签约迈克尔·乔丹为耐克 Air 代言人，推出 Air Jordan 系列篮球鞋，并开始建立完整的明星挖掘体系，1988 年提出"Just Do It"广告语深入人心，品牌影响力不断提升。海外拓展方面，1981 年成立全资子公司耐克国际，正式开启国际化步伐。在英国、法国、德国、加拿大、日本等国直营，其他市场则由经销商或特许经营，供应链实现 90% 海外生产。1981～1990 年耐克海外营收由 0.17 亿美元增至 4.80 亿美元，复合年均增长率（CAGR）达 40%，欧洲市场持续稳增，海外市场占比最高达 27%。1988～1993 年耐克净利润 CAGR 近 50%，1988 年市占率回升至 25%，1990 年耐克以 22.4 亿美元的总收入略超锐步，成功登顶全球销售规模最大的运动品牌，见图 3.33～图 3.35。①②

表 3.7　　　　　　　　　　　20 世纪耐克公司的代表技术和产品

时间	鞋款	技术
20 世纪 70 年代初	耐克 Waffle Trainer	华夫格鞋底：抓地力更强、增强缓冲功能、提高舒适度
20 世纪 70 年代末	技术革新	空气软垫 Air 技术：增强缓震功能、提高舒适度
1984 年	Air Jordan 系列篮球鞋	
1987 年	耐克 Air Max 1	空气软垫 Air 技术：增强缓震功能、提高舒适度

资料来源：公司官网、网络信息整理。

---

① 史琨等：《耐克六十年风雨启示录》，中信建投证券研究所，2019 年。
② 孙妤、刘丽：《从海外巨头 Nike 及 Adidas 兴衰探寻运动品牌长青之道》，招商证券研究所，2019 年。

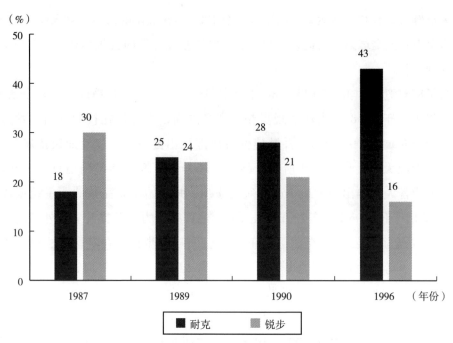

图 3.33　耐克公司和锐步公司在美国市场的份额

资料来源：全国品牌网、中信建投证券。

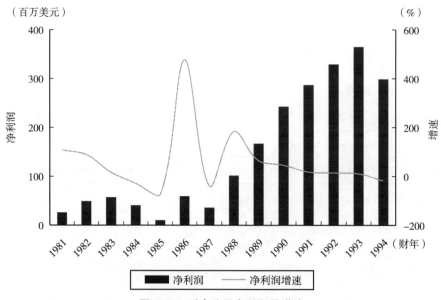

图 3.34　耐克公司净利润及增速

资料来源：WRDS。

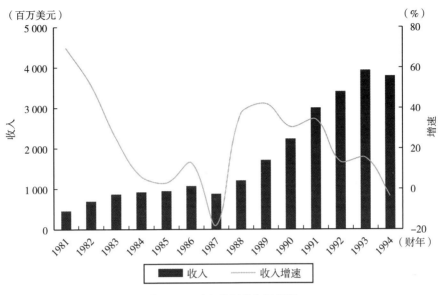

图 3.35　耐克公司收入及增速

资料来源：WRDS。

　　威富集团（VF Corp.）于 1899 年以手套制造起家，1919 年发展成为丝织厂，1969 年在纽交所上市。收购是威富集团壮大的主要驱动力量，也是其主要的商业扩张模式，见表 3.8。威富集团收购的领域涉及牛仔、泳衣、背包、橄榄球服、棒球服、赛车服、冲浪服等多个领域，也通过收购进军欧洲、拉美、亚洲市场。集团对所收购的品牌灵活应对，对于利润率不高领域及时退出。威富集团长期执行收购战略的根本目的是：在全球范围内、在不同的消费渠道里面做好平衡部署，以多元化的业务方向、目标人群、品牌认知的组合来降低集团的整体经营风险。威富集团在 20 世纪 80 年代的上涨也是公司成功收购扩张的结果。生产方面，集团主要在美洲、亚洲等相对低成本的国家进行，在美洲地区的生产量能保证美洲地区的大比重销售需求，减小库存运营压力；而在亚洲地区的生产量的配置则充分利用低廉的成本，保证除美国以外新兴市场的销售需求，使威富集团实现有竞争力的成本管理。销售方面，威富集团通过零售商组成的各种分销渠道、自有店铺以及网络途径，在全球 150 多个国家销售。[1]

---

　　[1]　花小伟：《兼并收购成巨头，牛股 VF 成长之路》，中信建投证券研究所，2015 年。

表 3.8　　　　　　　　　　　　　20 世纪威富集团的重要并购案例

时间	并购事件
1969 年	名利场（Vanity Fair）通过收购李（H. D. Lee）公司进入牛仔服市场，随后更名为 VF 公司
1986 年	威富通过兼并"蓝钟公司"，使规模增长了一倍，成为全球最大的上市服装公司，并拥有来自蓝钟公司旗下的兰格勒（Wrangler）、罗斯特勒（Rustler）等牛仔品牌，简瑟（Jantzen）游泳服品牌、杰斯泊（JanSport）背包品牌和红色卡普（RedKap）工作服品牌。在全球年 60 亿美元的牛仔服装销售中成功占据了 1/4 的市场份额后，威富成为世界第二大的牛仔服生产商
20 世纪 90 年代	随后几年内，威富通过收购不断壮大，先后兼并 Vassarette、Healthtex、Nutmeg、H. H. Cutler 公司以及法国和西班牙的几个内衣品牌，威富开始进军欧洲市场
1999 年	威富通过收购阿根廷的先锋牛仔品牌"UFO"，成功进军拉丁美洲市场
2000 年	威富收购 The North Face 和 Eastpak、Chic、Gitano（牛仔品牌）、HIS（德国的知名牛仔品牌）

资料来源：威富集团官网。

　　酒店餐饮和休闲行业有 3 只高收益股：马戏团公司（Circus Circus Enterprises Inc.）、普罗姆斯公司（Promus Companies Inc.）和麦当劳公司（Mcdonalds Corp.），前两只主营博彩酒店，另一只为 20 世纪 70 年代就凭借产品创新和独特商业模式带来的成本优势在大滞胀背景下表现出色的麦当劳。

　　麦当劳公司（Mcdonalds Corp.）在 20 世纪 80 年代延续优异表现首先依托于经济繁荣、中青年人口占比上升（婴儿潮一代）所带来的消费扩张（见图 3.36）；其次，二战后女性就业率提升、家庭外出就餐需求大增以及对出餐效率要求的不断提高也给严格执行标准化的麦当劳带来机会（见图 3.37）。产品方面，在 60～70 年代进行了大量产品创新后，80 年代麦当劳持续积极研发，进一步丰富了菜单以适应不断变化的消费者口味，如 1983 年推出后续几十年大受市场欢迎的麦乐鸡，1987 年即食沙拉的引入吸引了更多注重健康的消费者。此外，这一时期美国国内快餐市场固化、行业竞争越发激烈，麦当劳在国际市场的扩张也为其带来新的增长动力，麦当劳凭借特许经营模式以及标准化的管理流程在全国乃至全球范围内快速复制门店，公司上市时共有 637 家门店，1976 年发展到 4 000 家，1988 年已达 10 000 家，中国第一家麦当劳门店于 1990 年在深圳开业，创下单店单天营业额纪录。①②

---

① 王薇娜：《从麦当劳看美式快餐系列》，华创证券研究所，2018 年。
② 林思婕、郭海燕：《麦当劳：全球餐饮连锁标杆》，中金公司研究所，2019 年。

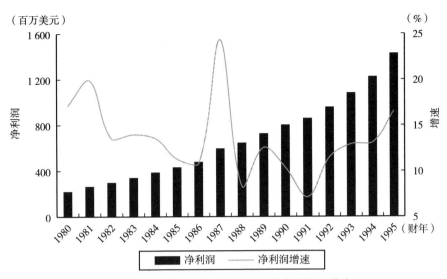

图 3.36　20 世纪八九十年代麦当劳净利润及增速

资料来源：WRDS。

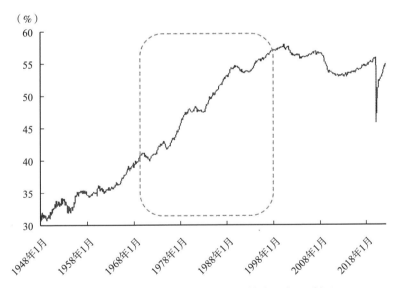

图 3.37　美国二战后 16 岁及以上女性就业率（季调）

资料来源：万得（Wind）。

　　汽车作为耐用消费品，有着明显的周期性。如图 3.38 所示，20 世纪 70 年代石油价格飙升、利率连续上行造成美国汽车销量大幅下滑，且大滞胀背景下消费者尤其重视车型的紧凑和燃油经济性，日本、欧洲品牌凭借耗油少、续航里程长在美国打开市场，经典车型如本田思域（Honda Civic）和丰田花冠（Corolla）等，而过去一直生产大型、豪华车型的底特律三巨头（通用、福特、克莱斯勒）则在这个阶段经历了市占率下滑，虽然后续均推出小型车产品，但是未能保持其原有的市场地位，见图 3.39、图 3.40。

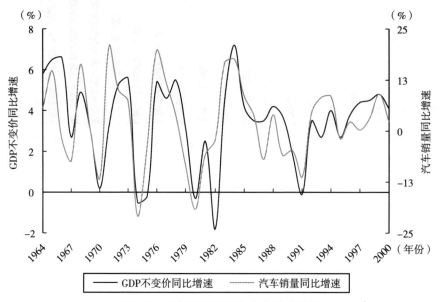

图 3.38　美国经济增速与汽车销量增速

资料来源：万得（Wind）。

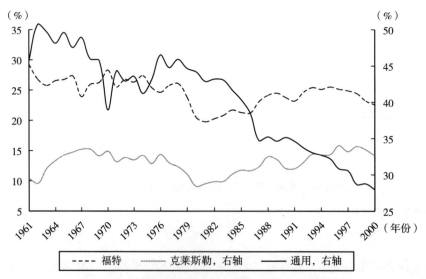

图 3.39　美国三大车企汽车销售市场份额占比变化

资料来源：CEIC。

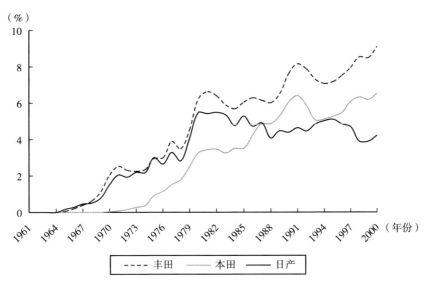

图 3.40 日系汽车在美国汽车销市场份额占比变化

资料来源：CEIC。

20 世纪 80 年代美国摆脱滞胀走向繁荣，石油价格及利率回归低位刺激了汽车销量再度回暖，消费者重新拥抱时尚消费文化。与此同时，随着"婴儿潮"一代青年人纷纷成家立业，轻型卡车（SUV、皮卡、小型货车）很好地满足了 80 年代消费者对于经济性和实用性的双重诉求，空间更大的同时还具备一定的载货功能，1985～1995 年轻卡车型占美国市场份额从 25% 上升至 40%，底特律三巨头调整其产品组合，转向轻型卡车生产，成功捍卫市场份额。这一时期的代表车型包括福特福睿斯（Escort）、第二代福特野马（Mustang Ⅱ）、克莱斯特的普利茅斯捷龙（Plymouth Voyager）和福特 F 系列皮卡等。①

20 世纪 80 年代末 90 年代初，美国经济回落叠加第三次石油危机引发的油价上行，再次抑制了汽车股的表现，直至 1992 年经济全面复苏，美国汽车股再次大涨，见图 3.41。

---

① 高登、高伊楠：《复盘 80—90 年代北美车市风云，看平台型零部件巨头如何诞生》，长江证券研究所，2022 年。

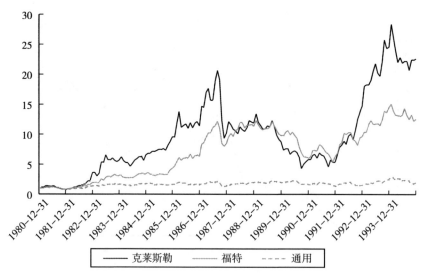

图 3.41　1981～1994 年汽车高收益股定基股价

资料来源：WRDS。

　　1981～1994 年美国整车制造三巨头中的克莱斯勒公司（Chrysler Corp.）、福特公司（Ford Motor Co.）最高涨幅分别为 40 倍和 17.6 倍，"大缓和"时期汽车股行情主要集中在 20 世纪 80 年代前中期和 90 年代初。

　　克莱斯勒公司（Chrysler Corp.）在 20 世纪 70 年代遭遇财务危机，公司雇用著名的前福特汽车总裁李·亚科卡担任总裁，并寻求美国政府的经济援助。1980 年 1 月，美国总统卡特签署同意克莱斯勒贷款法案后，克莱斯勒得到 15 亿美元政府担保贷款，推出畅销的 K 型系列轿车，并于 1982 年转亏为盈，次年公司就提前七年还清政府贷款。投资大师彼得林奇看到了克莱斯勒新车型的潜力，于 1981 年以 6 美元/股买入股票。而后克莱斯勒在不到两年的时间里上涨了 5 倍，在 5 年的时间里上涨了 15 倍，铸就了彼得林奇成功的困境反转投资案例。

　　在宏观驱动因素外，推出的畅销车型对于车企来说至关重要，如克莱斯勒在 1983 年上市的多用途汽车（MPV）普利茅斯捷龙、1992～1993 年推出的吉普大切诺基（Jeep Grand Cherokee）一经面世便大受市场欢迎，爆款车型的销量大增直接带来股价飙升。[1]

　　福特汽车公司（Ford Motor Co.）由亨利·福特于 1903 年创立，以"生产面向大

---

　　[1]　汪伟杰：《以美国为鉴，探寻销量波动之源；我国车市仍具空间，把握消费风潮》，国元证券研究所，2020 年。

众的平价汽车"为经营策略，福特推出的经典 T 型车以及流水生产模式对汽车普及以及整个汽车行业的发展起到了重要推动作用。20 世纪 70 年代福特同样在高油价以及日系车的冲击下销量下滑，环保政策带来的成本提高和自身产品质量缺陷更令公司举步维艰。

随着宏观环境的好转，20 世纪 80 年代福特实现了从危机到复兴的发展，最为关键的是这一时期福特推出多款畅销车型，市占率得以提升。如 80 年代越来越多消费者倾向于购买轻型卡车，福特的航空之星（Ford Aerostar）客货两用车和福特伊科诺利（Ford Econoline）客货两用车一度成为福特公司最畅销的车型，福特在美国卡车市场上的份额达到了 40%，其 F 系列连续 14 年成为美国最受欢迎的车型，并连续 19年成为美国最畅销的卡车；再如 1985 年福特推出设计精良的金牛座（Taurus）汽车，受到市场的广泛欢迎，从 1985 年发布到 2007 年首次退出，福特共组装了超过 750 万辆金牛座车型，金牛座是 1992～1996 年美国最畅销的汽车车型；还有 1991 年推出的运动型多功能车（SUV）探险者（Explorer）是 90 年代美国销量最高的 SUV，上市后的第一年销量就高达 25 万辆，帮助福特脱离 1990 年的第三次石油危机和 1991 年海湾战争导致的经济困境。[①]

必需消费品的 17 只高收益股中有 4 只食品零售股，1 只药品零售股，其余 12 只为食品/饮料/烟草/个人用品企业，见表 3.9。

"大缓和"时期食品零售行业高收益股包括沃尔玛超市（Wal-Mart Stores Inc.）、艾伯森公司（Albertsons Inc.）、西斯科公司（Sysco Corp.）、美国商店（American Stores Co.），沃尔格林公司（Walgreen Co.）为药品零售行业高收益股。

沃尔玛超市（Wal-Mart Stores Inc.）在 20 世纪 70 年代通过大力发展"折扣店"，为顾客带来高性价比产品，在滞胀背景下获得稳定客流，实现最高 11.7 倍的涨幅。80 年代是沃尔玛发展的"黄金十年"，公司通过"内生＋外延"实现区域化向全国化的发展，公司收入从 1980 财年的 12 亿美元增长到 1994 财年的 673 亿美元，复合年均增长率（CAGR）达到 32.94%；净利润从 0.41 亿美元到 23 亿美元，CAGR 达到 33.43%。1990 年沃尔玛销售额达到 260 亿美元，超过百年老牌零售企业西尔斯，从区域龙头发展成为全美第一大零售公司，1981～1994 年最高上涨超 68 倍。

---

① 汪刘胜、杨献宇：《福特汽车：汽车行业的推动者》，招商证券研究所，2020 年。

表3.9 1981～1994年必需消费品板块高收益股（市值TOP500）

序号	最大上涨倍数	公司名（中文）	公司名（英文）	平均市值（千美元）	市值排序	GICS－11 部门	GICS－24 行业组	GICS－69 行业	GICS－158 子行业
1	68.5	沃尔玛超市	Wal Mart Stores Inc	24 627 309	7	必需品	食品和主食零售	食品和主食零售	大型超市和超级购物中心
2	30.2	箭牌公司	Wrigley William Jr Co	1 835 707	329	必需品	食品、饮料和烟草	食品	包装食品和肉类
3	22.7	艾伯森公司	Albertsons Inc	3 113 673	177	必需品	食品和主食零售	食品和主食零售	食品零售
4	21.6	吉列公司	Gillette Co	5 645 859	80	必需品	家庭和个人用品	个人产品	个人产品
5	19.8	可口可乐公司	Coca Cola Co	25 245 393	6	必需品	食品、饮料和烟草	饮料	软饮料
6	19.7	美国烟草公司	U S T Inc	2 716 330	212	必需品	食品、饮料和烟草	烟草	烟草
7	19.2	萨拉李公司	Sara Lee Corp	5 734 765	78	必需品	食品、饮料和烟草	食品	包装食品和肉类
8	17.3	沃尔格林公司	Walgreen Co	2 531 947	228	必需品	食品和主食零售	食品和主食零售	药品零售
9	16.7	西斯科公司	Sysco Corp	2 203 591	280	必需品	食品和主食零售	食品和主食零售	食品分销商
10	15.4	凯洛格公司	Kellogg Co	7 296 440	56	必需品	食品、饮料和烟草	食品	包装食品和肉类
11	14.7	菲利普莫里斯公司	Philip Morris Cos Inc	28 745 578	5	必需品	食品、饮料和烟草	烟草	烟草
12	14.2	美国商店	American Stores Co	1 797 083	340	必需品	食品和主食零售	食品和主食零售	食品零售
13	13.2	百事可乐	Pepsico Inc	13 651 227	29	必需品	食品、饮料和烟草	饮料	软饮料
14	12.8	康尼格拉公司	Conagra Inc	3 356 982	168	必需品	食品、饮料和烟草	食品	包装食品和肉类
15	12.7	好时食品公司	Hershey Foods Corp	2 028 942	303	必需品	食品、饮料和烟草	食品	包装食品和肉类
16	12.3	金宝汤公司	Campbell Soup Co	5 207 360	95	必需品	食品、饮料和烟草	食品	包装食品和肉类
17	12.3	安海斯布希公司	Anheuser Busch Cos Inc	8 158 391	51	必需品	食品、饮料和烟草	饮料	啤酒厂

资料来源：WRDS、各公司网站、研报、网络信息整理。

20世纪80年代沃尔玛通过"逐步填满"策略进行本土扩张，同时积极并购同行业公司，如1981年并购折扣连锁百货店Big K，抢先塔吉特进入伊利诺伊、亚拉巴马、南卡罗来纳、佐治亚等13个州，排除潜在对手、抢先布局美国东南部；而后围绕阿肯色州向周边地区层层推进，1984年进入艾奥瓦州、新墨西哥州、北卡罗来纳和弗吉尼亚州，1985年准备向伊利诺伊、印第安纳州扩展，1986年进入威斯康星，1987年公司进入对手塔吉特的总部明尼苏达。在收购扩张过程中，沃尔玛不断增加物流中心建设以满足越来越庞大的商品物流需求。大规模集采也有效降低了采购成本，为顾客提供的更低价格以抢占市场。

在全国扩张的过程中沃尔玛并没有固守折扣店单一业态的发展，而是紧盯国内经济发展形势和消费者需求变化而孵化更多业态：1983年设立面向中高端顾客，提供大包、优质、低单价商品的山姆会员店；1988年设立满足"一站式"购物需求的购物中心等。沃尔玛不断扩大目标客群，实现连续增长，见图3.42、图3.43。[1][2]

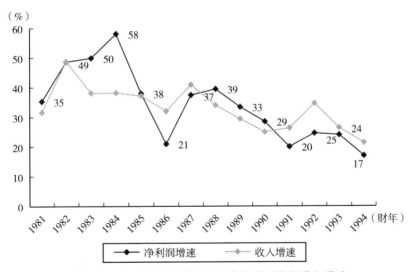

图3.42　20世纪80年代沃尔玛超市净利润和收入增速

资料来源：WRDS。

① 史琨等：《从美国超市发展史复盘沃尔玛》，中信建投证券研究所，2019年。

② 王俊杰、金秋：《沃尔玛经营历程和股价走势深度复盘，以供应链之手，执低价之矛》，兴业证券研究所，2018年。

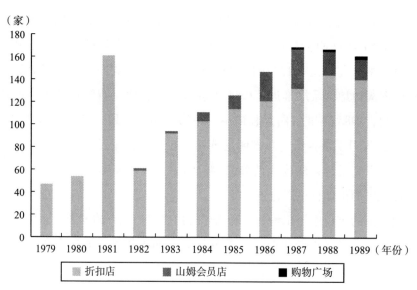

图 3.43　20 世纪 80 年代沃尔玛新开门店数量

资料来源：WRDS、兴业证券。

　　20 世纪 80 年代美国民众旺盛的消费需求造就了食品（药品）零售市场的繁荣，如图 3.34、图 3.35 所示。这一时期通过加速开店以及外延并购的方式在全美范围内快速扩张成为企业营收增长和股价上行的主要驱动力。

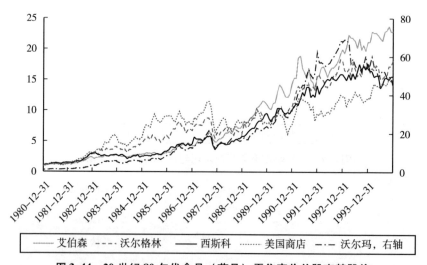

图 3.44　20 世纪 80 年代食品（药品）零售高收益股定基股价

资料来源：WRDS。

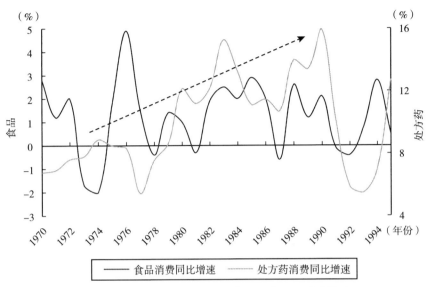

图 3.45　20 世纪 80 年代美国食品（药品）消费增速

资料来源：万得（Wind）。

艾伯森公司（Albertsons Inc.）创立于 1939 年，是仅次于克罗格的北美第二大连锁超市。20 世纪 70 年代中期艾伯森开启扩张步伐，1974 年收购了位于加利福尼亚北部的四家蒙特马特（Montemart）连锁店；1978 年从费雪食品（Fisher Foods）购买了法齐奥购物袋连锁店（Fazio's Shopping Bag），在南加州增加了 46 家商店。80 年代艾伯森继续增加店面，在这十年中建立或收购了大约 283 家商店。1988 年在俄勒冈州波特兰市建立了其第一个全机械化配送中心；1989 年，艾伯森在加利福尼亚州的特曼库拉开设了第 500 家门店。艾伯森在 90 年代继续大力扩张，于 1998 年收购了美国商店（American Stores Co.），这也是其最大一笔收购，此次收购让艾伯森一度成为美国最大的食品和药品运营商，在 37 个州拥有超过 2 500 家门店（包括独立药店）。

西斯科公司（Sysco Corp.）于 1969 年创立，是全球最大的餐饮服务产品营销商和分销商，为餐馆、学校、医院、疗养院、酒店、企业和其他餐饮服务客户提供食品及相关产品和服务。20 世纪 80 年代，西斯科通过收购实现快速增长。1984 年，西斯科从竞争对手——萨拉·李公司购买了莫那时（PYA/Monarch）旗下的三家公司；西斯科最大的收购之一发生在 1988 年，当时公司以 7.5 亿美元的价格收购了当时该国第三大食品分销商 CFS 大陆公司（CFS Continental Inc.）。西斯科在 80 年代后期还对食品服务分销商进行了几次较小的收购。90 年代初，西斯科继续推进收购步伐，进一步扩大了公司的地理分布。到 20 世纪末，西斯科销售额已达到 68.5 亿美元，在餐饮服务分销领域的规模是其竞争对手的两倍，在整个餐饮服务行业中仅次于麦当劳。

美国商店（American Stores Co.）1917～1998 年间在美国经营连锁超市和药店。与其他零售高收益股票类似，在 20 世纪 80 年代也通过一系列重大合并来扩大规模。

沃尔格林公司（Walgreen Co.）是美国最大的连锁药店，2012～2014 年沃尔格林完成对欧洲最大药品分销商联合博姿（Alliance Boots）100% 股权的收购，两家公司共同组成了新的控股公司沃尔格林联合博姿，沃尔格林成为新控股公司旗下的子公司，在纳斯达克市场上以"WBA"作为交易代号。20 世纪 80 年代药店的增长依托于处方药整体使用量上升的行业趋势，在这个过程中，沃尔格林在发展丰富产品系列的同时始终坚守"处方药销售"的核心业务优势；沃尔格林在店面选址（交通便利）以及服务（24 小时营业）上相对同行也具备较强的竞争优势；此外，沃尔格林同样通过收购实现快速扩张，如 1981 年沃尔格林收购 21 家克罗格 SuperRx 药店、1986 年购买 66 家 MediMart 药店，1994 年沃尔格林药店数达 2 000 家；内外因共同造就其八九十年代的高增长。[①]

必需消费品的 17 只高收益股中有 12 只为食品/饮料/烟草/个人用品企业，其中箭牌公司（Wrigley William Jr Co.，最高涨幅 30 倍）、萨拉·李公司（Sara Lee Corp.，最高涨幅 19.2 倍）、家乐氏公司（Kellogg Co.，最高涨幅 15.4 倍）、康尼格拉公司（Conagra Inc.，最高涨幅 12.8 倍）、好时食品公司（Hershey Foods Corp.，最高涨幅 12.7 倍）、金宝汤公司（Campbell Soup Co.，最高涨幅 12.3 倍）属于食品生产和销售企业；可口可乐公司（Coca Cola Co.，最高涨幅 19.8 倍）、百事可乐公司（Pepsico Inc.，最高涨幅 13.2 倍）主要生产销售软饮料；安海斯－布希公司（Anheuser Busch Cos Inc.，最高涨幅 12.3 倍）主要产品为啤酒；美国烟草公司（UST Inc.，最高涨幅 19.7 倍）、菲利普莫里斯公司（Philip Morris Companies Inc.，最高涨幅 14.7 倍）为烟草企业；吉列公司（Gillette Co.，最高涨幅 21.6 倍）主营个人产品的制造与销售。

食品公司的股价与净利润增速分别见图 3.46 和图 3.47。

① 刘宛岚、张建全：《美国医药零售巨头 Walgreen 的线上线下之路》，虎嗅网，https://www.huxiu.com/article/17153.html，2013 年。

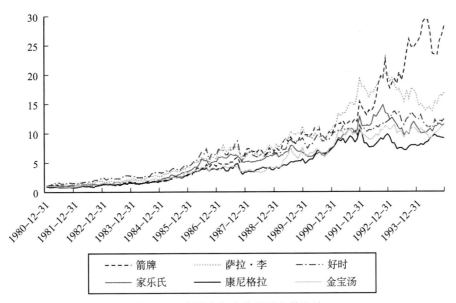

图 3.46　食品企业高收益股定基股价

资料来源：WRDS。

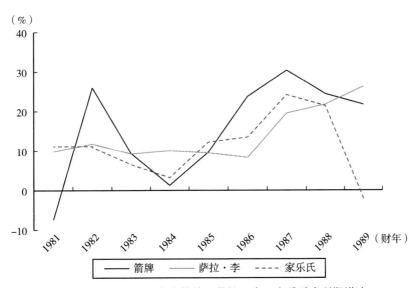

图 3.47　20 世纪 80 年代箭牌、萨拉·李、家乐氏净利润增速

资料来源：WRDS。

箭牌公司（Wrigley William Jr Co.）创始于 1891 年，是世界上主要的口香糖生产商。箭牌在 20 世纪 80～90 年代的高增长首先受益于其在口香糖业务上的专注，公司拒绝在口香糖业务之外实现多元化。专一战略不仅使"箭牌"成为口香糖的代名词而鲜有替代品，还能够聚焦于提高生产力、降低成本，其销售成本占收入百分比从 1980 年的 51.6% 降至 1987 年的 43.3%。成本控制上的优势也让箭牌保持低于同行的销售价格，最终占据大部分市场。其次，箭牌的繁荣也很大程度上归功于其持续的产品开发，该公司凭借"黄箭"（Juicy Fruit）、"白箭"（Wrigley's Spearmint）和"绿箭"（Doublemint）品牌开始声名鹊起，但它并未止步于此。80 年代初期，受制于国内市场普遍成熟以及牙医对口香糖导致蛀牙的担忧加剧，整个行业的销售额有所下降，箭牌的回应是 1984 年推出益达（Extra），用阿斯巴甜（商品名称"Nutrasweet"）代替糖精来增甜，并在后续推出益达新口味，大量的营销使益达迅速超越了销售无糖口香糖的第二大公司 RJR 纳贝斯克公司（RJR Nabisco Inc.）。80 年代箭牌的新产品还包括为假牙佩戴者推出的飞腾（Freedent）口香糖以及十几种流行的口香糖，如"大联盟嚼"（Big League Chew）等。"大缓和"时期箭牌在广告宣传上的成功亦对其销量大有助益。此外，进入 90 年代后，箭牌和其他美国消费品公司一样开启国际扩张步伐，重点在利润丰厚的亚洲和欧洲市场，如 1992 年进军中国市场。1994 年，箭牌的国际销售额超过国内销售额，海外市场为公司发展增添新动力。①

20 世纪七八十年代许多美国食品公司的多元化战略都以失败告终，萨拉·李公司（Sara Lee Corp.）却通过多元化并购实现良好增长。萨拉·李公司创立于 1939 年，初时主要售卖食糖、咖啡和茶叶。60 年代中期之前，萨拉·李公司收购了多家食品企业，此后其收购开始向非食品领域拓展，涉及服装、家居用品等业务。从 80 年代初开始，大多数食品公司一直在剥离非食品业务，但萨拉·李公司继续其收购步伐。1988 年，萨拉·李公司从家庭和个人护理产品中获得的税前收入为 3.5 亿美元，与它从食品中获得的 4.02 亿美元相差并不大。

CEO 小约翰·布莱恩（John H. Bryan Jr.）曾透露秘诀：萨拉·李公司将自己定位为品牌消费品制造商，无论产品是否是食品。② 萨拉·李公司多元化战略的一个主

---

① Eric N. Berg, *Wrigley Stays True to Gum*, New York Times：https：//www.nytimes.com/1988/11/24/business/wrigley-stays-true-to-gum.html, 1988.

② Douglas C. McGill, *At Sara Lee, It's All in the Names*, New York Times：https：//www.nytimes.com/1989/06/19/business/at-sara-lee-it-s-all-in-the-names.html, 1989.

要原则是寻找很少有竞争对手使用"品牌营销"的消费品类别，即产品可以通过宣传良好的品牌名称获得附加值，进而占领市场份额实现增长，这种精明的"品牌管理"是萨拉·李成功多元化的基础。子公司之间的营销资源共享来提高广告和促销活动的效率是萨拉·李多元化战略的另一个关键因素。

实际上，萨拉·李公司在 20 世纪八九十年代虽然持续开展并购活动，但在这个过程中也剥离了很多缺乏竞争力的子公司。只有当子公司的产品在其细分市场份额中排名第一或第二，或者很有可能达到该水平时，萨拉·李公司才会保留子公司，它偏爱能为制造商提供更强议价能力的业务。例如，1982 年萨拉·李公司考虑到时尚产业的难以预测性卖掉化妆品品牌艾琳（L'Erin），1985 年放弃无法与可口/百事可乐竞争的冷饮公司雪士达饮料（Shasta Beverages Inc.），1987 年出售与其战略相左的真空吸尘器制造商伊莱克斯。

萨拉·李公司在 20 世纪 80 年代后期也开启国际化扩张进程，如萨拉·李拥有的欧洲品牌 Douwe Egberts，旗下的各种咖啡品牌在荷兰、法国、比利时和其他国家都是市场领导者。1987 年，萨拉·李公司收购了荷兰阿克苏（Akzo NV）旗下的一些消费品子公司，包括生产婴儿护理用品、洗衣粉和杀虫剂的子公司。萨拉·李在欧洲的总销售额从 1986 年的 15.8 亿美元跃升至 1988 年的 22.9 亿美元，对应时点在美国的销售额分别为 60.6 亿美元和 77.4 亿美元。

家乐氏公司（Kellogg Co.，最高涨幅 15.4 倍）是全球知名谷物早餐和零食制造商。20 世纪 70 年代到 80 年代初期，美国二战后"婴儿潮"一代人从 25 岁以下过渡到 25～50 岁年龄段，平均谷物消耗量大幅下降，家乐氏出现较大损失，市场份额从 1972 年的 43% 下降到 1983 年的 37%。八九十年代，家乐氏摆脱失败的多元化，重新聚焦谷物市场。家乐氏的应对方案重点在于产品研发，到 1983 年家乐氏公司的研发预算为 2 000 万美元，是 1978 年拨款的 3 倍；1982 年，家乐氏针对更加注重健康的市场趋势，斥资 5 000 万美元将三种营养谷片（Nutri-Grain）推向市场，而后连续推出大量新品。1984 年，家乐氏开始在其全麦麸麦片产品信息中添加研究机构的健康提示，引发了纤维时尚。到 1985 年，家乐氏将人均谷物消费量提高到 12 磅的希望落空了，但确实重新夺回了大部分失去的市场份额，在 1985 年市占率回到 40%，并在后续年份持续增长。1988 年家乐氏出售其在美国和加拿大的茶叶业务，1993～1994 年继续剥离多种非核心资产，如位于英国的史密斯夫人冷冻食品业务、谷物包装有限公司和阿根廷休闲食品业务，重新致力于谷物市场（早餐麦片）的核心业务上。

同样，家乐氏在 20 世纪八九十年代也看到了美国以外的谷物市场巨大增长潜力。欧洲、亚洲和拉丁美洲的年度谷物消费量均不到 2 磅，远不及美国成熟水平的每年 10 磅。到 1991 年，家乐氏占据了美国以外谷物市场 50% 的份额，其 34% 的利润来自美国以外的地区。在其经营的大部分市场中，它至少拥有十大谷物品牌中的六个。

进入 20 世纪 90 年代后，家乐氏面临着国际竞争对手对其市场份额的蚕食——通用磨坊和瑞士食品巨头雀巢成立的合资企业全球谷物联盟（Cereal Partners Worldwide，CPW），CPW 将通用磨坊的谷物品牌和谷物制造设备与雀巢在众多市场的知名度和与当地零售商的丰富经验相结合，家乐氏在美国的市场份额在 1994 年跌至 33.8%。

康尼格拉公司（Conagra Inc.，最高涨幅 12.8 倍）在 1919 年成立于美国芝加哥，目前是美国最大的包装食品公司，也是仅次于雀巢的全球第二大冷藏冷冻食品公司。康尼格拉从谷物研磨制粉厂起家，而后拓展至动物饲料再到家禽加工业务。20 世纪 70 年代康尼格拉的业务重心在农产品原料，比如家禽和鱼类生产，而非包装食品。

20 世纪 80 年代，为了对抗基本农产品的周期性盈利模式，康尼格拉做出重大改变，决定将预制食品作为其重点发展方向，通过自创和收购逐步覆盖多种肉类食品加工。1981 年收购了美国最大的虾加工商辛格顿海鲜（Singleton Seafood）和阿拉斯加海产（Sea-Alaska Products），进入了熟制海鲜市场；1987 年，康尼格拉公司收购了海神叉（Trident Seafoods）和奥渔业（O'donnell-Usen Fisheries），进入冷冻海鲜市场。1982 年，在家禽生产周期的低谷时期，康尼格拉通过成立乡村家禽公司（Country Poultry Inc.）在鸡肉行业占据领先地位，次年向市场提供了超过 10 亿磅的品牌肉鸡，使其成为美国最大的家禽生产商。1987 年收购了另一家家禽公司朗蒙特食品（Longmont Foods），进一步巩固了其在该领域的地位。更重要的是，康尼格拉对家禽的关注并非仅仅集中在禽类原材料上，而是推出了一些利润更高的方便家禽产品，如腌制鸡胸肉、鸡肉热狗和快餐店加工鸡肉等。1983 年，康尼格拉收购红肉加工商阿莫食品（Armor Food Company）进军另一个加工食品领域，产品包括热狗、香肠、培根、火腿和午餐肉。1986 年，通过收购莫顿（Morton）、帕蒂欧（Patio）和春王（Chun King）品牌，康尼格拉增加了在冷冻食品领域的影响力；次年，康尼格拉通过收购西方牛肉产品生产商米勒（EA Miller）公司和科罗拉多州的芒弗尔特（Monfort）公司扩大了红肉业务。1987 年收购了牛肉、猪肉和羊肉加工商快速独立包装（Swift Independent Packing）公司50％的股份，康尼格拉成为领先的肉类加工商。到 80 年代后期，康尼格拉已经成长为一家"参与整个食品链"的多元化的食品公司，能够更好地抵御食品行业的周期性。

此外，在新产品方面，公司还推出了名为"健康之选"（Healthy Choice）的低脂肪、低钠和低胆固醇的冷冻晚餐主菜系列，进一步扩大了其冷冻食品的市场份额。到 1993 年，健康之选系列的产品数量已达 300 多种。到 1993 年，健康之选的销售额超过 10 亿美元，并被《时代广告》（*Advertising Age*）杂志誉为"二十年来最成功的新食品品牌"。

好时食品公司（Hershey Foods Corp.，最高涨幅 12.7 倍）成立于 1894 年，是北美地区最大的巧克力及巧克力类糖果制造商。受战争等因素影响，20 世纪上半叶美国糖类消费量始终不振，70 年代滞胀的经济环境以及健身热潮的兴起更抑制了美国居民对糖果的消费。80 年代，趋势发生逆转，糖果消费量从 1980 年的人均 16 磅上升至 1988 年的人均 19.5 磅，图 3.48 显示出美国国内糖消费量的变化。

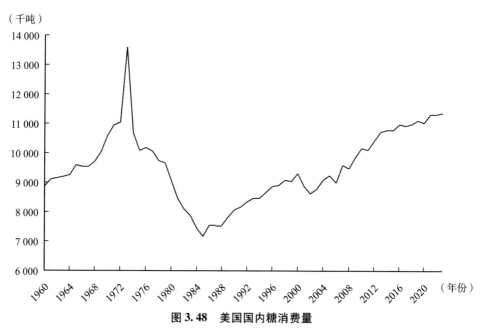

图 3.48　美国国内糖消费量

资料来源：万得（Wind）。

好时的大量并购也是助推其增长的重要动力。好时最主要的收购目标是能巩固其行业顶尖定位的糖果公司（业务线）。1977 年，好时收购了瑞典糖果公司马拉伯（AB Marabou）16% 的股份以及全国领先的甘草制造商 Y&S 糖果公司（Y&S Candies Inc.）。1986 年，好时收购了第五大道糖果棒、卢顿（Luden's）润喉糖和梅洛（Mello）薄荷糖的制造商迪特里希（Dietrich）公司。1987 年 6 月，好时为其子公司加拿大好时（Hershey Canada）收购了多家加拿大糖果和坚果公司。最大的一笔收购发生在 1988 年 8 月，当时好时以 3 亿美元的价格收购了英国糖果和饮料公司吉百利史威士公司的美国子公司彼得·保罗/吉百利（Peter Paul/Cadbury）。好时购买了经营资产和生产公司品牌的权利，包括蒙滋（Mounds）和杏仁喜乐棒（Almond Joy Candy Bars）和约克薄荷夹心饼干（York Peppermint Patties），以及吉百利产品，包括吉百利巧克力棒、复活节特产吉百利奶油彩蛋等。此次收购推动了好时糖果市场的份额从 35% 上升到 44%，帮助好时重回美国糖果行业的顶峰。

此外，为了减轻可可豆和糖价波动对公司的影响，好时在面食方面进行了多元化发展。1979 年收购了斯金纳通心面（Skinner Macaroni）公司来增加其面食品牌。1984 年，好时收购意大利面品牌"美国丽人"（American Beauty），成立了好时意大利面集团。随后在 1986 年 12 月，好时收购了 G&R 意大利面（G&R Pasta）公司，该公司的百世达（Pastamania）成为好时面食集团的第八个品牌。1990 年，好时收购了地区性意大利面品牌龙佐尼（Ronzoni），1995 年成为美国干意面产业的领导者。

持续不断地研发出畅销产品始终是消费品公司增长的基石。1983 年，好时推出了自己品牌的巧克力牛奶，并于 1984 年推出了"Golden Almond Solitaires"（巧克力杏仁）；1986 年推出"Golden Ⅲ"巧克力棒和"Bar None Wafer Bar"这两种新产品。20 世纪 90 年代初，好时通过几款成功的产品保持了其在美国糖果行业的地位：在经典的"好时之吻"基础上，1990 年好时推出了"杏仁之吻"巧克力；1992 年推出的好时薄荷曲奇巧克力棒；1993 年，好时推出了覆盖着白色巧克力的好时之吻（Kisses）巧克力，到 1995 年，该品牌已至少价值 1 亿美元；1994 年，"Reese's Nut Rageous"巧克力棒迅速跻身糖果棒排行榜前 20 名。

20 世纪 90 年代初，与玛氏持续激烈的竞争以及当时的低通胀——这两者都使提价难以为继——给好时的巧克力收入带来压力。公司对此压力的反应是增加其在非巧克力甜点中的供应。90 年代推出的产品包括 1992 年的惊奇果（Amazing Fruit）小熊软糖、1994 年的"Twizzlers Pull-n-Peel"糖果和 1995 年的"Amazing Fruit Super

Fruits"。通过进军非巧克力糖果业务，好时在年轻购物者中获得了更多市场份额，有效降低了巧克力业务线的压力。

在消费黄金时代，美国饮料行业诞生了 3 只高收益股，分别为两大软饮料巨头可口可乐公司（Coca Cola Co.，最高涨幅 19.8 倍）和百事可乐公司（Pepsico Inc.，13.2 倍），以及啤酒公司安海斯 – 布希（Anheuser-Busch Cos Inc.，12.3 倍），如图 3.49 所示。

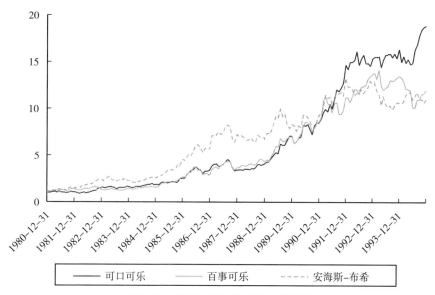

图 3.49　美国饮料高收益股定基股价

资料来源：WRDS。

可口可乐公司（Coca Cola Co.，最高涨幅 19.8 倍）诞生于 1886 年，是以碳酸饮料为核心业务的全球饮料龙头。截至 2019 年，可口可乐在全球软饮料市场份额达 21%，在碳酸饮料细分市场中，可口可乐的全球市占率高达 47%，远超其他饮料公司。

在 20 世纪初期，可口可乐通过广告营销和渠道扩张在美国本土不断壮大，二战期间作为后勤保障企业迅速打开国际市场。六七十年代，可口可乐遭遇百事可乐的激烈竞争，在美国本土市占率下滑，见图 3.50。

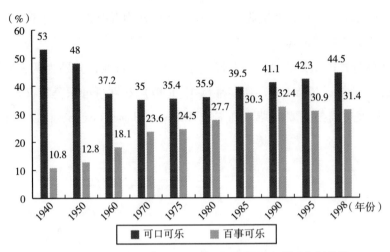

图 3.50　1940～1998 年可口可乐、百事可乐在美国市场份额

资料来源：Roy Levy, John C. Hilke, *Transformation and continuity the U. S. carbonated soft drink bottling industry and antitrust policy since* 1980, Harold Saltzman, Federal Trade Commission, 1999。

20 世纪 80 年代前期，盲目的多元化等战略失误使得可口可乐的市场份额继续下降，股价也表现平平。

20 世纪 80 年代后期至 90 年代，在 CEO 郭思达领导下，可口可乐通过创新营销、延伸产品线以及国际扩张战略成功获得飞速发展。产品方面，1985 年换配方事件后，可口可乐回归经典配方，此次风波反而间接证明了经典可口可乐在美国人心目中的品牌价值，市占率逐步回升。另一重磅产品是 1982 年公司为应对消费者健康意识提升推出的低糖健怡可乐，大受市场欢迎，有效对冲了单品生命周期风险，1998 年可口可乐在美国碳酸饮料市场的份额上升至 45%。此外，由于销售糖浆和浓缩液比瓶装毛利率更高，1986 年可口可乐逐步剥离瓶装厂业务，收入结构不断向高毛利率业务倾斜，带动其盈利能力稳步抬升（见图 3.51）。与其他消费品公司一样，八九十年代可口可乐也进行了大量海外扩张，这一期间可口可乐相继进入中国、印度和越南等新兴市场，在全球碳酸饮料市场中的份额提高至 50%，1995 年国际市场收入与营业利润占比分别达 70%、80%，见图 3.52。[1][2]

---

①　陈文博等：《可口可乐与其百年红色帝国》，中金公司研究所，2020 年。
②　符蓉、方一苇：《软饮料专题之可口可乐》，国盛证券研究所，2020 年。

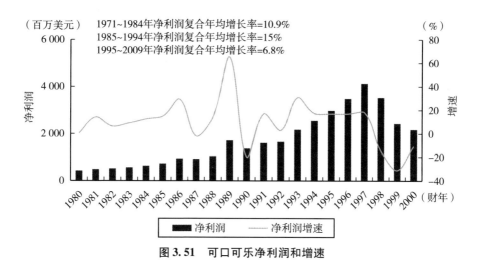

图 3.51　可口可乐净利润和增速

资料来源：WRDS。

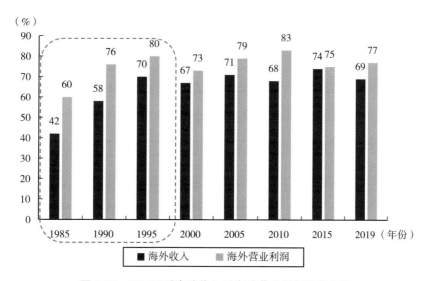

图 3.52　可口可乐海外收入及海外营业利润贡献占比

资料来源：彭博（Bloomberg）。

百事可乐公司（PepsiCo Inc.，最高涨幅 13.2 倍）作为可乐市场的后发者，成功的营销帮助其在 20 世纪七八十年代与可口可乐抗衡。从 60 年代开始，百事就关注到"婴儿潮"一代年轻人将成为软饮料消费市场的重要力量，公司不断增加营销预算，将广告中大批热情奔放的年轻人形象打造百事可乐"年轻、新潮"的品牌气质，吸引了大批年轻消费者。70 年代市场竞争继续升温，百事可乐用"盲品测试"宣传更多人青睐百事可乐的味道，凸显可口可乐的传统、守旧、不合潮流，迅速抢占市场份额。1984 年百事聘请迈克尔·杰克逊担任其代言人，电视广告大受欢迎，后续继续选择一线明星做代言，各种设计精良新颖的百事球星衫、球星画报等都成了百事叛逆、激情、创新的佐证，进一步巩固年轻市场。[1]

与可口可乐不同，百事在 20 世纪七八十年代采取了多元化策略。1965 年百事可乐公司与休闲食品巨头菲多利合并，正式更名为百事公司。从 1977 年开始，百事公司进军快餐业，先后将必胜客、塔可贝尔（Taco Bell）和肯德基收归麾下，进入多元化经营的高峰。90 年代中后期餐饮业务对其盈利产生拖累，百事公司于 1997 年重新聚焦于饮料和休闲食品主业，将餐厅业务分离出去，使之成为一家独立的上市公司，即百胜全球公司。[2]

安海斯－布希公司（Anheuser-Busch Cos. Inc.，最高涨幅 12.3 倍）创立于 19 世纪，1957 年成为美国第一大啤酒厂，2008 年与比利时最大的英博集团（InBev）合并成安海斯－布希英博（Anheuser-Busch InBev，A-B InBev），目前是全球规模最大的啤酒制造集团。

如图 3.53 所示，在啤酒主力消费人口（"婴儿潮"一代）触顶以及啤酒消费税提升的背景下，20 世纪八九十年代美国啤酒行业迎来大转折，产量和人均消费量均在这一时期触顶而后缓慢下降，行业开始由增量竞争转为存量竞争，原先啤酒企业通过大力扩产、低价抢占市场的扩张策略逐步改变。

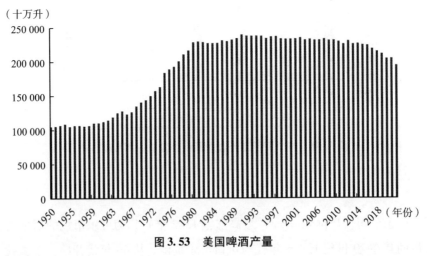

图 3.53　美国啤酒产量

资料来源：万得（Wind）。

---

[1] 郭鹏等：《把握消费成长主题，浅谈百事可乐的成功营销》，申银万国证券研究所，2013 年。
[2] 《百事公司发展历程》，百事公司，https://www.pepsico.com.cn/company/Our-History.php。

在需求端，20 世纪 80 年代美国经济的繁荣引发了消费者对高端产品、多样化产品需求的明显提升，结构上，作为主力消费者的"婴儿潮"一代更加偏好苦味较弱、口味清淡的淡型啤酒。在供给端，80 年代前美国啤酒企业数量持续下降，行业集中度快速提升，1947 年美国啤酒市场 CR5 仅为 19%，1980 年已达 75%；80 年代行业继续整合，1990 年 CR5 接近 90%，其中安海斯 – 布希（Anheuser-Busch，44%）、米勒（Miller，21%）、酷尔斯（Coors，10%）份额合计 75%，三大厂商可基本满足国内大部分需求，行业的整合已经初步完成。随着产品差异化的推进、行业集中度的提升，龙头啤酒的品牌忠诚度逐步被培养起来，同时还可以通过惩罚性降价避免价格战，定价权逐步被龙头企业掌握，低利润困境被破除。

安海斯 – 布希公司在 1980 年市占率达 28.2%，已成为美国啤酒行业领先者。存量竞争时代开启后，公司继续扩大其领先优势，其市场占有率在 1980~2003 年持续稳步提升，2003 年达 50%。

在差异化竞争时代，安海斯 – 布希公司市场份额和利润率的提升来自产品多元化、高端化以及强大的营销推广。安海斯 – 布希公司持续不断丰富其产品线，20 世纪 80 年代迎合市场偏好推出天然淡（Natural Light）、淡麦格黑（Michelob Light）、百威淡（Budweiser Light）等淡啤酒，在后续 20 多年里，安海斯 – 布希又推出了超 20 个产品品牌，共形成 8 大系列，39 个品牌，超 1 万个包装的产品，通过差异化产品结构，迎合了多样的消费需求。在品牌多元化的同时，安海斯 – 布希公司大力发展百威（Budweiser）、麦格黑（Michelob）等高端和超高端品牌，在高端市场占有率稳步提升，如百威在 1974 年占高端市场的份额为 36.5%，到 1996 年已提升至 73.7%。70 年代安海斯 – 布希公司意识到营销的重要性，不断加大广告投入（广告费用率从 1974 年的 2.3% 提升至 1986 年峰值 8.0%，见图 3.54）的同时针对不同的消费群设计不同的营销策略，建立各群体对品牌的认可度和忠诚度，进一步提升公司的议价能力。公司盈利水平在 80 年代持续提升，毛利率从 1980 年的 25.5% 扩张至 1994 年的40.6%，见图 3.55，对应股价最高上涨超 12 倍。[1]

---

① 戴佳娴等：《西学东渐，中美对标：论中国啤酒行业囚徒困境之破局》，中信证券研究所，2018 年。

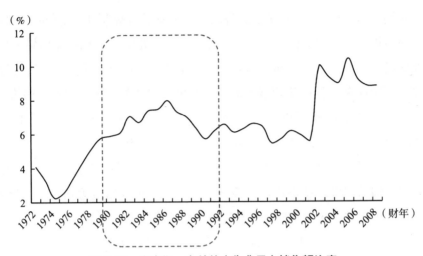

图 3.54　安海斯－布希的广告费用占销售额比率

资料来源：WRDS。

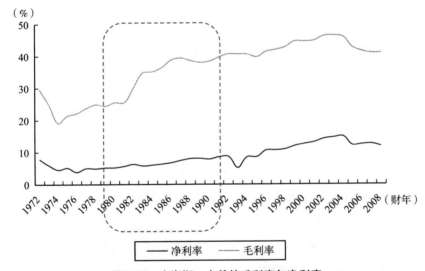

图 3.55　安海斯－布希的毛利率与净利率

资料来源：WRDS。

　　菲利普莫里斯公司（Philip Morris Cos. Inc.，最高涨幅 14.7 倍）和美国烟草公司（UST Inc.，最高涨幅 19.7 倍）为 20 世纪八九十年代诞生的两只烟草高收益股，见图 3.56。2003 年菲利普莫里斯更名为奥驰亚集团，2008 年剥离负责海外业务的菲利普莫里斯国际公司，后于 2009 年完成对美国无烟烟草公司（前身为 UST Inc.）的收购。

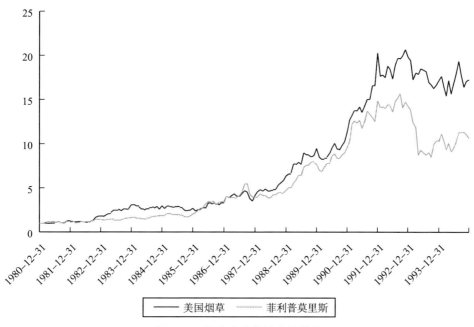

图 3.56　烟草高收益股定基股价

资料来源：WRDS。

　　20 世纪初，作为菲利普莫里斯烟草公司旗舰产品的万宝路（Marlboro）被宣传为女性香烟，消费者范围相对狭窄，销量不振；50 年代，著名的广告人李奥·贝纳大胆策划，将万宝路香烟的定位改变为男士香烟，通过浑身散发粗犷、豪迈、英雄气概的美国西部牛仔来塑造万宝路的品牌形象，以图吸引追求男子气概的消费者，自此万宝路开始崛起，尤其是越来越受到年轻吸烟者的欢迎。1976 年，它以 940 亿支香烟的销量超越雷诺兹的温斯顿跃居行业第一。1976 年，莫里斯的市场份额已经从 1961 年的 10% 左右上升至 25% 以上，至今仍是全球最畅销的烟草品牌。

　　20 世纪 80 年代，万宝路继续畅销，莫里斯和雷诺兹共同控制了超过一半的市场，龙头地位十分牢固。民众对吸烟的健康担忧日益增加使得新的竞争对手对于是否加入烟草行业有所犹疑，而大规模有效广告的高成本也阻止了其他"玩家"入局，最终两家龙头企业获得了异常丰厚的利润，尤其是 80 年代稳定的市占率使其能够频繁提价，见图 3.57。

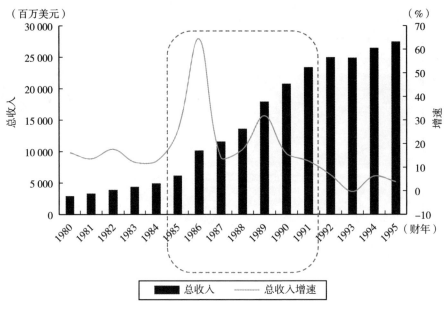

图 3.57　菲利普莫里斯总收入及增速

资料来源：WRDS。

　　20 世纪八九十年代，面对美国居民越来越关注吸烟对健康的危害，菲利普莫里斯采取多种方式积极应对。其一，迎合需求变化趋势发展低焦油品牌梅里特（Merit），同时在其利润率更高的高端品牌上加大营销；其二，大力发展国际业务，减少对国内业务依赖，万宝路很快成为全球最畅销香烟品牌；其三，加速多元化进程，减少对单一烟草业务依赖。1985 年菲利普莫里斯收购通用食品公司，1988 年以 129 亿美元收购了食品巨头卡夫，并将两个食品部门合并为卡夫食品公司（Kraft Foods Inc.）。通过一系列提高效率措施，其食品部门收入水平逐步提高到接近于烟草事业部。到 1995 年，卡夫凭借 270 亿美元的销售额和 2 800 多种不同的产品成为世界第二大食品公司。[1]

　　20 世纪 90 年代中期开始，美国烟草业面临与健康危害相关的多宗诉讼与赔偿，菲利普莫里斯也概莫能外，但卡夫的食品业务仍保持快速增长，最终为了避免受吸烟者诉讼风险，奥驰亚集团于 2007 年将卡夫拆分为独立公司。

　　美国烟草公司（UST Inc.）成立于 1911 年，是鼻烟和咀嚼烟草生产商。美国烟草公司在 20 世纪 80 年代末 90 年代初的高增长主要来自无烟烟草销售的猛增，尤其

---

① Sam Ro，*The epic rise of Marlboro cigarettes*，https：//www.businessinsider.com/marlboro-retail-share-growth-2015-2，2015.

受青年人欢迎。这一时段，健康问题更多地抑制了卷烟的增长，但鼻烟受冲击相对较小，销量在 90 年代初期一直在增加。根据内布拉斯加大学的数据研究表明，1988～1992 年，美国鼻烟的使用增加了 30%，1/5 的男性高中生都使用无烟烟草产品。进入 90 年代后，青少年的烟草使用也保持相对稳定。

吉列公司（Gillette Co. ）在"大缓和"时期最高涨幅 21.6 倍，见图 3.58。吉列公司是创立于 20 世纪初的剃须刀和其他个人护理产品制造商，2005 年被宝洁收购。吉列对剃须刀市场的长期统治源于其大量研发投入带来的产品持续创新，如图 3.59 所示。

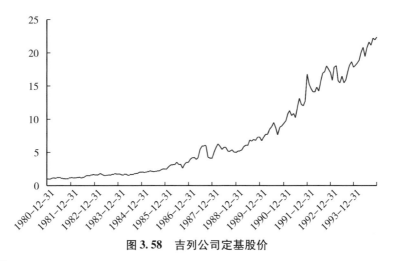

图 3.58　吉列公司定基股价

资料来源：WRDS。

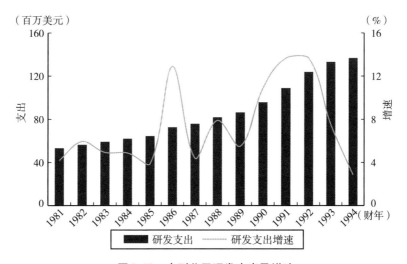

图 3.59　吉列公司研发支出及增速

资料来源：WRDS。

1900 年，吉列创造性地将刀柄和刀片分开设计，"T"型剃须刀迅速普及，消费者开始习惯性地持续购买吉列一次性刀片。两次世界大战期间，吉列乘着军需品的快车发展蒸蒸日上。20 世纪 60 年代，吉列的高级蓝色刀片受到来自英国的威尔金森剑公司不锈钢剃须刀片的挑战，市场被瓜分，而后吉列大力推进不锈钢刀片研发才于 60 年代末逐渐恢复原有市场份额。此后吉列在产品研发方面投入了更多的精力，1971 年吉列发明了大受消费者欢迎的双刀锋"Trac2"，1977 年吉列又引入了 Atra/Contour 系统，首次在剃须刀上使用旋转刀头搭配双刀片，新产品更加贴合人面部，同时减少了受伤的风险，使得剃须更加干净。后来吉列还在此系统的基础上首次增加了润滑条，推动了剃须刀设计又一次改进。[1]

20 世纪 80 年代初，吉列与法国比克公司的恶性价格战使其进入增长缓慢的低迷期，1981～1985 年营收 CAGR 仅 3.2%，见图 3.60，ROE 也在 20% 以下。为了抵御接连不断的收购威胁，1986 年，吉列痛定思痛，精简产品线，重振核心业务，将在低端产品上过度浪费的钱转投到品牌营销和广告投入，关闭表现不佳的业务部门来降低成本、提升利润率，见图 3.61。与此同时，吉列通过大量回购股票以及与巴菲特的优先股协议解除了被收购风险。1989 年，吉列在研发方面的大量投入也收获了成效，推出了用激光将更薄的刀片安装在高灵敏度弹簧上的感应（Sensor）剃须刀，这款产品可以更好地跟随脸部轮廓，剃须体验再次实现显著提升。配合大规模的广告营销，感应剃须刀推出后迅速在美欧市场实现巨大成功；1992 年，女用剃刀产品女士感应（Lady Sensor）紧随其后，也实现超 5 亿美元的销售额，90 年代前期吉列 ROE 基本稳定在 30% 以上。[2]

---

[1] 《身为剃须刀行业领军者的吉列，为何会以 570 亿美元身价卖身宝洁?》，网易，https：//www.163.com/dy/article/FMQ30BAA0518J3SG. html，2020 年。

[2] 陈秦先：《巴菲特最有价值的 8 条投资商律》，中国纺织出版社，2007 年。

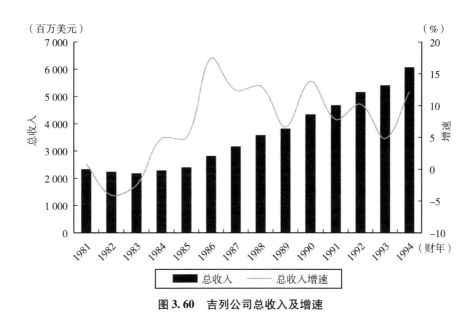

图 3. 60　吉列公司总收入及增速

资料来源：WRDS。

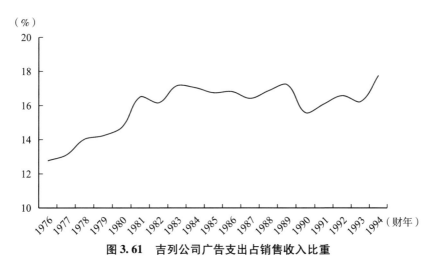

图 3. 61　吉列公司广告支出占销售收入比重

资料来源：WRDS。

二、医疗

1981～1994 年市值 TOP500 中卫生保健股票共有 41 只，涨幅超过 12 倍的高收益股共有 9 只，整体占比不算高，其中制药企业较多，共有 4 家，如表 3.10 所示。

表 3.10

1981～1994 年医疗板块高收益股（市值 TOP500）

序号	最大上涨倍数	公司名（中文）	公司名（英文）	平均市值（千美元）	市值排序	GICS－11 部门	GICS－24 行业组	GICS－69 行业	GICS－158 子行业
1	104.3	安进公司	Amgen Inc	3 477 976	161	卫生保健	制药、生物技术和生命科学	生物技术	生物技术
2	57.5	联合健康公司	United Healthcare Corp	2 089 215	296	卫生保健	医疗保健设备与服务	医疗保健提供者和服务	管理式医疗保健
3	52.6	美国医疗保健公司	United States Healthcare Inc	2 266 221	269	卫生保健	医疗保健设备与服务	医疗保健提供者和服务	管理式医疗保健
4	41.2	马里昂·梅雷尔·道公司	Marion Merrell Dow Inc	3 759 581	148	卫生保健	制药、生物技术和生命科学	制药	制药
5	16.5	美敦力公司	Medtronic Inc	2 304 626	263	卫生保健	医疗保健设备与服务	保健设备及用品	保健设备
6	14.7	阿尔扎公司	Alza Corp	1 323 742	464	卫生保健	制药、生物技术和生命科学	制药	制药
7	14.2	美可保健公司	Medco Containment Svcs Inc	1 762 038	346	卫生保健	医疗保健设备与服务	医疗保健提供者和服务	卫生保健服务
8	13.8	默沙东公司	Merck & Co Inc	23 990 414	8	卫生保健	制药、生物技术和生命科学	制药	制药
9	13.0	罗纳·普朗克·罗勒公司	Rhone Poulenc Rorer Inc	2 449 506	239	卫生保健	制药、生物技术和生命科学	制药	制药

资料来源：WRDS、各公司网站、研报、网络信息整理。

美国医药行业在经历了 20 世纪六七十年代的快速发展之后，政府担心医保资金的可持续性，开始采取疾病诊断相关分组（DRGs）等控费措施，医疗卫生费用增速明显下行，如图 3.62 所示。制药企业凭借研发创新在 80 年代推出了众多重磅化药，整体走势较强，产生 4 只高收益股。生物技术企业相较传统药企波动更大。而医疗保健设备与服务行业在 80 年代受医保控费的影响较大。1983 年美国确立了预付制的支付体系，在 DRGs 为主的制度下，医疗保险的支付标准是相对固定的，医院使用的资源越多，其盈利能力就越弱，导致医院有动力节省医疗资源，医疗费用的快速增长得到控制。同时，商业医疗保险公司也采用高免赔额（high deductible）等规定来控制医疗保险的支出。80 年代医疗保健设备与服务行业走势弱于制药行业，直到 1991 年后才出现大幅上涨，且行情主要由"管理式医疗保健"子行业贡献，其他受医保控费影响较大的板块如医院、医疗器械等依然表现平平，见图 3.63、图 3.64。[①]

图 3.62 美国卫生总费用及增速

资料来源：万得（Wind）。

---

① 邹朋、赵利建：《美国医保控费下制药企业表现如何？》，中金公司研究所，2019 年。

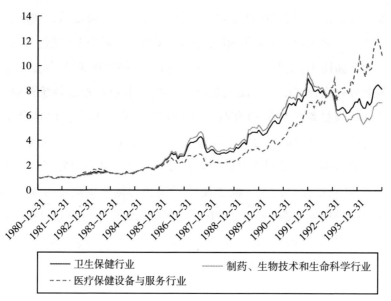

图 3.63　1981 ~ 1994 年卫生保健板块定基指数

资料来源：WRDS。

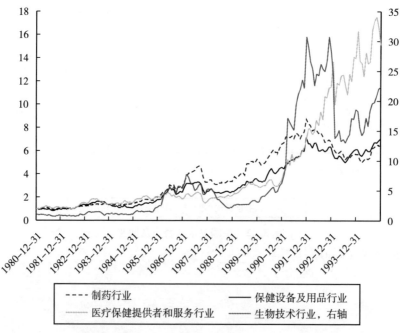

图 3.64　1981 ~ 1994 年卫生保健细分行业定基指数

资料来源：WRDS。

在 20 世纪 80 年代美国医保控费陆续实施、医疗行业增速放缓的背景下，制药行业通过研发创新，接连不断推出重磅化药，实现收入的稳定增长，见图 3.65 和图3.66。1980 年，美国通过《拜杜法案》（*Bayh-Dole Act*），即大学和小公司有权为国家卫生研究所（National Institutes of Health，NIH）资助的研究成果申请专利，然后将专利转让给制药公司。该法案大大激发了新药研发的热情，许多大学的研究学者设立了公司，围绕其学术研究进行早期的药物开发工作，再将研究成果的专利权有偿转让给制药公司。与此同时，药企也大幅增加新药研发投入，研发投入占收入比重也不断增加。

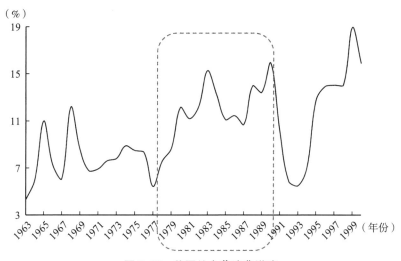

图 3.65　美国处方药消费增速

资料来源：万得（Wind）。

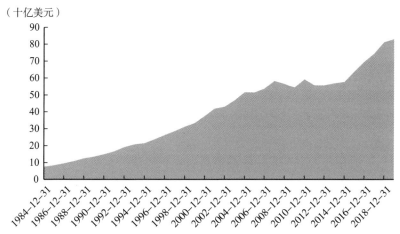

图 3.66　美国药品研究与制造商协会成员公司年度研发开支

资料来源：美国国会预算办公室（CBO）。

20 世纪八九十年代制药企业的大量研发投入催生了众多重磅化药，表 3.11 中的全球畅销药物产品大都在 80 年代开发上市，给药企带来丰厚回报。

表 3.11　　　　　　　　20 世纪 90 年代全球销售额最高药品

商品名	通用名	适应证	1997 年全球销售额（十亿美元）	上市信息
Prilosec	奥美拉唑	肠胃溃疡	5.0	奥美拉唑最早于 1979 年发现，1989 年在美国由瑞典公司 Astra AB 制造上市，现由阿斯利康制药以商品名 Losec 和 Prilosec 发行上市
Zocor	辛伐他汀	高血脂	3.6	辛伐他汀最早由默沙东开发，并于 1992 年开始进入医疗用途
Prozac	氟西汀	抑郁症/强迫症等	2.6	氟西汀由礼来公司于 1972 年发现，1986 年投入医疗用途
Vasotec	依那普利	高血压/糖尿病/心力衰竭	2.5	默沙东公司于 1981 年将依那普利推向市场，它在 1988 年成为默克公司第一个销售十亿美元的药物，该专利于 2000 年到期
Zantac	雷尼替丁	肠胃溃疡	2.3	雷尼替丁出现于 1981 年，并于 1988 年成为世界上销售最多的处方药，属于葛兰素史克公司
Norvasc	氨氯地平	高血压/冠状动脉疾病	2.2	辉瑞公司开发的氨氯地平最早于 1986 年取得专利，并于 1990 年开始上市
Augmentin	阿莫西林/克拉维酸	抗菌	1.8	必成公司（史克必成的前身）的科学家在 1979 年申请了美国药物合成专利，随后以"Augmentin"为名上市，1985 年该专利得到批准
Claritin	氯雷他定	过敏	1.7	先灵葆雅开发的氯雷他定于 1993 年获得 FDA 批准，2002 年专利失效
Zoloft	舍曲林	重度抑郁	1.5	1991 年由辉瑞制药公司发明
Seroxat/Paxil	帕罗西汀	抑郁症/强迫症等	1.5	帕罗西汀片最早由葛兰素史克研发，1992 年 12 月在美国获批上市

资料来源：彭博（Bloomberg）、中金公司研究所、网络信息整理。

"大缓和"时期传统制药板块涨幅最高的 4 只股票分别为：马里昂·梅雷尔·道公司（Marion Merrell Dow Inc.，最高涨幅 41.2 倍）、阿尔扎公司（Alza Corp.，最高涨幅 14.7 倍）、默沙东公司（Merck & Co. Inc.，最高涨幅 13.8 倍）、罗纳·普朗克·罗勒公司（Rhone Poulenc Rorer Inc.，最高涨幅 13 倍）。此外，生物技术公司安进公司（Amgen Inc.）最高涨幅达 104 倍，是整个医疗板块最为亮眼的股票，也是 20 世纪八九十年代市值 TOP500 公司中涨幅排名第三的标的。

对于制药企业来说，成功研发畅销药品为其带来稳定收入是支撑公司盈利以及资本市场表现的核心因素，这主要来源于持之以恒的大量研发投入。而由于研发难度以及公司资本实力的差异，生物技术公司比传统化药企业更加呈现出高风险、高收益的特征。在 20 世纪八九十年代表现强势的制药企业，除了以默沙东为代表的专注创新药品研发的企业外，能助力药物上市畅销的公司同样获得了资本市场的认可，如马里昂·梅雷尔·道公司以及阿尔扎公司。

马里昂·梅雷尔·道公司（Marion Merrell Dow Inc.，最高涨幅 41.2 倍）是 1989 年马里昂实验室与陶氏化学公司的梅雷尔·道药物部门合并的产物。马里昂实验室专门将其他公司已发现但尚未上市的药物推向市场。1978 年，马里昂实验室成立了消费产品部门，推出了一种非处方抗酸剂藻朊酸，该产品以咀嚼片剂的形式上市，用于暂时缓解胃灼热，产品上市后取得成功。公司继续专注于治疗与钙摄入相关疾病的药物，如在 1986 年的净销售额中占比最大（占 47%）的地尔硫卓（Cardizem），它可以减缓钙的积聚，防止动脉肌肉被钙沉积所阻塞，用于治疗稳定型和不稳定型心绞痛，获得了美国食品和药物管理局的批准。马里昂实验室在 20 世纪 80 年代前中期推出的药物还包括溃疡药物硫糖铝（Carafate）、烧伤乳膏、心绞痛胶囊等。药品销售的成功直接带来马里昂实验室在 1985～1986 年销售收入大增，股价上行，见图 3.67、图 3.68。

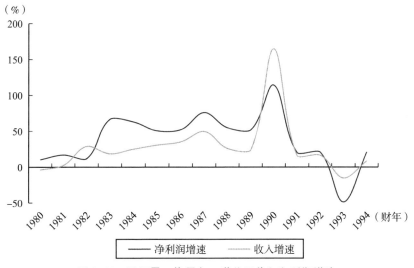

图 3.67　马里昂·梅雷尔·道公司收入和利润增速

资料来源：WRDS。

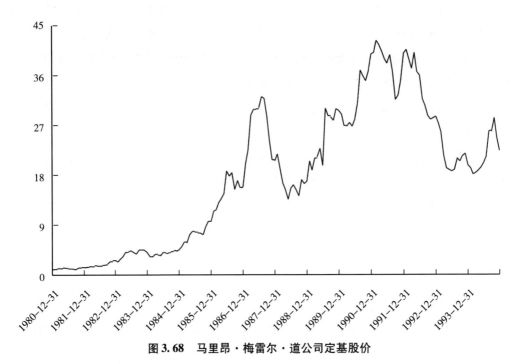

图 3.68　马里昂·梅雷尔·道公司定基股价

资料来源：WRDS。

20 世纪 80 年代末，陶氏化学的制药部门梅雷尔·道收购马里昂实验室，将其自身强大的研发能力与马里昂实验室在制药行业的销售网络结合，马里昂·梅雷尔·道公司股价得以提振，但合并后的新药研发不及预期导致公司年增长率在 90 年代初大幅下滑。

阿尔扎公司（Alza Corp.，最高涨幅 14.7 倍，见图 3.69）创立于 1968 年，2001 年被强生收购。阿尔扎公司的独特之处在于，它的研发不是针对创造新的药物，而是为现有药物开发更好的载药系统。具体来说，该公司的使命是通过引入有助于稳定患者血液中药物数量的产品和系统，改进长期存在的注射和口服药片的方法。公司创始人扎法若尼（Zaffaroni）于 1969 年发明透皮系统并提交专利申请，这种系统可以让药物通过皮肤吸收，从而达到可控、连续的剂量。阿尔扎公司在 20 世纪 80 年代后期蓬勃发展：用于治疗心绞痛的透皮产品硝酸甘油贴剂（Transderm-Nitro，1981 年通过 FDA 批准）成为阿尔扎公司第一个年销售额达到 1 亿美元的产品，1989 年美国食品和药物管理局（FDA）批准了阿尔扎公司的硝苯地平控释片

（Procardia XL），这种渗透泵型缓控释制剂创新性地控制了胶囊或片剂形式的药物释放速率，辉瑞公司开始在阿尔扎公司的专利许可下销售这种用于治疗心绞痛和高血压的药物。90 年代以后，阿尔扎公司进入成果收获期，旗下的多种技术都开始大放异彩，从透皮贴到渗透泵再到脂质体和植入剂，阿尔扎公司几乎都走到最前沿。阿尔扎公司还开展了多样化合作，包括与宝洁合作研发的牙周局部缓释和控释药物四环素乙酸乙烯纤维（Actisite）、与辉瑞合作研发的口服降糖药格列吡嗪控释片（Glucotrol XL）等。在创造性开发药物输送系统这个细分赛道里，阿尔扎公司鲜有竞争对手。自 20 世纪 80 年代初以来，该公司的年收入增长了 48%，利润增长了 220%，1990 年阿尔扎公司的收入达 1 亿美元，如图 3.70 所示，各种载药技术的专利费用是收入的主要来源。

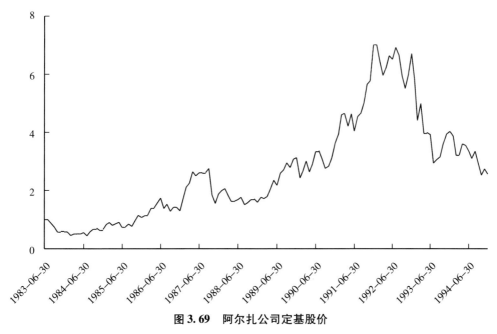

图 3.69 阿尔扎公司定基股价

资料来源：WRDS。

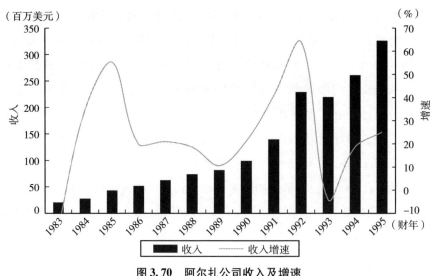

图 3.70 阿尔扎公司收入及增速

资料来源：WRDS。

默克（Merck & Co. Inc.）在北美以外的地区称为默沙东（MSD），是世界上最大的制药企业之一。美国默克作为德国默克集团（1668 年创建）的子公司建立于 1891 年，第一次世界大战期间被美国政府收购，后来独立为美国公司。1953 年美国默克（Merck & Co.）与沙东药厂（Sharp & Dohme）合并，这就是默沙东（Merck Sharp & Dohme）的名字由此而来。2009 年，美国默克和先灵葆雅合并。为了避免混淆，本书统一用默沙东（MSD）代表美国默克。默沙东公司在"大缓和"时期最高涨幅 13.8 倍，如图 3.71 所示，其利润和收入增速见图 3.72。

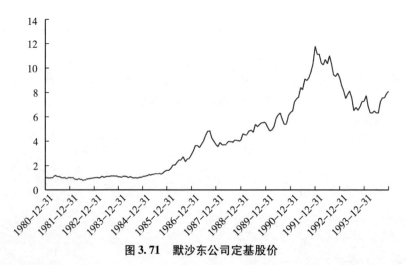

图 3.71 默沙东公司定基股价

资料来源：WRDS。

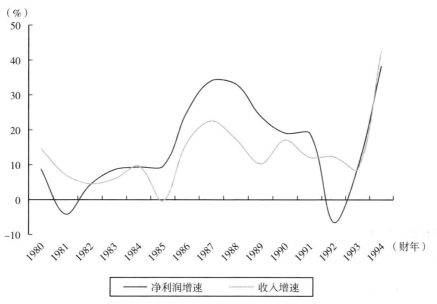

图 3.72　默沙东公司净利润增速与收入增速

资料来源：WRDS。

20 世纪三四十年代是制药行业发展的黄金时代，抗生素、维生素和抗炎类药物相继问世。1933 年，短效麻醉剂二乙烯醚（Vinethene）从默沙东的大型研究实验室诞生；而后几年，默沙东先后开发出链霉素、可的松、苯扎托品、氢氯噻嗪等药物，为多种疾病的治疗开启了先河。五六十年代，默沙东也跟随全球潮流进行了轰轰烈烈的多元化并购，但与大部分企业一样，多元化战略不仅没有提升公司利润，反而拖累了新药研发，随后众多盈利困难的企业被剥离出去。

20 世纪 70 年代起，公司把战略核心重新聚焦到制药，在创新药发展的黄金时期，默沙东先后推出了肝炎疫苗、噻吗洛尔、依那普利、头孢西汀、舒林酸、二氟尼柳等知名产品，药品销售额开始高速增长。除了专注药品研发，默沙东的另一重要战略是加强市场营销，积极与其他公司合作。1982 年默沙东与阿斯特拉和盐野义达成协议，成为他们在美国的产品代理商。默沙东在 1981~1985 年销售额稳步从 26 亿美元增长到 35 亿美元，年化增长率 9%。1984 年，CEO 霍兰（Honran）对外宣称默沙东已成为当时全球最大的制药公司。

1986 年瓦格洛斯接任 CEO，研发的支持力度得到进一步的加强，研发投入从 1987 年的 5.7 亿美元增加到 1994 年的 12.3 亿美元，见图 3.73，研发投入的比例增加到 12% 左右。在战略上，瓦格洛斯主张用大量资源专攻少数重要项目，遇到困难也百折不挠，洛伐他汀就是典型案例。在整个瓦格洛斯时期，默沙东推出很多成功的药物。1985 年推出的依那普利（Vasotec），尽管是"me better"药物，但解决了卡托普利的口感（金属感）问题，该产品在上市第二年销售额就达到 5.5 亿美元，1988年成为默沙东史上首个销售额突破 10 亿美元的药物。除了依那普利，瓦格洛斯在位期间，默沙东还研发出洛伐他汀、辛伐他汀、氯沙坦等重磅药物，其中洛伐他汀和氯沙坦都是首创新药（first-in-class）。

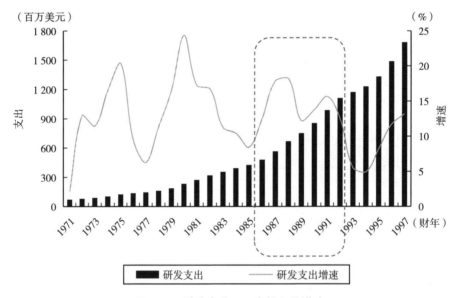

图 3.73　默沙东公司研发投入及增速

资料来源：WRDS。

在 20 世纪 80 年代默沙东利润翻了 3 倍，处方药销售额在 1990 年达到 52.2 亿美元，成为全球最大的药企。进入 90 年代后，在辛伐他汀（Zocor）、氯沙坦（Cozaar）、阿仑膦酸（Fosamax）和孟鲁斯特（Singulair）等重磅化学药物的支撑下，默沙东销售额增长依然很快，平均增长率几乎与 80 年代持平。

20 世纪 90 年代中期以后，随着研发成本的迅速攀升以及创新药黄金时期积累的重磅产品日益走向"专利悬崖"，制药巨头生存压力陡增，为此众多制药巨头采取了强强合并的措施。1996～2000 年，汽巴－嘉基与山德士、阿斯特拉与捷利康、葛兰素威康与史克必成、辉瑞与华纳兰伯特先后进行了合并，而默沙东却拒绝合并，选择单干模式。随后制药界格局发生巨大改变，合并后的辉瑞和葛兰素史克其药品销售额在 2000 年超过默沙东，自此默沙东失去了保持 15 年的"全球最大药企"宝座。2000年之后，"强强联合"继续推进，辉瑞相继吃掉了法玛西亚和惠氏，赛诺菲与安万特也完成合并，资源重组后制药巨头犹如凤凰涅槃，竞争力得到很大的释放，单干模式下的默沙东被越甩越远，2009 年默沙东销售额只有 274 亿美元，其中药品销售额 252亿美元，大幅落后于辉瑞、赛诺菲安万特、诺华、葛兰素史克、罗氏和阿斯利康，排名跌落到世界第七。

　　生物技术行业的安进（Amgen Inc.）成立于 1980 年，目前是全球最大的生物制药公司，在 1983～1994 年最高涨幅超 100 倍，见图 3.74。20 世纪 80 年代初，生物技术公司颇受资本市场追捧，安进也于 1983 年成功上市，但在成立之初的六年中，生物技术研发前期投入大、不确定性高的行业特性屡次将其推入几近倒闭的境地，这一阶段安进为了融资支撑研发，不得已让渡了一批海外销售权。

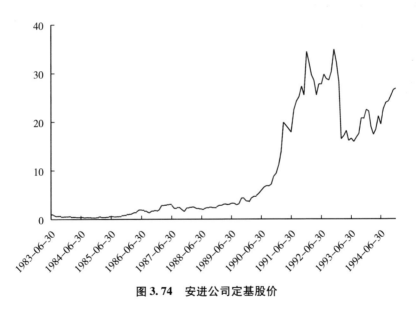

图 3.74　安进公司定基股价

资料来源：WRDS。

　　1986 年促红细胞生成素（EPO）的临床试验逐渐显露出产品疗效，给安进带来巨大转机。1987 年 10 月，安进获得了 EPO 的专利，并向 FDA 提交了上市申请。1989 年 6 月，安进苦心耕耘多年的 EPO 终于获得 FDA 批准，主要用于治疗慢性肾功能衰竭引起的贫血和 HIV 感染引发的贫血，该产品在当年就为安进带来 260 万美元的销售额。1990 年，怡泼津（Epogen，EPO 的商品名）销售额飙升至 1.4 亿美元，被冠以"红药"之名。1991 年，安进的第二个产品——粒细胞集落刺激因子（Filgrastim，G-CSF）获得 FDA 批准，其适应证为肿瘤化疗引起的中性粒细胞减少症，被称作"白药"。优保津（Neupogen，G-CSF 的商品名）上市后第一年就让安进创收 2 亿多美元。1992 年安进的销售额达到 10.5 亿美元，成为首个年销售额超过 10 亿美元的生物科技公司。1994 年，FDA 批准优保津用于骨髓移植，适应证的拓宽加快了销售额的增长。90 年代后期，安进在"红"（EPO）"白"（G-CSF）"两驾马车"的驱动下销售额飞速上涨，1999 年安进的总营收达到 34 亿美元，净利润11 亿美元，见图 3.75。2000 年，安进成功进入世界 500 强企业，在制药公司中排21 位。

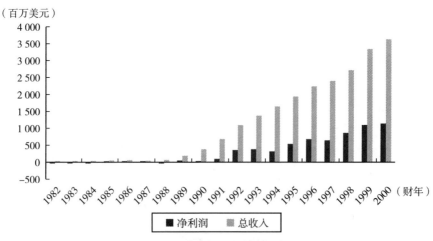

图 3.75 安进公司净利润与收入

资料来源：WRDS。

由于研发难度高、公司资本积累较薄弱，生物技术公司股价整体波动极大，并且和产品研发、临床试验、审批进程紧密相关，呈现出高风险高收益的典型特征。从发展历程来看，选择巨大药用潜力的赛道、百折不挠的研发以及雄厚的资本支持是提升生物制药企业成功的重要因素。安进公司的研发支出与增速见图 3.76。

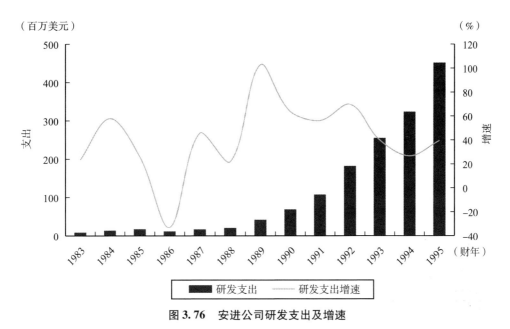

图 3.76 安进公司研发支出及增速

资料来源：WRDS。

　　20 世纪 80 年代，美国以 DRGs 为核心的预付制支付体系成型、商业保险公司亦采取高免赔额等措施来控制医疗保险支出。医保控费对医疗服务和设备板块形成负面冲击，从表 3.12 中可以看到，在细分行业中，作为医保支付对象的医院以及受医院需求下滑拖累的医疗设备和用品企业在整个医保控费时代普遍表现较差。直到 90 年代初期，两家综合医疗保健服务公司——联合健康公司（United Healthcare Corp.，UHC）和美国医疗保健公司（United States Healthcare Inc.，USHC）的大涨带动医疗服务和设备行业指数上行，见图 3.77。

表 3.12　　大缓和时期医疗服务与设备公司

最大上涨倍数	公司名（中文）	公司名（英文）	主营业务	GICS-158 子行业	GICS-69 行业
57.5	联合健康公司	United Healthcare Corp	综合医疗保健服务	管理式医疗保健	医疗保健提供者和服务
52.6	美国医疗保健公司	United States Healthcare Inc	综合医疗保健服务	管理式医疗保健	医疗保健提供者和服务
16.5	美敦力公司	Medtronic Inc	医疗器械	保健设备	保健设备及用品
14.2	美可保健公司	Medco Containment Svcs Inc	药房福利管理（PBM）	卫生保健服务	医疗保健提供者和服务
9.6	雅培公司	Abbott Laboratories	医疗器械	保健设备	保健设备及用品
6.6	哈门那公司	Humana Inc	医院	卫生保健设施	医疗保健提供者和服务
5.4	博士伦公司	Bausch & Lomb Inc	医疗器械和用品	卫生保健用品	保健设备及用品
5.3	梅尔维尔公司	Melville Corp	药房	卫生保健服务	医疗保健提供者和服务
4.9	贝克顿·迪金森公司	Becton Dickinson & Co	医疗器械	保健设备	保健设备及用品
4.2	马林克罗罗集团	Mallinckrodt Group Inc	医疗器械和用品	保健设备	保健设备及用品
3.7	国家医药企业公司	National Medical Enterprises Inc	医院	卫生保健设施	医疗保健提供者和服务
3.1	哥伦比亚 HCA 保健公司	Columbia Hca Healthcare Corp	医院	卫生保健设施	医疗保健提供者和服务
2.2	百特国际公司	Baxter International Inc	医疗器械	保健设备	保健设备及用品
1.6	健信医院公司	Healthtrust Inc Hospital Co	医院	卫生保健设施	医疗保健提供者和服务
1.4	美国医院公司	Hospital Corp America	医院	卫生保健设施	医疗保健提供者和服务
1.3	安泰人寿保险公司	Aetna Life & Casualty Co	人寿保险	管理式医疗保健	医疗保健提供者和服务
1.2	美国医院用品公司	American Hospital Supply Corp	医疗用品	保健设备	保健设备及用品
0.7	波士顿科学公司	Boston Scientific Corp	医疗器械	保健设备	保健设备及用品
0.3	康涅狄格州人寿保险公司	Connecticut General Corp	人寿保险	卫生保健服务	医疗保健提供者和服务

资料来源：WRDS、各公司网站、研报、网络信息整理。

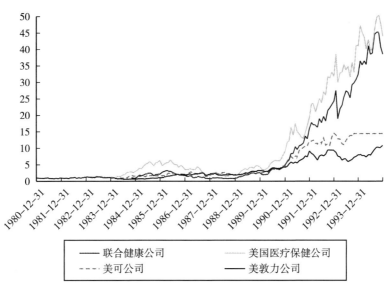

图 3. 77　医疗服务与设备公司定基股价

资料来源：WRDS。

联合健康公司（United Healthcare Corp.，UHC）成立于 1977 年，1984 年上市。是一家多元化的健康和福利管理公司，也是美国最大的商业健康险公司，业务板块见表 3.13。

表 3. 13　　　　　　　　　　　联合健康公司两大业务板块

联合健康公司业务板块					
健康保险业务			健康管理产业链		
雇主和个人业务	养老和 65 岁以上老人业务	社会和国家救助业务	健康管理公司	健康信息技术服务公司	药品福利管理公司

资料来源：WRDS、联合健康公司财报。

20 世纪 70 年代，美国政府开始管控不断上涨的医疗费用。1973 年《健康维护组织法案》通过，政策鼓励医保机构组织自己的医院和医生团队，以遏制医疗费用上涨的趋势，推广健康维护组织等医疗服务形式，健康维护组织（HMO）急剧增加，注册人数攀升。1977 年伯克创立联合健康，整合了 1974 年成立并践行 HMO 模式的 UMC 公司，基于自身保险从业经验，从保险角度切入卫生费用控制，以预付制为基础，对医院、医生行为进行约束。

　　20 世纪 80 年代，管理式医疗行业进入快速整合期，公司抓住时机大力收购高潜力 HMO 股权，快速聚拢会员，提升规模经济效应，同时主动退出低前景市场。截至 1987 年，公司已通过自有或管理两种形式，在 23 个州建立了囊括 34 个 HMO 网络。产品方面，公司围绕 HMO 打造完整产品线，提供首选供应商组织（PPOs）、"第三选择"（triple option）以及 Medicare 产品，满足不同消费者对日益增加的定制化需求。

　　20 世纪 80 年代后期，管理式医疗行业继续高增，客户加速从传统保险产品向管理式医疗产品转换。截至 1988 年，超过 2/3 的美国工作人口都参与了某种形式的管理式医疗项目。但伴随而来的是行业竞争加剧、价格战愈演愈烈，叠加前期收购扩张后回报不及预期，包括联合健康在内的多家企业出现连续亏损。1988 年 CEO 西蒙斯上任后首先叫停了全国扩张战略，聚焦主业提升盈利能力；更重要的是，随着 HMO 和 PPO 在全国范围内对医疗保健市场的渗透，管理式医疗组织的话语权逐渐增强。联合健康通过对医疗流程建立收费规则，利用信息系统监控医生的医疗实践并引入问责制，有效减少了过度医疗，控费能力显著提升，成功扭亏为盈。

　　此外，自 1965 年政府公共医疗保险项目 Medicare 和 Medicaid 获批以来，基于服务付费的模式使得过度医疗频发，美国政府的医疗支出负担越来越重。20 世纪 80 年代后期，政策逐步鼓励 HMO 参与到 Medicare 项目中来，推动医保项目由事后付费制向预先付费制转变。联合健康公司准确把握政策趋势，前瞻性布局 Medicare 和 Medicaid 业务。截至 1990 年，公司健康保险计划中已有 12 万名会员受 Medicare 保障，为公司贡献 22% 的年收入；同时分别通过基本医疗保健计划（PrimeCare Health Plan）和明尼苏达医生健康计划（Physicians Health Plan of Minnesota）基于预付费合同为 44 100 名和 26 000 名 Medicaid 受益人提供服务。与政府机构、行业协会合作也是联合健康在后续几十年中始终坚持的重要获客路径。[①]

　　进入 20 世纪 90 年代后，管理式医疗产品形式不断创新，逐步替代传统型保险产品市场份额，联合健康大力推进健康计划整合并购，聚拢医疗资源、扩大客源构筑护城河。公司主要业务从 HMO 向健康计划转变，PPO、POS、企业保险产品成为新的业务增长点，见图 3.78 和表 3.14。

---

① 夏昌盛、周颖婕：《为什么中国没有联合健康模式专题 1：什么是联合健康模式?》，天风证券研究所，2021 年。

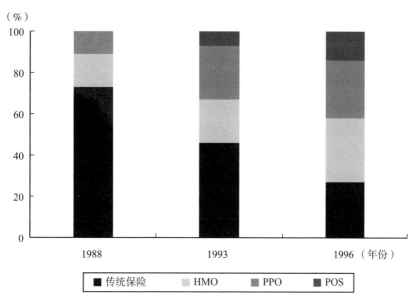

图 3.78　1988～1996 年美国健康计划份额

资料来源：联合健康公司财报、天风证券。

表 3.14			管理式医疗模式对比			
类别	保费	支付方式	服务限制	医疗网络	触及全科医生	网络外医疗服务
HMO	低	固定保费＋定额手续费	只可在制定医疗机构接受服务	有	不允许，但急诊可以	不允许，但急诊可以
POS	低	按接受服务项目付费	可选择接受服务的条件	有	需转诊	需转诊
PPO	高	体系内，定额手续费；体系外，自付费用较高	可在任意医疗机构接受服务	无	允许	允许

资料来源：Pacific Pensions 网站、天风证券。

美国医疗保健公司（United States Healthcare Inc.，USHC）创始于1975 年，1982年转为盈利实体，次年上市。美国医疗保健公司在 20 世纪八九十年代的发展路径基本与联合健康类似。90 年代初，除了并购扩张以及产品形式创新之外，美国医疗保健公司还积极实施预防措施来进一步控制成本。公司推出了胆固醇筛查、早期乳腺癌检测计划，以及体重控制和反吸烟服务。在这些领域取得成功之后，公司还增加了针对结直肠癌和高危妊娠的类似项目。这些措施有助于降低公司成本、保持高盈利率，1990~1994 年美国医疗保健公司净利润年化增长率达 69%，股价随之飙升，见图 3.79。

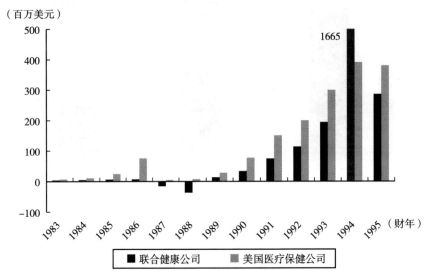

（百万美元）

1665

图 3.79　联合健康公司净利润和美国医疗保健公司净利润

资料来源：WRDS。

医疗器械和用品在 20 世纪 80 年代整体表现不佳，美敦力公司（Medtronic Inc.）凭借在心血管器械赛道的持续领先跑出来最高 16.5 的可观涨幅，上涨时段集中在 80 年代末至 90 年代初。

美敦力公司成立于 1949 年，以起搏器业务起家，而后通过持续的自主研发和收购发展成为全球医疗器械龙头。20 世纪 70 年代，美敦力仍然主要是一家起搏器公司；80 年代，美敦力在重点发展起搏器业务的同时，通过研发新产品和收购将业务扩展到心脏手术和血管治疗领域，新产品线包括冠状动脉成形术导管和组织心脏瓣膜等。通过大量收购和新技术的开发，美敦力年销售额从 1981 年的 3 亿美元增加到 1988 年的 7.55 亿美元。盈利和研发支出情况见图 3.80 和图 3.81。

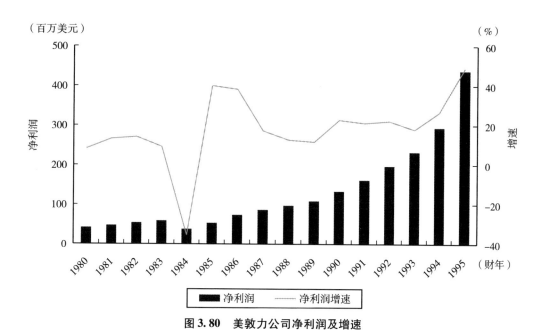

图 3.80　美敦力公司净利润及增速

资料来源：WRDS。

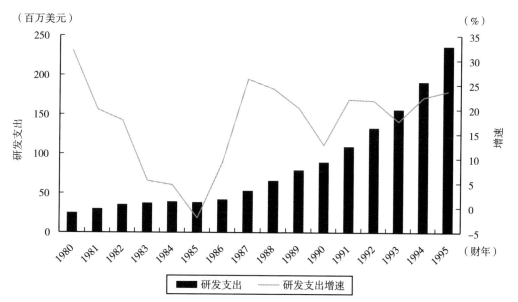

图 3.81　美敦力公司研发支出及增速

资料来源：WRDS。

20 世纪 90 年代初期，美敦力继续扩张收购扩张，巩固其在心血管设备领域的领先地位，1995 年美敦力在传统起搏器市场占有 49% 的份额，在植入式除颤器市场占有 32% 的份额，在神经相关设备市场占有 75% 的份额。除了收购扩张，美敦力不断加快产品开发周期并继续增加其研发预算，由此产生许多开创性设备，如 PCD 除颤器、植入型心律转复除颤器等。美敦力的国际扩张也起步于这一时期，1992 年该公司的国际销售贡献了 40% 的总收入。①

三、信息技术

1981～1994 年市值 TOP500 中信息技术股票共有 32 只，涨幅超过 12 倍的高收益股共有 9 只，4 只软件股、3 只通信设备股，硬件设备和半导体股各有 1 只。虽然"大缓和"时期科技行业走出的高收益股数量并不多，但涨幅却很惊人，尤其是软件企业，见表 3.15。

1981～1994 年是美国科技产业的转型期，也是奠定 20 世纪 90 年代末互联网大爆发的重要基础。这一时段美国研发投入不断增加，从 1980 年的 706 亿美元扩张至 1994 年的 1 829 亿美元，信息通信、计算机和电子行业占 GDP 的比重也有所上升，如图 3.82、图 3.83 所示。

20 世纪七八十年代，美国半导体、集成电路等硬件设备的技术革新推动了计算机的发展，1981 年 IBM 推出第一款个人计算机 IBM-PC，康柏公司于 1983 年推出其第一款成功商用的 IBM-PC 兼容机，此后兼容机厂商大批涌现带来个人计算机（PC）的快速普及，美国居民 PC 拥有率从 1984 年的 8.2% 攀升至 1990 年的 21.7%。

除了 PC 整机生产，20 世纪八九十年代处理器和操作系统的创造性突破也是计算机得以普及的关键技术基础。处理器方面，Intel 在 1979 年生产了著名的 8086 处理器，而后又相继推出 80386、奔腾处理器，一举垄断了半导体行业。操作系统方面，1990 年微软发布 Windows 3.0，真正实现了人机交互，此后微软与多家软件公司合作，大多数的软件基于 Windows 系统开发，微软得以垄断操作系统市场。

---

① 田加强、孙晓晖：《全球器械龙头，创新、整合持续的多赛道王者》，中信证券研究所，2019 年。

表 3.15

1981~1994 年信息技术板块高收益股（市值 TOP500）

序号	最大上涨倍数	公司名（中文）	公司名（英文）	平均市值（千美元）	市值排序	GICS-11部门	GICS-24行业组	GICS-69行业	GICS-158子行业
1	88.9	诺维尔公司	Novell Inc	3 651 025	151	信息技术	软件与服务	软件	系统软件
2	60.2	国际联合电脑公司	Computer Associates Intl Inc	2 315 140	259	信息技术	软件与服务	软件	系统软件
3	52.5	康柏电脑公司	Compaq Computer Corp	3 634 638	154	信息技术	技术性硬件和设备	技术硬件、存储和外部设备	技术硬件、存储和外部设备
4	50.6	甲骨文公司	Oracle Systems Corp	3 841 917	144	信息技术	软件与服务	软件	系统软件
5	40.2	微软公司	Microsoft Corp	14 419 370	24	信息技术	软件与服务	软件	系统软件
6	25.2	思科系统公司	Cisco Systems Inc	4 857 758	105	信息技术	技术性硬件和设备	通信设备	通信设备
7	17.8	英特尔公司	Intel Corp	8 248 482	50	信息技术	半导体与半导体设备	半导体与半导体设备	半导体
8	13.8	凯创系统公司	Cabletron Systems Inc	2 179 134	284	信息技术	技术性硬件和设备	通信设备	通信设备
9	12.4	摩托罗拉公司	Motorola Inc	9 316 718	48	信息技术	技术性硬件和设备	通信设备	通信设备

资料来源：WRDS、各公司网站、研报、网络信息整理。

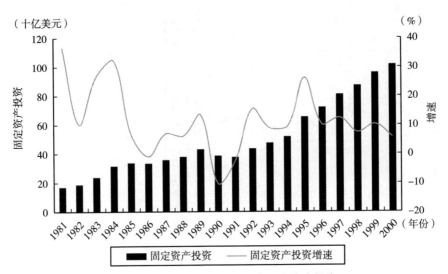

图 3.82　美国电脑及外围设备固定资产投资

资料来源：万得（Wind）。

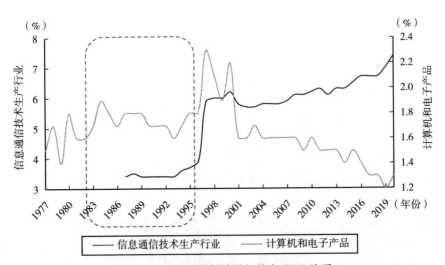

图 3.83　美国科技板块增加值占 GDP 比重

资料来源：万得（Wind）。

20 世纪 80 年代，计算机终端的推广是后续互联网发展的重要基石，但在 80 年代中期之前，互联网主要供军方使用，直到 1986 年才迎来关键性技术突破，开始走进美国居民的日常生活。其一是 1986 年美国国家科学基金会建立 NSFNET 网络，使互联网进入民用领域；其二是同年思科推出第一款多协议路由器，将相互不兼容的计算机网络连接起来。而互联网真正的大爆发还是在 1995～2000 年，1995 年微软基于 Mosaic 浏览器版本推出的 IE1.0，允许人们自由对网上的信息进行搜索、浏览，很大程度上拓宽了人们信息交互的渠道，互联网普及率跃升至 50% 以上。90 年代后期以雅虎为代表的各类网站相继出现，自建网站层出不穷，信息通过网页迅速传播，人类真正进入信息爆炸时代。①②

从资产表现来看，"大缓和"时期信息技术板块的行情主要开始于 20 世纪 80 年代中后期，爆发在 90 年代初期，这与计算机、互联网领域关键技术的突破相呼应。在细分行业中，软件板块弹性最大、涨幅最高，通信、硬件和半导体相对偏弱，见图 3.84。

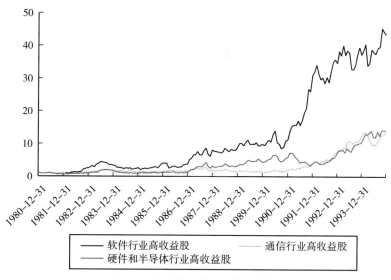

图 3.84 美国信息技术板块定基指数

资料来源：WRDS。

---

① Camille Ryan, *Computer and Internet Use in the United States*：2016, U. S. Census Bureau, https：//www. census. gov/content/dam/Census/library/publications/2018/acs/ACS-39. pdf, 2018.

② 荀玉根、姚佩：《回顾美国 1980—2000 年科技长牛》，海通证券研究所，2020 年。

1981～1994年软件行业4只高收益股分别为诺维尔公司（Novell Inc.，最高涨幅88.9倍）、国际联合电脑公司（Computer Associates Intl Inc.，最高涨幅60.2倍）、甲骨文公司（Oracle Systems Corp.，最高涨幅50.6倍）、微软公司（Microsoft Corp.，最高涨幅40.2倍），见图3.85。

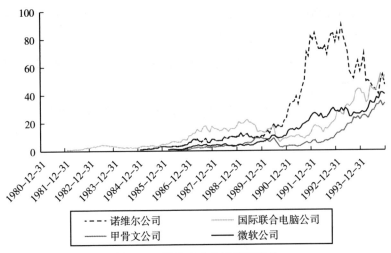

图3.85 软件高收益股定基股价

资料来源：WRDS。

诺维尔公司（Novell Inc.，最高涨幅88.9倍）创立于1980年，最初为硬件制造商。随着电脑普及率的上升，1983年CEO努尔达（Noorda）上任后明智地决定终止硬件部门，并将核心业务专注于用软件来解决电脑之间的连接问题，而后于同年推出了诺维尔公司最重要的产品——多平台网络操作系统Novell NetWare。诺维尔的市场开始迅速增长，到1988年，诺维尔拥有PC网络市场50%的份额，并致力于连接PC、小型计算机和大型机。诺维尔最大的飞跃是在1989年9月发布了NetWare386，早期版本的NetWare只能与IBM兼容的硬件一起工作，但NetWare386可以同时服务于IBM、Unix和苹果公司的Macintosh计算机。短期内，诺维尔作为唯一拥有能够连接不同计算机网络的软件的公司，获得了巨大的竞争优势，同时诺维尔利用其在计算机网络行业的地位，以较低成本创建了庞大的分销网络，不断扩大市场规模。1989年诺维尔销售收入增长到4.219亿美元，1990年达到4.975亿美元，如图3.86所示。

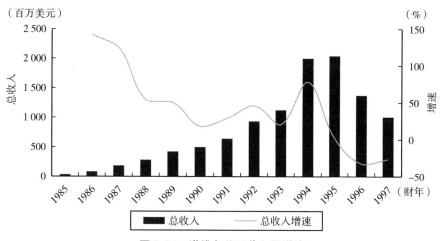

图 3.86　诺维尔公司收入及增速

资料来源：WRDS。

20 世纪 90 年代初期，在 IBM、惠普、康柏等计算机巨头的支持下，诺维尔在与微软的竞争中占上风。在此期间，为了增强实力，诺维尔还收购了数字研究公司（Digital Research）、国际商业软件公司（International Business Software）、Unix Systems 实验室（5% 股份）等一系列操作系统公司。1992 年诺维尔拥有 65% 的网络操作系统市场份额。

由于许多企业 PC 已经在使用 Windows 和其他 Microsoft 软件，1993 年微软公司最畅销的 Windows 图形界面版本——Windows NT 的发布给诺维尔带来严重威胁。此外，诺维尔在 20 世纪 90 年代初还进行了两次代价高昂的收购（以 8.55 亿美元收购排名第二的文字处理软件 Word Perfect、以 1.45 亿美元收购 Quattro Pro 电子表格），企图将诺维尔重塑为一家多元化的微软式软件巨头，结果反而影响了公司对核心产品 NetWare 的专注度，市场份额逐渐开始被微软侵蚀。

1995 年以后，所有主流 PC 操作系统都将网络作为核心系统组件包含在内，这导致诺维尔的市场份额急剧下降。与 Windows 3.1 及其前身不同，Windows NT、Windows 95、Linux 和 OS/2 都包含网络功能，这大大减少了该领域对第三方产品的需求，诺维尔的在 PC 网络市场中的主导地位进一步流失。

国际联合电脑公司（Computer Associates Intl Inc.，简称 CA 公司，最高涨幅 60.2 倍）由王嘉廉（Charles Wang）和拉塞尔·阿特兹（Russell Artzt）于 1976 年成立，该公司专注于计算机操作系统软件，以及大型机和个人计算机的商业应用软件。20 世纪 80 年代 CA 公司通过收购迅速发展，同时将占销售收入 13% 的研发支出用于改进新购买的软件。到 1988 年，CA 公司在 22 个国家雇用了 4500 名员工，销售额达到 8.4 亿美元，1989 年，CA 公司成为继微软之后第一家销售额超过 10 亿美元的软件公司。

20 世纪 80 年代末，CA 公司大量并购引发的研发创新不足、销售人员冗余等问题愈演愈烈，其增长率从 1989 年的 45% 下降到 1990 年的 6%，股价下跌了 50%。90 年代初，CA 公司加大研发投入、将员工重新集中在产品开发和客户服务上，推出计算架构系统 Computing Architecture 1990s、图形和数据库管理软件 Supercalc5 等新产品，同时积极进军国外市场（日本、加拿大等），改革公司向客户收取软件维护费用的方式，并提高了与其他供应商产品（惠普、苹果电脑和数字设备公司）的兼容性，收入和盈利水平逐渐回升，见图 3.87。

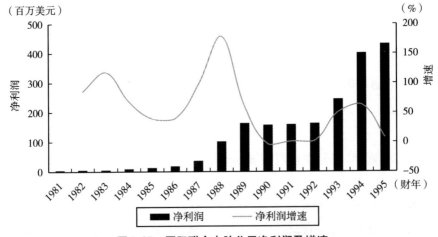

图 3.87　国际联合电脑公司净利润及增速

资料来源：WRDS。

甲骨文公司（Oracle Systems Corp.）是创立于 1977 年的计算机软件公司，以 2020 年的收入和市值计算，甲骨文是全球第三大软件公司。目前公司销售的产品包括数据库软件和技术、云工程系统和企业软件，例如企业资源规划（ERP）软件、人力资本管理（HCM）软件、客户关系管理（CRM）软件、企业绩效管理（EPM）软件和供应链管理（SCM）软件。

对于企业来说，用数据库记录和保存历史信息的需求一直存在，20 世纪 70 年代，网状数据库和层次数据库是市场主流，关系型数据库在 1970 年被 IBM 的研究员埃德加·考特提出，虽然在理论上更先进，但硬件算力制约了其发展。IBM 在 1973

年启动了专门研究关系型数据库 SystemR 项目，12 年后的 1985 年才开发出第一版关系型数据库产品 DB2。

1977 年埃里森与其他创始人在拜读过考特的论文后，紧跟 IBM 的步伐，迅速开发出了可商用的关系型数据库管理系统（RDBMS）——被命名为甲骨文（Oracle），1979 年公司更名为关系型软件公司（Relational Software Inc.，RSI）。1979 年，RSI 第一个产品 Oracle2.0 诞生，这也是第一款可商用的关系型数据库管理系统，美国中央情报局（CIA）成为其第一个客户。20 世纪 80 年代初期，美国信息产业仍然以硬件为主导，软件作为附属品，不能被不同的硬件所兼容，一旦硬件厂商推出新产品，软件开发必须随之更新，否则将面临淘汰。甲骨文面临同样的挑战，PDP 是当时主流计算机，然而 VAX 开始抢占 PDP 的市场份额，迫使 Oracle 要面向 VAX 兼容。另外，RSI 的重要客户 CIA 购买了 IBM、PDP、DEC 等多种类型计算机，适用于 PDP－11 的软件无法在其他公司生产的计算机上运行。Oracle 急需新语言编译的可移植版本。创始人之一的迈纳尔担负起用 C 语言编写 Oracle 的重任，1983 年，Oracle 发布 V3 版本，公司名称也改为 Oracle。新版本的 Oracle 实现了多平台可移植，被更多客户所接受，销量大增，Oracle 单独售卖软件的商业模式获得成功。1985 年，甲骨文推出第一款支持 C/S 架构的 RDBMS——Oracle 5，C/S 架构下用户端和服务器端被分离，用户可以通过 PC 极为轻松地访问服务器内的数据。80 年代中期 SQL 作为关系数据库管理系统的行业标准语言出现，市场对能兼容 SQL 的 Oracle 5 接受度提高，市场份额大幅攀升。80 年代后期，甲骨文已成为大多数主要计算机制造商的关系 DBMS 选择，产品适用的硬件范围扩大，1987 年甲骨文成为世界上最大的数据库管理软件公司，在 55 个国家拥有超过 4500 名最终用户。

20 世纪 90 年代初期，甲骨文采取了十分激进的销售策略，埃里森为客户许下的大多数承诺都未按期实现导致 Oracle 的口碑越来越差，1990 年 3 月底公布季报时，有 1500 万美元来自"试用版本产品"的销售收入不受审计人员认可，当季公司收入录得零增长，股价当天下跌 31%，随后的半年时间公司形象一落千丈，公司股价最高回撤超过 80%。1991 财年公司首次出现亏损。而后埃里森在及时改变了策略，将公司的重心从市场份额拓展和销售收入增长转移到盈利能力和产品质量上来，满足客户对于数据库管理软件的需求。[①]

1992 年，甲骨文推出了具有可编程能力的 Oracle7.0，击败了当时的对手 Sybase，

---

① 李沐华、李博伦：《以史为鉴：复盘 Oracle 历史变迁和演进体系》，国泰君安证券研究所，2018 年。

公司的销售收入在 1992 年之后重回高增长，如图 3.88、图 3.89 所示；同年甲骨文发布应用产品 R9，软件组合包含财务会计、生产制造、人力资源等模块，但此时公司的主要收入仍然来自数据库软件销售。

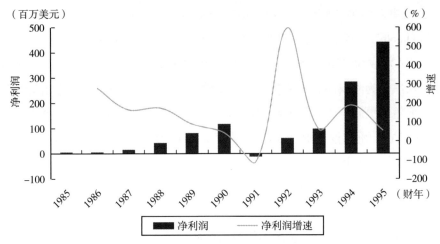

图 3.88　甲骨文公司净利润及增速

资料来源：WRDS。

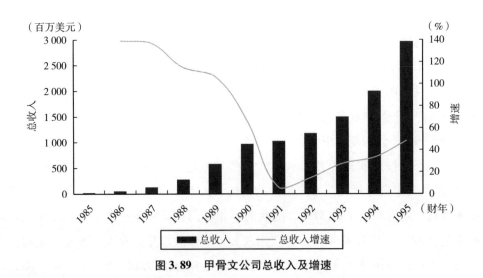

图 3.89　甲骨文公司总收入及增速

资料来源：WRDS。

微软公司（Microsoft Corp.）是全球最大的软件制造商，目前其 Windows 操作系统还拥有超 75% 的个人计算机（PC）市场份额。微软由比尔·盖茨和保罗·艾伦在

1975 年创立，后于 1986 年上市，与谷歌、亚马逊、苹果和 Meta（Facebook）并称为美国信息技术五巨头。微软在 20 世纪八九十年代的高增主要来自旗舰产品 Windows 和 Microsoft Office 市场份额的不断扩张。

　　1980 年微软开发了名为 Xenix 的 UNIX 操作系统，同年与 IBM 签订合同为其即将到来的个人计算机提供 CP/M 操作系统。于是微软从西雅图电脑产品公司收购了 86 – DOS，将它更名为 MS – DOS，授权给 IBM 使用，但微软仍保留了 MS – DOS 的所有著作权。与此同时，微软还与其他原始设备制造商（OEM）谈判，将经过更改后的 MS – DOS 系统安装到这些非 IBM 新计算机上，最终微软成为领先的个人计算机操作系统的供应商。1984 年，微软和 IBM 开始合作开发操作系统 OS/2，1987 年交付首版。OS/2 有一个新的模块化内核和 Win32 应用程序编程接口（API），基于 MS – DOS 的 16 位 Windows 可更容易移植。

　　1985 年 11 月 20 日，微软推出了首款 Microsoft Windows 的零售版，最初作为其 MS – DOS 系统的图形拓展版本。1990 年，微软推出其办公包 Microsoft Office，包括办公室生产力应用程序 Word、Excel 等。5 月 22 日，微软推出 Windows 3.0。Windows 3.0 用户界面更为精简，也进行了图形性能改进和适合 Intel 386 处理器的改良。而后公司于 1995 年 8 月 24 日发布 Windows 95。Windows 95 具有抢先式多任务处理、全新的用户界面和新颖的开始按钮，并提供 Win32 API，且捆绑了在线服务 MSN 和 IE，结合微软的大力营销，Windows 95 迅速取得了成功。20 世纪 90 年代起，Microsoft Office 和 Windows 在各自领域逐渐占据主导地位，见图 3.90~图 3.93。

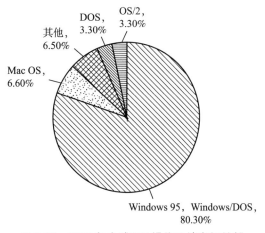

图 3.90　1996 年全球 PC 操作系统市场份额

资料来源：*Why OS/2?*，Forbes，https：//www.forbes.com/1997/07/19/imbos.html？sh =438a7aa15615，1997。

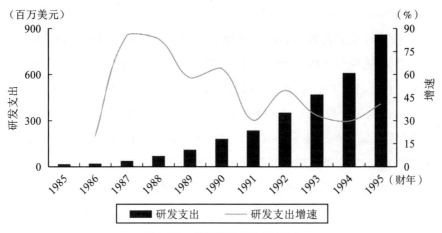

图 3.91　微软研发支出及增速

资料来源：WRDS。

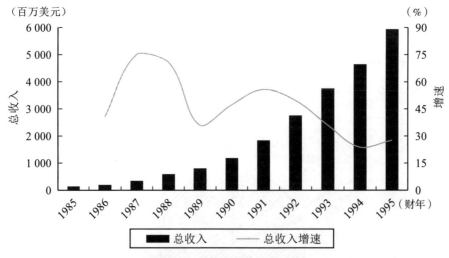

图 3.92　微软公司收入及增速

资料来源：WRDS。

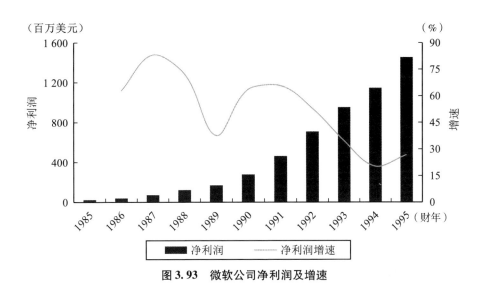

图 3.93　微软公司净利润及增速

资料来源：WRDS。

硬件设备和半导体股板块的高收益股分别是康柏电脑公司（Compaq Computer Corp.，最高涨幅 52.5 倍）和英特尔（Intel Corp.，最高涨幅 17.8 倍），个人计算机（PC）在 20 世纪八九十年代的快速普及是最主要的增长驱动因素，见图 3.94。

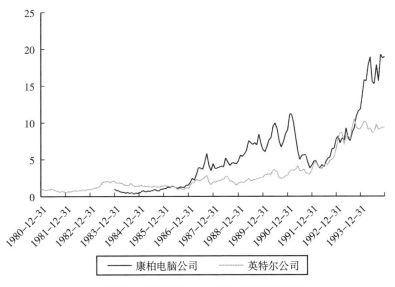

图 3.94　硬件和半导体高收益股定基股价

资料来源：WRDS。

英特尔公司（Intel Corp.）创立于 1968 年，通过存储器和微处理器的领先研发在 20 世纪 70 年代就创造了最高涨幅 13 倍的高收益。80 年代，在日本产业政策的大力支持下，日本半导体公司竞争力日益提升，逐步占据了动态随机存取存储器（DRAM）市场的主导地位。1983 年英特尔果断停掉传统的内存业务，从此专心做中央处理器（CPU），这一明智之策使得英特尔成为 PC 产业链中最核心和最有利可图的硬件供应商，为英特尔带来了八九十年代的空前增长，股价最高上涨近 18 倍。

早在 1971 年，英特尔就制造了第一款 4 位处理器 4004，随后不断进化，到 1978 年已经发布了 16 位处理器 8086。1981 年，IBM 选择将 8086 衍生出的 8088 作为其 PC 的处理器，英特尔一举成名。1982 年，英特尔推出和 8086 完全兼容的第二代 PC 处理器 80286，用在 IBM PC/AT 上。1985 年，康柏制造出世界上第一台 IBM PC 兼容机，而后兼容机厂商如雨后春笋般涌现，为了和 IBM PC 兼容，处理器都来自英特尔公司。1985 年，英特尔继摩托拉之后，第二个研制出 32 位的微处理器 80386，而后依靠 80386 完成了对 IBM PC 兼容机市场的一统江湖。1987 年，安迪格鲁夫正式担任 CEO，英特尔开始了快速发展的 10 年，见图 3.95、图 3.96。1989 年，英特尔推出了从 80386 到奔腾处理器的过渡产品 80486，并一举超过所有日本半导体公司，坐上行业头把交椅。1993 年，英特尔推出奔腾处理器 Pentium。英特尔奔腾处理器采用了 0.60 微米工艺技术制造，核心由 320 万个晶体管组成，支持计算机更轻松的集成语音、声音、手写体和图片等数据。Pentium 是 x86 系列一大革新，晶体管数大幅提高、增强了浮点运算功能并把十年未变的工作电压降至 3.3V。奔腾处理器的诞生，让英特尔公司甩掉了只会做低性能处理器的帽子，其运行速度达到工作站处理器的水平。此后十多年里，英特尔推出了多代的奔腾处理器。[1][2]

---

[1] 脑极体：《芯片破壁者：CPU 战争三十年》，界面新闻，https：//www.jiemian.com/article/5204598.html，2020 年。

[2] Alex Williams, Hassan Khan, *A Brief History of Semiconductors：How The US Cut Costs and Lost the Leading Edge*, https：//www.employamerica.org/content/files/2022/06/A-Brief-History-of-Semiconductors.pdf.

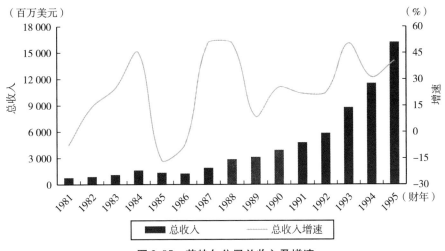

（百万美元）

图 3.95　英特尔公司总收入及增速

资料来源：WRDS。

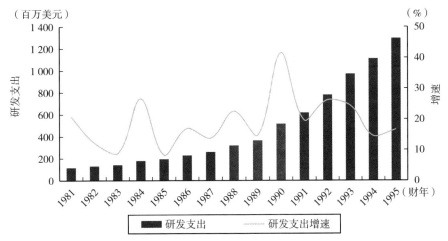

图 3.96　英特尔公司研发支出及增速

资料来源：WRDS。

康柏电脑公司（Compaq Computer Corp.）的快速上涨主要发生在 1986～1990 年以及 1992～1994 年，这与康柏个人计算机（PC）产品的畅销期基本吻合。康柏由德州仪器的三位前高管在 1982 年创立，1983 年康柏便推出第一款获得 IBM 承认与之兼容的个人计算机 Compaq Portable，也被多人认为是世界上第一台便携式计算机，当年就销售了 53 000 台，产生了 1.11 亿美元的销售收入。1984 年康柏发布了其第一台非便携式计算机 Compaq Deskpro，这是一款采用英特尔 8086 微处理器的 16 位台式电脑，比 IBM PC 快得多，且也能够运行 IBM 软件。1984 年康柏 PC 的出货量接近 150 000 台，年收入达到 3.29 亿美元。

1986 年康柏推出了第一台基于 Intel 新的 80386 微处理器的 PC——Compaq Deskpro 386。Compaq 386 计算机标志着对 PC 平台的第一次 CPU 更改不是由 IBM 发起的，约一年后 IBM 制造的 386 机器才进入市场，但此时康柏已成为运载 386 处理器的首选 PC 供应商。1988 年康柏发布其第一台笔记本电脑——Compaq SLT/286，它是第一台使用 VGA 图形和内置硬盘驱动器的电池供电笔记本电脑。随着畅销产品不断面世，康柏开启海外扩张，到 20 世纪 80 年代末康柏已成为欧洲第二大 PC 制造商；1990 年，国际业务占康柏 50% 以上的年收入。

20 世纪 90 年代初，笔记本电脑供应短缺、行业价格战加剧以及一系列的组织管理问题导致康柏业绩下滑。随着管理层混乱的平息，康柏凭借 Compaq Presario 进入零售计算机市场，启用 AMD 和 Cyrix 的 CPU 降低成本，在低库存、高毛利的优势下发动价格战，成为 90 年代首批销售低于 1 000 美元的 PC 的制造商之一，最终将众多竞争对手赶出了市场，例如佰德电脑（Packard Bell）和虹志电脑（AST Research）。康柏最终在 1994 年超过苹果和 IBM，成为最大的个人计算机制造商，在此期间股价大幅上涨。"大缓和"时期三家主要个人计算机制造商的利润和运营情况见图 3.97、图 3.98。

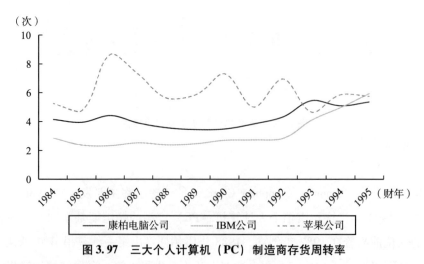

图 3.97 三大个人计算机（PC）制造商存货周转率

资料来源：WRDS。

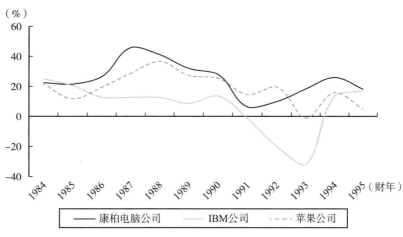

图 3.98　三大个人计算机（PC）制造商 ROE

资料来源：WRDS。

通信行业在 1981～1994 年跑出的 3 只高收益股分别是思科系统公司（Cisco Systems Inc.，最高涨幅 25.2 倍）、凯创系统公司（Cabletron Systems Inc.，最高涨幅 13.8 倍）和摩托罗拉公司（Motorola Inc.，最高涨幅 12.4 倍），见图 3.99。

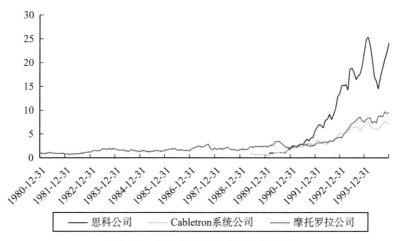

图 3.99　通信行业高收益股定基股价

资料来源：WRDS。

1948 年，香农提出现代信息论是通信行业的开端。20 世纪 60 年代蜂窝系统的概念和理论出现，但受硬件发展限制，70 年代才正式向产业化发展。1978 年，贝尔实验室的科学家在芝加哥试验成功世界上第一个真正意义上的具有随时随地通信能力的大容量的蜂窝移动通信系统——北美移动电话系统（AMPS），标志 1G 时代到来。全球正式进入了信息时代，信息技术革命以美国为核心逐渐扩散到其他国家。20 世纪 80 年代中期，欧洲和日本纷纷建立自己的蜂窝移动通信网络，如英国的 ETACS 系统、北欧的 NMT‑450 系统、日本的 NTT/JTACS/NTACS 系统等。在 1G 模拟通信时代，摩托罗拉无论在移动通信还是处理器上，都是当之无愧的王者。

为了解决第一代蜂窝移动通信系统没有统一的标准、业务量小、质量较差、没有加密和低速等技术缺陷，20 世纪 90 年代初，采用数字调制技术的第二代蜂窝移动通信系统（又称 2G 系统）顺势出现。2G 时代，欧洲各国加强联盟，大力向全球推广基于时分多址技术（TDMA）的"全球移动通信系统"（Global System for Mobile Communications，GSM）。这一时期，美国也推出三套通信系统，其中两套同样是基于 TDMA 技术，第三套则是高通推出的码分多址技术（CDMA）；日本也推出了其 PHS 标准。2G 时代，高通替代摩托罗拉成为代表美国的新通信霸主。

随着数据业务需求的不断增长，2G 系统在系统容量、频谱效率等方面的局限性日益显现，CDMA 系统以其频率规划简单、系统容量大、频率复用系数高、抗多径能力强、通信质量好、软容量、软切换等特点显示出巨大的发展潜力。2000 年 5 月，国际电信联盟正式公布第三代移动通信标准。第四代蜂窝移动通信系统是融 3G 与 WLAN 于一体并能够传输高质量视频图像的技术产品，2012 年 1 月，ITU 正式审议通过 4G 的国际标准，我国倡议并主导的 4G 方案 TD‑LTE 登上国际舞台。[①]

思科系统公司（Cisco Systems Inc.）由波萨克夫妇于 1984 年创立，在美国起步并迅速占领全球路由器、交换机市场，后逐渐向云计算/数据中心、安全业务转型。

20 世纪八九十年代伴随着互联网普及率的提升，思科飞速发展。在互联网发展早期，思科依靠自己的技术能力和市场规模，成为网络标准的制定者，通过获得大量的专利，为竞争对手制造了很高的行业门槛，造就了自身近乎垄断的地位，研发支出情况见图 3.100。1990 年思科上市，1995 年成为世界最大的网络设备制造商，而其后来的主要对手瞻博网络（Juniper）、华为此时还尚未入局。

---

① 宽带资本：《通信世界发展简史》，36 氪，https：//36kr.com/p/1723832287233，2019 年。

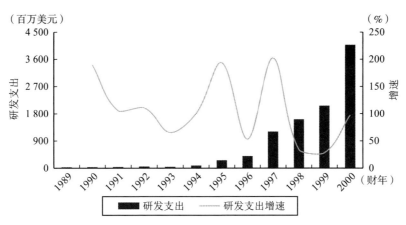

图 3.100　思科公司研发支出及增速

资料来源：WRDS。

1986 年 3 月，思科公司向犹他州州立大学提供了世界上第一台路由产品——先进网关服务器（AGS），而后互联网的兴起使得路由器和交换机成为日益庞大的网络世界的重要支柱，推动思科快速增长。此外，从 1993 年起，收购活动成为推动思科发展的另一股力量，帮助思科吸纳革新的技术，迅速进入新市场，还为思科带来了一大批工程技术精英。上市后的十几年里，思科公司的收入几乎每年以超过 40% 的速度递增，见图 3.101，1998 年公司在路由器的市场份额达 3/4。[①]

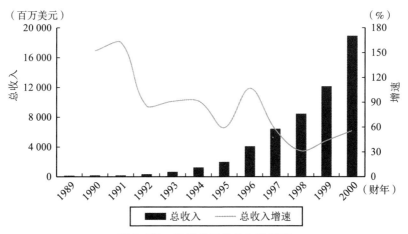

图 3.101　思科公司总收入及增速

资料来源：WRDS。

---

① 付迎爽：《思科发展历程：从路由器起家到影响整个网络世界》，新浪科技，https://www.ithome.com/0/286/565.htm，2017 年。

凯创系统公司（Cabletron Systems Inc.）是创立于 1983 年的网络设备制造商，20
世纪八九十年代从最初制造以太网电缆组件的小型公司发展成网络管理和连接解决方
案领域的领导者，相继推出外挂智能集线器、网络适配器卡、网络管理软件等畅销产
品，并大力扩展海外业务，1993 年销售收入超 4.18 亿美元。

摩托罗拉公司（Motorola Inc.）是总部位于美国的电信设备制造商，2011 年拆分
成两家独立的公司——摩托罗拉移动及摩托罗拉系统。

摩托罗拉公司创立于 1928 年，以生产汽车收音机起家，20 世纪在通信领域创造
出大量革命性发明。二战时期，摩托罗拉研制出真正用于战场的背负式跳频步话机
SCR－300，摩托罗拉品牌也随着美军装备传播到全世界。1942 年，摩托罗拉研制出"手
提式"对讲机 SCR－536，为后来"大哥大"手提电话的问世奠定基础。1958 年，公司发
明了基于汽车的对讲机，在美国被警察、出租车公司和各种运输公司广泛使用。1963 年，
摩托罗拉发明了世界上第一个方形彩电显像管，迅速成为行业标准，而在此之前，RCA 的
彩电荧屏都是圆形的。1967 年，摩托罗拉生产出美国第一台全晶体管彩色电视机，但其家
电市场并不成功，后于 1974 年将彩电业务卖给了日本松下。1979 年，摩托罗拉还成功推
出 68000 通用微处理器，可以管理 16MB 的内存，成为小型机和工作站的首选芯片。

20 世纪 80 年代摩托罗拉开始高速发展。1983 年摩托罗拉发明了民用蜂窝式移动电
话（"大哥大"），被公认为当代手机通信的开创者，在 80 年代末成为全球最大的手机
供应商。这一时期也是 PC 大发展的时代，摩托罗拉将业务扩展到计算机半导体芯片上，
在 90 年代的大部分时间里，摩托罗拉在世界半导体制造商中保持第三位，仅次于英特
尔和日本 NEC 公司。摩托罗拉公司营收和利润情况见图 3.102、图 3.103。

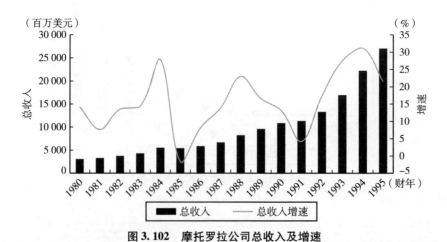

图 3.102 摩托罗拉公司总收入及增速

资料来源：WRDS。

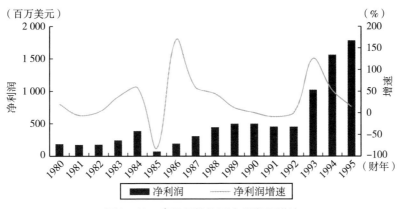

图 3.103　摩托罗拉公司净利润及增速

资料来源：WRDS。

20 世纪 90 年代初，采用数字调制技术的第二代蜂窝移动通信系统（2G 系统）面世，GSM 数字网具有较强的保密性和抗干扰性、音质清晰、通话稳定，并具备容量大、频率资源利用率高、接口开放、功能强大等优点。各大手机生产商看好了这一新的商机，争相拓展市场份额。1991 年，摩托罗拉推出世界上第一台 GSM 数字移动电话，但仍不肯舍弃自身在模拟网络上的优势，在数字移动电话发展战略上出现犹疑。与此同时，诺基亚、爱立信等厂商后来居上，1998 年摩托罗拉的霸主地位被诺基亚超越。1992～2021 年全球手机市场份额变化见图 3.104。

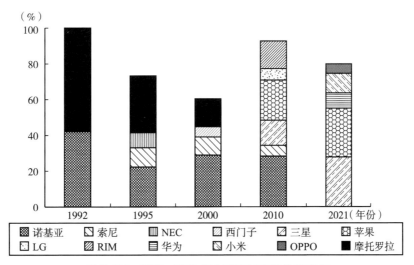

图 3.104　1992～2021 年全球手机市场份额变化

资料来源：Modernglobe 网站。

第四章

两次泡沫形成和破灭期：
1995 ~ 2009 年

第一节 宏观背景

20 世纪 90 年代末至 21 世纪初，全球经济剧烈波动，两次"繁荣—泡沫—破灭"都发生在 1995～2009 年，分别是 2000 年的互联网泡沫以及 2008 年的国际金融危机。此外，1997 年亚洲金融危机爆发，部分东南亚（及东亚）新兴市场也遭受重创。为了行文方便，本书将 1995～2009 年称作"两次泡沫期"。如图 4.1 所示，在此期间，各国 GDP 增速中枢相较 20 世纪 80 年代均有所下行；日本在 90 年代初泡沫破灭后进入"失去的二十年"，增长降速最为明显；而美欧经济的大幅下挫主要集中在泡沫破灭前后，其他时段增长仍保持韧性。70 年代全球面临的高通胀问题在 80 年代就已得到大幅缓解，进入 90 年代末的"两次泡沫期"，各国通胀较前期进一步下行；其中欧洲和日本社会总需求趋弱，通胀明显下行，尤其是日本在千禧年前后出现通缩迹象，而美国在 90 年代末至 21 世纪初抓住信息发展浪潮进行产业升级，整体保持了适度的增长和通胀。

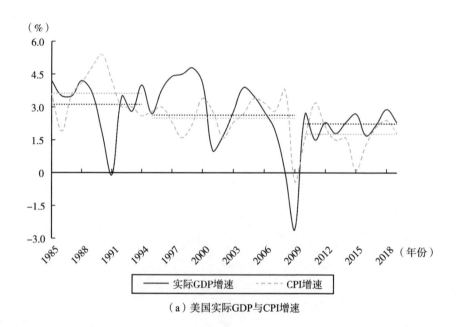

（a）美国实际GDP与CPI增速

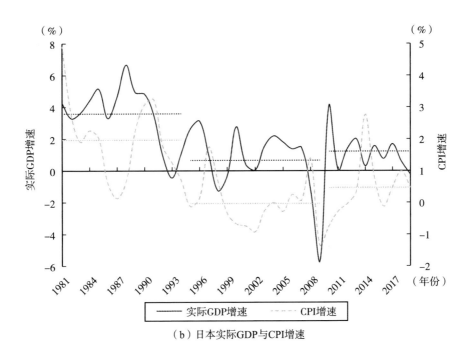

（b）日本实际GDP与CPI增速

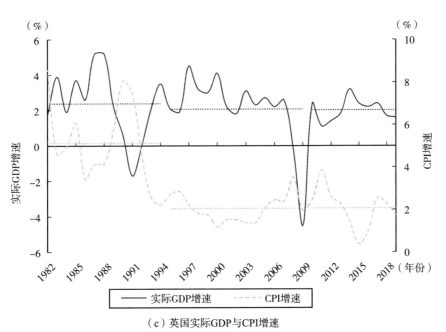

（c）英国实际GDP与CPI增速

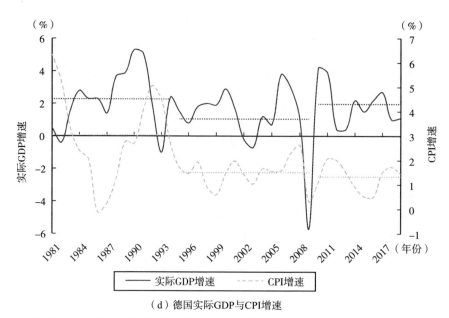

（d）德国实际GDP与CPI增速

图 4.1 20 世纪 80 年代以来美国、日本、英国和德国实际 GDP 与 CPI 增速

注：德国数据 1990 年以前为联邦德国数据，下同。

资料来源：万得（Wind）。

20 世纪末，宏观环境与科技进步共振造就了美国互联网产业的迅猛发展以及资本市场泡沫的积累。

20 世纪 90 年代美国经济持续运行在高增长、低通胀、低失业、低赤字的黄金状态，经济结构不断优化，第三产业占比持续抬升，制造业高端化，IT、金融等服务业崛起。此外，美联储持续宽松的货币政策为市场提供了充足的流动性，尤其是 1997 年亚洲金融危机爆发、1998 年美国长期资本管理公司破产后，美联储为稳定市场在三个月内连续降息三次，流动性进一步扩张。亚洲金融危机还加剧了资本从新兴市场撤离流入以美国为代表的发达国家。长期宽松的宏观环境是 20 世纪末美国股市泡沫累积的土壤，相关数据如图 4.2 ~ 图 4.5 所示。

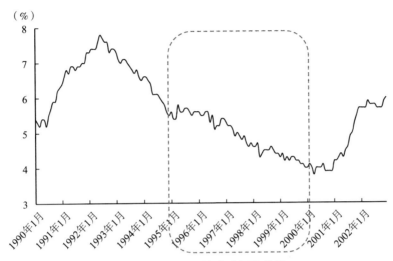

图 4.2　1990～2002 年美国失业率

资料来源：万得（Wind）。

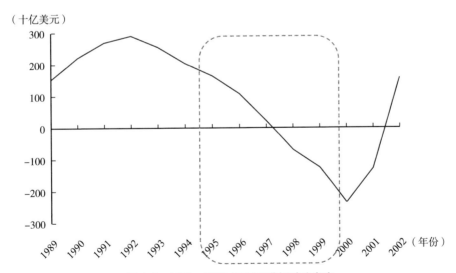

图 4.3　1989～2002 年美国联邦财政赤字

资料来源：万得（Wind）。

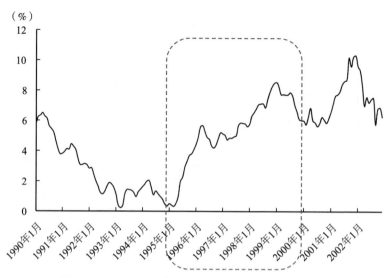

图 4.4　1990 ~ 2002 年美国货币供应增速（M2 同比）

资料来源：万得（Wind）。

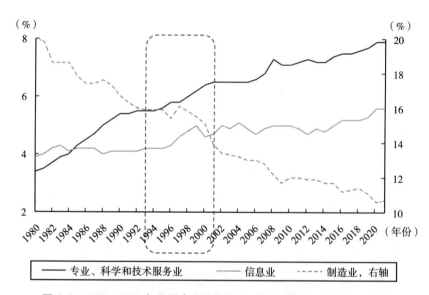

图 4.5　1980 ~ 2020 年美国产业结构变化（行业增加值占 GDP 比重）

资料来源：万得（Wind）。

产业方面，政策扶持与技术周期共同催生了 20 世纪末美国互联网行业的蓬勃发展。如表 4.1 所示，1993 年克林顿提出经济振兴计划，而后美国政府出台了一系列信息技术产业政策，大量资金和人员被投入互联网发展的浪潮中。与此同时，经过

20 世纪 80 年代的技术积累，90 年代美国信息技术产业迎来从量到质的转变；半导体、集成电路性能的提升带来计算机硬件价格下行，PC 快速普及、互联网渗透率飞快提升；在资本助力下，网景、雅虎、eBay、亚马逊、谷歌等一系列满足用户各种需求的互联网公司应运而生，信息爆炸的互联网时代来临。1990～1999 年，美国互联网户数量从 200 万增长到 1 亿以上。①

表 4.1　　　　　20 世纪 90 年代美国信息产业政策和互联网重要事件

年份	美国信息产业政策	互联网产业重要事件
1990		WWW 万维网诞生；局域网交换机被研制成功；第一个拨号上网的商业供应商 The-World 上网；首个网页浏览器出现
1991		Linux 操作系统发布；第一个 WWW 网站出现；第一个搜索引擎工具 Gopher 发布；美国国家科学基金放开了对商业界使用因特网的一切限制
1992		国际互联网协会正式成立；主机数超过百万台；第一次进行 Mbone 音频和视频广播
1993	美国政府发表《国家信息基础设施行动动议》，推出 "国家信息基础设施"（NII）计划，旨在以因特网为雏形，兴建信息时代的高速公路	首款图形 Web 浏览器诞生；欧洲粒子物理研究所宣布 WWW 向任何人开放
1994	美国副总统戈尔在信息技术联盟世界电子信息发展大会上提出 "全球信息基础设施"（GII）概念，并提出了 GII 行动纲领，旨在推动全球信息共享，推动全球的相互联系和通信，创造一个全球的信息大市场	HTML2.0 标准被确定；首个商业化的浏览器 Netscape1.0 出现；中国接入互联网
1995		微软的 Windows95 操作系统；亚马逊开启新的电子商务模式，Java 编程语言出现
1996	克林顿签署了《电信法案》，解除了政府设置在电话、广播、卫星通信和有线电视工业之间的 "屏障"，允许相互竞争 提出下一代网络计划（NGI），目的在于因特网更新换代，以全面保持美国在信息和通信技术上的领先地位。目的在于提高各大学和国家实验室的网络速度 100～1 000 倍，提高网络容量，开发新的商业应用途径，满足国家重点项目需求	第一个通信软件 ICQ 出现；第一家电子银行上市

① 张启尧、程鲁尧：《复盘科网泡沫：大浪淘沙，沉者为金》，国盛证券研究所，2020 年。

续表

年份	美国信息产业政策	互联网产业重要事件
1997	美国 40 所大学研究机构商定开发 Internet Ⅱ 计划，不久就被列入 NGI 中。旨在建立和维护一个技术领先的网络，使下一代网络能实现充分宽带网的媒体集成、交互性以及实现合作的功能，在全球提供高层次的教育和信息服务	超 1.5 亿台电脑与 Internet 连接；Extranet 应运而生
1998		谷歌成立；Windows98 面市
1999	政府发布《面向 21 世纪的信息技术发展战略》，也被称为"IT2"计划。加强基础研究促进信息技术的发展，利用最先进的信息技术加速和加强科学和工程领域的研究，研究信息革命和社会经济的影响，继续保持和加强信息技术的领先地位	Napster P2P 技术引发在线音乐革命；美国互联网用户超过 1 亿

资料来源：网络信息整理、国盛证券。

　　良好的经济基本面、宽裕的流动性以及产业周期下的强劲盈利支撑美国科技股从 1995 年初起持续上行，到 1998 年 8 月，纳斯达克综合指数通过三年半实现翻倍上涨。1997～1998 年亚洲金融危机爆发后，为了抵消海外市场对美国经济的冲击，美联储在 1998 年底降息三次。相对有韧性的内生经济动力叠加泛滥的流动性导致美股急剧飙升，从 1998 年 9 月到泡沫破灭前夕的 2000 年 3 月 10 日这仅仅一年半的时间里，纳指涨幅高达 237%。市场中充斥着大量凭借互联网概念上市取得股价大幅上涨的公司，泡沫以惊人的速度累积。

　　在美联储多次加息、科技公司盈利不济以及微软垄断案等利空因素叠加下，美国互联网泡沫最终于 2000 年被戳破，见图 4.6 和图 4.7。实际上，美联储为了抑制经济过热，自 1999 年中期就已开启加息，但在纳指触顶之前，市场在疯狂上涨中麻痹应对流动性收缩，直到 2000 年初第 4～5 次加息才对股市流动性产生明显抑制。盈利方面，2000 年 3 月互联网公司披露的一季度财报业绩低于预期，市场开始质疑高科技公司高增长的持续性和高估值的合理性；最终，2000 年 4 月 3 日微软公司被判决违反《谢尔曼法》用阻碍竞争的手段维持该公司的垄断地位，引发市场恐慌，成为科技股泡沫破灭的致命一击。纳斯达克指数从 2000 年 3 月的 5 100 点跌至 2002 年 10 月的 1 200 点附近才企稳，跌幅约 75%，大量公司在科网泡沫破灭的过程中倒闭，谷歌、思科、甲骨文、亚马逊等优质公司在泡沫后浴火重生。

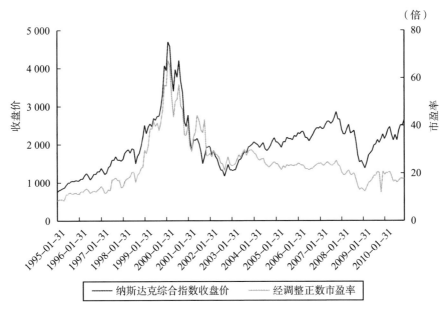

图4.6　纳斯达克综合指数收盘价及市盈率

资料来源：彭博（Bloomberg）。

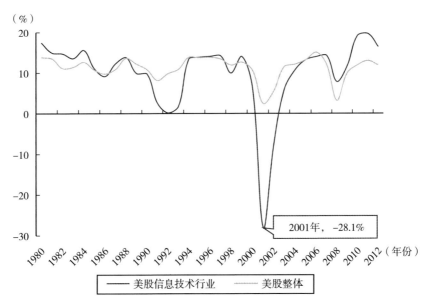

图4.7　美国信息技术行业 ROE

资料来源：彭博（Bloomberg）。

　　互联网泡沫破灭后，为了刺激经济从衰退中走出，美国货币和财政政策双双走向宽松。2001年美联储通过11次降息将联邦基金目标利率从6.5%下调至1.75%，欧洲和日本亦大幅降息，如图 4.8、图 4.9 所示；财政方面则是减税与加大开支并行，如将个人所得税最高税率由 39.6% 下调至 35%、"9·11"后军费扩张、加大补贴购房者等。

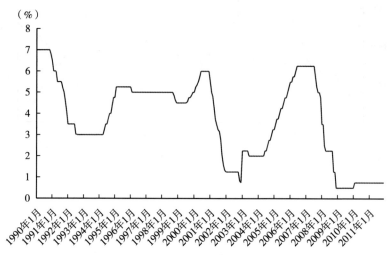

图 4.8　1990～2011 年美国政策利率（贴现率）

资料来源：万得（Wind）。

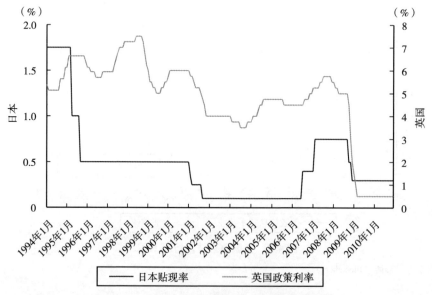

图 4.9　1994～2010 年日本、英国政策利率

资料来源：万得（Wind）。

　　房贷利率的下行以及"首付法案""零首付倡议"等一系列刺激政策的出台带来了美国房地产市场的繁荣，见图 4.10。此外，1999 年底通过的《金融现代化服务法案》彻底打破了自罗斯福新政以来美国金融业的"分业经营"形态，商业银行大举进入高利润的投资银行业，金融创新层出不穷。在低利率、高房价的环境下，美国商业银行大量发放房贷。更为疯狂的是，这一时期许多信用评级低、收入难保证的"次级"客户也获得了贷款，金融机构通过资产证券化等金融创新手段多层嵌套掩盖信用风险，再转移至其他金融机构获得回笼资金继续放贷，次贷的风险隐患蔓延至整个金融体系。

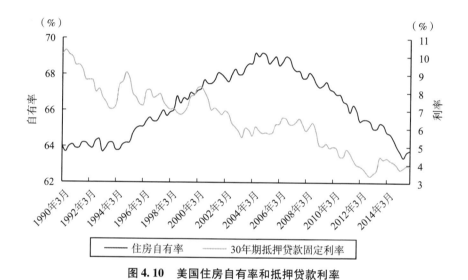

图 4.10　美国住房自有率和抵押贷款利率

资料来源：万得（Wind）。

　　21 世纪初，美国房地产繁荣以及中国经济飞速增长带动国际大宗价格上涨，美国通胀上行压力加剧，美联储启动加息周期。随着利率攀升，房地产需求回落，2007 年房价断崖式下跌，房地产泡沫破灭。房地产行业衰退引发了次贷危机，大量参与了次贷业务的金融机构蒙受巨额损失甚至倒闭。房价和金融资产价格的暴跌使得美国居民资产负债表严重受损、企业融资困难，金融危机最终演变为实体经济的全面衰退，触发经济危机。

　　为了应对金融危机，美国将基准利率降至 0，推出量化宽松等一系列非常规货币政策刺激，附加财政积极救助金融机构以及重新加强金融体系监管，才逐渐走出危机。

欧洲发达国家在 20 世纪 90 年代末至 21 世纪初的经济波动基本也是由两次重大危机所驱动的。以英国为例，欧洲货币危机引发的动荡到 1995 年初基本结束，整体经济向好。亚洲金融危机爆发后，1998 年英格兰银行与美联储行动一致，启动货币宽松，股市继续上涨。进入 21 世纪后，英国经济基本面整体保持较高韧性，但资本市场在互联网泡沫和金融危机前后同样经历大幅震荡。德国亦是如此，两德统一给德国带来的冲击在 90 年代中期基本消弭，股市加速上涨，千禧年后随着互联网泡沫破灭、全球经济上行、金融危机爆发，德国股市走出倒"N"型走势。

与美欧发达经济体不同，日本 20 世纪 90 年代初泡沫破灭后进入增长停滞的"失去的二十年"。虽然在此期间，政府不断进行超大规模的财政和货币宽松，如 2001 年 3 月启用量化宽松，2002 年 9 月日本央行更是直接购买银行持有股票资产。但这些刺激政策对经济的提振都相对短期，效果也不够理想，日本经济周期的波动已完全让位于结构性问题，如人口老龄化、企业创新不足等，股市整体走势较为低迷。

第二节　大类资产表现

如图 4.11 所示，两次泡沫期（1995~2009 年）可划为 23 段宏观场景，分别为 5 段复苏、6 段扩张、4 段滞胀、8 段衰退。

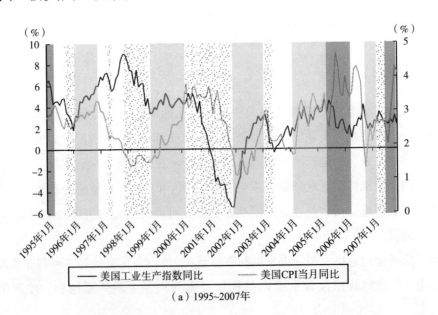

（a）1995~2007 年

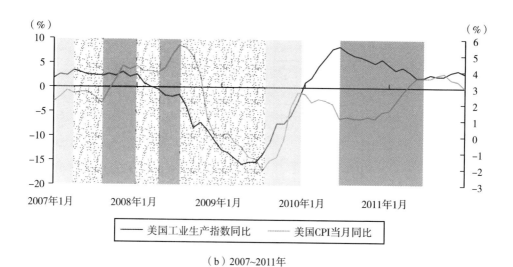

（b）2007~2011年

图 4.11 1995～2011 年经济周期划分

注：复苏、扩张、滞胀和衰退分别为白、浅灰、深灰、点状。
资料来源：万得（Wind）。

20 世纪 90 年代末至 21 世纪头十年的"两次泡沫期"，美欧整体保持高增长、低通胀，利率中枢下行，叠加美国地产繁荣以及中国经济的飞速增长，股市和大宗商品保持强劲，原油年化收益率高达 10%，黄金和铜年化收益也超 6%，见表 4.2。美国三大股指年化涨跌幅均在 6% 以上，纳斯达克表现最佳，德、法、英权益市场亦较强。日本在 90 年代初泡沫破灭后经济持续疲软，日股成为这一时期表现最差的大类资产，年化跌幅 3.5%。

表 4.2　"两次泡沫期"经济周期划分与大类资产表现

起	止	宏观场景	时长（月）	标准普尔500指数涨跌幅（%）	道琼斯工业指数涨跌幅（%）	纳斯达克综合指数涨跌幅（%）	法国CAC40指数涨跌幅（%）	伦敦富时100指数涨跌幅（%）	德国DAX指数涨跌幅（%）	东证指数涨跌幅（%）	美元指数涨跌幅（%）	10年期美国国债收益率变化（bp）	伦敦金现涨跌幅（%）	原油涨跌幅（%）	铜价涨跌幅（%）
1995-01-01	1995-05-31	滞胀	5	16.1	16.4	15.0	3.6	8.3	-0.3	-19.6	-6.9	-152	0.3	7.3	-6.2
1995-06-01	1995-09-30	复苏	4	9.6	7.3	20.7	-8.2	5.7	4.8	14.7	2.1	-2	-0.1	-8.9	1.7
1995-10-01	1996-01-31	衰退	4	8.8	12.7	1.6	13.0	7.2	12.2	12.2	3.7	-65	5.8	2.5	-13.1
1996-02-01	1996-12-31	扩张	11	16.5	19.5	21.8	14.6	9.6	16.9	-8.8	0.8	71	-9.5	44.1	-15.2
1997-01-01	1997-04-30	复苏	4	8.2	8.7	-2.3	14.0	7.7	19.0	-2.0	10.3	46	-7.7	-22.2	11.8
1997-05-01	1997-06-30	衰退	2	10.5	9.5	14.4	8.3	3.8	10.1	7.8	-1.6	-26	-1.6	-0.1	1.8
1997-07-01	1997-12-31	复苏	6	9.6	3.1	8.9	4.9	11.5	12.3	-24.4	4.2	-71	-13.4	-10.8	-27.9
1998-01-01	1998-11-30	衰退	11	19.9	15.3	24.1	28.2	11.8	18.2	-2.7	-3.6	-99	1.4	-36.7	-9.7
1998-12-01	2000-06-30	扩张	19	25.0	14.6	103.4	67.7	9.9	37.3	39.2	11.2	130	-1.3	192.3	13.4
2000-07-01	2001-12-31	衰退	18	-21.1	-4.1	-50.8	-28.3	-17.4	-25.2	-35.2	9.2	-89	-3.7	-34.9	-17.5
2002-01-01	2003-02-28	扩张	14	-26.7	-21.3	-31.4	-40.4	-29.9	-50.6	-20.7	-14.6	-139	25.5	64.8	15.8
2003-03-01	2003-06-30	衰退	4	15.9	13.9	21.3	12.0	10.3	26.4	10.3	-5.0	-18	-1.0	-14.2	-3.2
2003-07-01	2004-02-29	复苏	8	17.5	17.8	25.1	20.8	11.4	24.8	19.8	-7.8	51	14.4	14.6	78.2
2004-03-01	2005-07-31	扩张	17	7.8	0.5	7.6	19.5	17.6	21.6	11.3	2.3	21	8.5	84.2	19.8
2005-08-01	2006-04-30	滞胀	9	6.2	6.8	6.3	16.5	14.0	23.0	42.4	-3.8	81	52.3	22.1	100.3
2006-05-01	2006-10-31	复苏	6	5.1	6.3	1.9	3.1	1.8	4.3	-5.8	-0.7	-39	-7.3	-18.6	4.1
2006-11-01	2007-04-30	扩张	6	7.6	8.1	6.7	11.4	5.2	18.2	5.2	-4.5	10	11.8	14.6	5.8
2007-05-01	2007-08-31	衰退	4	-0.6	2.3	2.8	-5.0	-2.3	3.1	-5.5	-0.8	-12	-0.7	7.5	-3.8

续表

起	止	宏观场景	时长（月）	标准普尔500指数涨跌幅（%）	道琼斯工业指数涨跌幅（%）	纳斯达克综合指数涨跌幅（%）	法国CAC40指数涨跌幅（%）	伦敦富时100指数涨跌幅（%）	德国DAX指数涨跌幅（%）	东证指数涨跌幅（%）	美元指数涨跌幅（%）	10年期美国国债收益率变化（bp）	伦敦金现涨跌幅（%）	原油涨跌幅（%）	铜价涨跌幅（%）
2007-09-01	2007-12-31	滞胀	4	-0.4	-0.7	2.2	-0.9	2.4	5.6	-8.2	-5.1	-40	23.8	29.1	-10.7
2008-01-01	2008-04-30	衰退	4	-5.6	-3.4	-9.0	-11.0	-5.7	-13.9	-7.9	-5.4	-26	5.2	18.7	28.2
2008-05-01	2008-07-31	滞胀	3	-8.5	-11.2	-3.6	-12.1	-11.1	-6.8	-4.1	0.9	30	4.2	11.3	-5.9
2008-08-01	2009-07-31	衰退	12	-22.1	-19.4	-14.9	-22.0	-14.8	-17.7	-27.1	7.0	-32	4.4	-42.2	-28.8
2009-08-01	2009-12-31	扩张	5	12.9	13.7	14.7	14.9	17.5	11.7	-4.5	-0.5	13	15.0	8.8	28.9
复苏时段涨跌幅中位数				9.6	7.3	8.9	4.9	7.7	12.3	-2.0	2.1	-2	-7.3	-10.8	4.1
扩张时段涨跌幅中位数				10.4	10.9	11.2	14.7	9.7	17.6	0.3	0.1	17	10.2	54.5	14.6
滞胀时段涨跌幅中位数				2.9	3.1	4.2	1.3	5.4	2.7	-6.1	-4.4	-5	14.0	16.7	-6.1
衰退时段涨跌幅中位数				4.1	5.9	2.2	1.7	0.8	6.6	-4.1	-1.2	-29	0.3	-7.1	-6.7
1995～2009年化涨跌幅				6.1	6.9	7.6	5.0	3.9	7.2	-3.5	-0.9	-402	7.3	10.9	6.1

注：美债对应的涨跌幅含义为 10 年期美债收益率在收益率区间对应期间变化基点数，最后一行 -402bp 为收益率区间变化值，非年化值，下同。如无特殊说明，下同。
资料来源：万得（Wind）。

第三节　宽基和行业表现

如图 4.12~图 4.14 所示，20 世纪 90 年代末至 21 世纪初，全球股市受两次泡沫的累积与破灭所驱动，发生剧烈震荡，尤其是代表美国科技产业的纳斯达克指数。从 1995 年开始到互联网泡沫顶峰的 2000 年 3 月，纳指涨幅超 500%，而后两年通过持续下跌消化掉 75% 的涨幅。世纪之交的互联网泡沫大幅拔高了美股估值，两次危机之间美股的上涨主要由盈利拉动，估值持续消化。2007 年美国次贷危机爆发后，全球权益资产备受压制，随着各国政府和央行启用前所未有的救市政策，全球股市于 2009 年 2 月触底后逐步回暖。"两次泡沫期"日本股市表现低迷，2009 年末的东证指数仅为 1995 年初的 58%。随着科技炒作退潮，中国成为世界经济引擎，全球股市风格在千禧年前后发生了由成长向价值的转变，见图 4.15。

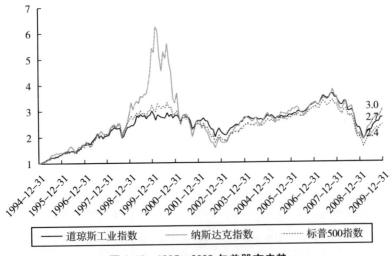

图 4.12　1995~2009 年美股市走势

资料来源：万得（Wind）。

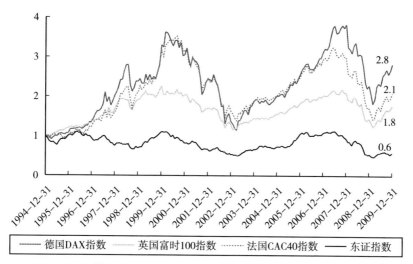

图 4.13　1995～2009 年欧洲和日本股市走势

资料来源：万得（Wind）。

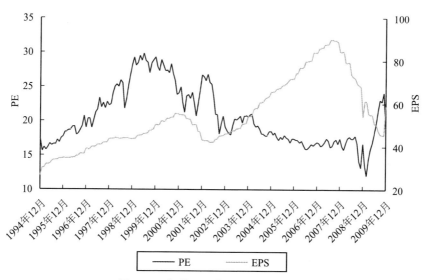

图 4.14　标普 500 指数的估值与盈利

资料来源：万得（Wind）。

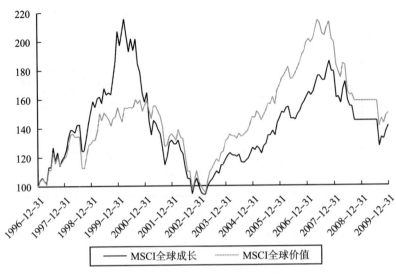

图 4.15　MSCI 成长与价值指数

资料来源：万得（Wind）。

如图 4.16 ~ 图 4.18 所示，分板块来看，1995 ~ 2009 年能源、医疗、科技、部分消费品板块整体表现较好。中国的快速崛起以及美国的地产繁荣带动能源需求旺盛，原油价格持续上行，煤炭和石油天然气行业在此期间的年化收益率分别达 23% 和 11%。医疗板块在"两次泡沫期"也取得了 9% 的年收益率，作为同样技术密集型的美国医疗行业（尤其是生物科技公司），20 世纪 90 年代末在技术周期和"热钱"涌入的催化下跑出近 15% 的年化涨幅，互联网泡沫破灭后持续消化估值，年收益率下降至 3.5% 左右。与固有认知不同的是，美国科技板块虽然在世纪之交经历了疯狂上涨与断崖式下跌，但在"两次泡沫期"整体表现仍居前列，在 2002 年前后分别取得 6.8% 和 9.2% 的年收益率。美国科技板块并非在互联网泡沫破灭后就一蹶不振，仍然走出了苹果、赛门铁克等一系列牛股。消费股中，必需消费品在两次危机期间表现出很强的避险属性，食品、烟草等行业都获得明显超额收益，非必需消费品内部出现巨大分化，汽车等与宏观经济周期紧密相关板块走势惨淡，而零售、餐饮酒店等满足居民日常需求的板块表现更佳。金融板块在次贷危机前后走势截然相反，从 90 年代初开始，金融股跟随美国地产超长景气周期持续上涨，1995 年 1 月 ~ 2007 年 5 月上涨 430%；而在次贷危机爆发后的一年半里，金融行业指数跌去约 75% 的涨幅，更有大量金融机构宣布破产。

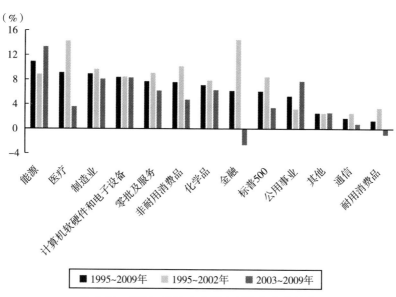

图 4.16　1995～2009 年美股各板块年化收益率

资料来源：弗伦奇（French，2022）。

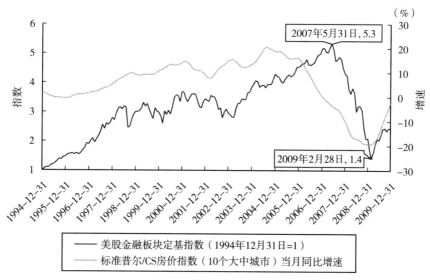

图 4.17　金融板块指数与房地产景气

资料来源：弗伦奇（French，2022）。

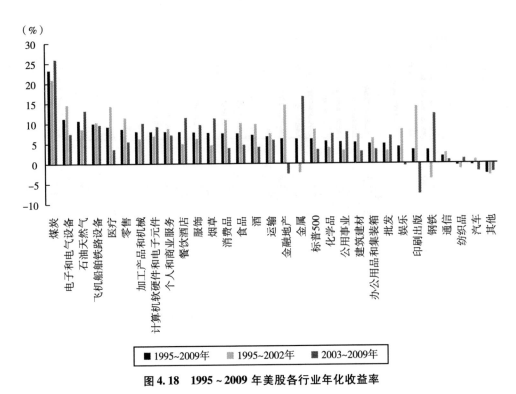

图 4.18　1995～2009 年美股各行业年化收益率

资料来源：弗伦奇（French，2022）。

　　如表4.3所示，从不同宏观场景来看，经济企稳与政策发力共振的复苏期多个板块表现最佳。其次是衰退期，主要是得益于泡沫破灭之后，美国乃至全球的政府和中央银行都选择大幅放松财政和货币政策来提振需求，充裕的流动性为股市上涨提供动力；其中医疗和零批及服务最强，也体现出这两个板块较强的避险属性。扩张期经济内生动力充足，股市表现亦较强，尤其是顺周期的能源板块。20世纪90年代末至21世纪初整体低通胀环境下，滞胀阶段其实更显著的特点是需求不振且缺乏刺激政策，导致消费板块表现不佳。整体而言在"两次泡沫期"的各个宏观场景下都表现不错的板块是科技和医疗。

表 4.3 "两次泡沫期" 各宏观场景下的行业涨跌幅

单位：%

起	止	宏观场景	时长（月）	标普500	计算机软硬件和电子设备	医疗	制造业	能源	化学品	非耐用消费品	零批及服务	金融	通信	公用事业	其他	耐用消费品
1995-01-01	1995-05-31	滞胀	5	16.1	23.3	15.8	14.4	15.5	14.7	13.9	8.4	19.9	7.1	11.4	12.5	5.5
1995-06-01	1995-09-30	复苏	4	9.6	19.7	18.9	7.9	-2.1	5.1	9.6	8.2	17.0	19.3	4.3	10.5	2.9
1995-10-01	1996-01-31	衰退	4	8.8	-1.8	18.6	7.9	9.2	8.4	8.8	-1.1	9.3	8.1	8.5	4.7	6.2
1996-02-01	1996-12-31	扩张	11	16.5	27.0	9.0	20.9	24.3	17.9	17.0	15.7	23.5	-4.2	-0.9	7.6	11.5
1997-01-01	1997-04-30	复苏	4	8.2	2.9	8.3	5.0	3.0	8.4	9.0	3.8	9.2	-1.8	-5.3	0.7	3.0
1997-05-01	1997-06-30	衰退	2	10.5	11.6	16.1	13.7	8.1	11.5	9.2	11.2	12.0	10.3	5.9	10.5	9.4
1997-07-01	1997-12-31	复苏	6	9.6	5.3	8.2	0.5	5.5	4.1	8.5	13.1	20.5	29.4	21.1	9.7	12.1
1998-01-01	1998-11-30	衰退	11	19.9	41.5	30.6	2.8	-2.7	2.0	7.8	28.5	4.5	28.0	4.1	-0.8	22.4
1998-12-01	2000-06-30	扩张	19	25.0	121.7	28.6	28.6	23.9	-14.0	-13.5	7.8	0.0	32.0	-9.0	10.8	-15.8
2000-07-01	2001-12-31	衰退	18	-21.1	-55.5	-6.6	-6.9	2.0	9.4	16.7	5.6	18.1	-42.5	17.4	-14.4	-4.3
2002-01-01	2003-02-28	扩张	14	-26.7	-38.6	-25.7	-17.6	-11.9	-8.0	-10.5	-26.4	-18.2	-38.7	-29.7	-28.6	-25.5
2003-03-01	2003-06-30	衰退	4	15.9	18.9	16.6	13.5	7.9	11.3	11.9	21.7	17.5	19.0	22.5	22.6	17.5
2003-07-01	2004-02-29	复苏	8	17.5	26.4	9.6	29.0	21.1	17.1	16.0	19.9	23.0	6.3	10.2	17.6	32.6
2004-03-01	2005-07-31	扩张	17	7.8	-0.4	1.1	17.4	58.1	11.6	4.2	13.4	5.1	1.9	35.2	15.8	-6.3
2005-08-01	2006-04-30	滞胀	9	6.2	7.7	-2.5	22.2	15.0	4.4	1.3	0.8	12.1	3.2	-1.7	10.4	-4.8
2006-05-01	2006-10-31	复苏	6	5.1	2.2	6.9	-2.8	1.5	5.5	9.8	5.2	3.3	15.8	13.2	-1.2	10.6
2006-11-01	2007-04-30	扩张	6	7.6	7.2	6.3	16.4	13.6	8.4	7.9	5.6	4.8	8.7	15.9	7.6	7.5
2007-05-01	2007-08-31	衰退	4	-0.6	6.2	-4.7	4.7	6.4	3.0	-1.3	-4.1	-7.7	0.6	-6.5	1.1	-3.2

续表

起	止	宏观场景	时长（月）	标普500	计算机软硬件和电子设备	医疗	制造业	能源	化学品	非耐用消费品	零批及服务	金融	通信	公用事业	其他	耐用消费品
2007-09-01	2007-12-31	滞胀	4	-0.4	4.6	0.4	1.3	13.6	10.0	4.8	-6.5	-10.3	-7.5	9.8	-3.9	-9.3
2008-01-01	2008-04-30	衰退	4	-5.6	-9.8	-7.3	-3.1	3.9	-1.5	-6.0	1.1	-11.2	-8.2	-4.1	-5.4	-9.5
2008-05-01	2008-07-31	滞胀	3	-8.5	-4.9	4.7	-9.4	-10.0	-1.8	-2.9	-6.4	-16.1	-9.9	-5.1	-9.5	-19.1
2008-08-01	2009-07-31	衰退	12	-22.1	-11.4	-10.7	-30.0	-28.6	-22.8	-10.7	-8.7	-31.3	-21.4	-23.0	-31.3	-19.9
2009-08-01	2009-12-31	扩张	5	12.9	17.7	10.7	19.2	10.2	12.1	9.7	13.0	11.6	16.3	8.3	14.0	20.4
复苏期年度平均收益率				21.8	24.5	25.3	15.5	9.6	17.0	23.3	20.5	32.1	30.4	16.2	15.4	22.4
扩张期年度平均收益率				10.4	21.6	7.5	19.5	20.7	9.6	7.2	8.5	8.5	6.7	7.4	8.4	6.7
滞胀期年度平均收益率				2.9	15.2	13.7	7.7	14.5	15.9	9.5	-5.9	-7.9	-10.2	8.5	-1.5	-24.4
衰退期年度平均收益率				13.0	13.4	23.1	15.0	12.5	14.7	13.0	18.3	10.2	12.6	11.2	11.3	11.4
整体年度平均收益率				12.48	18.28	17.87	15.00	14.38	14.12	13.13	11.99	11.38	10.99	10.83	9.20	6.36

资料来源：弗伦奇（French，2022）。

第四节　"十倍股"挖掘

我们在纽约证券交易所、纳斯达克交易所、美国证券交易所股票中筛选出在 1995～2009 年最高上涨超 35 倍（对应十年十倍、27% 的年化收益率）以及在这 15 年间最高上涨超 14 倍（对应 20% 的年化收益率）的股票，来代表 20 世纪 90 年代末至 21 世纪初"两次泡沫期"美国表现最优秀的个股。需要说明的是，在 1995～2009 年存续且数据、行业分类相对完整的美股共有 10 000 多只，但其中市值 TOP500 的股票其市值之和占总市值的 69%，TOP200 的股票其市值之和占总市值的 53%，对美股市场已具备一定代表性。因此，本节"35 倍股""14 倍股"均在市值 TOP500 和 TOP200 股票中进行筛选。[1]

1995～2009 年的"两次泡沫期"，市值 TOP200 美股中最高上涨超 35 倍的股票（不考虑股息）有 9 只，最高上涨超 14 倍的股票有 20 只；市值 TOP500 美股中最高上涨超 35 倍的股票有 26 只，最高上涨超 14 倍的股票有 78 只。由于是否考虑股息对高收益股特征影响不大，因此后续主要讨论不含股息的收益率。

从部门和行业组分布来看，如表 4.4 所示，在 TOP200 美股的 9 只"35 倍股"中，信息技术（技术性硬件和设备、半导体）以 6 只居首，非必需消费品（零售）有 2 只，剩余 1 只为媒体娱乐行业。在 TOP500 美股的 26 只"35 倍股"中，一半（13 只）都属于信息技术（技术性硬件和设备、软件与服务、半导体）行业；其次是卫生保健（制药与生物技术、医疗设备与服务）和非必需消费品（零售、消费者服务）板块，分别有 5 只和 4 只；剩余 4 只"35 倍股"分布在能源、金融（多元化金融）、媒体与娱乐行业。必需消费品板块没有产生高收益股。

表 4.4　　　　　　　　　　1995～2009 年美股"35 倍股"行业分布

"35 倍股"（CAGR =27%）11 部门	"35 倍股"（CAGR =27%）24 行业组	市值 TOP200 中		市值 TOP500 中	
		9 只	占比（%）	26 只	占比（%）
能源	能源			2	7.7
材料	材料				

---

[1]　此处市值是 1995～2009 年多时点市值的算术平均值。

续表

"35 倍股" （CAGR＝27%） 11 部门	"35 倍股" （CAGR＝27%） 24 行业组	市值 TOP200 中		市值 TOP500 中	
		9 只	占比（%）	26 只	占比（%）
工业	资本品				
	商业和专业服务				
	运输				
非必需消费品	汽车及零部件				
	耐用消费品和服装				
	消费者服务			1	3.8
	零售	2	22.2	3	11.5
必需品	食品和主食零售				
	食品、饮料和烟草				
	家庭和个人用品				
卫生保健	医疗保健设备与服务			1	3.8
	制药、生物技术和生命科学			4	15.4
信息技术	软件与服务			5	19.2
	技术性硬件和设备	5	55.6	7	26.9
	半导体与半导体设备	1	11.1	1	3.8
通信服务	通信服务				
	媒体与娱乐	1	11.1	1	3.8
金融	银行				
	多元化金融			1	3.8
	保险				
公共事业	公共事业				
房地产	房地产				

注：不含股息，行业按 GICS 分类，市值是 1995～2009 年多时点市值的算术平均值。
资料来源：WRDS。

从部门和行业组分布来看，如表 4.5 所示，在 TOP200 美股的 20 只 "14 倍股" 中，同样是信息技术板块（技术性硬件和设备、半导体、软件服务）拔得头筹，共有 12 只；其次是非必需消费品（零售）共 4 只；剩余 4 只分布在金融（多元化金融）、材料、媒体与娱乐行业。在 TOP500 美股的 78 只 "14 倍股" 中，信息技术板块（技术性硬件和设备、半导体、软件服务）高收益股占据 30 席；其次是非必需消费品（零售、消费者服务）、卫生保健（制药与生物技术、医疗设备与服务）、能源、金融板块分别占 12 只、11 只、9 只、7 只股票；剩余 9 只分布在其他板块，必需消费品板块没有产生高收益股。

表 4. 5　　　　　　　　　　　1995～2009 年美股"14 倍股"行业分布

"14 倍股"（CAGR = 20%）11 部门	"14 倍股"（CAGR = 20%）24 行业组	市值 TOP200 中		市值 TOP500 中	
		20 只	占比（%）	78 只	占比（%）
能源	能源			9	11.5
材料	材料	1	5.0	2	2.6
工业	资本品				
	商业和专业服务				
	运输			2	2.6
非必需消费品	汽车及零部件				
	耐用消费品和服装			1	1.3
	消费者服务			4	5.1
	零售	4	20.0	7	9.0
必需品	食品和主食零售				
	食品、饮料和烟草				
	家庭和个人用品				
卫生保健	医疗保健设备与服务			5	6.4
	制药、生物技术和生命科学			6	7.7
信息技术	软件与服务	2	10.0	9	11.5
	技术性硬件和设备	6	30.0	11	14.1
	半导体与半导体设备	4	20.0	10	12.8
通信服务	通信服务			1	1.3
	媒体与娱乐	1	5.0	2	2.6
金融	银行				
	多元化金融	2	10.0	7	9.0
	保险				
公共事业	公共事业			1	1.3
房地产	房地产			1	1.3

资料来源：WRDS。

总体来看，20 世纪 90 年代末至 21 世纪初，高收益股主要集中在信息技术中的硬件/半导体/软件、非必需消费品中的互联网零售、卫生保健中的生物技术、多元金融中的投资银行等行业，见表 4.6。

表 4.6　1995~2009 年市值 TOP200 中 "35 倍股" 和 "14 倍股" 基本信息

序号	最大上涨倍数	公司名（中文）	公司名（英文）	平均市值（千美元）	市值排序	GICS – 11 部门	GICS – 24 行业组	GICS – 69 行业	GICS – 158 子行业
1	151.7	雅虎公司	Yahoo Inc	22 987 728	103	非必需消费品	零售	互联网与直接营销零售	互联网与直销零售
2	89.6	亚马逊公司	Amazon Com Inc	20 674 179	116	非必需消费品	零售	互联网与直接营销零售	互联网与直销零售
3	89.1	时代华纳公司	Time Warner Inc	52 325 450	36	通信服务	媒体与娱乐	媒体	影视娱乐
4	83.2	戴尔公司	Dell Inc	50 850 811	40	信息技术	技术性硬件和设备	技术硬件、存储和外部设备	技术硬件、存储和外部设备
5	63.2	苹果公司	Apple Inc	39 147 069	61	信息技术	技术性硬件和设备	技术硬件、存储和外部设备	技术硬件、存储和外部设备
6	62.5	太阳微系统公司	Sun Microsystems Inc	23 926 442	102	信息技术	技术性硬件和设备	技术硬件、存储和外部设备	技术硬件、存储和外部设备
7	60.1	高通公司	Qualcomm Inc	38 474 411	63	信息技术	半导体与半导体设备	半导体与半导体设备	半导体
8	50.6	易安信公司	EMC Corp Ma	391 89 457	60	信息技术	技术性硬件和设备	技术硬件、存储和外部设备	技术硬件、存储和外部设备
9	40.7	思科系统公司	Cisco Systems Inc	124 731 392	10	信息技术	技术性硬件和设备	通信设备	通信设备
10	30.0	易贝公司	Ebay Inc	31 544 156	79	非必需消费品	零售	互联网与直接营销零售	互联网与直销零售

续表

序号	最大上涨倍数	公司名（中文）	公司名（英文）	平均市值（千美元）	市值排序	GICS-11部门	GICS-24行业组	GICS-69行业	GICS-158子行业
11	21.3	雷曼兄弟公司	Lehman Brothers Holdings Inc	14 836 300	166	金融	多元化金融	资本市场	投资银行与经纪
12	21.2	嘉信理财公司	Schwab Charles Corp	18 302 402	135	金融	多元化金融	资本市场	投资银行与经纪
13	20.6	甲骨文公司	Oracle Corp	73 022 032	25	信息技术	软件与服务	软件	系统软件
14	20.2	应用材料公司	Applied Materials Inc	18 931 524	129	信息技术	半导体与半导体设备	半导体与半导体设备	半导体设备
15	18.3	德州仪器公司	Texas Instruments Inc	34 679 904	70	信息技术	半导体与半导体设备	半导体与半导体设备	半导体
16	17.8	英特尔公司	Intel Corp	126 551 678	9	信息技术	半导体与半导体设备	半导体与半导体设备	半导体
17	16.3	康宁公司	Corning Inc	19 261 248	127	信息技术	技术性硬件和设备	电子设备、仪器及组件	电子元器件
18	15.8	孟山都公司	Monsanto Co	19 955 765	121	材料	材料	化学品	肥料和农用化学品
19	14.7	微软公司	Microsoft Corp	229 524 690	3	信息技术	软件与服务	软件	系统软件
20	14.4	柯尔百货公司	Kohls Corp	13 620 712	188	非必需消费品	零售	多线零售	百货商店

注：个别公司会因为重组等因素实际主营业务与行业分类有出入。行业按GICS分类，市值是1981～1994年多时点值的算术平均值。

资料来源：WRDS、各公司网站、研报、网络信息整理。

一、信息技术

20 世纪 90 年代至 21 世纪头十年是美国信息技术产业从质变走向量变的时代。八九十年代美国半导体和集成电路快速发展，计算机硬件价格持续下行（见图 4.19），PC 在美国居民中的普及率从 1990 年的 20% 附近升至 2010 年的近 80%，互联网渗透率也从 1997 年的 20% 以下提高至 2010 年的 70% 左右。[①] 伴随着科技风险投资助力（见图 4.20），计算机和互联网实现大发展，这一时期美国软硬件行业诞生了大量高收益股。

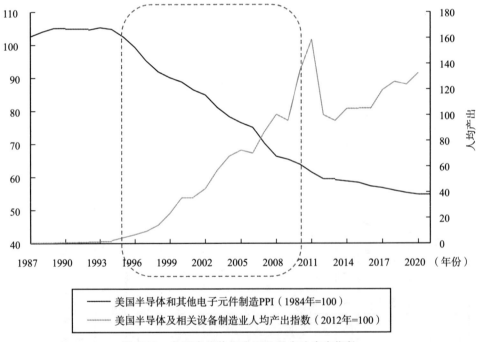

图4.19　美国半导体行业 PPI 及人均产出指数

资料来源：万得（Wind）。

---

① Camille Ryan, *Computer and Internet Use in the United States*：2016，https：//www.census.gov/content/dam/Census/library/publications/2018/acs/ACS-39.pdf，2018.

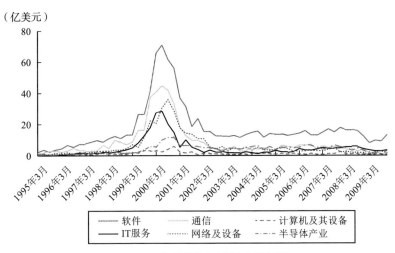

图 4.20　美国科技领域风险投资额

资料来源：万得（Wind）。

　　虽然在互联网泡沫破灭几年之后，美股信息技术板块 ROE 也逐步恢复至 20% 以上的较高水平，如图 4.21 所示，但几乎所有科技股涨幅最猛烈的阶段还是技术、资金、情绪共振的 20 世纪 90 年代末互联网泡沫积累时期。

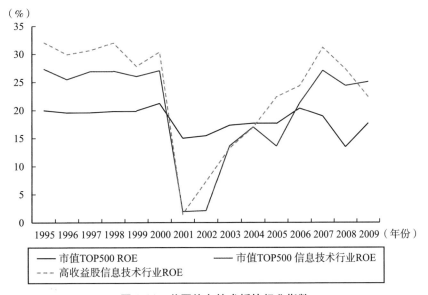

图 4.21　美国信息技术板块行业指数

资料来源：WRDS。

1995 ~ 2009 年美国信息技术板块的 68 只股票中共产生 30 只最高涨幅超过 14 倍的高收益股，其中软件、硬件、半导体行业分别有 9 只、11 只、10 只，软件和硬件股的涨幅更高一些，见图 4.22 和表 4.7。

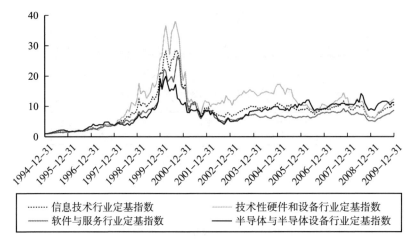

图 4.22　美国信息技术板块行业指数

资料来源：WRDS。

软件行业的 9 只高收益股分别是：维尔软件公司（Veritas Software Corp.，最高涨幅 245.5 倍）、高知特公司（Cognizant Technology Sols Corp.，最高涨幅 89.7 倍）、希柏系统软件公司（Siebel Systems Inc.，最高涨幅 58.9 倍）、BEA 系统公司（BEA Systems Inc.，最高涨幅 50.9 倍）、威瑞信公司（Verisign Inc.，最高涨幅 38.7 倍）、赛门铁克公司（Symantec Corp.，最高涨幅 25.2 倍）、甲骨文公司（Oracle Corp.，最高涨幅 20.6 倍）、沛齐公司（Paychex Inc.，最高涨幅 16 倍）、微软公司（Microsoft Corp.，最高涨幅 14.7 倍）。

软件高收益股在世纪之交的互联网泡沫中都经历了大起大落，维尔软件公司最高涨幅超 245 倍，高知特公司最高涨幅近 90 倍，其他多数公司在此期间亦经历几十倍的急速上涨。泡沫破灭后，除了高知特公司与赛门铁克公司分别在 2002 ~ 2006 年、2002 ~ 2004 年再度出现大幅上涨外，软件板块大部分股票都陷入持续消化估值的横盘震荡期，见图 4.23 ~ 图 4.26。

表 4.7　1995～2009 年信息技术板块高收益股（市值 TOP500）

序号	最大上涨倍数	公司名（中文）	公司名（英文）	平均市值（千美元）	市值排序	GICS－11 部门	GICS－24 行业组	GICS－69 行业	GICS－158 子行业
1	305.8	捷迪讯光电	JDS Uniphase Corp	7 183 198	361	信息技术	技术性硬件和设备	通信设备	通信设备
2	245.5	维尔软件公司	Veritas Software Corp	9 414 417	279	信息技术	软件与服务	软件	系统软件
3	89.7	高知特公司	Cognizant Technology Sols Corp	5 324 942	471	信息技术	软件与服务	信息技术服务	信息技术咨询和其他服务
4	83.9	网域存储公司	Netapp Inc	9 430 031	278	信息技术	技术性硬件和设备	技术硬件、存储和外部设备	技术硬件、存储和外部设备
5	83.2	戴尔公司	Dell Inc	50 850 811	40	信息技术	技术性硬件和设备	技术硬件、存储和外部设备	技术硬件、存储和外部设备
6	63.2	苹果公司	Apple Inc	39 147 069	61	信息技术	技术性硬件和设备	技术硬件、存储和外部设备	技术硬件、存储和外部设备
7	62.5	太阳微系统公司	Sun Microsystems Inc	23 926 442	102	信息技术	技术性硬件和设备	技术硬件、存储和外部设备	技术硬件、存储和外部设备
8	60.1	高通公司	Qualcomm Inc	38 474 411	63	信息技术	半导体与半导体设备	半导体与半导体设备	半导体
9	58.9	希柏系统软件公司	Siebel Systems Inc	8 560 874	308	信息技术	软件与服务	软件	应用软件
10	50.9	BEA 系统公司	BEA Systems Inc	7 977 552	324	信息技术	软件与服务	软件	应用软件
11	50.6	易安信公司	EMC Corp	39 189 457	60	信息技术	技术性硬件和设备	技术硬件、存储和外部设备	技术硬件、存储和外部设备

续表

序号	最大上涨倍数	公司名（中文）	公司名（英文）	平均市值（千美元）	市值排序	GICS-11部门	GICS-24行业组	GICS-69行业	GICS-158子行业
12	40.7	思科系统公司	Cisco Systems Inc	124 731 392	10	信息技术	技术性硬件和设备	通信设备	通信设备
13	38.7	威瑞信公司	Verisign Inc	6 137 214	415	信息技术	软件与服务	信息技术服务	互联网服务与基础设施
14	25.2	赛门铁克公司	Symantec Corp	7 887 761	328	信息技术	软件与服务	软件	系统软件
15	24.5	英伟达公司	Nvidia Corp	6 295 862	404	信息技术	半导体与半导体设备	半导体与半导体设备	半导体
16	23.8	阿尔特拉公司	Altera Corp	5 820 926	431	信息技术	半导体与半导体设备	半导体与半导体设备	半导体
17	23.2	美信集成公司	Maxim Integrated Products Inc	7 961 078	325	信息技术	半导体与半导体设备	半导体与半导体设备	半导体
18	20.6	甲骨文公司	Oracle Corp	73 022 032	25	信息技术	软件与服务	软件	系统软件
19	20.2	应用材料公司	Applied Materials Inc	18 931 524	129	信息技术	半导体与半导体设备	半导体与半导体设备	半导体设备
20	19.8	博通公司	Broadcom Corp	9 330 389	280	信息技术	半导体与半导体设备	半导体与半导体设备	半导体
21	18.3	德州仪器公司	Texas Instruments Inc	34 679 904	70	信息技术	半导体与半导体设备	半导体与半导体设备	半导体

续表

序号	最大上涨倍数	公司名（中文）	公司名（英文）	平均市值（千美元）	市值排序	GICS-11 部门	GICS-24 行业组	GICS-69 行业	GICS-158 子行业
22	18.0	升腾通信公司	Ascend Communications Inc	7 389 878	348	信息技术	技术性硬件和设备	通信设备	通信设备
23	17.8	英特尔公司	Intel Corp	126 551 678	9	信息技术	半导体与半导体设备	半导体与半导体设备	半导体
24	17.7	亚德诺公司	Analog Devices Inc	9 032 746	290	信息技术	半导体与半导体设备	半导体与半导体设备	半导体
25	17.5	赛灵思公司	Xilinx Inc	7 012 177	369	信息技术	半导体与半导体设备	半导体与半导体设备	半导体
26	16.3	康宁公司	Corning Inc	19 261 248	127	信息技术	技术性硬件和设备	电子设备、仪器及组件	电子元器件
27	16.2	讯远公司	Ciena Corp	5 380 092	466	信息技术	技术性硬件和设备	通信设备	通信设备
28	16.0	沛齐公司	Paychex Inc	10 125 763	254	信息技术	软件与服务	信息技术服务	数据处理和外包服务
29	14.9	旭电公司	Solectron Corp	6 822 500	376	信息技术	技术性硬件和设备	电子设备、仪器及组件	电子制造服务
30	14.7	微软公司	Microsoft Corp	229 524 690	3	信息技术	软件与服务	软件	系统软件

资料来源：WRDS。

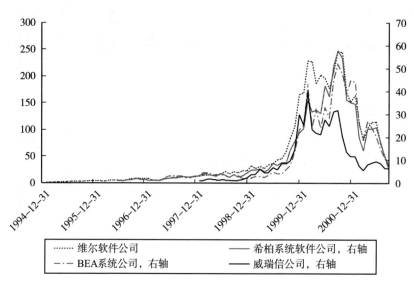

图 4.23　1995 ~ 2001 年软件行业高收益股定基股价

资料来源：WRDS。

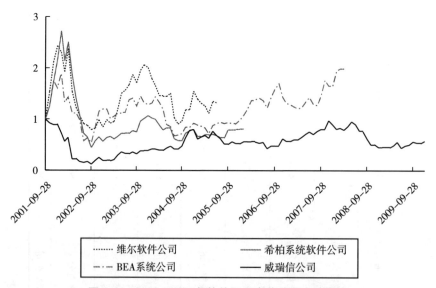

图 4.24　2001 ~ 2009 年软件行业高收益股定基股价

资料来源：WRDS。

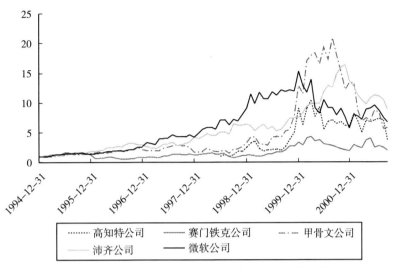

图 4.25　1995～2001 年软件行业高收益股定基股价

资料来源：WRDS。

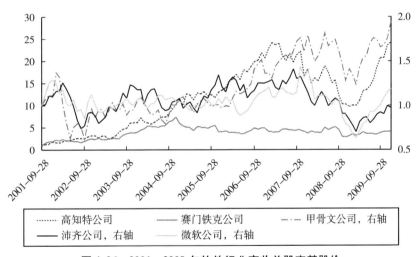

图 4.26　2001～2009 年软件行业高收益股定基股价

资料来源：WRDS。

　　20 世纪 90 年代末，伴随着互联网产业爆发，各类软件需求应运而生，并很快进入高速增长期，产品销量攀升以及不断的收购扩张成为驱动软件公司股价飙升的重要因素，收入和利润如图 4.27、图 4.28 所示。

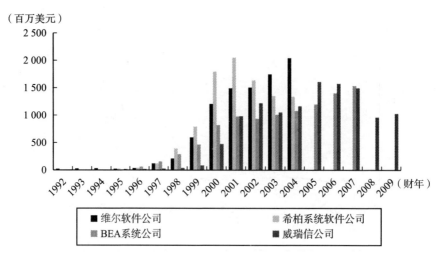

图 4. 27 维尔软件公司、希柏系统软件公司、BEA 系统公司、威瑞信公司总收入

资料来源：WRDS。

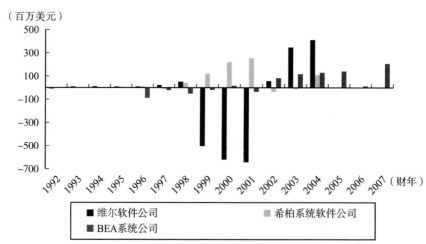

图 4. 28 维尔软件公司、希柏系统软件公司、BEA 系统公司净利润

资料来源：WRDS。

维尔软件公司（Veritas Software Corp.，最高涨幅 245. 5 倍）在 20 世纪 90 年代的迅猛发展源于其软件产品的不断丰富与升级，收购成为其拓宽产品线的重要抓手。公司成立之初，维尔与惠普、IBM 等 Unix 公司签署协议，向 OEM 授权其系统恢复软件获得收入。1990~1995 年，维尔的销售额以每年 60% 的速度增长，并于 1993 年上市。在 90 年代后半期，维尔除了为基于 Unix 的系统提供系统恢复和存储管理软件之外，还为 Windows NT 操作系统提供存储管理软件。1997 年，维尔通过收购备份软件开发商 OpenVision 为其产品线增加了系统备份软件功能，OEM 和企业客户信任度大大提升。1997 年年中，维尔推出了适用于 Windows NT 的 NetBackup 3.0，产品线扩展后，维尔能够为存储管理、系统恢复和备份提供端到端解决方案。而后几年，维尔继续通过收购等方式在存储管理系统上不断升级，市场持续扩张，到 90 年代末，在全球 2 000 家最大公司中的 90% 的计算机系统中都能找到维尔软件。随着互联网泡沫破灭，自 2000 年底起维尔股价急转直下，后于 2004 年与赛门铁克合并。

希柏系统软件（Siebel Systems Inc.，最高涨幅 58.9 倍）成立于 1993 年，最初的产品为销售团队自动化软件（SFA）。1997~2000 年，希柏系统公司一方面通过收购不断扩充业务边界，逐步从 SFA 软件发展到更广泛的客户关系管理（CRM）和企业关系管理（ERM）领域；另一方面，希柏还大力推行结盟战略，在为其 SFA 软件增添新功能的同时大大拓宽了客户群体。到 20 世纪 90 年代后期，希柏成为主要的 CRM 供应商，在 2002 年达到 45% 的市场份额，后于 2005 年被甲骨文收购。

BEA 系统公司（BEA Systems Inc.，最高涨幅 50.9 倍）是一家给从大型机计算转向分布式客户机 - 服务器系统的企业客户提供充当操作系统的"中间平台软件"的公司。BEA 系统公司成立于 1995 年，"收购"贯穿了公司发展始末。20 世纪 90 年代末，BEA 以从诺维尔公司购买了 Tuxedo 系统的开发权和分销网络为起点，逐步占领"中间平台软件"市场；1998 年 BEA 收购了基于 Java 的 Web 应用服务器商 WebLogic 公司；Tuxedo 和 WebLogic 一起，成为 BEA 的"端到端电子商务交易解决方案"的关键组件。1999~2000 年，BEA 还进行了大量收购来扩充产品线。后于 2008 年被甲骨文收购。

威瑞信公司（Verisign Inc.，最高涨幅 38.7 倍）自 1995 年从 RSA 数据安全公司（RSA Data Security）分拆出来以来，以为公司和个人开发数字证书起家，不断通过收购开拓新市场获得增长。威瑞信的身份验证技术得到了整个计算机行业的广泛支持，1996 年与多家计算机公司签订了许可协议，将其技术整合到他们的产品和服务中，市场得以拓展。1999 年，威瑞信收购信诺公司（Signio Inc.）和斯沃特咨询（Thawte Consulting）将业务延伸至在线支付服务。2000 年，威瑞信收购领先的域名注册公司网络解决方案公司（Network Solutions Inc.），域名注册服务和相关增值服务成为其核心业务之一。威瑞信还为企业提供安全管理和网络服务，以促进企业内部网络的安全交易和通信。随着 2001 年和 2002 年收购 Illuminet 控股和 H O 系统（H. O. Systems），威瑞信也开始为电信供应商提供广泛的专业服务。

高知特公司（Cognizant Technology Sols Corp.）和赛门铁克公司（Symantec

Corp.）与其他软件公司不同的是，这两家公司涨势最猛烈的时段并非在互联网泡沫期间，而出现在2002年之后的快速发展期，从侧面反映了两者相较于20世纪90年代末昙花一现暴涨的科技股发展更为稳健。

高知特公司（Cognizant Technology Sols Corp.）是全球领先的信息技术、咨询和业务流程外包服务提供商，业务结构见图4.29。高知特科技最初属于邓白氏（Dun & Bradstreet）集团，1998年独立出来并在纳斯达克上市。21世纪初全球化加速推进，全球IT外包行业收入规模从2000年的456亿美元扩张至2012年的991亿美元，见图4.30。高知特率先利用印度和美国之间劳动力价格差距以及两国之间语言的互通，雇用廉价的印度程序员从事IT外包业务，在行业蓬勃发展的基础上实现自身的高速成长。

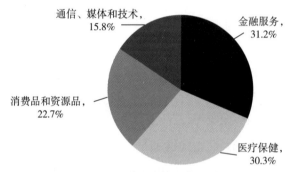

图4.29　2020年第四季度高知特公司收入结构

资料来源：万得（Wind）。

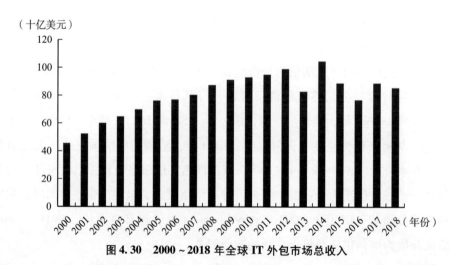

图4.30　2000～2018年全球IT外包市场总收入

资料来源：Venkatarangan。

高知特独创的 Two-in-a-Box™ 模式为其赢得客户立下汗马功劳，在 Two-in-a-Box™ 工作模式下，客户所在地的客户经理和技术团队（client partner，CP）通过和客户沟通交流，将客户对 IT 的要求传输到公司交付中心精通技术的全球交付经理（Delivery Manager，DM），之后通过不断的沟通和协调，将成熟的 IT 解决方案交付给客户。虽然这种模式下对单一客户投入更大，净利润略低于其他仅进行海外技术支持的同行，但从长期来看，客户满意度和留存率大幅提升，老客户贡献了超 90% 的收入。

高知特通过全球布局、收购扩张产品线以及加强客户增值服务等战略构筑起遍布各行业各地域的客户群体，1998～2009 年高知特的 ROE 持续稳定在 20%～30%，销售净利率稳步上行，见图 4.31～图 4.32。尤其是在互联网泡沫破灭以及国际金融危机期间，美国科技行业普遍受到较大冲击，但高知特灵活地通过离岸中心大量廉价的 IT 人才为客户节省成本，使得该公司的服务在经济不景气时期更具吸引力。美国经济陷入衰退的 2001 年和 2008 年，高知特的净利润增速都还保持在 20% 以上。[①]

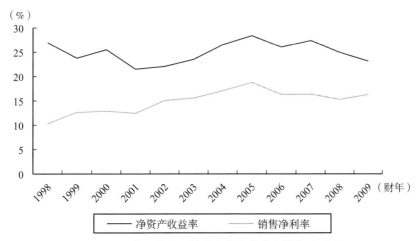

图 4.31　高知特公司的净资产收益率和销售净利率

资料来源：WRDS。

---

① 钟华等：《西行东渐 19：高知特科技（Cognizant）》，国泰君安证券研究所，2012 年。

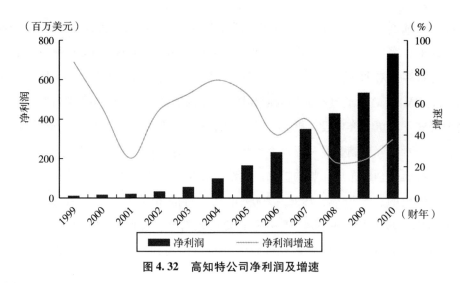

图 4. 32 高知特公司净利润及增速

资料来源：WRDS。

　　赛门铁克公司（Symantec Corp. ，后改为 Norton Life Lock Inc. ）是创立于 1982 年的网络安全软件和服务提供商，主要通过不断的并购来实现技术、产品的更迭以及市场的扩张。20 世纪 80 年代赛门铁克的业务重点还在传统的系统软件和工作软件，但已经建立起了以产品为核心的事业部式组织架构，每个产品都有自己独立的研发、测试、销售、技术支持等所有的环节，同时共用公司的职能部门。这种架构为公司后期不断的收购和融合提供了基本支撑，在一定程度上减少了并购后团队的磨合问题。1992 年，赛门铁克收购了防病毒公司赛特思国际（Certus International），开始在早期的网络安全市场发力，而后于 1998 年收购了英特尔的反病毒业务，网络安全问题也开始被广泛关注。1999 年，曾任 IBM 副总裁的汤普森（Thompson）上任 CEO 后采取了更加密集的并购策略，同时对公司进行了大规模重组，剥离了很多发展潜力不大的业务，将网络安全作为核心的经营策略。从 2000～2006 年，赛门铁克收购了不下 25 家公司，实现了业务的拓展、产品线的丰富和领域多元化，营收从 7. 46 亿美元上升到 41. 43 亿美元，赛门铁克成为全球杀毒软件领域当之无愧的领头羊，如图 4. 33 所示。而后受到全球金融危机、大额商誉减记的影响，赛门铁克股价在 2007～2009 年走势低迷。[①]

　　[①]　王文宇：《150 亿美元的王朝过客：从 Symantec 的前世今生谈起》，安全内参，https：//www. secrss. com/articles/12034。

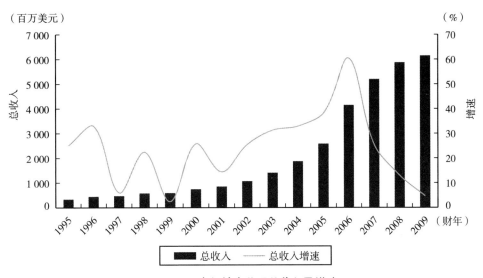

图 4.33　赛门铁克公司总收入及增速

资料来源：WRDS。

　　甲骨文公司（Oracle Corp.）和微软公司（Microsoft Corp.）作为当今全球营收较高的软件公司，在 20 世纪八九十年代跟随互联网产业的大爆发迎来高速增长。甲骨文和微软在"大缓和"时期（1981～1995 年）最高涨幅高达 50 倍和 40 倍；20 世纪 90 年代末互联网泡沫期间，两公司股价亦出现飙升，到 1999～2000 年达到顶峰，最高涨幅约 21 倍和 15 倍；而后随着互联网泡沫破灭，甲骨文和微软走势平淡。

　　从 1979 年的 Oracle2.0 到 20 世纪 80 年代的 OracleV3、Oracle5，再到 1992 年的 Oracle7.0，甲骨文通过不断升级其数据库产品来满足不断增长的用户需求，营收实现快速增长。1992 年，甲骨文最大的竞争对手——德国思爱普（SAP）顺应发展趋势完成从大型主机计算到客户端－服务器架构的转变，推出著名的 SAP R/3，取得空前成功，当时世界 500 强企业中的 80% 都采用 SAP 的管理软件。90 年代中期，甲骨文在应用软件领域全面落后于 SAP，开始奋起直追。

　　乘着互联网急速发展的快车，甲骨文在 1997～1999 年陆续推出互联网架构的应用软件（套件）Oracle R10.7NCA、Oracle R11、Oracle R11i，实现弯道超车。除应用软件外，数据库也借助互联网进一步发力，1998 年公司正式发布 Oracle 8i，这一版本添加了大量为支持互联网而设计的特性。2001 年甲骨文发布了 Oracle 9i 数据库，该产品拥有支持"软件即服务"（SAS）的技术，且可以在无线和移动装置上运行，还增加了"Oracle 现实应用集群"，让用户把他们的应用技术在联网的、低成本的服务器上运行，以提高其性能、可扩展性和数据库的可用性。90 年代末甲骨文通过产品不断迭代演进，成为当之无愧的数据库行业龙头。甲骨文公司盈利和估值数据如图 4.34 所示。

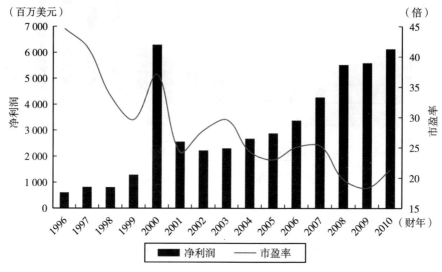

图 4.34　甲骨文公司净利润及市盈率

资料来源：WRDS。

　　互联网泡沫冲击过后，在 Oracle ERP 产品畅销的同时，甲骨文公司的成长战略转向收购其他商业软件公司。通过逐个收购细分领域行业龙头，甲骨文形成 IT 全领域、全行业的解决方案。如 2004 年甲骨文收购 ERP 领域市占率第三的 Peoplesoft 和 JDE，实现在企业管理软件领域的份额大大提升；2005 年收购 CRM 领域的龙头 Sieble；2007 年收购绩效管理软件 Hyperion，PLM 软件 Agile；2008 年收购中间件龙头 BEA；2009 年收购太阳公司（SUN）。到 2007 年 EBS12 发布时，甲骨文的产品已经包含了高度集成的 300 多个模块，几乎覆盖制造业、商业、金融、政府、公用事业等各个行业的全部应用。从硬件到操作系统、数据库、中间件、应用软件，Oracle 从数据库出发，打造出自上而下覆盖全行业的 IT 解决方案闭环。21 世纪的最初十年，甲骨文产品越来越强大、盈利不断增长，但受制于互联网泡沫破灭后的估值持续消化，股价整体走势平淡。

　　1995～2009 年微软股价飙升发生在互联网泡沫破灭之前，此后较为低迷。20 世纪 90 年代后期至 21 世纪初，微软接连推出 Windows 95、Windows 98、Windows XP 等明星操作系统及对应的 Office 软件，稳固占据操作系统的绝对领先地位。但这一时期持续不断的反垄断指控持续压制微软股价，2000 年联邦政府诉微软案的审理宣判成为戳破互联网泡沫的导火索之一。

1994 年，美国司法部第一次对微软提起反托拉斯诉讼，指控微软与电脑制造商签订了排他协议，阻止生产商选择微软之外的操作系统，次年微软同意修改 Windows 授权协议，不再增加排他条件，但此时操作系统生态已经形成，电脑制造商除 Windows 外没有其他选择，因此这件事对微软的伤害很小。1996 年 9 月，美国司法部正式针对 Windows 和 IE 浏览器的捆绑是否涉嫌垄断进行调查，经过两年拉锯战，1998 年 5 月，美国司法部和 20 个州的总检察长联合提出对微软的反垄断诉讼，拉开了世纪之交最大商业审判的序幕。在接连不断的举证后，2000 年 4 月，美国哥伦比亚特区联邦地方法院判决微软违反《谢尔曼法》，要求将微软拆分成两个公司，一家专门经营操作系统，另一家做软件开发。2001 年 6 月，联邦上诉法院推翻了拆分微软的判决。2001 年 9 月，美国司法部与微软达成和解。作为条件，微软同意向第三方开放接口，并提供五年内的源代码供合规审查，但是并没有解除微软的 IE 浏览器和操作系统的绑定。无独有偶，这一时期欧盟也对微软采取了各种反垄断控诉和处罚。2004 年 3 月，微软公司因违反欧盟竞争法，被欧盟委员会要求向竞争对手提供包括窗口操作系统源代码在内的必要技术信息，并被处以近 5 亿欧元的罚款，创下欧盟罚款的最高纪录。2006 年 4 月，欧洲初审法院正式开庭审理微软公司与欧盟委员会在软件市场上的争端。2007 年 9 月，欧洲初审法院裁定，维持欧盟委员会对微软公司做出的反垄断处罚决定。2008 年 2 月，微软因未能执行 2004 年欧盟的反垄断裁决，被欧盟处以 8.99 亿欧元罚款。

除了反垄断案的压制外，微软在移动互联网时代的落后也是造成 2005 年后期营收不振的重要原因。随着通信从 2G 转向 3G，移动互联网时代到来，苹果公司推出 iPhone 和 iOS 系统，谷歌推出安卓系统，率先抢占了手机硬件和操作系统的市场；而微软在移动端起步太晚，自身手机生态并不够开放，并且缺乏消费电子产品的经验，未能抓住移动互联机遇。移动端销量的失利带来微软利润增速下移及波动加大，股价亦相对低迷，见图 4.35。

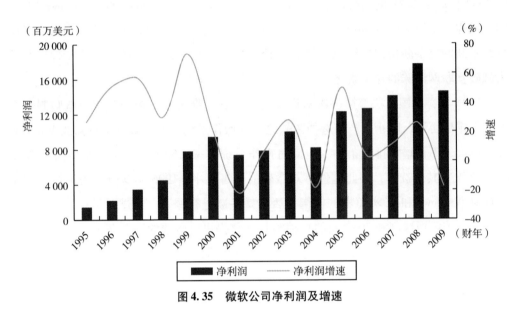

图 4.35　微软公司净利润及增速

资料来源：WRDS。

　　硬件板块 11 只高收益股分别是：捷迪讯光电（JDS Uniphase Corp.，JDSU，最高涨幅 305.8 倍）、网域存储公司（Netapp Inc.，最高涨幅 83.9 倍）、戴尔公司（Dell Inc.，最高涨幅 83.2 倍）、苹果公司（Apple Inc.，最高涨幅 63.2 倍）、太阳微系统公司（Sun Microsystems Inc.，最高涨幅 62.5 倍）、易安信公司（EMC Corp.，最高涨幅 50.6 倍）、思科系统公司（Cisco Systems Inc.，最高涨幅 40.7 倍）、升腾通信公司（Ascend Communications Inc.，最高涨幅 18 倍）、康宁公司（Corning Inc.，最高涨幅 16.3 倍）、讯远公司（Ciena Corp.，最高涨幅 16.2 倍）、旭电公司（Solectron Corp.，最高涨幅 14.9 倍）。其中捷迪讯光电、思科、升腾通信、讯远公司为通信设备制造商，网域存储公司、戴尔、苹果、太阳微系统、易安信主要产品为计算机硬件，康宁和旭电公司主营电子元器件制造服务。

　　如图 4.36 所示，硬件高收益股（苹果公司除外）的急速上涨都发生在互联网泡沫累积期间，而后经历较长时间的估值消化，整体走势平淡；苹果公司的大涨主要发生在 2005～2007 年。

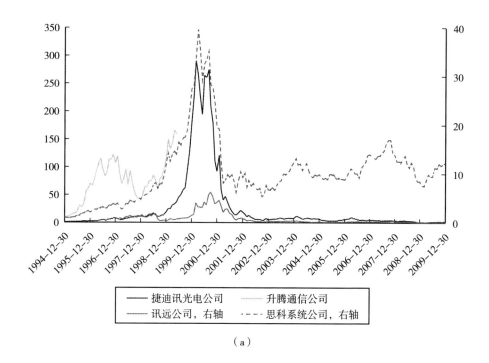

(a)

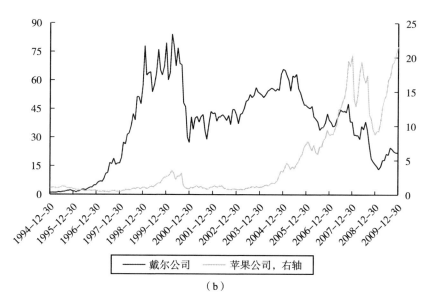

(b)

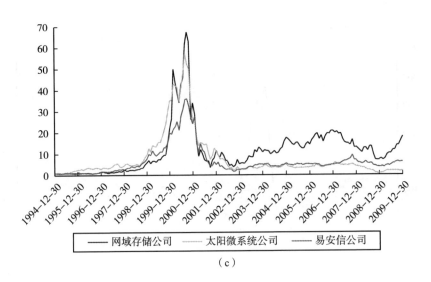

（c）

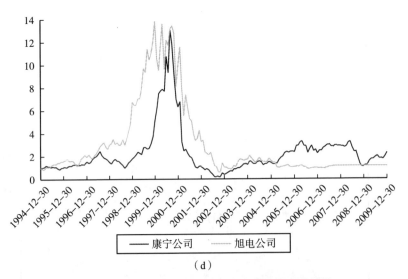

（d）

图 4.36　1995~2009 年硬件行业高收益股定基股价

资料来源：WRDS。

　　20 世纪 90 年代末，互联网兴起推动数据流量爆发式增长，通信设备商过分乐观地预计了互联网市场，纷纷投巨资建网扩容，见图 4.37。在 1996 年《电信法》生效后的五年内，通信公司依靠大量融资在铺设光缆、添加新交换机和构建无线网络上的投资超过 5 000 亿美元，产能增长大大超过了需求增长。2000 年互联网泡沫破灭后，美国通信业面临超 2 万亿美元的巨额损失，整个行业失业人数达 50 万，大批新兴通信设备商纷纷破产，股价断崖式崩溃。曾经是全球增长最快企业之一的思科在此后两年间的市值损失高达 4 300 亿美元，明星公司北电网络的股价更是从最高时的 124 美元下跌到了不足 2 美元，此后一蹶不振。

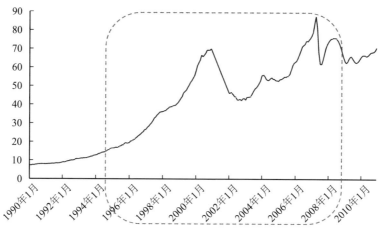

图 4.37　美国通信设备产出指数（季调）

资料来源：万得（Wind）。

收购成为通信股泡沫累积的重要助推。捷迪讯光电主营光通信相关器件的设计制造，在电信热潮期间，以 662 亿美元收购了三家主要光纤公司；升腾通信公司在 20 世纪 90 年代中期是综合业务数字网（ISDN）调制解调器和集中器的领先供应商之一，从 1996 年起连续收购网星（NetStar）、级联通信（Cascade Communications）和层云电脑（Stratus Computers），后来于 1999 年被朗讯科技收购；讯远（Ciena）公司主要为电信公司开发和销售设备、软件和服务，从 1997 年起连续收购 AstraCom、太比特技术（Terabit Technology）等一系列公司。

作为互联网世界基础设备——路由器和交换机的制造商，思科系统公司在 20 世纪 90 年代末急剧发展壮大。从股票上市到 2001 年，思科的营业额几乎每年以超过 40% 的速度递增，到 1998 年，该公司控制了 3/4 的路由器业务。1995 年 CEO 钱伯斯上任后，收购成为推动思科发展的重要力量。思科以市场占有率为目标，借助结盟或收购来实现。思科认为收购可以使其少走弯路，减少未来的不确定性，并且在长期的市场发展中节省资金。仅 2000 年一年，思科就收购了 22 家公司。互联网泡沫破灭后，电信业一片混乱，运营商们纷纷削减设备采购开支，有些甚至彻底退出了电信业，思科营收骤减，股价大幅下挫。自 2001 年起，钱伯斯进行一系列经营改革，大量解雇冗余员工，减记库存，把 50 种产品线削减了 20%，并对余下的产品进行改造，降低其所需的配件数量，减少供货商，而后逐步走出困境，修复利润，如图 4.38 所示。

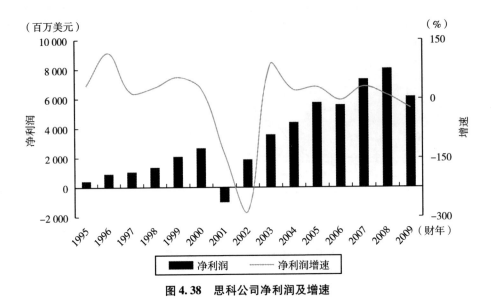

图 4.38 思科公司净利润及增速

资料来源：WRDS。

戴尔和苹果是全球著名的个人计算机（PC）制造商。

戴尔创立于 1984 年，凭借直销模式在 21 世纪初超过康柏成为全球最大的 PC 制造商。20 世纪 90 年代中期开始，互联网渗透率的提升大大促进了戴尔的直销模式，低库存、高周转使得戴尔盈利水平始终高于同行的。在互联网泡沫破灭后整个市场的低迷期，戴尔得益于其高性价比产品和高运营效率保持稳步增长。如图 4.39 所示，自 2005 年起，全球 PC 出货量增速触顶回落，与此同时，消费者对 PC 的追求从性价比向更多元化、个性化转变，戴尔低研发投入的弊端显现，惠普、苹果、联想、三星、宏碁等品牌销量不断提升，戴尔市占率下滑，股价也随之低迷，如图 4.40 ～图 4.43 所示。[①]

---

① *How the pandemic is changing the PC market*，ITCandor，https：//www.itcandor.com/pc-q220/，2020.

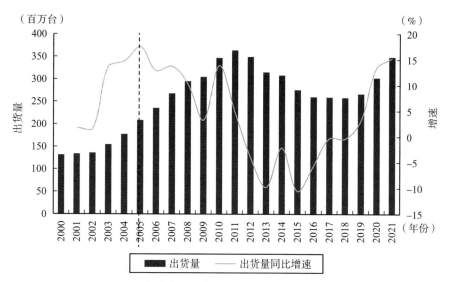

图 4.39 全球个人计算机（PC）出货量及同比增速

资料来源：万得（Wind）。

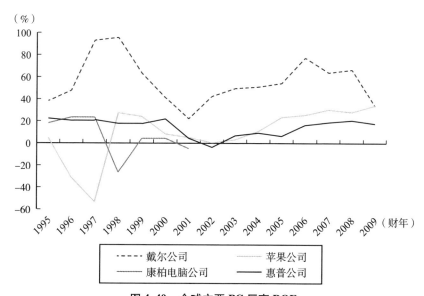

图 4.40 全球主要 PC 厂商 ROE

资料来源：WRDS。

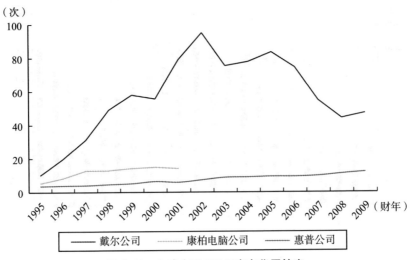

图 4.41　全球主要 PC 厂商存货周转率

资料来源：WRDS。

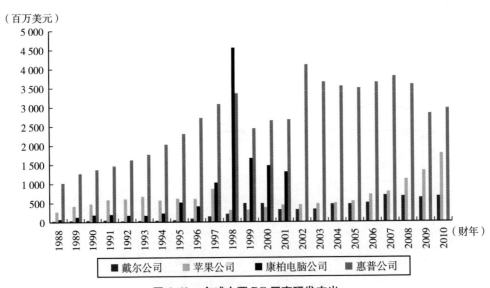

图 4.42　全球主要 PC 厂商研发支出

资料来源：WRDS。

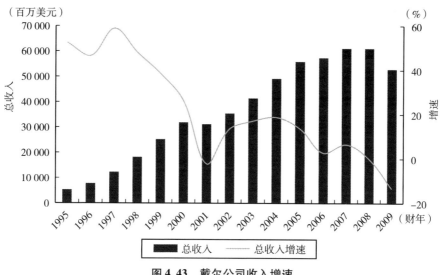

图4.43　戴尔公司收入增速

资料来源：WRDS。

与"两次泡沫期"的其他硬件厂商不同，苹果公司由产品驱动在 2005 年后迎来大爆发。苹果公司盈利和收入拆分见图 4.44、图 4.45。

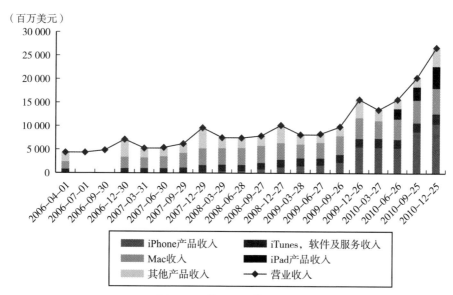

图4.44　苹果公司收入结构

资料来源：万得（Wind）。

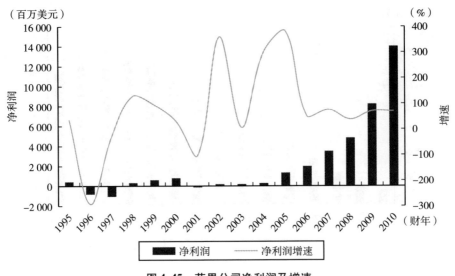

图 4.45　苹果公司净利润及增速

资料来源：万得（Wind）。

1976 年，乔布斯和两位合伙人在车库中创建苹果公司，1977 年发布被业界定义为真正意义的首台个人计算机的 Apple Ⅱ，整个生命周期销售量超越 600 万台，带来数十亿美元的收入，并成功于 1980 年将苹果公司 IPO。1983 年，苹果推出世界首款图形化操作电脑 Lisa，1984 年推出 Macintosh，其操作系统延续 Lisa 的图形化设计，光标、窗口等元素一应俱全，对之后的桌面操作体系起到了跨时代意义。但与此同时，1985 年微软发布的 Microsoft Windows 让 IBM PC 也拥有了图形用户界面，先发的技术优势和庞大的资本优势使得 IBM PC 迅速爆发，销量几乎是同期苹果产品的 10 倍，这也直接带来了苹果股价在 20 世纪八九十年代的持续低迷。

1997 年，乔布斯回到阔别 12 年之久的苹果，进行了一系列大刀阔斧的改革，其中最为关键的是大幅度地削减臃肿的产品线，集中研发费用设计一款产品，而后成功地在 1998 年推出 iMac，简洁的苹果美学震撼市场，并为后续的 Mac 笔记本和一体机奠定基础。2000 年，同样风格的 iBook 登场，这就是之后帮助苹果登顶全球最大 PC 制造商的原型机。2001 年，苹果陆续推出 MacOS、新款 iMac 和音乐播放器 iPod，不久之后 iPod 就超越索尼随身听（Walkman），取得成功。在 2005 年 6 月的 WWDC 大会上，乔布斯宣布从 2006 年起的 Mac 电脑产品将开始使用英特尔公司所制造的 CPU（英特尔酷睿）。2006 年 1 月，苹果发布了使用英特尔处理器的 iMac，获得了该公司创立以来最大幅度的市占率增长。2006 年 4 月，苹果电脑推出了一款在使用英特尔处理器的 Mac 电脑上运行微软 Windows XP 的软件 Boot Camp，它允许用户在电脑上同时安装两款操作系统，用户还能在重启电脑时选择使用 Mac 或 Windows 系统。2007 年初，第一代 iPhone 问世，开启智能机时代的革命，公司不再局限于计算机领域，这也是苹果从计算机公司转型消费电子公司的开端。2008 年 1 月，苹果公司在 MacWorld 2008 展会上发布 MacBook Air 笔记本电脑，是当时市面上最薄的笔记本电脑；2009 年 6 月 8 日，苹果公司宣布推出 iPhone 3GS，2010 年苹果推出平板电脑产品 iPad 和发布 iPhone 4。2010 年后，4G 网络的不断普及更是助力苹果手机销量大爆发。[1]

太阳微系统公司（Sun Microsystems Inc.，最高涨幅62.5倍）创建于1982年，该公司主要产品包括工作站、服务器和 UNIX 操作系统等，后于 2009 年被甲骨文公司收购。易安信公司（EMC Corp.，最高涨幅50.6倍）创建于1979年，主要提供数据存储、信息安全、虚拟化、云计算等用于存储、管理、保护和分析大量数据的产品和服务，2016 年被戴尔并购。网域存储公司（Netapp Inc.，最高涨幅83.9倍）创建于1992 年，主要业务为数据存储和云计算，在数据存储硬件公司中仅次于易安信。这些硬件公司在 20 世纪 90 年代末的繁荣来自互联网泡沫累积时期的订单激增，而后随着 2000 年互联网泡沫破灭、需求骤降，公司收入和利润断崖式下滑，股价亦陷入低迷。

康宁公司（Corning Inc.，最高涨幅16.3倍）成立于1851年，是专门从事特种玻璃、陶瓷和相关材料和技术的公司。20 世纪 90 年代末的互联网繁荣期，康宁通过新建工厂扩大其光纤业务，同时大力投资进入光电子市场，公司利润大增，而后随着 2000 年互联网泡沫崩溃，光学元件需求骤降，康宁关停工厂，股价暴跌至 1 美元。互联网危机过后，苹果公司接洽康宁为其即将推出的 iPhone 开发强大的显示屏成为康宁经营回暖的重要驱动，而后康宁的大猩猩玻璃屏幕成为多家手机厂商公司的供货商。这一时期，康宁的其他产品如光纤、电缆、车辆催化转换器的陶瓷排放控制装置亦不断创新，推动股价在 2003～2007 年恢复上行。

旭电公司（Solectron Corp.，最高涨幅14.9倍）是成立于1977年的全球领先的电子设备"代工厂"（OEM），服务对象包括 IBM、苹果、惠普等公司。旭电为计算机、电信设备、医疗电子设备、航空电子设备和各种工业设备生产电路板和其他组

---

① 陈敬：《苹果深度复盘，两万亿之路》，兴业证券研究所，2020 年。

件。20 世纪八九十年代，表面贴装技术相关服务的需求大增，来自全球制造商的订单和合同不断涌入，旭电成为美国发展最快的公司之一，1994 年其销售额增至 14.6 亿美元，1997 年攀升至近 40 亿美元，在代工市场的份额已从 90 年代初期的 2% 增长到 6%。90 年代后期，旭电通过一系列战略性收购实现了飞速发展，临近千禧年时收购狂潮尤为狂热。2000 年互联网泡沫破灭后，经济低迷和电子行业需求疲软对旭电的严重造成冲击，公司随后缩减业务、关停工厂、进行裁员，股价也从 2001 年初的 42 美元跌至年末的 10 美元以下，后于 2007 年被伟创力收购。

如图 4.46 所示，半导体板块 10 只高收益股分别是：高通公司（Qualcomm Inc.，最高涨幅 60.1 倍）、英伟达公司（Nvidia Corp.，最高涨幅 24.5 倍）、阿尔特拉公司（Altera Corp.，最高涨幅 23.8 倍）、美信集成公司（Maxim Integrated Products Inc.，最高涨幅 23.2 倍）、应用材料公司（Applied Materials Inc.，最高涨幅 20 倍）、博通公司（Broadcom Corp.，最高涨幅 19.8 倍）、德州仪器公司（Texas Instruments Inc.，最高涨幅 18.2 倍）、英特尔公司（Intel Corp.，最高涨幅 17.8 倍）、亚德诺公司（Analog Devices Inc.，最高涨幅 17.7 倍）、赛灵思公司（Xilinx Inc.，最高涨幅 17.5 倍）。半导体股票涨幅最高时段基本发生在互联网泡沫期间，之后整体低迷，其中高通和英伟达在互联网泡沫冲击过后、国际金融危机之前再次走出持续向上的行情。

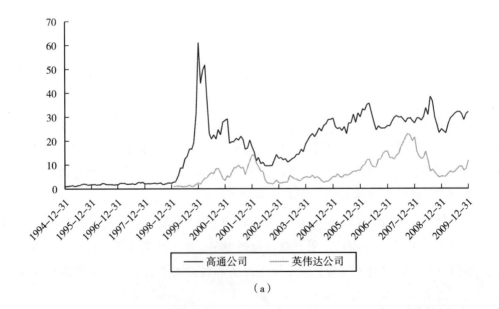

（a）

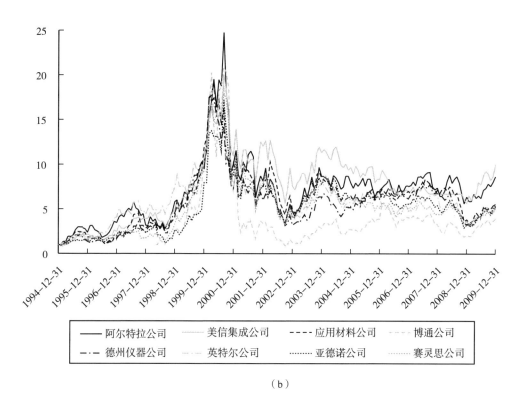

（b）

图 4. 46 1995～2009 年半导体行业高收益股定基股价

资料来源：WRDS。

　　高通公司（Qualcomm Inc.，最高涨幅 60.1 倍）创立于 1985 年，成立之初主要为无线通信业提供项目研究、开发服务和产品制造。1989 年，电信工业协会（TIA）认可了时分多址（TDMA）的数字技术，3 个月后，高通推出了用于无线和数据产品的码分多址（CDMA）技术——这种技术能够提供更好的通话质量，降低电信运营商的成本，CDMA 的出现永久改变了全球无线通信的面貌，1993 年成为行业标准，1999 年被国际电信联盟选为 3G 背后技术。21 世纪头十年的 3G 时代成为高通发展的黄金时代，通过将 CDMA 及其他核心技术专利授权给终端厂商收取大量专利费，站在整个产业链顶端的高通获取持续可观利润，见图 4. 47。

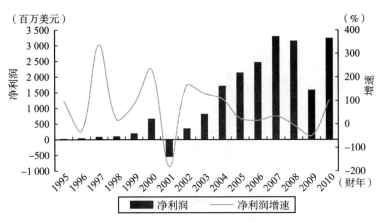

图 4.47　高通公司净利润及增速

资料来源：WRDS。

　　1999 年，高通将手机生产和网络设备业务分别出售给日本京瓷公司和瑞典爱立信公司，之后专注于技术开发授权以及半导体芯片研究。高通在 CPU、GPU、调制解调器等产品方面的绝对领先实力，再加上持续投入的巨额研发资金（见图 4.48），其系统级芯片（SoC）性能不断增长，2007 年 iPhone 问世之时，高通已成为世界领先的移动芯片供应商。先进的智能手机芯片及大量核心专利成为高通在互联网泡沫破灭后仍持续上涨的重要支撑。21 世纪 10 年代[①]以来的 4G、5G 时代，随着中国等地区芯片企业的崛起，高通在 SoC 市场的垄断优势下降，但目前在高端芯片领域仍居首位，见图 4.49。[②]

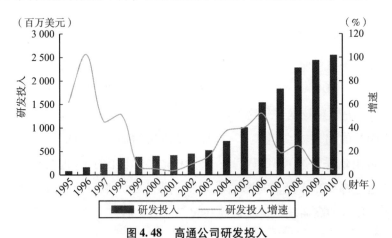

图 4.48　高通公司研发投入

资料来源：WRDS。

---

① 21 世纪 10 年代指 21 世纪的第二个十年，即 2010 ~ 2019 年。——编者注

② 电源网：《细说高通发展史——崛起、鼎盛与隐忧》，https：//www.dianyuan.com/article/47850.html，2019 年。

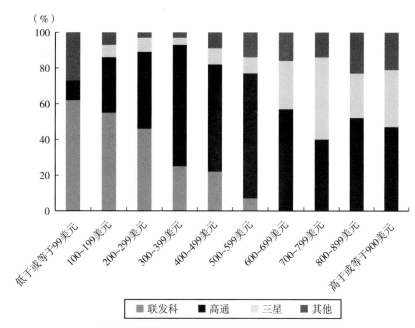

图 4.49　2021 年按价格带划分的安卓智能机 AP（应用处理器）市场份额

主："其他"里面，中高端价格带（300 美元以上）由华为海思占据绝大部分。

资料来源：Counterpoint，https：//www.counterpointresearch.com/insights/android-smartphone-soc-market-2021/。

英伟达公司（Nvidia Corp.，最高涨幅 24.5 倍）成立于 1993 年，目前是全球最大的独立图形处理器（graphics processing unit，GPU）供应商，也是 AI 芯片市场的领军者。成立之初，英伟达在 1993～1997 年相继发布了 NV1 及 Riva 系列图形显示芯片，但市场反响平平。1998 年，公司与台积电正式建立策略联盟伙伴关系，以无晶圆厂（Fabless，无生产线）模式开启发展之路。1999 年英伟达在纳斯达克上市，同年推出 GeForce 256，这是世界上第一款功能齐全、可从真正意义上替代 CPU 渲染的图形处理单元（GPU）。2000 年公司收购 20 世纪 90 年代末至 21 世纪初的显卡芯片领导者 3dfx，技术储备得到进一步壮大。2002 年后，公司与微软在 Xbox 图形芯片上合作的失败带来收入下滑，Direct X9 的兼容性问题也使其产品在与 AMD 的竞争中落败，2002～2004 年股价表现持续低迷。之后通过不懈努力，英伟达最终争取到了索尼 PS3 的订单，并与英特尔达成了交叉授权协议，增长回暖。2006 年，英伟达推出用于通用 GPU 计算的革命性架构 CUDA，CUDA 使科学家和研究人员能够利用 GPU 的并行处理能力来应对更复杂的计算挑战，进入通用计算时代。2007 年英伟达收入超过 40 亿美元，相比上市时增长了近 5 倍。

2008 年受到全球经济危机影响，英伟达所属的半导体行业也在互联网泡沫后受到重挫。雪上加霜的是，G84/G86核心产品出现过热而导致花屏的"显卡门"事件，英伟达也因此付出了近2亿美元的一次性支出来解决产品质量问题。2009年随着Fermi架构GPU推出，公司经营得以快速恢复，见图4.50。[①]

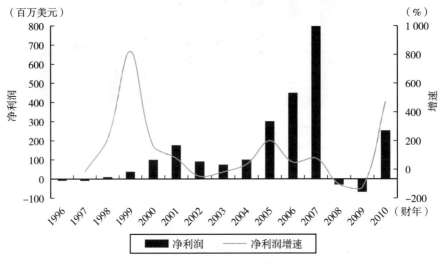

图4.50　英伟达公司净利润及增速

资料来源：WRDS。

自2010年起，随着移动终端设备兴起，PC及PC独立显卡出货量均转向下滑。英伟达及时将战略重心转移至高端游戏卡市场，加快GPU架构的迭代速度，成功与PC市场解绑。2015年公司营业收入增至50亿美元，总市值突破150亿美元，实现对AMD的反超。[②]

赛灵思公司（Xilinx Inc.，最高涨幅17.5倍）和阿尔特拉公司（Altera Corp.，最高涨幅23.8倍）是全球FPGA（可编程逻辑器件）龙头，分别于2020年被AMD、2015年被英特尔公司收购。

现场可编程门阵列（field programmable gate array，FPGA）是广义上可编程逻辑器件（programmable logic device，PLD）的一种，"可编程"是指其芯片的电路结构在出厂后仍然可以按照需求通过专用的EDA工具来进行修改，而非像ASIC芯片一样出厂后只能保持不变。20世纪70年代陆续出现一些可编程逻辑器件（PLD），但结

①　王紫敬：《5年46倍，复盘GPU巨头英伟达股价暴涨之路》，东吴证券研究所，2021年。
②　黄乐平等：《英伟达从绘图到计算，从GPU到AI芯片》，中金公司研究所，2019年。

构相对简单，进入 80 年代后更加复杂、功能更强大的 CPLD 产品开始出现。

赛灵思创立于 1984 年，次年便推出业界公认真正意义上的第一款 FPGA 产品——XC2064。FPGA 相对于 CPLD 的主要优势在于速度更快、断电后数据保存、基于查找表的逻辑结构以及更丰富的连线资源等。随着半导体价格越来越便宜、单芯片集成度越来越高，硬件结构更加灵活多元、面向的应用场景更加丰富的 FPGA 在绝大部分领域取代了 CPLD，成为可编程器件领域的主流。目前 FPGA 的主要下游应用场景包括通信、工业、国防军工、数据中心、人工智能、车载等几乎所有最前沿的领域。

20 世纪 80 年代，赛灵思对于 FPGA 这种崭新结构芯片的灵活构想以及首创的无生产线（fabless）模式为其奠定发展基石，随后把握住先发优势实现垄断。进入 90 年代后，阿尔特拉等竞争对手也开始理解 FPGA 的结构并能做出类似的产品，赛灵思面临激烈竞争。1994 年公司推出的面向低功耗市场的 XC5000 系列再次成为爆款，有力地回击了竞争对手。90 年代末期以 FPGA 为代表的 PLD 市场正式形成"赛灵思 + 阿尔特拉"的双寡头格局。2010 年，英特尔出于加强数据中心布局的考虑收购阿尔特拉。半导体行业的模式演变见图 4.51，赛灵思和阿尔特拉公司收入情况见图 4.52。

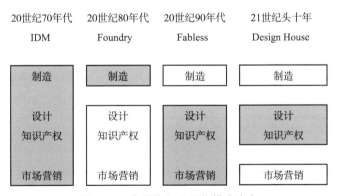

图 4.51　半导体行业运作模式演变

注：IDM 是指能够自行设计、自行生产的芯片厂商；Foundry 是指能够自行完成芯片制造，但是没有设计能力的厂商，即代工厂；Fabless 指的只从事芯片设计与销售，不从事生产的公司；Design House 指半导体芯片研发中心。灰色代表该模式下的重点业务。

资料来源：网络信息整理。

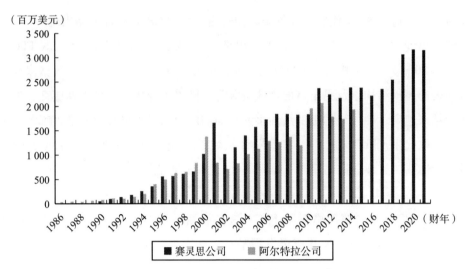

图 4.52　赛灵思公司和阿尔特拉公司总收入

资料来源：WRDS。

随着 2000 年互联网泡沫破灭，许多中小型企业破产加快行业集中度提升。自 2002 年起，赛灵思作为行业高端龙头，下游客户质量整体也更加优异，本身也具备了较好的管理能力和危机应对能力，进一步拉开和阿尔特拉以及莱迪思的差距。

随着 4G 通信建设带来的增量逐步走向尾声，21 世纪 10 年代前期 FPGA 市场增长放缓。作为龙头的赛灵思在硬件层面向系统级芯片（SoC）等进行拓展的同时，软件方面也不断努力优化开发生态、降低开发难度。10 年代末，赛灵思完全确立了其在 FPGA 领域（尤其是中高端产品）的霸主地位，市场份额基本保持 50% 左右，产品涵盖通信、工业、国防军工、数据中心等所有主要领域并积极地向计算平台公司转型。2020 年，AMD 达成协议以换股交易方式收购赛灵思。[1]

2021 年全球 IC 设计厂商营收排名中，博通公司（Broadcom Corp.，最高涨幅 19.8 倍）仅次于高通和英伟达位居第三。1991 年，两位亨利先生看好宽带通信芯片的市场前景，在南加州成立博通公司，最初几年，博通依靠为客户定制设计芯片获得收入。20 世纪 90 年代后期，互联网兴起带来调制解调器需求的暴增，博通销售额大幅增长，1998 年博通成功挂牌上市，股价在互联网泡沫的累积和破灭中大起大落。

自 2000 年开始，博通启动"疯狂"并购，涵盖无线和有线通信、多媒体芯片和

---

[1]　《Xilinx 复盘研究：Once a King，Always a King》，雪球专栏，https://xueqiu.com/8119285554/216793286，2022 年。

存储领域。在通信领域，2000 年，博通以 4.8 亿欧元并购蓝牙和 Wi-Fi 芯片制造商创新系统公司（Innovent Systems）、以 6.1 亿欧元并购电信和互联网提供商阿尔蒂玛通信（Altima Communications）、以 15 亿欧元并购混合信号集成电路供应商纽波特通信（Newport Communications）、以 7.3 亿欧元并购电子工程解决方案提供商 Element 14 Ltd、以 28 亿欧元并购面向互联网基础设施提供商市场的微处理器解决方案商 SiByte；2004～2012 年，陆续并购了 Widcomm、沙丘网络（Dune Networks）、毕赛姆通信（Beceem Communications）、BroadLight 等厂商。在多媒体业务上，博通并购了 Silicon Spic、Sand Video、Octalica、NetLogic Microsystems 等厂商。其中，Silicon Spic 主营业务为生产使电信设备能在单个网络上处理语音、视频和数据的芯片，交易金额达 14 亿欧元；NetLogic Microsystems 主要设计、开发和销售高性能处理器和高速集成电路，并购金额为 28 亿欧元。另外，在存储业务上，博通也进行了一系列并购，布局逐渐深入。

2015 年 5 月 28 日，安华高宣布将以 370 亿美元"以小吃大"并购博通，并购完成后，"新博通"成功跻身全球十大半导体公司之列。[1]

英特尔公司（Intel Corp.，最高涨幅 17.8 倍）创立于 1968 年，通过存储器和微处理器的领先研发在 20 世纪 70 年代就创造了最高涨幅 13 倍的高收益。80 年代英特尔果断停掉传统的内存业务，从此专注于处理器（CPU），成为 PC 产业链中最核心和最有利可图的硬件供应商，股价最高上涨近 18 倍。而在 1995～2009 年，英特尔近 18 倍的最大涨幅却集中在世纪之交的互联网泡沫期，冲击过后的将近十年股价表现平平。

20 世纪 80 年代英特尔的 x86 系列芯片成为行业标准后，AMD 公司也开始兼容英特尔的 x86 架构，推出了大量作为英特尔追随与候补产品。围绕 CPU 这个利益制高点，英特尔和 AMD 随后展开了 x86 架构内长达 30 多年的激烈竞争。在 1986～1994 年的 386 争夺战中，AMD 虽然胜诉，但英特尔通过拖延战术暂时摆脱 AMD 的追赶。此后 AMD 痛定思痛发力自主研发设计，2003 年 AMD 发布了 K8 芯片，这是 CPU 历史上首次实现了 64 位处理器运行，标志着 AMD 在与英特尔的战争中占得先机。2006 年英特尔开始反击，这一年英特尔推出了著名的酷睿 2 处理器，实现了 40% 的效能增长，极大降低了功耗。酷睿 2 的性能优势使得 AMD 的 X2 销量一夜暴降。根据"钟

① 《细说"大佬"博通并购史》，电子工程世界，http://news.eeworld.com.cn/manufacture/ic526458.html，2021 年。

摆计划"，英特尔每两年一次定时完成性能、功耗与工艺上的进步，极大提升了整个产业链的效率。随后，英特尔众多对手由于研发与制造能力无法适应这种高速运转而逐步落后。"钟摆计划"成功把 AMD 逼退回第二，此后英特尔市场占有率遥遥领先。[①]

21 世纪 10 年代，全球 CPU 市场营收伴随 PC 出货量的触顶而滑落，手机、平板等智能移动终端开始崛起，低耗电节能、更适用于移动通信领域的 ARM 架构逐步崛起，阻止了 x86 延伸到移动端，高通、苹果、华为最终成为 4G 时代的移动芯片三强，英特尔与 AMD 都相对落后。

德州仪器公司（Texas Instruments Inc.，简称 TI 公司，最高涨幅18.2 倍）成立于1930 年，目前主要设计和制造半导体及各种集成电路，也是位列全球销售额排名前十的半导体公司，开发模拟芯片和嵌入式处理器占 TI 公司收入的80% 以上。根据高德纳（Gartner）2020 年的数据，TI 拥有全球半导体市场 2.9% 的市场份额，也是模拟市场的第一位，拥有约19% 的份额。公司收入情况见图 4.53。

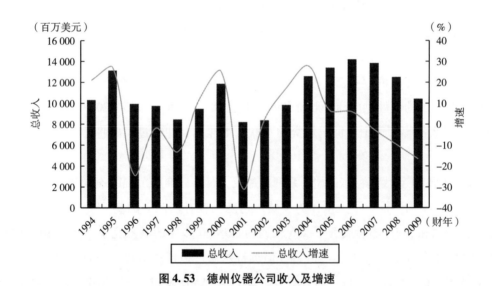

图 4.53　德州仪器公司收入及增速

资料来源：WRDS。

创立之初，TI 主要从事生产用于地震行业的设备以及国防电子设备。1958 年，TI 研制出世界上第一块集成电路，此后在美国政府和 IBM 的订单支持下，公司的半

---

① 脑极体：《芯片破壁者：CPU 战争三十年》，界面新闻，https：//www.jiemian.com/article/5204598.html。

导体事业开始发展起来。20 世纪七八十年代，TI 进军 CPU 以及计算机等消费电子业务相对失败，1998 年正式退出 PC 市场。

自 1996 年起，TI 开始全方位转型，专注于为信号处理市场生产半导体，随后又展开了一系列企业并购、资产剥离，如 2000 年 TI 斥资 76 亿美元收购了模拟芯片厂商伯尔－布朗（Burr-Brown）。自 2005 年起，德州仪器先后出售 LCD、DSL、传感器、手机基带业务，将重心从手机市场转移出来，布局汽车和工业领域。2011 年，TI 又斥资 65 亿美元收购美国国家半导体（NS），加强模拟产品线组合，将 TI 的 3 万种模拟产品与国家半导体 1.2 万种模拟产品整合。2012 年至今，德州仪器聚焦模拟与嵌入式处理，工业、消费电子和汽车是其主要下游，如图 4.54 所示。①

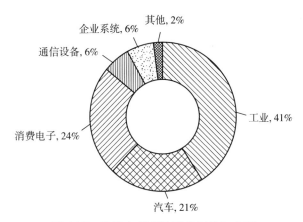

图 4.54　2021 年德州仪器公司收入来源

资料来源：德州仪器公司网站。

二、非必需消费品

经历了 20 世纪八九十年代美国消费的黄金发展期，从 90 年代末到 21 世纪初的"两次泡沫期"，美国消费呈现出两大特点：首先是在互联网大规模普及的背景下，网络零售、电子产品销售在世纪之交出现大爆发，见图 4.55；其次是两次危机带来经济大幅波动，社会贫富分化加剧，见图 4.56，美国居民消费回归理性。

---

① 《德州仪器发家史：从晶体管到模拟大佬》，https://www.eet-china.com/mp/a108891.html，2022 年。

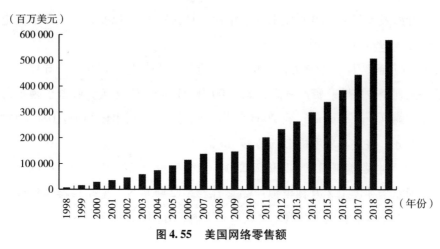

图 4.55　美国网络零售额

资料来源：万得（Wind）。

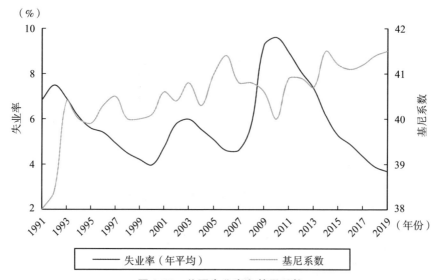

图 4.56　美国失业率和基尼系数

资料来源：万得（Wind）。

　　如表 4.8 和图 4.57 所示，1995～2009 年，TOP500 非必选消费品共 50 只股票中走出 12 只高收益股，零售行业有 7 只，分别是雅虎公司（Yahoo Inc.，最高涨幅 151.7 倍）、亚马逊公司（Amazon Com Inc.，最高涨幅 89.6 倍）、百思买公司（Best Buy Company Inc.，最高涨幅 54.1 倍）、易贝公司（eBay Inc.，最高涨幅 30 倍）、TJX 公司（TJX Companies Inc. New，最高涨幅 25.7 倍）、3B 家居公司（Bed Bath & Beyond Inc.，最高涨幅 16.6 倍）、柯尔百货公司（Kohls Corp.，最高涨幅 14.4 倍）；

表4.8　1995～2009年非必需消费品板块高收益股（市值TOP500）

序号	最大上涨倍数	公司名（中文）	公司名（英文）	平均市值（千美元）	市值排序	GICS-11 部门	GICS-24 行业组	GICS-69 行业	GICS-158 子行业
1	151.7	雅虎公司	Yahoo Inc	22 987 728	103	非必需消费品	零售	互联网与直接营销零售	互联网与直销零售
2	118.6	阿波罗教育集团	Apollo Group Inc	5 840 058	430	非必需消费品	消费者服务	多元化消费者服务	教育服务
3	89.6	亚马逊公司	Amazon Com Inc	20 674 179	116	非必需消费品	零售	互联网与直接营销零售	互联网与直销零售
4	54.1	百思买公司	Best Buy Company Inc	10 146 589	253	非必需消费品	零售	专业零售	电脑和电子产品零售
5	30.0	易贝公司	Ebay Inc	31 544 156	79	非必需消费品	零售	互联网与直接营销零售	互联网与直销零售
6	25.7	TJX服装公司	TJX Companies Inc	9 078 552	288	非必需消费品	零售	专业零售	服装零售
7	24.7	星巴克公司	Starbucks Corp	11 697 256	221	非必需消费品	消费者服务	酒店、餐厅与休闲	餐厅
8	17.6	蔻驰公司	Coach Inc	8 446 466	310	非必需消费品	耐用消费品和服装	纺织品、服装和奢侈品	服装、配饰和奢侈品
9	16.6	3B家居公司	Bed Bath & Beyond Inc	7 120 778	365	非必需消费品	零售	专业零售	家居零售
10	16.2	IGT公司	International Game Technology	6 255 409	406	非必需消费品	消费者服务	酒店、餐厅与休闲	赌场与游戏
11	14.9	美高梅公司	MGM Mirage	5 562 572	448	非必需消费品	消费者服务	酒店、餐厅与休闲	赌场与游戏
12	14.4	柯尔百货公司	Kohls Corp	13 620 712	188	非必需消费品	零售	多线零售	百货商店

资料来源：WRDS、各公司网站、研报、网络信息整理。

消费者服务行业有 4 只高收益股，分别为从事教育服务的阿波罗教育集团（Apollo Group Inc.，最高涨幅 118.6 倍）、餐饮行业的星巴克公司（Starbucks Corp.，最高涨幅 24.7 倍）以及博彩行业的 IGT 公司（International Game Technology，最高涨幅 16.2 倍）和米高梅公司（MGM Mirage，最高涨幅 14.9 倍）；剩余 1 只是服装零售公司蔻驰公司（Coach Inc.，最高涨幅 17.6 倍）。

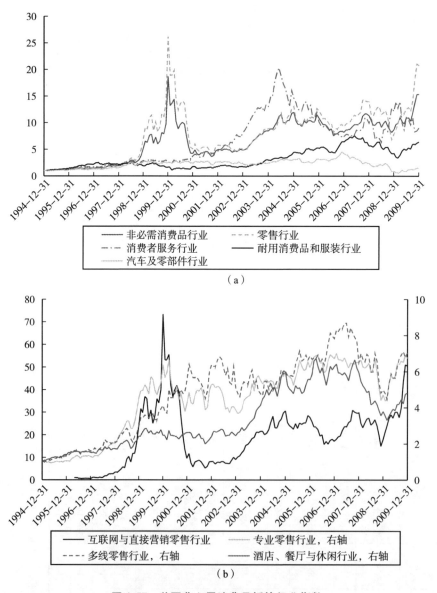

（a）

（b）

图 4.57　美国非必需消费品板块行业指数

资料来源：WRDS。

在非必需消费品板块的 7 只零售高收益股中，雅虎、亚马逊和易贝公司属于互联网零售行业，最高涨幅都在 30 倍以上，股价上涨最猛烈的阶段集中在互联网泡沫累积期间，但亚马逊在互联网泡沫冲击过后仍持续上涨，见图 4.58。

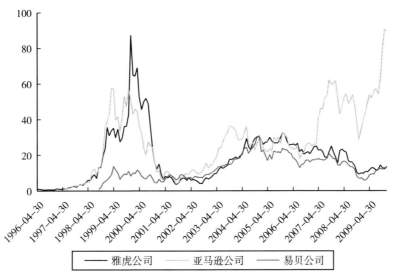

图 4.58 美国互联网零售高收益股定基指数

资料来源：WRDS。

雅虎公司（Yahoo Inc.，最高涨幅 151.7 倍）是由大卫·费罗和杨致远在 1994 年创立的门户网站公司，他们提出用户免费访问、网页向广告主收费的商业模式。通过独特的盈利模式，雅虎于 1996 年成功上市，1997 年就获得了 7 000 万美元的收入。

20 世纪 90 年代末，随着互联网访问量的不断攀升，在风险投资的助力下，雅虎启动大力扩张步伐。雅虎大量招聘人员，根据原有的目录型页面进行扩张，力求提供大而全的网址服务，同时通过大量收购来丰富产品图阵。如 1999 年，雅虎收购了互联网公司 Rocketmail，开通了免费邮件服务；随后以 35.7 亿美元收购了全球流量第三大线上虚拟社区 GeoCities，后又用 57 亿美元买下在线电台网站 Broadcast。此外，这一时段雅虎还乘胜追击，迅速在全球开设多家分公司。虽然产品版图扩张耗费了上百亿美元，20 世纪末股票市场对雅虎仍信心十足，2000 年初雅虎市值冲到 1 280 亿美元，成为全球第一家市值过千亿美元的互联网公司；雅虎日本股价也冲破 100 万日元，成为日本历史上第一只股价过百万日元的股票。

随着互联网泡沫的破灭，雅虎股价在短短一年半内下跌 95%。在这种情况下，杨致远邀请来曾带领华纳兄弟成为影视巨头的特里·塞梅尔出任雅虎 CEO，希望他能带领雅虎起死回生。上任后的塞梅尔坚持"不盈利就砍掉"的原则，很快裁掉了在线支付、竞拍、购物等项目，很快地控制住了公司的预算，雅虎暂时脱离危险境地，2003～2005 年雅虎盈利略回暖，见图 4.59。

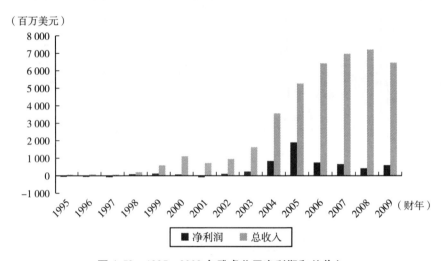

图 4.59　1995～2009 年雅虎公司净利润和总收入

资料来源：WRDS。

　　世纪之交雅虎如日中天的发展过程中的缺憾在于没有自己研发的搜索引擎，因而只能通过收购来弥补，但 1998 年错过了低价购买谷歌（Google）核心技术网页排名的机会，而后因要价太高，雅虎放弃收购谷歌，转而收购排名第二的搜索公司。在雅虎放弃收购谷歌后不久，谷歌在搜索结果中插入竞价排序广告，迅速实现对用户提供免费内容，从广告商/内容生产者处获得利润的商业模式。自 2003 年起谷歌以扫荡千军之势占领搜索市场，2006 年雅虎业绩疲软逐渐显现，同年雅虎收购脸书（Facebook）的计划亦失败，2008 年又因待价而沽错失微软的收购，股价持续低迷。最终雅虎核心网络业务于 2017 年被电信公司威瑞森（Verizon）以 44.8 亿美元收购，雅虎公司自此落下帷幕。[1][2]

　　亚马逊公司（Amazon Com Inc.，最高涨幅 89.6 倍）是目前全球市值最高的线上

　　[1]　冯仑：《雅虎兴衰故事：一个"流量"企业的没落》，新浪专栏，https：//tech.sina.com.cn/csj/2019-03-05/doc-ihsxncvf9870437.shtml，2019 年。
　　[2]　崔赫翾：《一步错步步错，雅虎最后"刷了一把存在感"》，瞭望智库，https：//www.huxiu.com/article/475872.html，2021 年。

零售和云服务企业，股价和净利润情况见图 4.60、图 4.61。1995 年亚马逊以在线图书销售起家，在互联网行业快速发展的背景下，亚马逊依靠税收优惠带来的低价优势及线上销售的 SKU 优势，超越了实体图书零售商，实现初期的快速增长。2000 年互联网泡沫破灭，其重资产模式受市场质疑，股价大幅下跌。此后，亚马逊开始深耕研发，见图 4.62，相继推出 Prime 会员、FBA（Fulfillment by Amazon）服务以及 AWS、Kindle 等创新产品及服务，公司逐渐重新被市场认可，2008 年超越易贝公司、2015 年超越沃尔玛成为全球市值最大的零售公司。

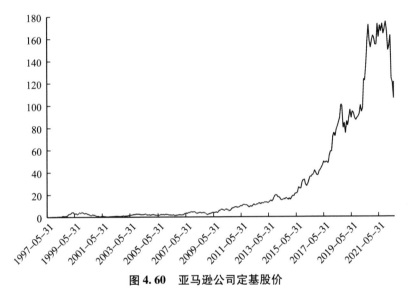

图 4.60　亚马逊公司定基股价

资料来源：WRDS。

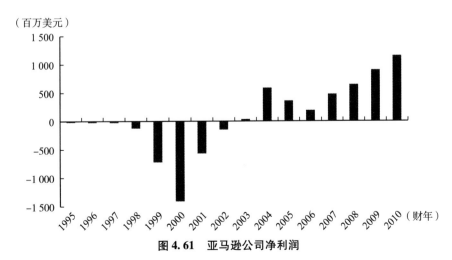

图 4.61　亚马逊公司净利润

资料来源：WRDS。

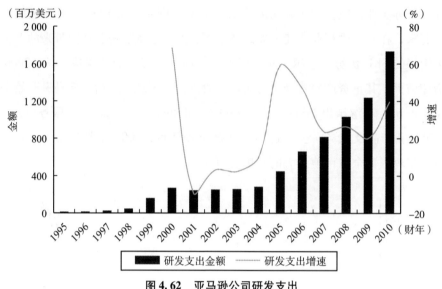

图 4.62　亚马逊公司研发支出

资料来源：WRDS。

创始以来，亚马逊零售品类持续丰富，1999 年亚马逊销售品类扩展到 3C 电子产品，2002～2005 年开始做服饰、运动、鞋等，2007 年推出 Kindle，成为阅读设备的全球领导者。贯穿亚马逊零售发展历程的核心在于客户体验的不断提升，途径之一是吸引第三方卖家入驻来丰富品类，促进客户体验提升，流量增长进而吸引更多商家入驻，形成正反馈；途径之二是加强履约设施建设，形成规模效应，从而降低商品的流通成本。

2005 年亚马逊推出的"FAB + Prime 会员"成为吸引商家入驻以及提升客户体验的重要模式。FBA 服务是亚马逊针对第三方卖家推出的一站式履约服务，第三方卖家可以选择支付一定的 FBA 费用，将货物发送到亚马逊的履约中心，收到订单后由亚马逊完成与自营商品几乎相同的整套履约流程，主要包括：储存、分拣、配送、客服和退换货等。对于商家而言，在同等时效水平下，FBA 服务价格通常低于商家通过 UPS 等快递商自行履约的价格。因此极具性价比的 FBA 服务有效加速了第三方卖家入驻，进而实现品类的快速拓展。Prime 会员服务起到了降低商品综合价格的作用。Prime 会员降低商品价格的途径有两种：一是提供相关会员专属优惠活动，直接降低商品价格；二是向用户提供针对自营商品和 FBA 商品的无限次免费高质量配送，以减少运费的方式间接降低商品的综合价格。在"FAB + Prime 会员"的组合拳下，第三方卖家通过购买 FBA 服务将商品纳入 Prime 会员免费配送范围，获得高消费能力的 Prime 会员流量。由此带来的 FBA 商品的增多又会丰富了 Prime 会员专属的低价商品类别，增强 Prime 会员体验与价值，进一步吸引更多普通用户转化为 Prime 会员，形成闭环。在此背后，持续高投入来研发、建设仓储物流等履约设施，推动其储存与分拣功能不断强大，成为"FAB + Prime 会员"服务的根本基础与护城河。[①]

亚马逊的另一块重要业务为云计算。2006 年 3 月 14 日 AWS 发布 Simple Storage Service（简称 S3），拉开了云计算的帷幕。亚马逊以 Web 服务的形式向企业提供 IT 基础设施服务，解决了大企业所面临的服务器资源不足的问题。此后亚马逊不断投入资源发展云计算业务，引领了云计算行业的发展。

易贝公司（eBay Inc.，最高涨幅 30 倍）首创 C2C 交易模式，逐渐发展成为全世界最大的线上拍卖及购物网站之一。20 世纪 90 年代末，易贝公司利用快速发展的互联网为买卖双方提供安全便利的电商交易平台，通过品类和业务拓展积累了庞大的客户群，飞速成长为电商巨头。2000 年，易贝公司实现 4.3 亿美元营业收入，注册用户超过 2 200 万，平台拍卖商品数量超过 2 600 亿件，其股价也跟随互联网行业高景气出现暴涨。

进入 21 世纪后，易贝公司在高速增长后开始故步自封，网络拍卖市场日渐饱和、过度扩张整合失败、亚马逊等竞争对手崛起以及搜索和社交网站兴起对易贝公司业务产生很大冲击，先发优势逐渐衰弱。

"两次泡沫期" 7 只零售高收益股中有 3 只为各细分赛道的专业零售公司，分别为电子产品零售商百思买公司（Best Buy Company Inc.，最高涨幅 54.1 倍）、服装零售商 TJX 公司（TJX Companies Inc.，最高涨幅 25.7 倍）和家居零售商 3B 家居公司（Bed Bath & Beyond Inc.，最高涨幅 16.6 倍）；剩余 1 只为多元百货零售商柯尔百货公司（Kohls Corp.，最高涨幅 14.4 倍）。

在 20 世纪 90 年代至 21 世纪初，专业/多元零售公司在全球经济危机爆发之前大都保持上涨态势。但这一时期美国消费的整体趋势是从 80 年代的繁荣逐步回归理性，专业零售商优势凸显，股价表现普遍优于多元零售商，如图 4.63、图 4.64 所示；其中受益于互联网/地产产业大周期驱动，或在供应链及营销上具备压倒性优势的细分领域专业零售公司脱颖而出。

---

① 李锦、陈亮、罗祎：《亚马逊的护城河》，长江证券研究所，2020 年。

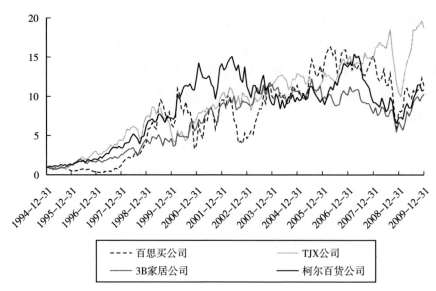

图 4.63 专业/多元零售高收益股定基股价

资料来源：WRDS。

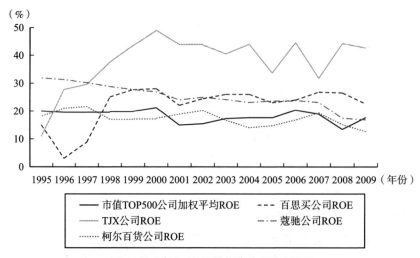

图 4.64 专业/多元零售高收益股 ROE

资料来源：WRDS。

百思买公司（Best Buy Company Inc.，最高涨幅 54.1 倍）是 1966 年成立的消费电子产品和家电零售商。如图 4.65 所示，公司的发展历程共分为三阶段：第一阶段是 1986～1995 年的激烈竞争时期，公司以低价策略将较小的电子连锁企业挤出，快速抢占市场份额；第二阶段是 1996～2009 年的互联网普及期，百思买在 PC 需求爆发式增长的背景下逐步优化产品结构、强化内部管理，存货周转效率持续提升，毛利率改善；第三阶段是 2010 年后，随着电商冲击加剧，百思买陷入持续负增的困境，直至 2012 年公司开启变革，大力发展电商、实现线上线下融合，业绩才迎来改善。

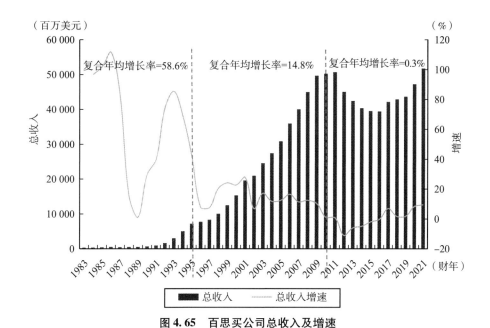

图 4. 65　百思买公司总收入及增速

资料来源：WRDS。

　　20 世纪 80 年代，美国电子和家电连锁市场竞争激烈，价格战愈演愈烈，绝大部分电器连锁毛利率都出现下降，而百思买凭借优越的门店选址、精细化的成本管控、不断扩充产品品类以及市场最低价的承诺，不仅实现市场份额的快速提升，还将自身经营利润率保持在较高水平。

　　20 世纪 90 年代后期，百思买抓住个人计算机风靡市场的大趋势，通过取消佣金制、加大品类拓展等一系列改革，从市场竞争中脱颖而出，销量和门店数呈指数型上涨，存货周转效率不断提升（见图 4.66），1996 年开始超越电路城成为全美第一的电器零售商。2000 年以后，电商、全品类百货超市等渠道兴起带来的竞争压力越来越大，百思买在 2002 年收购电脑技术支持公司极客组（Geek Squad），之后令其为客户提供全方位的电器技术支持服务，并且推出"商品增值保障计划"服务产品。增值保障服务的毛利率相较于销售商品更高，同时也有利于百思买增加客户黏性，提高销售收入和整体毛利水平，如图 4.67 所示。

图 4.66　百思买公司存货周转率

资料来源：WRDS。

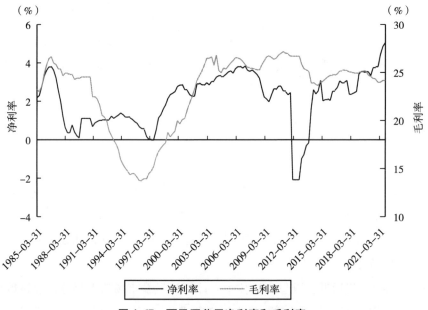

图 4.67　百思买公司净利率和毛利率

资料来源：WRDS。

　　进入 21 世纪后，以亚马逊为代表的电商进入消费电子产品和家电零售市场，对百思买等专业连锁市场形成挤压，尤其是 2008 年次贷危机后，美国居民消费需求走弱，百思买盈利下滑。2012 年百思买加快线上布局，升级改造网上商城，通过门店发货实现快速配送；与此同时，优化商品布局结构和卖场布局，强化门店体验功能，布局高端化产品，百思买的单位面积销售额及利润率得以逐步回升。[①]

服装零售商 TJX 公司（TJX Companies Inc.，最高涨幅 25.7 倍）成立于 1956 年，是美国最大的品牌折扣零售商，产品范围包括轻奢品牌服饰、家居用品、珠宝首饰等，商品售价较正价零售商折扣率在 20%～60%。

TJX 公司前身为 1919 年成立的新英格兰贸易公司，主要从事女性针织业务，后发展为连锁女装店。1956 年公司正式更名为 Zayre，从事折扣百货业务，1962 年在纽交所上市。1977 年，公司推出了折扣服饰品牌 T. J. Maxx，1989 年 Zayre 公司剥离了仓储俱乐部业务，更名为 TJX。伴随着美国经济从 20 世纪 70 年代的大滞胀到 80 年代的持续繁荣，TJX 完成了从连锁百货到低档折扣百货再向中高档折扣百货的转型，1995 年前 TJX 公司市值整体较为平稳。

1995 年 TJX 收购了其最大的竞争对手——美国第二大低价零售商马歇尔百货（Marshalls），完善公司产品线、实现规模经济，采购能力得以大大增强，同时运营周转率提升带动毛利率、净利率上行，这次收购以及成功整合标志着 TJX 公司高效率的运作模式趋向成熟。从 20 世纪 90 年代中期到国际金融危机爆发前，TJX 通过收购数家低价零售商，扩大了在美国国内市场份额，同时开始布局海外版图获取增长新动力，1987～2008 年，TJX 海外市场营收复合增速达 17.8%。

2008 年国际金融危机爆发后，美国零售业整体出现下滑，供应商、品牌商周转变慢，商品滞销严重，服装、家居等供应商急于寻找新的零售商解决渠道问题。此时，拥有超 2 000 家门店、具备强大的分销能力的 TJX 开始逆势扩大品牌采购，供应商数量迅速扩充至 2008 年底的 10 000 多个；同时，引入国际一线品牌，TJX 对供应商定价权优势显著提升，毛利进一步改善。21 世纪 10 年代，TJX 持续扩大商品品牌数量，满足更多年龄阶段和收入阶层消费需求的覆盖。

"灵活高效的供应链体系"是 TJX 长达几十年穿越周期获得连续增长的基石。作为供应链的重要组成部分，TJX 在采购、库存管理、物流运送等方面都展现出超越同行的特质。如图 4.68～图 4.70 所示，同样是买手模式的梅西百货毛利率常年维持在 40% 左右，比 TJX 高出近 12% 个点，但由于供应链和管理水平的差距，各项费用率较高，近年来其净利率水平基本维持在 3%～5%，明显低于 TJX 稳定在 7% 以上的净利率。

---

① 李锦、陈亮：《从美国电器连锁龙头百思买看苏宁长期成长空间》，长江证券研究所，2018 年。

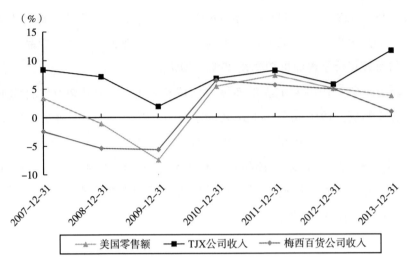

图 4.68　国际金融危机期间美国零售额增速与 TJX 公司、梅西百货公司收入增速

资料来源：WRDS。

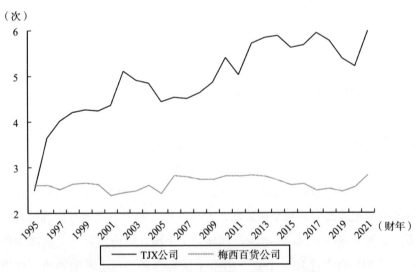

图 4.69　TJX 公司、梅西百货公司存货周转率

资料来源：WRDS。

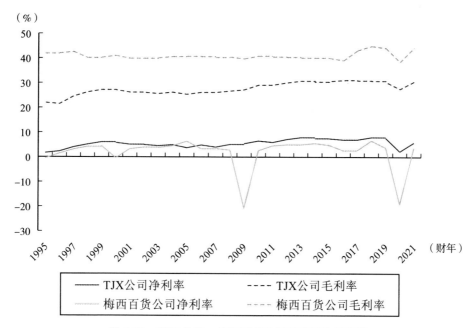

图 4.70　TJX 公司、梅西百货公司毛利率和净利率

资料来源：WRDS。

采购方面，TJX 通过内部完善的培养体系构建了成熟的买手队伍，买手每天活跃在百货、供应商中，灵活及时抓住销售热点，保证门店能针对应季流行趋势快速上新。此外，有别于传统百货公司提前 6 个月与品牌商预订备货，TJX 的采购阶段明显延后，主要是购买当季货品，以及极少量的下一季货品，商品滞销风险大大降低。

面对供应商，TJX 通过巨量采购获得更优的采购价格；更关键的是，TJX 采用不退换货的采购方式，解决了供应商被退回尾货的后顾之忧；极强的现金流也使 TJX 财务稳健、付款及时，供应商和 TJX 的合作热情高涨。对自身而言，TJX 不断扩大供应商数量，截至 2019 年 TJX 供应商数量超 2 万家。TOP25 供应商提供产品仅占总销售额的 25%，庞大的供应商数量有利于 TJX 保持议价能力、持续保持低价优势。

通过高效的存货管理，TJX 的库存周转效率堪称行业之最。首先，强大的买手采购为 TJX 创造了大量单品，给消费者带来新奇的"寻宝体验"，商品得以高速出清；其次，数字化的存货管理体系将不同产品配送到符合需求的门店中，增加商品在门店之间再分配环节，提升销售效率；最后，高效的分发配送网络也是 TJX 供应链体系的重要组成部分。公司在美国、加拿大、英国、德国、波兰和澳大利亚建设 28 个自有和租赁配送中心，面积超过 160 万平方米。公司不断完善仓储物流基础设施，2015 ~ 2018 年投入仓储物流和办公相关支出共投资 2342.2 亿美元，占公司总资本化支出的 50% 以上。此外，TJX 不做大促销维持价格稳定、统一营销集约广告成本等营销策略、门店低费率高单位面积销售额，以及现金流充沛支撑业务扩张和收购行动等要素都是其长久跑赢同行的重要基础。①

3B 家居公司（Bed Bath & Beyond Inc.，最高涨幅 16.6 倍）成立于 1971 年，主营床上用品和其他家居用品零售，1992 年在纳斯达克上市。20 世纪 90 年代末至 21 世纪初，货币、财政以及金融监管政策的持续宽松大幅推升了美国居民的购房需求，房地产市场空前繁荣。如图 4.71 和图 4.72 所示，这一时期作为"地产后周期"链条上的美国家居零售企业，包括家得宝、劳式、3B 家居公司等，其股票基本都跟随地产景气度持续上涨，直至次贷危机爆发冲击美国地产行业。

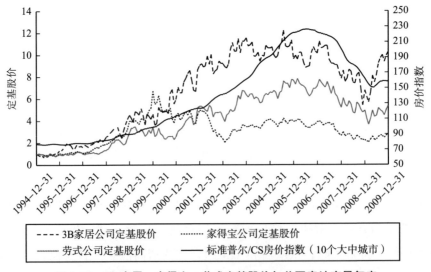

图 4.71 3B 家居、家得宝、劳式定基股价与美国房地产景气度

资料来源：万得（Wind）、WRDS。

---

① 王习、赵莹：《TJX 把握时代脉络，灵活供应链管理构筑企业护城河》，东兴证券研究所，2020 年。

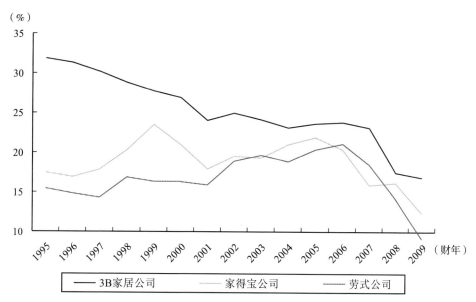

图 4.72　3B 家居、家得宝、劳式公司 ROE

资料来源：WRDS。

除了行业景气外，金融危机之前 3B 家居走势还受其频繁开展收购实现产品矩阵扩张所驱动。2002 年，3B 家居收购有 27 家门店的美容个护零售商健康百货（Health Stores）；2003 年，收购拥有 23 家门店的礼品和家居用品零售商；2007 年公司收购了有 8 家门店的母婴用品零售商"buybuy Baby"，同年 3B 家居在加拿大开设了第一家海外门店；2008 年起进驻墨西哥。

如图 4.73 所示，非必需消费品板块中消费者服务行业有 4 只高收益股为从事教育服务的阿波罗教育集团（Apollo Group Inc.，最大涨幅 118.6 倍）、餐饮行业的星巴克公司（Starbucks Corp.，最大涨幅 24.7 倍）以及博彩行业的 IGT 公司（International Game Technology，最大涨幅 16.2 倍）和米高梅公司（MGM Mirage，最大涨幅 14.9 倍）；剩余 1 只是服装零售公司蔻驰（Coach Inc.，最大涨幅 17.6 倍）。这些零售股在 20 世纪 90 年代末至 21 世纪初金融危机爆发之前整体呈现上涨态势。

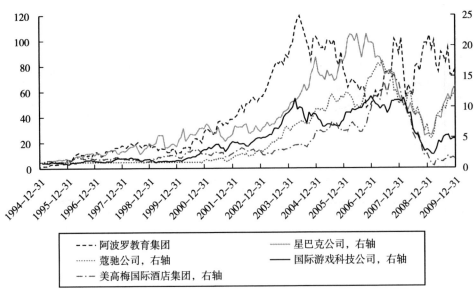

图 4.73　消费者服务和服装零售公司定基股价

资料来源：WRDS。

阿波罗教育集团（Apollo Group Inc.，最大涨幅 118.6 倍）成立于 1973 年，一度成为美国最大的营利性大学，1994 年在纳斯达克上市。2000 年至 2004 年初，阿波罗教育集团股价急速上涨，主要受阿波罗教育集团学生人数增长迅猛所驱动，由上市初期的 2 万人增长到 20 多万人。学校的规模也随着招生人数的增加持续扩张，在此期间阿波罗集团在美国三十几个州和拉丁美洲、加拿大、墨西哥、荷兰等地拥有了近一百个校园和一百多个学习中心。此外，伴随着互联网在全球的普及，公司旗下的凤凰城大学在线教育课程也遍布全世界。21 世纪初和金融危机前后，阿波罗股价呈震荡走势。

阿波罗前期激进扩张导致学历含金量下降的负面影响在 2010 年起开始显现，叠加美国顶尖高校逐步掀起"慕课"（MOOC）风潮，阿波罗面临的生源数量下降问题越来越严重。更雪上加霜的是，凤凰城大学学生竞争力逐年下降使其毕业后往往无力偿还贷款导致违约，联邦政府注意到之后调整了营利性大学的政策支持导向，逐渐削减助学金数额，阿波罗教育集团的资金来源渠道缩紧，运营更加困难，2017 年私有化退市。①

---

① 杨程：《阿波罗教育集团退市：历史、问题及展望》，载《清华大学教育研究》2019 年第 3 期，第 68 ~ 74 页。

星巴克公司（Starbucks Corp.，最高涨幅 24.7 倍）成立于 1971 年，最早为咖啡豆和咖啡器材销售商，霍华德舒尔茨于 1987 年收购星巴克，发展现制咖啡连锁店，1992 年成功上市。星巴克自上市以来可划分为两个发展阶段：第一阶段是 1992～2007 年的"国际＋国内"扩张期；第二阶段是 2008 年国际经济危机冲击后的稳健增长期，见图 4.74。

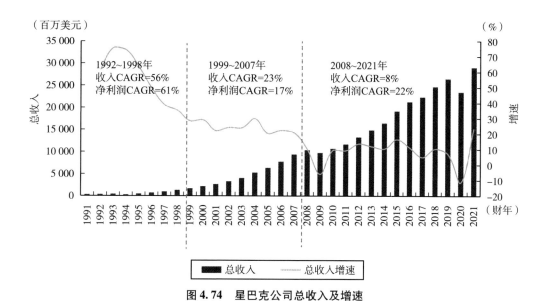

图 4.74 星巴克公司总收入及增速

资料来源：WRDS。

如图 4.75～图 4.77 所示，1992 年星巴克上市成功募资后开始快速扩张版图，从美国中西部逐步推进到东海岸。1991 年星巴克共有 116 家门店，发展到 2007 年，已上升至 15 011 家，年化增速达 36%；20 世纪 90 年代中期星巴克开启国际化战略，采取直营门店为主、收购为辅的策略，从 1995 年第一家海外门店，以逐年翻倍的速度扩展到 2007 年的 4 327 家。急速扩张叠加同店销售长期保持在 8%～9% 的高个位数增长，推动股价在金融危机前持续上涨。

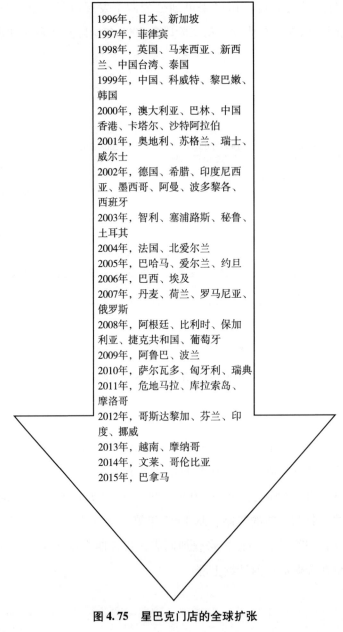

图4.75 星巴克门店的全球扩张

资料来源：公司网站。

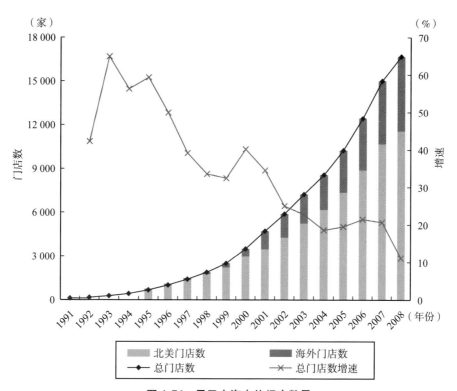

图 4.76 星巴克海内外门店数量

资料来源：公司财报。

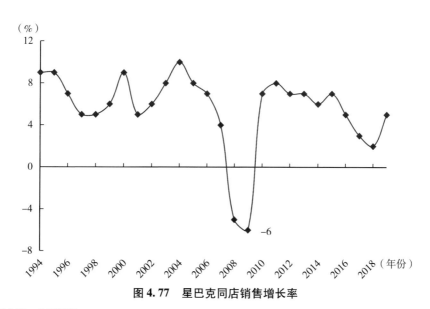

图 4.77 星巴克同店销售增长率

资料来源：公司财报。

星巴克在几十年的高速发展中构筑了强大的护城河，主要包括深厚的品牌文化和价值、高效的供应链体系和规模效应、精准的选址以及科学的门店网络、注重新兴市场的全球布局；其中品牌是星巴克最为核心的竞争力，英国品牌评估机构 Brand Finance 发布"2022 年全球最有价值的餐厅品牌"排行榜，星巴克名列第一。

2007～2008 年，在内外交困的背景下，星巴克经历了严重危机。一方面，次贷危机爆发带来消费急速下滑，餐饮行业备受打击；另一方面，前期星巴克全球高速扩张的隐患显现，部分区域出现门店过度密集进而分流的情况，门店利润下滑，供应链和员工管理也面临更大挑战；此外，麦当劳和唐恩都乐强势入局精品咖啡赛道，主打低价占据大环境优势，并从营销上对星巴克展开猛烈进攻，星巴克在定价较高的同时产品和服务质量没有同步上升，陷入低成本与差异化两难的尴尬境地。

2008 年，创始人舒尔茨回归管理层后通过一系列举措推动星巴克逆境重生，如关停不盈利门店、减缓扩张、减少人员数量、优化门店选择、改善门店运营流程、重组供应链、切入速溶新赛道、推广数字化营销等，最终走出危机，2008～2021 年星巴克净利润年化增速达 22%。

蔻驰公司（Coach Inc.，最高涨幅 17.6 倍）是成立于 1941 年的皮革制品轻奢品牌，20 世纪 80 年代时以其耐用的品质成为美国职业女性的象征，颇受欢迎。90 年代欧洲奢侈品牌 LV、PRADA 等进入美国市场，这些品牌设计时尚、产品丰富，对蔻驰公司销量产生冲击。为了保持竞争力，蔻驰公司把自己重新定位为"轻奢品牌"，货品平均售价 200 美元左右，不到欧洲奢侈品价格的一半，目标消费者为美国收入前 20% 的家庭，而非欧洲产品瞄准的前 3% 顶尖人士；与此同时，蔻驰公司不断强化其品质"牢固耐用"。

蔻驰公司同时注重品质与性价比的定位与 20 世纪 90 年代末至 21 世纪初美国消费回归理性的风潮契合，很快受到市场认可。且这一时期美国消费者结构相对年轻，15～64 岁人口占比维持在 66% 附近的历史高位，如图 4.78 所示，加之 2008 年国际金融危机之前年轻的外来移民不断涌入为轻奢品贡献了可观的消费能力。随后，蔻驰把生产地转到亚洲国家以降低生产成本，毛利率曾高达 80%，21 世纪初公司每年超过 20% 的增速发展，营业收入也增长到 32 亿美元，是蔻驰的全盛时期，见图 4.79～图 4.80。其他轻奢品牌如迈克·科尔斯（Michael Kors）、托里·伯奇（Tory Burch）等同样以个性化设计、优质做工和低价格为卖点，在理性消费的时期获得成功。[①]

---

① 花小伟、罗乾生：《美国消费史"大众到品牌到理性"三大变迁》，中信建投证券研究所，2019 年。

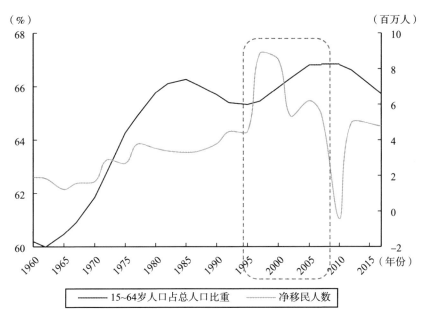

图 4.78 美国人口年龄结构及净移民人数

资料来源：万得（Wind）。

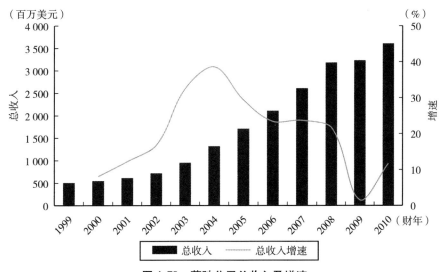

图 4.79 蔻驰公司总收入及增速

资料来源：WRDS。

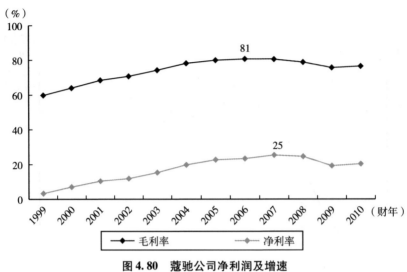

图 4.80　蔻驰公司净利润及增速

资料来源：WRDS。

三、医疗保健

20 世纪 90 年代末至 21 世纪初，美股卫生保健板块整体持续向上，但板块内部分化较大，见图 4.81 和图 4.82。事实上，世纪之交的互联网泡沫也伴随着生物科技泡沫的累积与破灭。以 2000 年为界，在此之前，生物技术、制药、医疗保健服务与

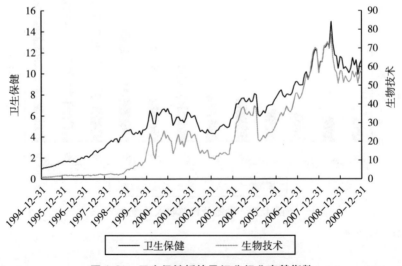

图 4.81　卫生保健板块及细分行业定基指数

资料来源：WRDS。

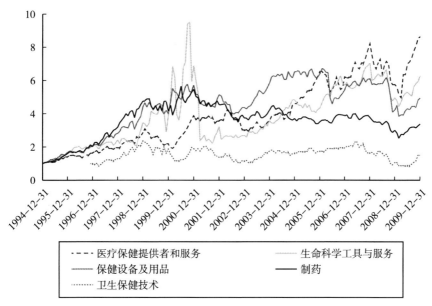

图 4.82　卫生保健板块及细分行业定基指数

资料来源：WRDS。

设备等行业持续上涨；泡沫破灭之后，大部分细分板块走势平淡，唯有生物技术板块一骑绝尘，医疗保健服务板块也相对较强。行情的驱动力一方面来自 90 年代后期克隆、人类基因计划等标志性技术的突破；另一方面，七八十年代以来对生物科技大量、长周期的投入此时也到收获季，新药集中上市带来业绩改善。此外，宽松的货币政策环境、高涨的股市投机情绪也是泡沫累积的重要催化剂。

　　卫生保健板块 53 只股票中走出了 11 只高收益股（见表 4.9），涨幅最高的 4 只全部归属于生物技术行业，分别为渤健公司（Biogen Idec Inc.，最高涨幅 209.2 倍）、新基公司（Celgene Corp.，最高涨幅 171.5 倍）、吉利德科学公司（Gilead Sciences Inc.，最高涨幅 92.2 倍）和英姆纳克斯公司（Immunex Corp.，最高涨幅 64.8 倍）；生命科学服务行业的应用生物系统公司（Applied Biosystems Inc.）最高涨幅也达到 19.1 倍。其次是医疗保健服务行业，走出了 3 只高收益股：快捷药方公司（Express Scripts Inc.，最高涨幅 48.4 倍）、凯尔马公司（Caremark Rx Inc.，最高涨幅 23.7 倍）和奎斯特诊断公司（Quest Diagnostics Inc.，最高涨幅 16.3 倍）；医疗保健设备也有 2 只股票最高涨幅超 14 倍，盖丹特公司（Guidant Corp.，最高涨幅 18.5 倍）和史赛克公司（Stryker Corp.，最高涨幅 15.3 倍）。

表 4.9　1995～2009 年卫生保健板块高收益股（市值 TOP500）

序号	最大上涨倍数	公司名（中文）	公司名（英文）	平均市值（千美元）	市值排序	GICS-11 部门	GICS-24 行业组	GICS-69 行业	GICS-158 子行业
1	209.2	渤健公司	Biogen Idec Inc	8 615 993	303	卫生保健	制药、生物技术和生命科学	生物技术	生物技术
2	171.5	新基公司	Celgene Corp	7 016 524	368	卫生保健	制药、生物技术和生命科学	生物技术	生物技术
3	92.2	吉利德科学公司	Gilead Sciences Inc	12 168 926	209	卫生保健	制药、生物技术和生命科学	生物技术	生物技术
4	64.8	英姆纳克斯公司	Immunex Corp	7 104 102	366	卫生保健	制药、生物技术和生命科学	生物技术	生物技术
5	48.4	快捷药方公司	Express Scripts Inc	6 078 226	418	卫生保健	医疗保健设备与服务	医疗保健提供者和服务	卫生保健服务
6	23.7	凯尔马斯公司	Caremark Rx Inc	8 902 568	293	卫生保健	医疗保健设备与服务	医疗保健提供者和服务	卫生保健服务
7	19.1	应用生物系统公司	Applied Biosystems Inc	6 095 315	417	卫生保健	制药、生物技术和生命科学	生命科学工具与服务	生命科学工具与服务
8	18.5	盖丹特公司	Guidant Corp	11 846 291	218	卫生保健	医疗保健设备与服务	保健设备及用品	保健设备
9	17.4	森林实验室公司	Forest Labs Inc	9 937 138	262	卫生保健	制药、生物技术和生命科学	制药	制药
10	16.3	奎斯特诊断公司	Quest Diagnostics Inc	7 304 896	353	卫生保健	医疗保健设备与服务	医疗保健提供者和服务	卫生保健服务
11	15.3	史赛克公司	Stryker Corp	11 876 074	217	卫生保健	医疗保健设备与服务	保健设备及用品	保健设备

资料来源：WRDS、各公司网站、研报、网络信息整理。

生物科技板块的高收益股中，英姆纳克斯公司和应用生物系统公司的大幅上涨发生在 2000 年左右泡沫积聚时期，之后随泡沫破灭股价断崖式下跌，资本市场炒作成为行情的主要推动力。涨幅最高的渤健、新基和吉利德科学在泡沫破灭后仍有不错表现，尤其是新基和吉利德科学在 21 世纪初持续上涨，最终股价爆发于 2005～2008 年，见图 4.83。

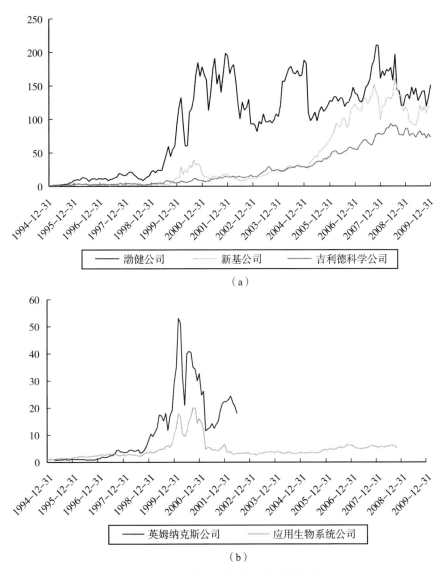

（a）

（b）

图 4.83　生物技术高收益股定基股价

资料来源：WRDS。

渤健公司（Biogen Idec Inc.，最高涨幅 209.2 倍）于 1978 年由诺贝尔化学奖得主沃特·吉尔伯特（Walter Gilbert）、诺贝尔生理学或医学奖得主菲利普·夏普（Phillip Sharp）以及研发出乙肝疫苗肯尼思·穆雷（Kenneth Murray）共同创立，主攻神经系统疾病，且在多发性硬化症（MS）领域和脊髓性肌萎缩症（SMA）领域领先。1986 年艾弗·罗伊斯顿（Ivor Royston）与霍华德·宾道夫（Howard Birndorf）成立 IDEC 制药公司，专注于开发癌症、自身免疫和炎症性疾病的治疗方法。2003 年渤健和 IDEC 制药合并而成"Biogen Idec Inc."（渤健，后更名为 Biogen），专攻神经系统疾病，包括多发性硬化症、阿尔茨海默病、帕金森病和肌萎缩性侧索硬化症、脊髓性肌萎缩症等。

从创立之初到 20 世纪 90 年代中期，渤健公司一直通过大量融资与出让专利来支撑其研发，但生物制药的高难度与不确定性使得渤健盈利极度不稳定，多年处于亏损状态。直至 1996 年渤健公司自主生产的干扰素新药"Avonex"获批上市，尽管相比德国先灵的 Betaseron（β 干扰素 –1b）落后了三年，但在营销助力下 Avonex 在上市当年就击败了 Betaseron，市占率高达 60%。尽管德国先灵持续对 FDA 授予 Avonex 罕见药资格进行起诉，但 Avonex 销售持续走俏，2002 年净销售额已达 10.44 亿美元。21 世纪初，除了生物技术泡沫破灭的行业周期外，渤健公司也面临过度依赖干扰素、产品线枯竭的问题，股价大幅回落。[①]

与渤健公司类似，IDEC 制药公司成立之初的发展目标是治疗非霍奇金淋巴瘤和自免疫与炎症的单抗，但在 20 世纪 90 年代中期之前研发未获得实质性突破，持续亏损。直到 1993 年，首个项目 IDEC-C2B8 才进入 1 期临床试验，2 期临床结束后 IDEC 制药公司面临资金严重不足的困扰，1995 年基因泰克（Genetech）注资后 3 期临床试验得以继续，IDEC-C2B8 最终在 1997 年 11 月获得 FDA 的批准上市，即大名鼎鼎的利妥昔单抗。次年 IDEC 开始盈利并获得了大量的资金进行下一步研发，2002 年替伊莫单抗获批上市，成为首个获得 FDA 批准的放射免疫治疗药物。

2003 年渤健和 IDEC 发现两家公司在技术和产品上具有很高的互补性，随后通过换股完成合并，成为美国仅次于安进和基因泰克的第三大生物技术公司。合并后渤健公司的新产品研发并不顺利，于是开始通过并购方式延续产品线。2006 年渤健公司以不到两亿美元的成本收购了一家名为"Fumedica Arzneimittel"的瑞士小药

---

① 张羽岐、吴妮：《美国药企渤健：曾经一针卖 70 万，如今裁员止损》，界面新闻，https：//www. jiemian. com/article/7280171. html，2022 年。

厂，不仅获得治疗银屑病药品——富马酸二甲酯，更重要的是该公司申请了多发性硬化的专利，并推进到了 2 期临床阶段，此次收购堪称医药界最成功的收购案例之一；2007 年又以低价收购西通尼克药业（Syntonix Pharmaceuticals）获得血友病产品以及可吸入治疗技术，为渤健公司营收做出巨大贡献，营收、利润及研发情况见图 4.84。[①]

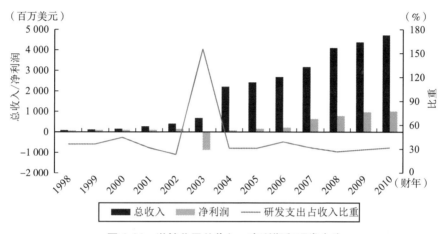

图 4.84　渤健公司总收入、净利润和研发占比

资料来源：WRDS。

　　新基公司（Celgene Corp.，最高涨幅 171.5 倍）最初为化工巨头塞拉尼斯公司（Celanese）的生物技术部门，1986 年独立出来。20 世纪 80 年代，新基是一家环境行业的生物科技公司，90 年代以后，该公司渐渐地开始把目光转向的制药。1992 年，新基公司收购了沙利度胺的全球独家开发权益，但由于这一药品严重的致畸副作用，临床开发过程十分坎坷，最终沙利度胺于 1998 年 7 月获得 FDA 批准用于麻风病治疗。虽然这一药品管控措施严格且麻风患者少，但新基另辟蹊径结合临床证据加大宣传沙利度胺对肿瘤治疗的有效性，同时利用孤儿药优势一次次提价，让沙利度胺在上市后的 10 年销售额不断增加，2008 年达 5.1 亿美元的峰值。

　　2000 年以后，新基公司持续增加研发投入，最终在 2006 年获得 FDA 批准沙利度胺用于多发性骨髓瘤的治疗。此外，新基也不断寻找沙利度胺的下一代来增加疗效和弥补不足，2005 年从沙利度胺的类似物中找到了来那度胺，该产品成为当今最吸金

① 朱国广：《优质 BIOTECH 标的已具备战略性配置价值》，东吴证券研究所，2022 年。

的小分子药物，2017 年销售额已经超过 80 亿美元，来那度胺的问世催化新基股价在 2005～2008 年爆发。新基公司营收、利润及研发情况见图 4.85。

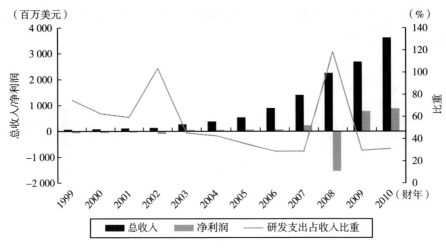

图 4.85　新基公司总收入、净利润和研发占比

资料来源：WRDS。

　　除了自主研发外，新基与其他生物科技巨头一样，也通过大量收购来扩大产线。如 2000 年收购 Signal Pharma 强化血液瘤管线、2002 年收购人类基因公司（Anthrogenesis Corp.）获得脐带血开发管线、2003 年与葛兰素史克（GSK）合作，获得美法仑的癌症药使用权；2004 年收购宾公司（Penn T Limited）增加沙利度胺的产能；2006 年收购原料厂斯福瑞（Siegfried）；2008 年收购法米昂公司（Pharmion）获得阿扎胞苷等，2010 年以后收购步伐更加密集。2019 年美国制药巨头百时美施贵宝（Bristol-Myers Squibb）宣布将以现金加股票的形式收购生物制药公司新基制药，作价 740 亿美元。

　　吉利德科学公司（Gilead Sciences Inc.，最高涨幅 92.2 倍）成立于 1987 年，主要生产和研发针对艾滋病、乙型肝炎、丙型肝炎和各类传染病的药物。成立之初，吉利德更像一家医药研发合同外包服务机构（CRO），主要靠合同研究项目来获得收益，虽有风险投资但仍处于亏损状态。

　　1996 年吉利德营收迎来转机，其第一个新药西多福韦（Vistide）获得 FDA 批准上市，与当时的市售产品膦甲酸和更昔洛韦相比，西多福韦不需要手术插管给药，只需要静脉注射，巨大的用药优势迅速扩大 CMV 视网膜炎的市场规模。更重要的是，西多福韦的上市使得吉利德募集到近 2.5 亿美元的融资，为后期营收的高速发展奠定了基础。

而后吉利德全身心地投入病毒药物研发，2001 年吉利德首个抗艾滋病药物替诺福韦酯获得 FDA 批准，这个产品成为吉利德发展壮大的主要财源，收入与利润增长见图 4.86。2002 年吉利德宣布以 4.64 亿美元的代价收购三角制药（Triangle），抗病毒管线得到很大的加强，2003 年该项 4.64 亿美元的收购初现回报——恩曲他滨获得 FDA 批准。由于抗艾滋病治疗需要长期用药，治疗方案的简洁性对市场推广极为重要，吉利德主推"每日一片"的组合疗法将葛兰素史克等老牌对手打得节节败退。长期的专注以及灵活的外部资源收购让吉利德渐渐地统治了艾滋病治疗市场。

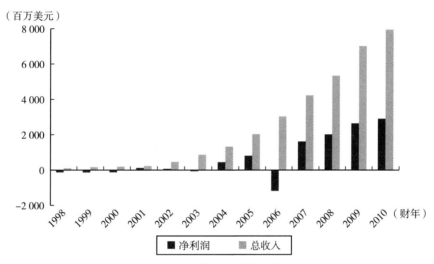

图 4.86 吉利德公司利润与总收入

资料来源：WRDS。

除了艾滋病外，吉利德也是抗丙型肝炎（HCV）市场的引领者。2011 年吉利德以 112 亿美元买下法马塞特公司（Pharmasset），获得索非布韦。2013 年随着索非布韦的获批，丙肝治疗市场迅速被引爆。相比当时的抗 HCV 疗法，索非布韦首次摆脱了干扰素的限制，将治愈率从 50% 提高到 80%，治疗周期也缩短了一半。2014 年索非布韦让吉利德入账 103 亿美元。借鉴多年抗艾滋病的市场经验，吉利德在抗 HCV 市场也打起了组合拳，以索非布韦为基础，吉利德相继推出了"吉二代"（Harvoni）、"吉三代"（Epclusa）和"吉四代"（Vosevi），将丙肝的治愈率全面提高到 90% 以上，尽管竞争对手也在不断更新他们的产品，但吉利德在丙肝治疗领域保持有绝对的统治地位。

与其他生物科技企业类似，吉利德通过收购丰富产品线和研发管线也是推动其不断扩张的重要动力。1997 年吉利德以 5.5 亿美元收购 NeXstar 制药公司让吉利德从一家类似 CRO 的公司变成了真正的"药厂"；2003 年吉利德花费三年营收收购三角制药，获得了吉利德以后十年的财源之一恩曲他滨；2011 年收购法马塞特公司获得索非布韦在短短 5 年内为吉利德带来数百亿美元的销售收入。

如图 4.87 所示，医疗保健服务行业共有 3 只高收益股，分别是快捷药方公司（Express Scripts Inc.，最高涨幅48.4 倍）、凯尔马公司（Caremark Rx Inc.，最高涨幅23.7 倍）、奎斯特诊断公司（Quest Diagnostics Inc.，最高涨幅16.3 倍）。其中快捷药方公司和凯尔马公司是美国三大药品福利管理（PBM）机构之二，奎斯特是提供诊断测试服务的临床实验室。

图 4.87　医疗保健服务高收益股定基股价

资料来源：WRDS。

药品福利管理（pharmacy benefit management，PBM）是第三方医疗服务，主要功能是在医院、药房、药企和保险机构（包括国家医保、商业保险和雇主医疗福利等）之间提供管理和协调工作，目的是对医疗服务进行有效监督、保障治疗效果的同时达到控制医疗费用支出（即医保控费），基本操作模式见图 4.88。PBM 机构会搜集大量临床数据的和患者的个人用药史来对医生开具的处方进行审核，在对医疗服务进行监管的同时，为保险公司在一定程度上控制了过度医疗、药品滥用的现象，降低了医疗费用的支出增速。

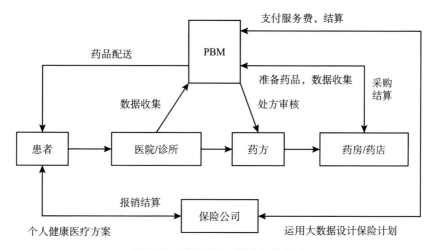

图 4.88　海外 PBM 基本操作模式

资料来源：网络信息整理。

PBM 具体涉及四大管理环节：其一是依靠数千万病例数据对每位患者定制个体健康管理方案；其二是收集大量处方汇集成大数据对医生诊疗和药品使用进行监控；其三是在药品流通环节，PBM 公司从零售药店或者厂家采购药品，而后销售、配送药品到患者手中，通过其议价能力压低药品进货成本创造利润，这也是 PBM 公司的主要盈利方式之一；其四是 PBM 公司通过对处方的审核控制用药选择，避免过度治疗，减少保险公司和患者的医疗支出，因此 PBM 公司将在帮医保部门节省的费用中抽取服务费作为业务收入，尤其是以 ESI 为代表的、独立于保险公司的 PBM 机构。

PBM 是伴随美国医疗体制变迁应运而生的产物，1965 年的《社会保障法案》和 1973 年的《健康维持组织法》奠定了美国社会医保＋商业医保的制度基础，随着 20 世纪七八十年代医保支出大幅上升，压缩和控制医疗费用的动力催生出医药福利管理机构。而 PBM 机构对医疗过程的参与和监督削弱了药企的自主权，八九十年代掀起了制药企业并购 PBM，使其成为旗下药品经销渠道的浪潮，如默沙东收购梅德科（Medco）、史克收购 DPS、礼来收购 PCS，花费超百亿美元。从 90 年代末到 21 世纪初，在监管层要求下，药企逐步剥离 PBM 业务，PBM 重归第三方发展道路。这一时期 PBM 业务也从单纯的审单核单控费转向"PBM + 药品流通"和"PBM + 商业保险"融合发展时期，现代 PBM 业务模板逐渐成形。2010 年后，PBM 进入强强联合阶段，诞生了 ESI（市场份额29%）、CVS（子公司凯尔马，市场份额24%）和 UNH（子公司 OptumRX，市场份额22%）等寡头。①

快捷药方公司（Express Scripts Inc.，最高涨幅48.4 倍）成立于1986 年，是全美最大的 PBM 公司，2018 年被信诺保险收购。快捷药方公司的核心业务包括医药福利管理、医药信息化服务、医药零售和医疗服务管理及疾病管理。凯尔马公司成立于1992 年，最初的主要业务为患者护理，而后随着医疗控费升级，凯尔马公司低价采购、销售药品的优势凸显，1998 年正式确定处方药服务为其核心业务，销售额进入快速增长阶段。两家 PBM 公司的营收、利润情况见图4.89 和图4.90。②

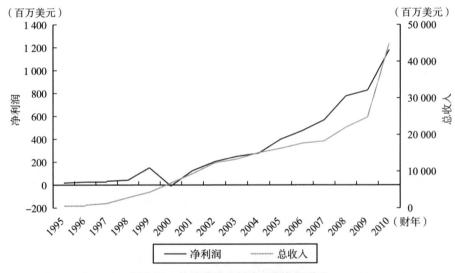

图4.89　快捷药方公司净利润与总收入

资料来源：WRDS。

　① 邓周宇等：《中国医保之路：敢问路在何方？以海虹控股为例探究中国 PBM 之路》，中银国际证券研究所，2018 年。
　② 高康平：《美国快捷药方 VS 海虹控股，PBM 中美案例对比》，动脉网，https://www.vbdata.cn/36468，2017 年。

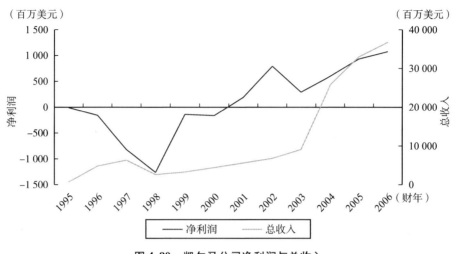

图 4.90　凯尔马公司净利润与总收入

资料来源：WRDS。

　　从 20 世纪 90 年代末到 21 世纪的最初十年，药企逐步剥离 PBM 业务，PBM 重归第三方发展道路，给 ESI 和 CVS（凯尔马公司）的发展提供了有利的行业背景。与此同时也伴随着大量收购扩张，如 ESI 1998 年收购哥伦比亚/HCA 健康集团的 PBM 业务公司 ValueRx；次年以 7 000 万美元获得史克旗下 DPS 公司；而后还收购了包括 NPA、CuraScript 专科药店、"Connect Your Care"、MSC 的药学服务部门，以及维朋（WellPoint）下属的 NextRx 等企业。2011 年，ESI 以 291 亿美元的价格对梅德科公司发出收购要约，次年 3 月正式获批后，新的 ESI 集团成为全美最有话语权的 PBM 公司，覆盖了 8 000 万以上的参保人群，年处理处方量达到 14 亿张，集团营收突破了千亿美元。再比如 2003 年凯尔马公司收购大型处方福利计划管理机构 Advance PCS Inc.。凯尔马于 2007 年被零售药店巨头 CVS 收购，此后 CVS 奠定了"零售药店 + PBM + 药店内诊"的新型医疗集团，PBM 产生的客户黏性和附带的天然服务接口，成为药店服务延伸的重要平台，并购之后 CVS 单店营收和利润迅速上升，股价也明显跑赢专注于连锁药店的沃尔格林。[①]

　　奎斯特诊断公司（Quest Diagnostics Inc.，最高涨幅 16.3 倍）创立于 1967 年，是提供癌症、心血管疾病、传染病、神经系统疾病诊断测试服务的临床实验室。多样化的临床检测项目、分级连锁的全美国实验室布局、先进的综合临床实验室管理能力使

---

①　邓周宇等：《PBM 与零售药店的共生与交织》，国信证券研究所，2015 年。

得奎斯特与美国实验室控股公司（Labcorp）并称为美国第三方临床实验室双龙头。

进入 21 世纪后，奎斯特通过一系列的兼并重组，完成了全美国服务网点的布局，同时还通过收购其他公司来丰富检测产品、提高检测能力。从 2001 年收购梅德普尔公司（MedPlus）、2002 年收购实验室门户公司（Lab Portal），到 2020 年收购纪念医疗保健系统公司（Memorial Care Health System），总计完成 16 次收购。通过收购，奎斯特成功扩大了临床实验室在美国不同地区的覆盖率，市场占有率随之提升。另外，奎斯特还将被收购实验室中的一部分临床检查转移到自己的中心实验室，从而降低检测成本，提高服务效率。近几年，公司在创新临床检测上加大投入，不断提供更先进的遗传和基因组方面的精准诊断服务。[1]

医疗保健设备行业的 2 只高收益股分别为盖丹特公司（Guidant Corp.，最高涨幅 18.5 倍）和史赛克公司（Stryker Corp.，最高涨幅 15.3 倍），见图 4.91。

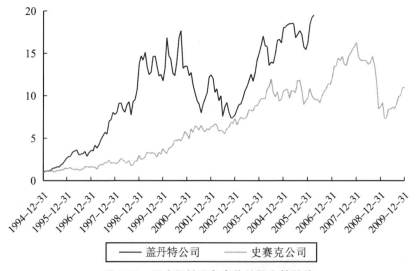

图 4.91　医疗保健设备高收益股定基股价

资料来源：WRDS。

1994 年礼来公司的医疗器械部门以盖丹特公司的名义分拆上市，这家新公司专注于心律管理（起搏器和植入式除颤器）以及通过冠状动脉和外周支架、导丝和球囊扩张导管的心脏和血管介入产品。世纪之交，盖丹特公司通过收购不断扩张，1999

---

① 涂火林：《200 亿美元美国独立医学实验室，"龙头"与"新贵"的启示》，医业观察，https：//www.innomd.org/article/608bb4c223ce9654742055cb，2021 年。

年公司收购了苏尔泽医学（SulzerMedica）的电生理业务以及心胸系统公司（Cardio Thoracic Systems Inc.）；2002年公司收购了库克集团公司（Cook Group Incorporated）和心脏智能公司（Cardiac Intelligence Corporation）；2003年该公司收购了Synecor和XTechnologies公司；2004年公司收购了微波外科心脏消融领域先驱AFxinc。2004年末，强生对盖丹特发起收购要约，在曲折谈判后，盖丹特公司最终于2006年被波士顿科学和雅培实验室收购。

史赛克公司（Stryker Corp.，最高涨幅15.3倍）是成立于1941年的综合性医疗器械公司，除了闻名于世的骨科产品线外，还生产外科、手术导航、神经技术设备等。1979年史赛克在纳斯达克上市，获得足够资金后开启研发与收购双轮驱动的增长模式。

20世纪80年代，史赛克围绕着骨科植入物进行了重量级新产品研发，1983年向市场首次推出了骨科动力系统，1985年开发出骨形态发生蛋白（OP－1）。与此同时，史赛克通过收购丰富原有业务、开展新业务。如1981年收购心诺普医疗（SynOptics Medical）进入了内窥镜市场，并于1982年、1989年均推出领先市场的新内窥镜产品。此外，史赛克对海外市场进行初步开拓，陆续进入德国、澳大利亚、加拿大等市场。90年代，史赛克陆续推出重量级新产品，还通过收购进入脊柱固定以及骨科创伤领域，同时进一步扩大海外市场，进入拉丁美洲、日本、中国等地区。

从20世纪90年代末到21世纪初，史赛克通过关键收购吸收外来技术，迅速占领和扩张公司主流业务市场，这也是公司股价上涨最快的时段。1997年史赛克在纽交所上市，充足的资金推动了一系列重大收购：1998年以16.5亿美元完成了对豪美迪克（Howmedica，制药巨头辉瑞的骨科业务部）的收购，通过这笔收购，史赛克不但进入希腊与意大利市场，更是成立了史赛克骨科（Stryker Orthopedics），一跃成为骨科领域最大的"玩家"，跻身世界医疗巨头的行列，1999年史赛克销售额成功翻倍至19亿美元，之后史赛克陆续通过收购进入手术导航和介入性背部疼痛领域。在收购的同时，史赛克也持续自主研发新产品扩大业务范围，通过止痛泵产品进入疼痛管理领域；通过海王星废物管理系统（Neptune Waste Management System）进入医疗废弃物管理领域；通过"Knee 1.0"开拓无影像骨科开放性手术导航系统，并且正式开始手术室无菌灯等照明设备生产。在收购与研发双双发力的情况下，史赛克获得了快速扩张。

2004年后，史赛克继续通过收购，进一步扩大业务范围。例如在2011年、2012年这两年，史赛克通过先后收购波士顿科学（Boston Scientific）的神经血管业务部、同心医疗（Concentric Medical），以及超越医疗（Surpass Medical），极大地拓展了其在神经介入领域的市场份额。2013 年史赛克收购了当时中国骨科第一的企业创生公司，迈开了拓展中国市场的关键一步；同年以近 17 亿美元收购了骨科机器人公司美骨外科（MAKO Surgical）。2019 年末宣布的对赖特医疗（Wright Medical Group NV）高达 47 亿美元的收购，史赛克将填补其在上肢（肩部）手术方面的空白，扩大并且强化其在骨科创伤领域的全球性市场地位。史赛克公司盈利和收入情况见图 4.92。[1]

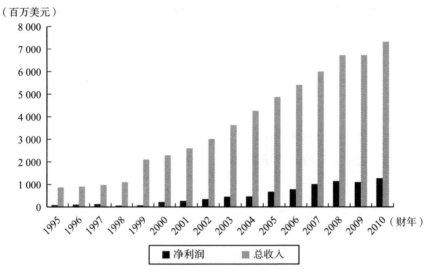

图 4.92　史赛克公司净利润与总收入

资料来源：WRDS。

四、多元金融

伴随着房地产景气繁荣以及资产证券化金融创新，美国金融股在 20 世纪 90 年代末至 21 世纪初整体保持上涨态势，直至 2007 年次贷危机爆发彻底终结了金融板块行情，见图 4.93、图 4.94。

---

① 思宇 MedTech：《回顾史赛克发展史》，智慧医疗网，http://www.cn-witmed.com/list/6/2787.html，2022 年。

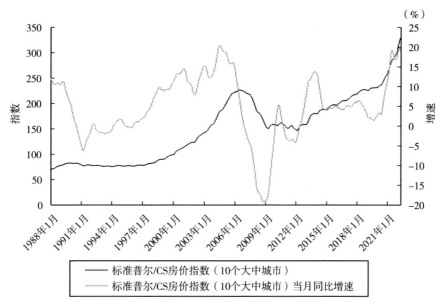

图 4.93 美国房价指数与同比增速

资料来源：万得（Wind）。

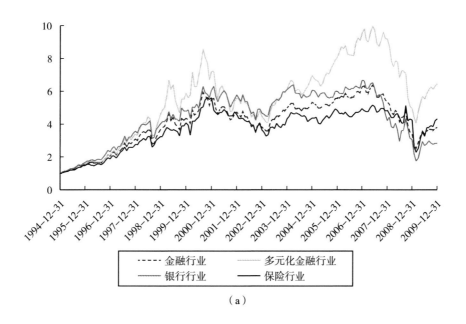

（a）

（b）

图 4.94　金融板块及细分行业指数

资料来源：WRDS。

　　由于金融股市值普遍较大，TOP500 股票池中金融股就有 102 只，但其中仅走出 7 只高收益股（最高涨幅超 14 倍），且全部为多元金融中与资本市场、消费者金融相关的机构，而传统的银行、保险股表现平庸。

　　如表 4.10 和图 4.95 所示，涨幅最高的 3 只高收益股全部属于投资银行与经纪行业，为互联网券商德美利证券公司（TD Ameritrade Holding Corp.，最高涨幅 41.7 倍）和嘉信理财公司（Schwab Charles Corp.，最高涨幅 21.2 倍）以及美国曾经的第四大投资银行雷曼兄弟公司（Lehman Brothers Holdings Inc.，最高涨幅 21.3 倍）；2 只高收益股属于消费者金融行业，分别为萨莉梅公司（SLM Corp.，最高涨幅 17.6 倍）和第一资本公司（Capital One Financial Corp.，最高涨幅 15.4 倍）；剩余 2 只高收益股为资产管理公司普信资管公司（T Rowe Price Group Inc.，最高涨幅 17.7 倍）和芝加哥商品交易所（CME Group Inc.，最高涨幅 15.1 倍）。

表4.10 1995~2009年金融板块高收益股（市值 TOP500）

序号	最大上涨倍数	公司名（中文）	公司名（英文）	平均市值（千美元）	市值排序	GICS-11部门	GICS-24行业组	GICS-69行业	GICS-158子行业
1	41.7	德美利证券公司	TD Ameritrade Holding Corp	5 224 003	483	金融	多元化金融	资本市场	投资银行与经纪
2	21.3	雷曼兄弟公司	Lehman Brothers Holdings Inc	14 836 300	166	金融	多元化金融	资本市场	投资银行与经纪
3	21.2	嘉信理财公司	Schwab Charles Corp	18 302 402	135	金融	多元化金融	资本市场	投资银行与经纪
4	17.7	普信资管公司	T Rowe Price Group Inc	6 179 575	411	金融	多元化金融	资本市场	资产管理与托管银行
5	17.6	萨莉梅公司	SLM Corp	11 424 330	227	金融	多元化金融	消费者金融	消费者金融
6	15.4	第一资本公司	Capital One Financial Corp	12 451 924	207	金融	多元化金融	消费者金融	消费者金融
7	15.1	芝加哥商品交易所	CME Group Inc	12 044 087	213	金融	多元化金融	资本市场	财务交易与数据

资料来源：WRDS、各公司网站、研报、网络信息整理。

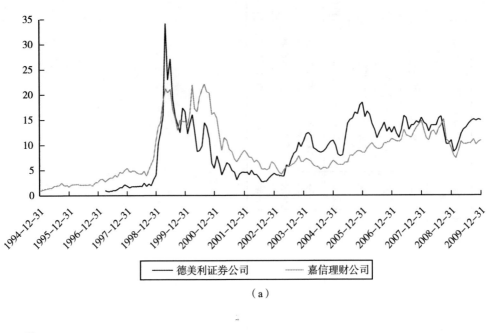

（a）

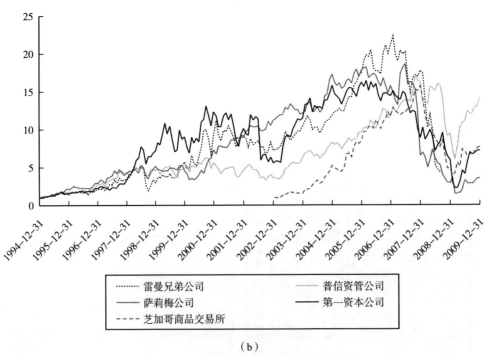

（b）

图 4.95　金融板块高收益股定基股价

资料来源：WRDS。

德美利证券公司（TD Ameritrade Holding Corp.，最高涨幅 41.7 倍）成立于 20 世纪 70 年代，主要为金融资产提供在线交易平台，2020 年被嘉信理财收购。

1975 年美国证券交易委员会取消了固定交易佣金制度，开启了允许浮动佣金制度的新时代。乔·里基茨（Joe Ricketts）及三个合伙人认定此为证券经纪行业全新发展机遇，随后设立了第一奥马哈（First Omaha）证券公司开展证券经纪业务，即今天的德美利证券公司的前身。1983 年设立德美利清算公司向做市商和经纪商提供交易清算服务；1988 年首创利用按钮式电话进行自动交易的服务。

1995 年，德美利通过对在线经纪商奥夫豪泽（K. Aufhauser & Co）的收购，将业务板块向线上进行了布局。20 世纪 90 年代末，德美利在上市获得大量融资的支持下，乘着互联网发展浪潮不断创新服务、产品及技术，得以迅猛发展，股价急速上涨。比如德美利证券开始提供利用网络平台进行期权产品下单交易的服务，同时采用让客户以电子邮件进行网上交易确认的新形式；公司还研发推出了阿莫瑞在线投资者指数（Ameritrade Online Investor Index）用于对各类网络交易及投资行为进行分析；同时，公司设计的"Sprint PCSSM Wireless Web"平台成为业内第一个实现利用移动通信设备进行交易的产品，帮助公司抢占了移动互联网时代的业务先机。

随着互联网泡沫破灭，德美利股价也出现大幅下挫。面对互联网券商供给大规模过剩的局面，德美利开始通过多项收购来进行整合。2001 年收购互联网折扣券商 NDB（National Discount Brokers），2002 年公司以 13.63 亿美元的高价收购了德科在线（Datek Online Holdings），一举成为具有最高日均交易量的经纪商。2006 年又以 28.69 亿美元的价格收购提供包括经纪服务、公募基金、退休计划、现金管理、零售银行、保险产品等众多金融产品及服务的综合性金融公司沃德豪斯·美国（TD Waterhouse USA），这也是德美利证券名称的由来。除了并购提供的外生动力外，德美利也越来越注重业务创新，陆续推出各种投顾平台来提高客户投资体验，扩大增值服务空间。2004～2007 年，德美利股价持续上行。2010 年后，随着"零佣金"改革，公司整合趋势仍在持续，同时业务重心由经纪服务向科技赋能的投资平台转型。德美利公司的盈利和收入情况见图 4.96。[1]

---

[1]　和志毅等：《TD Ameritrade：不寻常的互联网券商发展史》，未央网，https：//www.weiyangx.com/353235.html，2020 年。

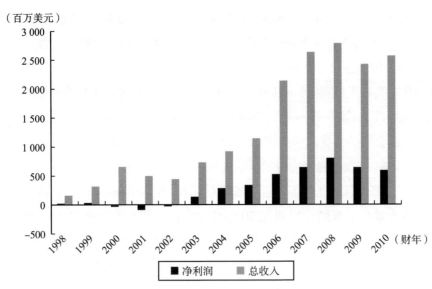

图 4.96　德美利证券公司净利润及总收入

资料来源：WRDS。

　　嘉信理财公司（Schwab Charles Corp. New，最高涨幅 21.2 倍）成立于 1971 年，目前已发展成为全球领先的零售财富管理平台，截至 2021 年末公司资产管理规模超 8 万亿美元。过去 50 年美国资本市场经历数次变革，嘉信理财凭借前瞻的战略布局、强大的执行力以及持续的创新精神，数次把握机遇实现弯道超车，成为美国最大的财富管理公司之一。

　　1975 年美国证券交易固定佣金制度被取消，嘉信率先降低所有客户的佣金费率、打造折扣券商品牌，通过差异化竞争实现零售客户的快速积累；20 世纪八九十年代美国经济繁荣带来居民财富的快速积累，养老金加快入市背景下，股票市场长牛、共同基金迎来大发展，嘉信积极扩张线下网络、推出免交易费的共同基金超市、大胆取消个人退休账户（IRA）年费，转型资产集合商、实现客户规模和资产的沉淀；90 年代末嘉信互联网普及浪潮推出线上服务，在互联网券商领域占得先机，见图 4.97、图 4.98；进入 21 世纪后，传统经纪业务竞争日趋激烈，居民财富管理需求升级，嘉信通过外延并购和技术革新实现业务多元化、数字化、规模化，逐渐转型一站式财富管理平台，客户数量、客均资产及盈利能力稳步提升，见图 4.99。[①]

---

　　① 姚泽宇等：《嘉信理财：全球领先的一站式零售财富管理平台》，中金公司研究所，2020 年。

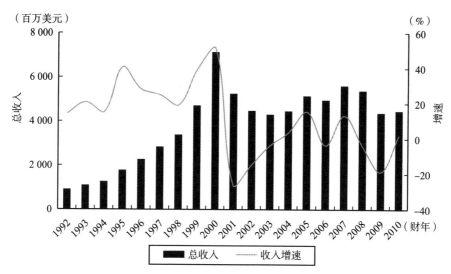

图 4.97 嘉信理财总收入及增速

资料来源：WRDS。

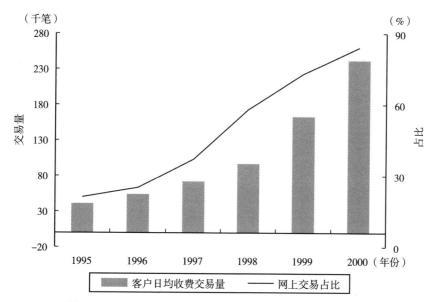

图 4.98 20 世纪 90 年代末嘉信理财网上交易占比与交易量

资料来源：公司公告、中金公司。

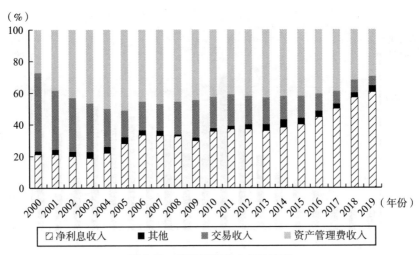

图 4.99　嘉信理财收入结构变化

资料来源：公司公告、中金公司。

雷曼兄弟公司（Lehman Brothers Holdings Inc.，最高涨幅 21.3 倍）成立于 1850 年，1994 年从美国运通剥离出来后逐步成长为美国第四大投资银行，2008 年雷曼兄弟的破产标志着国际金融危机全面升级。

20 世纪 90 年代中后期，随着固定收益产品和金融衍生品的蓬勃发展，雷曼兄弟大力拓展相关业务并获得成功，净利润持续攀升，见图 4.100；进入 21 世纪后，随着美联储连续降息以及地产刺激政策出台，美国房地产市场迎来空前繁荣，雷曼开始

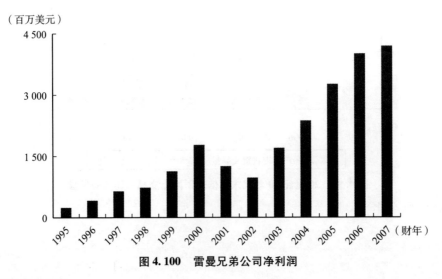

图 4.100　雷曼兄弟公司净利润

资料来源：WRDS。

涉足相关信贷业务，逐步成为住房抵押债券和商业地产债券的顶级承销商和账户管理人，直至 2007 年其地产债业务仍在增长。借助高杠杆不断扩张房地产相关结构性产品，雷曼获得巨大收益，股价攀升。

自 2004 年起美联储启动连续加息，直接导致房地产价格从 2006 年起开始回落，次级贷款违约率上升，金融机构不仅面临次贷无法收回的直接损失，还需承受其持有的次贷类证券价格大跌，净资产不断减值。过于集中的业务、高企的杠杆、再加上不良资产占比过高使得雷曼在此次金融危机中损失惨重，股价断崖式下挫，寻求被收购无果后最终于 2008 年 9 月申请破产保护。[①]

除了投资银行外，21 世纪初还走出了 2 只针对不同领域的消费金融高收益股，分别为萨莉梅公司（SLM Corp.，最高涨幅 17.6 倍）和第一资本公司（Capital One Financial Corp.，最高涨幅 15.4 倍）。

萨莉梅公司（SLM Corp.，最高涨幅 17.6 倍）成立于 1973 年，最早是为联邦教育贷款提供服务的政府实体，后转为提供私人助学和联邦学生助学贷款的商业公司。1997 年萨莉梅成立控股公司，起初政策性和商业性业务并行，原有的政府性子公司仍可发行债券，同时扮演"最后贷款人"的角色。1999～2005 年，政府股权占比从 75% 降至 0，逐步从萨莉梅公司中退出。21 世纪初的金融工具创新为萨莉梅公司的迅速扩张提供了前所未有的机遇，萨莉梅公司把自身发行的学生贷款及其收购的学生贷款打包后以此为抵押在二级市场发行学生贷款支持证券。萨莉梅公司把自身发行的学生贷款及其收购的学生贷款打包，以此为抵押在二级市场发行学生贷款支持证券。由于政府的担保以及其标准的贷款条件、合约条款再加上精心的证券化架构安排，大受投资者欢迎，放贷数额和范围亦不断扩张。2007 年以后，伴随着次贷危机爆发，流动性骤减，资产支持证券市场一落千丈，萨莉梅公司股价亦大幅回落。[②]

第一资本公司（Capital One Financial Corp.，最高涨幅 15.4 倍）是全球领先的多元金融控股公司，主要业务板块包括信用卡、消费信贷和公司信贷，2019 年以上三块业务的净利润占比约为 6∶3∶1，如图 4.101 所示。

---

① 姜超、周霞：《货币起伏、泡沫生灭——美国次贷危机启示系列之一》，海通证券研究所，2014 年。

② 周鹏：《中国设立教育银行的可行性分析——以美国学生贷款公司萨利美（Sallie Mae）为例》，清华金融评论，http：//www.thfr.com.cn/m.php?p＝11911，2015 年。

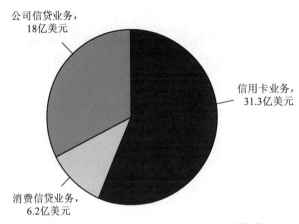

图 4.101　2019 年第一资本公司净利润构成

资料来源：公司公告。

　　20 世纪 80 年代末，美国信用卡市场相对成熟但同质化严重，几乎所有信用卡都采用 "固定年费 + 固定年化利率" 的收费方式和单一标准的信用额度决定方式，不能满足客户的差异化需求。1988 年，第一资本公司的两位创始人理查德·D. 费尔班克（Richard D. Fairbank）和奈杰尔·W. 莫里斯（Nigel W. Morris）把握信用卡产品个性化发展机遇，依靠海量数据区分不同风险特征的用户，精准锁定 "中风险循环借贷用户" 群体，通过 "诱惑利率" 和 "信用卡代偿服务" 方式打造了 "Signet Bank" 信用卡部门的差异化优势（1994 年被独立拆分，次年更名为 "Capital One Financial Corporation"）。具体而言，第一资本公司以较低的利率吸引客户将其他公司信用卡贷款的未偿余额转移到本公司信用卡上，同时帮助无法按时还款的客户一次性偿还贷款，再让客户按照之前规定的利率分期还款给本公司。创新还款机制和精准定位推动账户数迅速增长（1995～2002 年 CAGR 达 32%），到 2002 年末已经拥有 4700 万信用卡账户，见图 4.102。1996 年第一资本公司开始进军海外市场，并于 2002 年成为英国第六大信用卡公司。

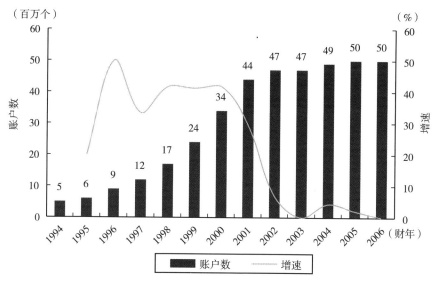

图 4.102 第一资本公司账户数与增速

资料来源：公司公告。

　　第一资本公司的第二块主要业务是以汽车贷款为核心，包含小微企业贷款和房贷的消费信贷，在 20 世纪 90 年代末至 21 世纪初通过多次收购大幅扩张。1998 年，第一资本公司收购了一家汽车金融公司（Summit Acceptance Corporation）进入汽车贷款领域，而后相继于 2001 年、2004 年收购加州圣地亚哥最大的汽车贷款在线供应商人本公司（People First）以及 Onyx 金融服务公司，成为当时美国第二大独立汽车贷款机构。2002 年，第一资本公司发行企业信用卡为小微企业提供便捷的短期信用产品；2004 年收购了美国房屋抵押贷款在线供应商 eSmartloan 和英国房屋抵押贷款公司 HFS，正式进入住房抵押贷款领域。

　　2004 年第一资本公司经美联储批准从事一般银行业务，此后连续收购希伯尼亚国家银行（Hibernia National Bank）、诺斯福克银行（North Fork Bank）等，拓展存款等零售业务，逐步成长为多元金融控股公司。金融危机后，第一资本公司延续其并购之路，收购范围不仅囊括一般银行业务、信用卡、消费信贷，还涉及数据、科技等行业的公司，补强其在数据分析以及细分领域的业务能力。第一资本公司在 20 世纪 90 年代到 21 世纪初的净利润增长和收入增长情况见图 4.103、图 4.104。[1]

---

　　[1] 姚泽宇等：《Capital One：错位竞争、数据驱动的信用卡行业巨擘》，中金公司证券研究所，2020 年。

（百万美元）

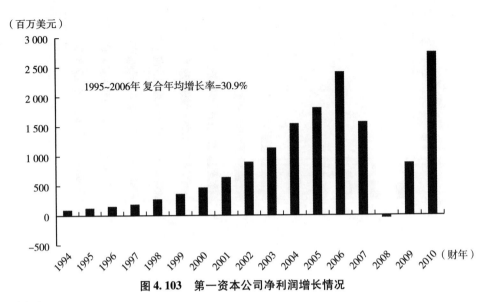

图 4.103　第一资本公司净利润增长情况

资料来源：WRDS。

（百万美元）

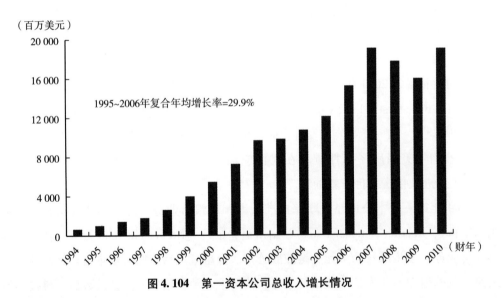

图 4.104　第一资本公司总收入增长情况

资料来源：WRDS。

剩余 2 只高收益股为普信资管公司（T Rowe Price Group Inc.，最高涨幅 17.7倍）和芝加哥商品交易所（CME Group Inc.，最高涨幅 15.1 倍）。

普信资管公司（T Rowe Price Group Inc.，最高涨幅 17.7 倍）是成立于 1937 年的

养老资产管理公司，长期理念、主动管理产品业绩优秀和一站式养老解决方案共同铸就其深厚壁垒。

美国股市长牛是共同基金发展的先决条件，其中自 20 世纪六七十年代起逐渐建立的养老体系作用不容忽视。以 401K 计划与个人退休金计划（IRAs）为代表的长期属性养老金通过养老计划投资于股票、债券、共同基金和货币市场工具，成为推动共同基金壮大的重要力量。2020 年美国第二养老支柱（DC 计划）和第三养老支柱（IRA 账户）合计占非货币型共同基金市场的 54%，规模达 10.5 万亿美元。养老资金的不断增长及其开放的金融生态提升了对投资顾问和资产管理的需求，一站式解决方案的重要性日益提升。[①]

普信资管成立初期主要为巴尔的摩的家庭提供财富管理相关服务并代管部分私人投资账户，这一时期公司逐渐形成了"买入并持有"的投资理念以及专注于成长股的投资风格。二战后成长股卓越的市场表现令普信业绩优异，吸引资金大幅流入。1950 年通用电气总裁查尔斯·E. 威尔逊（Charles E. Wilson）革命性地推出公司养老金计划并将资金投资于股市，随后许多公司纷纷效仿，普信的出色业绩也为其带来了众多养老金客户。1974 年，公司在市场上首创 DC 型养老产品，401K 推出后迅速获得市场份额，来自养老金的资金继续扩大，长线养老资金逐渐发展成为普信最大的资金来源。

20 世纪 60～80 年代资本市场波动大，普信没有固守成长策略，而是适应市场开拓多元化产品来抵御周期，开发诸如价值型基金、自然资源基金、小型股票基金等产品，并在固收和货币基金产品上不断发力。1977 年普信的新收益基金已成为全美第三大公司债基金，1983 年固收部门管理资产规模和收益占公司一半。

1986 年普信在纳斯达克上市后，对股票、固收、FOF（基金中的基金）等多元资产全面发力：1991 年推出平衡型基金（65% 股票，35% 固收），1990 年推出 2 只 FOF 产品——光谱多元股票基金（80% 配置于多个股票型基金）和光谱收益基金（"固收 +"），1993 年和 1995 年先后推出进取型固收产品——巅峰市政收益基金和公司收益基金等，持续丰富多元资产配置产品体系。此外，21 世纪初公司还凭借充足资金，通过收购、设立分部等方式进一步提高全球化能力，2000 年收购英国合资公司 100% 的股权成立普信国际，截至 2021 年普信已在 17 个国家设立办事处，打造了强大的环球投研平台不断吸引资金流入，资产管理规模得以扩张，公司利润和收入增

---

① 王可等：《从普信金融看海外主动资管长期主义》，华泰证券研究所，2022 年。

长情况见图4.105。[1]

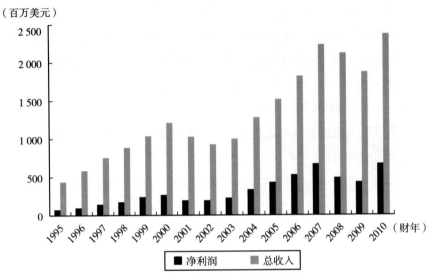

（百万美元）

图4.105 普信资管净利润和总收入

资料来源：WRDS。

芝加哥商品交易所（CME Group Inc.，最高涨幅15.1倍）是世界上最大的金融衍生品交易所，交易的资产类别包括农产品、货币、能源、利率、金属、股票指数和加密货币期货。金融危机前CME的大幅上涨主要依托于大宗商品以及股票市场的持续上行。

五、能源

进入21世纪到金融危机之前，在中国经济迅猛发展以及美国地产周期的需求驱动下，以原油为代表的全球大宗商品持续走强，2003～2007年布伦特原油价格上涨220%，直接带动美股能源板块在这一时段急剧上行，如图4.106～图4.108所示。

---

[1] 田文天：《普信集团：后金融危机时代的主动投资巨头》，https://youwuqiong.top/332566.html，2022年。

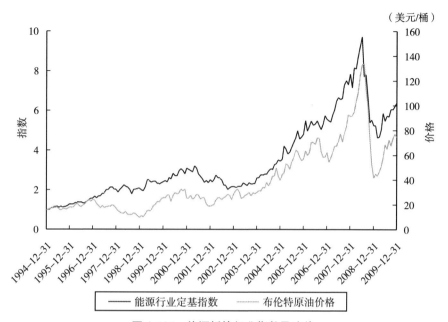

图 4.106　能源板块行业指数及油价

资料来源：WRDS、万得（Wind）。

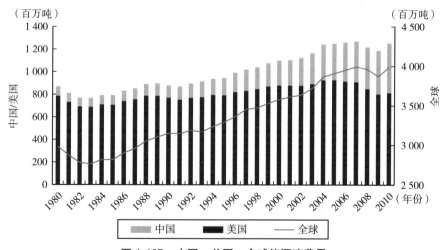

图 4.107　中国、美国、全球能源消费量

资料来源：万得（Wind）。

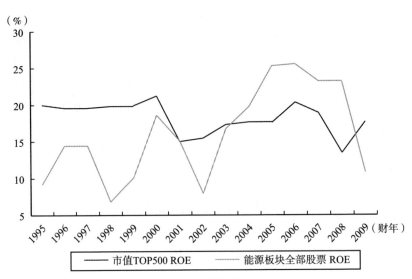

图 4.108　能源板块 ROE

资料来源：WRDS。

如图 4.109 和表 4.11 所示，美股能源板块 32 只股票中走出 9 只最高涨幅超 14 倍的高收益股，其股票价格基本随油价亦步亦趋，分别为石油天然气钻探和生产企业 XTO 能源公司（XTO Energy Inc.，最高涨幅 83.5 倍）、EOG 资源公司（Eog Resources Inc.，最高涨幅 19.2 倍）、阿帕奇公司（Apache Corp.，最高涨幅 15.7 倍）；

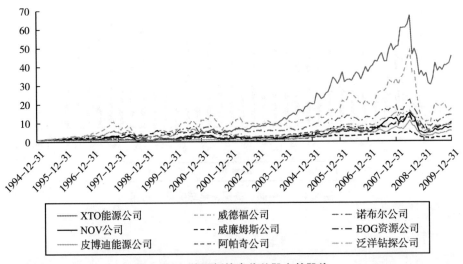

图 4.109　能源板块高收益股定基股价

资料来源：WRDS。

表 4.11 1995~2009 年能源板块高收益股（市值 TOP500）

序号	最大上涨倍数	公司名（中文）	公司名（英文）	平均市值（千美元）	市值排序	GICS-11部门	GICS-24行业组	GICS-69行业	GICS-158子行业
1	83.5	XTO 能源公司	XTO Energy Inc	7 461 338	343	能源	能源	石油、天然气和消费燃料	油气勘探与生产
2	47.4	威德福公司	Weatherford Intl Ltd New	5 947 002	426	能源	能源	能源设备与服务	石油和天然气设备与服务
3	25.0	诺布尔公司	Noble Corp Baar	5 337 120	469	能源	能源	能源设备与服务	石油和天然气钻探
4	21.9	NOV 公司	National Oilwell Varco Inc	5 459 267	457	能源	能源	能源设备与服务	石油和天然气设备与服务
5	20.4	威廉姆斯公司	Williams Cos	9 675 731	270	能源	能源	石油、天然气和消费燃料	油气储运
6	19.2	EOG 资源公司	Eog Resources Inc	8 615 626	304	能源	能源	石油、天然气和消费燃料	油气勘探与生产
7	15.9	皮博迪能源公司	Peabody Energy Corp	7 381 586	351	能源	能源	石油、天然气和消费燃料	煤炭与消耗性燃料
8	15.7	阿帕奇公司	Apache Corp	12 128 882	212	能源	能源	石油、天然气和消费燃料	油气勘探与生产
9	15.2	泛洋钻探公司	Transocean Ltd	10 922 244	241	能源	能源	能源设备与服务	石油和天然气钻探

资料来源：WRDS、各公司网站、研报、网络信息整理。

油田设备与服务行业的威德福公司（Weatherford Intl Ltd.，最高涨幅 47.4 倍）、NOV 公司（National Oilwell Varco Inc.，最高涨幅 21.9 倍）；海上钻探行业的诺布尔公司（Noble Corp.，最高涨幅 25 倍）、泛洋钻探公司（Transocean Ltd.，最高涨幅 15.2 倍）；天然气运输和处理行业的威廉姆斯公司（Williams Cos.，最高涨幅 20.4 倍）；煤炭企业皮博迪能源公司（Peabody Energy Corp.，最高涨幅 15.9 倍）。

第五章

金融危机之后十年，"大放水"下慢牛时期：2010～2019年

第一节 宏 观 背 景

为了从金融危机的泥淖中走出，包括美国在内的各国政府从 2008 年起陆续推出巨额财政和货币刺激方案（见图 5.1）。宽松的政策环境大幅提振需求端，全球经济进入稳定增长与低通胀时代（如图 5.2 所示），美欧股市也迎来 "十年慢牛"。这一时段，美国依然是最强的发达经济体，累计 GDP 增幅仅次于中国、印度、韩国等新兴经济体，盈利与估值双升推动标普 500 实现 2 倍涨幅，纳指涨幅更是超过 3 倍。与美国类似，2008 年国际金融危机后欧洲国家也同样采取降息、量化宽松、加大财政支出、减税等政策来刺激经济，2010 年欧债危机的爆发使得各央行货币政策进一步宽松，英国、德国、法国等欧洲核心国家增长和通胀保持稳定，股市持续上涨。

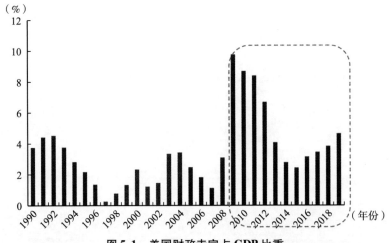

图 5.1 美国财政赤字占 GDP 比重

资料来源：万得（Wind）。

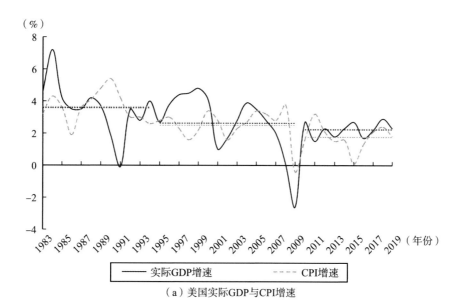

（a）美国实际GDP与CPI增速

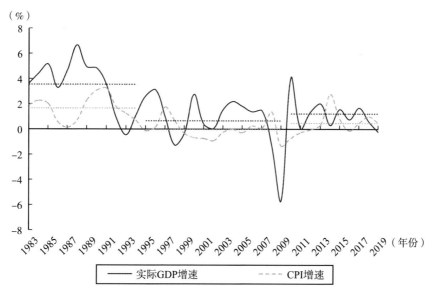

（b）日本实际GDP与CPI增速

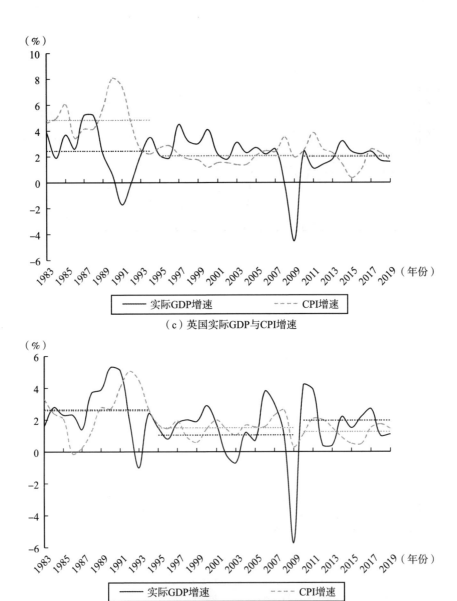

图 5.2　1983～2019 年美国、日本、英国和德国实际 GDP 与 CPI 增速

注：德国数据 1990 年以前为联邦德国数据。

资料来源：万得（Wind）。

　　20 世纪 90 年代初日本房地产和资本市场泡沫破灭后，经济陷入持续低迷，而后的亚洲金融危机以及世纪之交的互联网泡沫破灭更将日本推入"失去的二十年"。为了提振需求，日本央行从 2001 年 3 月率先采用量化宽松货币政策、2002 年 9 月起直接购买银行持有的股票资产，助推经济和资本市场繁荣。2008 年金融危机爆发后，日本陷入严重的经济衰退，于是日本央行在 2009～2010 年进一步将企业证券和资金资产纳入量化宽松的购买资产范围来加大刺激力度。2012 年安倍就任日本首相并提出通过宽松货币、灵活财政、扩大民间投资来刺激经济的"安倍经济学"，而后在 2013 年日本央行启动更为激进的"量化加质化"宽松（QQE），2016 年日本进入负利率时代，叠加多次巨量财政刺激（见图 5.3），日本经济增长较 21 世纪头十年有所回暖，股市缓慢上涨，东证指数在 2010～2019 年涨幅约 90%。

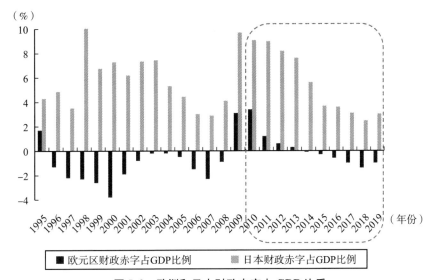

图 5.3　欧洲和日本财政赤字占 GDP 比重

资料来源：万得（Wind）。

在金融危机之后的十余年中，美国宏观环境整体宽松、产业发展领先全球、资本市场持续走强，具体可划分为三阶段。

第一阶段是美国从金融危机的冲击中走出并保持温和增长的 2010～2014 年。在 2007～2008 年联邦基金利率急速降至 0～0.25% 后，美联储动用非常规货币政策，于 2008 年末至 2012 年陆续推出三轮量化宽松（QE）以期进一步压低社会融资成本来刺激需求。虽然 2011～2012 年欧债危机的爆发对全球经济与金融市场产生扰动，但美国整体受冲击较小，且外需疲软更强化了美国货币财政双宽的立场。第一阶段标普 500 指数上涨 84.6%，几乎全部由盈利提升所贡献，而估值先消化至 2011 年末才启动上行，整体持平，如图 5.4 所示。

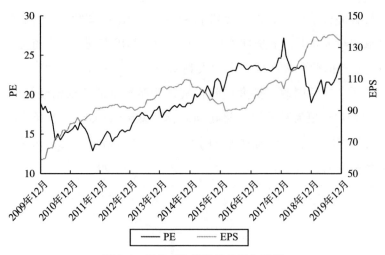

图 5.4　标普 500 指数的估值与盈利

资料来源：万得（Wind）。

　　第二阶段是美联储货币政策逐步正常化的 2015～2016 年。这一阶段标普 500 指数上涨 8.7%，但 EPS 下滑 13.3%，盈利成为美股的拖累项。2014 年 10 月美联储完全退出 QE，2015 年 12 月正式启动加息，2016 年末第二次加息（见图 5.5）。流动性紧缩使得美元指数在 2014 年下半年至 2015 年上半年上涨超 20%，叠加中国等经济体增长放缓，美国出口明显下滑；除了流动性环境不利于投资增长外，2014～2015 年美国页岩油以及欧佩克（OPEC）原油大幅增产带来油价大幅下挫、油气企业急剧减少资本开支更加剧了美国私人部门投资的下滑（见图 5.6）。

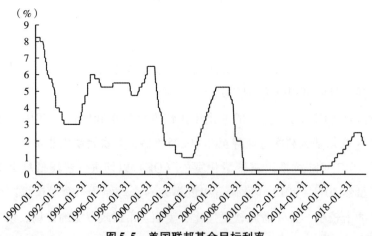

图 5.5　美国联邦基金目标利率

资料来源：万得（Wind）。

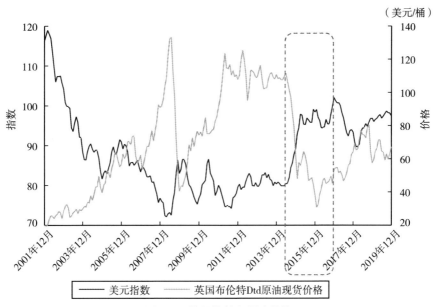

图 5.6　美元指数和原油价格

资料来源：万得（Wind）。

　　第三阶段是减税释放企业盈利的 2017～2019 年。这一阶段标普 500 指数上涨 44.3%，EPS 上升 41.9%，盈利再次成为驱动美股上涨的主要动力。2016 年底特朗普当选美国总统，次年 4 月公布税收改革方案，12 月正式生效，将公司税率从 35% 降至 21%，个人最高税率从 39.6% 降至 37%，同时减征海外汇回利润税收。与此同时，海外经济复苏也不再对美国经济造成拖累，美股盈利稳步上行。2017～2019 年美股估值大幅波动后基本收平，2017 年美联储共加息三次，但在经济强劲增长的背景下，长债利率并未跟随加息大幅上行，估值亦较强；2018 年美国经济仍受益于税改刺激继续上行，美股估值却随着 4 次加息大幅下挫；2018 年末美国与多国的贸易摩擦升级，叠加税改效应减弱、基建前景堪忧，经济拐头向下，2019 年下半年转为降息，估值得以提振。

　　21 世纪 10 年代，美国继续不断加大研发投入，在高端科技上依然领先全球。2011 年前后，4G 网络在美实现商用开启了移动互联网时代，此后以 FAANG① 为代表的信息技术公司蓬勃发展，盈利不断攀升。除了受益于移动互联网红利的 FAANG，这一时期美国的生物医药、机械军工、新材料、半导体等先进制造行业也取得迅猛发展，向高端化、智能化转型。

---

　　① FAANG 是美国市场上五大最受欢迎和表现最佳的科技股的首字母缩写，即社交网络巨头脸书（Facebook）、苹果、在线零售巨头亚马逊、流媒体视频服务巨头奈飞和谷歌母公司字母表（Alphabet）。

第二节　大类资产表现

　　如图 5.7 所示，"大放水"下慢牛时期（2010～2019 年）可划为 14 段宏观场景，分别为 5 段复苏、3 段扩张、4 段滞胀、2 段衰退。

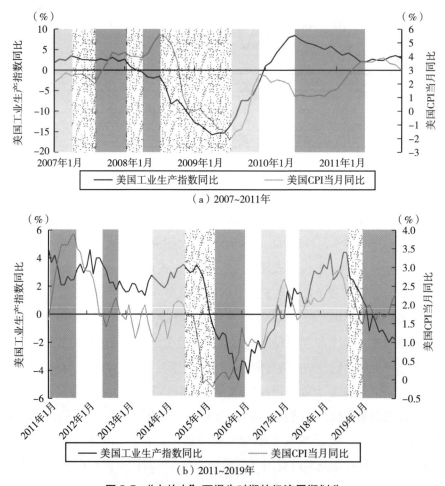

（a）2007~2011年

（b）2011~2019年

图 5.7　"大放水"下慢牛时期的经济周期划分

注：复苏、扩张、滞胀和衰退分别为白、浅灰、深灰、点状。
资料来源：万得（Wind）。

　　如表 5.1 所示，为了走出次贷危机引发的全球经济危机，各国政府都采取了大规模的货币和财政刺激来提振经济，全球股市在增长稳定、通胀下移、利率低位的背景

表 5.1　"大放水"下慢牛时期的经济周期划分与大类资产表现

起	止	宏观场景	时长（月）	标准普尔500指数涨跌幅（%）	道琼斯工业指数涨跌幅（%）	纳斯达克综合指数涨跌幅（%）	法国CAC40指数涨跌幅（%）	伦敦富时100指数涨跌幅（%）	德国DAX指数涨跌幅（%）	东证指数涨跌幅（%）	美元指数涨跌幅（%）	10年期美国国债收益率变化（bp）	伦敦金现涨跌幅（%）	原油涨跌幅（%）	铜价涨跌幅（%）
2010-01-01	2010-06-30	复苏	6	-7.6	-6.3	-7.0	-12.5	-9.2	0.1	-7.3	10.4	-83	13.2	-4.3	-12.0
2010-07-01	2011-09-30	滞胀	15	9.8	11.7	14.5	-13.4	4.3	-7.8	-9.5	-8.4	-98	30.7	34.8	7.3
2011-10-01	2012-05-31	复苏	8	15.8	13.6	17.1	1.2	3.8	13.9	-5.5	5.4	-36	-3.9	1.7	6.3
2012-06-01	2012-10-31	滞胀	5	7.8	5.7	5.3	13.7	8.7	15.9	3.2	-3.8	19	10.3	7.2	4.2
2012-11-01	2013-10-31	复苏	12	24.4	18.7	31.7	25.4	16.4	24.4	60.9	0.4	83	-23.1	0.2	-6.6
2013-11-01	2014-07-31	扩张	9	9.9	6.5	11.5	-1.3	-0.0	4.1	8.0	1.5	0	-3.1	-3.1	-1.9
2014-08-01	2015-04-30	衰退	9	8.0	7.7	13.1	18.8	3.4	21.8	23.5	16.4	-52	-7.7	-37.0	-11.1
2015-05-01	2016-01-31	滞胀	9	-7.0	-7.7	-6.6	-12.5	-12.6	-14.5	-10.1	5.0	-5	-5.6	-46.3	-27.7
2016-02-01	2016-07-31	复苏	6	12.0	11.9	11.9	0.5	10.5	5.5	-7.6	-4.0	-42	20.8	20.1	7.7
2016-08-01	2017-02-28	扩张	7	8.7	12.9	12.8	9.4	8.0	14.5	16.1	6.1	90	-7.6	29.8	21.5
2017-03-01	2017-06-30	复苏	4	2.5	2.6	5.4	5.4	0.7	4.1	5.0	-5.6	-9	-0.5	-13.4	-0.3
2017-07-01	2018-08-31	扩张	14	19.7	21.6	32.1	5.6	1.6	0.3	7.7	-0.5	59	-3.2	59.3	0.5
2018-09-01	2019-02-28	衰退	6	-4.0	-0.2	-7.1	-3.1	-4.8	-6.9	-7.4	1.2	-17	9.3	-14.6	8.5
2019-03-01	2020-01-31	滞胀	11	15.8	9.0	21.5	10.8	3.0	12.7	4.8	1.2	-116	21.0	-14.6	-14.6
复苏时段涨跌幅中位数				12.0	11.9	11.9	1.2	3.8	5.5	-5.5	0.4	-36	-0.5	0.2	-0.3
扩张时段涨跌幅中位数				9.9	12.9	12.8	5.6	1.6	4.1	8.0	1.5	75	-3.2	29.8	0.5
滞胀时段涨跌幅中位数				8.8	7.4	9.9	-0.8	3.6	2.5	-3.2	-1.3	-52	15.6	-3.7	-5.2
衰退时段涨跌幅中位数				2.0	3.8	3.0	7.9	-0.7	7.4	8.1	8.8	-35	0.8	-25.8	-1.3
2010～2019年年化涨跌幅				11.2	10.6	14.7	4.3	3.4	8.3	6.6	2.2	-223	3.3	-1.7	-1.8

注：美债对应的涨跌幅含义为10年期美债收益率在对应期间的变化基点数，最后一行 -223bp 为收益率在对应期间的变化值，非年化值。如无特殊说明，下同。

资料来源：万得（Wind）。

下稳步上涨，2010～2019 年美国三大股指年化收益率均超 10%，尤其是科技股占比较高的纳斯达克综合指数年化涨幅近 15%；欧洲和日本股市亦受益于充裕的流动性，但经济复苏较慢导致整体涨幅低于美股。原油、铜等大宗商品在 21 世纪初受中国经济飞速发展以及美国地产繁荣拉动大幅上涨，金融危机之后大宗价格迅速回落，在 21 世纪 10 年代整体走势平淡；此外，2014 年页岩油的大量增产也对油价产生压制。

从不同宏观场景来看，美国和欧洲股市以及大宗商品都是复苏和扩张期的表现优于滞胀与衰退期，这一时期美债收益率除了在扩张时期略有回升外，其他时段随美元流动性的不断扩张大幅下移。

第三节　宽基和行业表现

金融危机之后的十年，全球股市整体随经济复苏和流动性扩张持续向上，受科技产业周期加持的纳斯达克指数在 2010～2019 年涨幅近 300%，标普 500 和道琼斯分别上涨 190% 和 174%。在美股"十年慢牛"中，有三次较大幅度的回调，分别由 2011 年外部欧债危机、2015 年美联储加息预期攀升以及 2018 年连续加息叠加贸易摩擦升温所引发，但回撤幅度基本在 20% 以内且迅速修复，没有改变美股持续向上的态势（见图 5.8）。

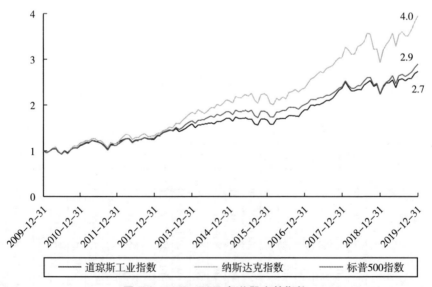

图 5.8　2010～2019 年美股定基指数

注：由价格指数计算而来，不包括股息。如无特殊说明，下同。
资料来源：万得（Wind）。

欧洲股票指数整体也呈现上涨态势，但基本面更脆弱，受欧债危机以及美联储引领的货币紧缩影响更深，走势弱于美股，且分化较大，德国和英国股指在 2010～2019 年分别上涨 122% 和 39%。日本的非常规货币政策以及"安倍经济学"下的大规模财政刺激助推日本股市向上，东证指数十年温和上涨 90%（见图 5.9）。

图 5.9 2010～2019 年欧洲和日本股市定基指数

资料来源：万得（Wind）。

21 世纪 10 年代美股盈利强与低利率环境大幅提升了美国上市公司的回购规模，这也成为助推美股长牛的重要因素之一。企业回购股票不仅向市场释放了现金充沛、流动性良好的正向经营信号，更能优化资本结构、维持较高的 ROE 水平，且在灵活性和税收方面比发放股利更具优势。如图 5.10、图 5.11 所示，2010～2019 年标普 500 指数上涨 190%，回购指数（包含回购率最高的 100 只股票）上涨 257%，获得 67% 的超额收益。

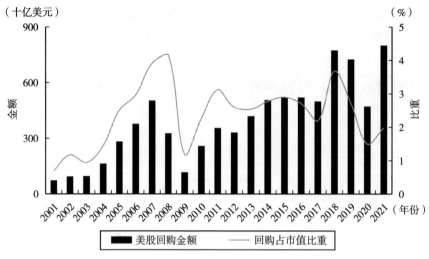

图 5.10　美股回购金额

资料来源：FactSet。

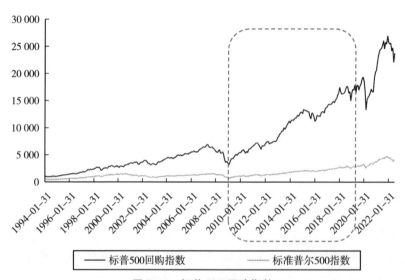

图 5.11　标普 500 回购指数

资料来源：FactSet。

21 世纪 10 年代，金融危机后美国的强势复苏以及避险情绪驱动国际资本大幅流入，2010 ~ 2019 年美国证券投资净流入高达 2.62 万亿美元，成为美股市场的重要增量资金（见图 5.12）；此外近十年被动资金的大幅扩容亦对美国估值产生支撑。

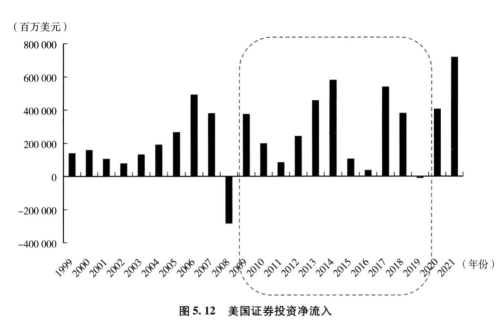

（百万美元）

图 5.12　美国证券投资净流入

注：证券投资净流入为不包括金融衍生品的金融资产的净获得。
资料来源：万得（Wind）。

分板块来看，如图5.13～图5.15所示，2010～2019年科技、零售、医疗、金融板块表现较好，在21世纪初走势较强的能源、原材料板块表现不佳。金融危机之后十年，美股表现最为突出的板块是科技板块，在移动互联网大爆发时代下盈利不断上行，诞生了以"FAANG"为代表的一大批科技互联网、流媒体及线上零售巨头。除了权重股亚马逊表现优异外，可选消费板块受益于这一时期的稳步增长与低通胀环境亦走势较强，如服饰、餐饮等。医疗板块的强势主要来源于2011～2015年生物科技行业的蓬勃发展，融资顺利支撑研发持续投入，新药审批数量得以提升，与此同时，制药巨头通过并购的方式获取研发成果逐渐流行，共同助推医药板块的优异表现。金融板块整体涨幅也高于标普500收益，但更多体现的是从金融危机冲击之后的修复，其盈利大幅回升也集中在2010～2012年。而21世纪头十年受益于中国经济飞速发展以及美国地产繁荣周期大幅上涨的原材料、能源板块在21世纪的第二个十年伴随着能源价格波动，整体走势偏弱。

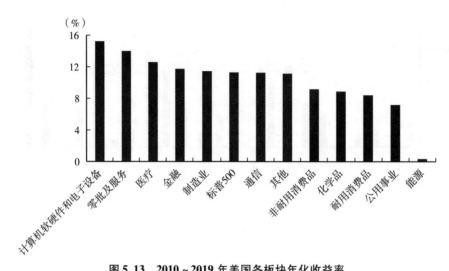

图5.13 2010~2019年美国各板块年化收益率

注：不含股息。"其他"包括矿山、铁路、酒店、巴士服务、娱乐等行业。如无特殊说明，下同。
资料来源：弗伦奇（French，2022）。

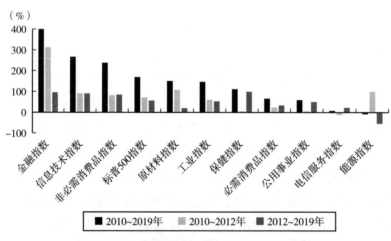

图5.14 标普行业指数2010~2019年EPS增幅

注：金融指数2010~2019年涨幅为709.9%，为展示方便进行缩略。
资料来源：弗伦奇（French，2022）。

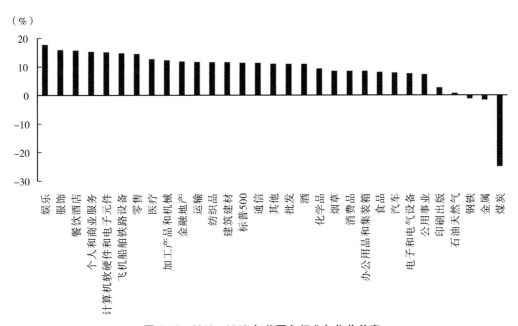

图5.15　2010～2019年美国各行业年化收益率

资料来源：弗伦奇（French，2022）。

从不同宏观场景来看，与传统认知相符，绝大多数行业都是在复苏和扩张期取得更高收益，衰退与滞胀期走势较弱，如表5.2所示。

表5.2　"大放水"下慢牛时期各宏观场景下的行业涨跌幅

单位：%

起	止	宏观场景	时长（月）	标普500	计算机软件硬件和电子设备	金融	医疗	零批及服务	制造业	通信	其他	耐用消费品	化学品	非耐用消费品	公用事业	能源
2010-01-01	2010-06-30	复苏	6	-7.6	-9.3	-7.3	-9.0	-4.7	-4.3	-4.8	-3.2	1.5	-4.3	-4.1	-8.1	-12.8
2010-07-01	2011-09-30	滞胀	15	9.8	14.5	-10.8	11.0	20.5	8.5	16.4	8.6	0.0	12.3	23.1	19.6	18.5
2011-10-01	2012-05-31	复苏	8	15.8	16.9	19.9	15.3	21.6	16.7	20.5	15.8	15.1	13.4	15.2	9.0	6.6
2012-06-01	2012-10-31	滞胀	5	7.8	1.2	13.0	11.7	6.6	5.1	14.0	8.0	7.7	6.4	2.7	5.6	12.6
2012-11-01	2013-10-31	复苏	12	24.4	23.8	34.6	33.0	28.2	37.7	29.1	30.2	54.0	25.1	19.8	8.2	17.5
2013-11-01	2014-07-31	扩张	9	9.9	16.1	7.9	14.0	-0.3	6.1	7.8	7.6	5.3	3.3	4.1	8.3	10.3
2014-08-01	2015-04-30	衰退	9	8.0	9.8	10.7	17.9	19.3	4.3	4.1	8.5	4.7	5.6	11.5	4.6	-15.9
2015-05-01	2016-01-31	滞胀	9	-7.0	-5.5	-9.6	-10.5	-2.0	-14.0	-7.4	-11.7	-21.7	-10.4	4.7	-9.6	-27.4
2016-02-01	2016-07-31	复苏	6	12.0	13.6	7.3	16.2	9.9	18.1	13.2	14.6	17.1	13.4	10.2	17.2	14.7
2016-08-01	2017-02-28	扩张	7	8.7	13.7	28.1	0.3	0.6	14.2	7.1	13.6	8.5	7.5	0.0	0.8	3.7
2017-03-01	2017-06-30	复苏	4	2.5	6.6	1.9	5.7	2.5	5.0	-3.4	1.7	4.0	1.9	2.4	0.2	-7.8
2017-07-01	2018-08-31	扩张	14	19.7	39.5	20.9	18.8	38.0	17.0	1.5	17.0	-6.9	8.6	-3.0	3.3	19.4
2018-09-01	2019-02-28	衰退	6	-4.0	-5.4	-5.9	-1.8	-7.2	-0.5	2.0	-4.9	-1.6	0.2	-4.0	4.9	-13.6
2019-03-01	2019-12-31	滞胀	10	16.0	23.4	16.5	9.1	14.2	7.0	16.6	9.8	10.0	8.7	11.7	10.7	-7.4
复苏期年度平均收益率				12.9	15.5	14.0	17.5	15.7	21.1	13.3	16.4	25.2	13.8	12.4	8.1	1.6
扩张期年度平均收益率				15.0	26.3	25.5	11.7	11.1	15.7	7.9	16.0	5.2	8.2	1.0	5.1	12.3
滞胀期年度平均收益率				9.1	8.8	7.4	8.4	11.7	2.2	14.2	5.6	0.4	5.5	11.3	7.3	-0.1
衰退期年度平均收益率				1.3	1.1	1.2	10.1	5.6	2.4	4.7	0.8	1.6	4.0	3.7	8.0	-24.2
整体年度平均收益率				10.63	13.84	12.77	12.61	12.13	11.85	11.19	10.99	10.46	8.80	8.40	7.21	-0.30

资料来源：弗伦奇（French，2022）。

第四节 "十倍股"挖掘

笔者在纽约证券交易所、纳斯达克交易所、美国证券交易所股票中筛选出在 2010～2019 年最高上涨超 10 倍（对应十年十倍、27% 的年化收益率），以及在这 10 年间最高上涨超 5 倍（对应 20% 的年化收益率）的股票，来代表金融危机之后十年美国表现最优秀的个股。需要说明的是，在 2010～2019 年存续且数据、行业分类相对完整的美股共有约 6 000 只，其中市值 TOP500 的股票其市值之和占总市值 77%，TOP200 的股票其市值之和占总市值 61%，对美股市场已具备一定代表性。因此，本节 "10 倍股" "5 倍股" 均在市值 TOP500 和 TOP200 股票中进行筛选①。

2010～2019 年的美股十年慢牛中，市值 TOP200 美股中最高上涨超 10 倍的股票（不考虑股息）有 17 只，最高上涨超 5 倍的股票有 66 只；市值 TOP500 美股中最高上涨超 10 倍的股票有 42 只，最高上涨超 5 倍的股票有 148 只。由于是否考虑股息对高收益股特征影响不大，因此后续主要讨论不含股息的收益率。

如表 5.3 所示，从部门和行业组分布来看，在 TOP200 美股的 17 只 "10 倍股" 中，资讯技术板块（软件、半导体）以 9 只居首，剩余 8 只平均分布在媒体娱乐、非必需消费品（零售、消费者服务、汽车）以及卫生保健（医疗保健、制药和生物技术）行业；在 TOP500 美股的 42 只 "10 倍股" 中，同样是信息技术板块（软件、半导体、硬件）以 14 只独占鳌头，其次是非必需消费品（零售、消费者服务、汽车）以及卫生保健（医疗保健、制药和生物技术）分别有 8 只高收益股，媒体娱乐产生 5 只高收益股，此外必需品、能源、工业、金融板块各分布 1～2 只。

表 5.3　2010～2019 年美股 "10 倍股" 行业分布（不含股息）

"10 倍股"（CAGR=27%）11 部门	"10 倍股"（CAGR=27%）24 行业组	市值 TOP200 中		市值 TOP500 中	
		17 只	占比（%）	42 只	占比（%）
能源	能源			2	4.8
材料	材料				

① 此处市值是 2010～2019 年多时点市值的算术平均值。

续表

"10 倍股" （CAGR ＝27％） 11 部门	"10 倍股" （CAGR ＝27％） 24 行业组	市值 TOP200 中		市值 TOP500 中	
		17 只	占比（%）	42 只	占比（%）
工业	资本品			1	2.4
	商业和专业服务			1	2.4
	运输				
非必需消费品	汽车及零部件	1	5.9	1	2.4
	耐用消费品和服装			1	2.4
	消费者服务	1	5.9	1	2.4
	零售	1	5.9	5	11.9
必需品	食品和主食零售				
	食品、饮料和烟草			2	4.8
	家庭和个人用品				
卫生保健	医疗保健设备与服务	1	5.9	5	11.9
	制药、生物技术和生命科学	1	5.9	3	7.1
信息技术	软件与服务	5	29.4	9	21.4
	技术性硬件和设备	1	5.9	1	2.4
	半导体与半导体设备	3	17.6	4	9.5
通信服务	通信服务				
	媒体与娱乐	3	17.6	5	11.9
金融	银行				
	多元化金融			1	2.4
	保险				
公共事业	公共事业				
房地产	房地产				

注：行业按 GICS 分类，市值是 2010～2019 年多时点市值的算术平均值。
资料来源：WRDS。

如表5.4 所示，从部门和行业组分布来看，在 TOP200 美股的 66 只"5 倍股"中，卫生保健（医疗保健、制药和生物技术）、信息技术（软件、半导体、硬件）和非必需消费品（零售、消费者服务、耐用消费品和服装）是产生高收益股最多的三个板块，各有 17 只、14 只和 12 只；其次是工业（资本品、运输）和通信服务（媒体娱乐）板块各有 7 只高收益股；其余高收益股零散分布在其他板块。在 TOP500 美股的 148 只"5 倍股"中，同样是信息技术（软件、半导体、硬件）、非必需消费品（零售、消费者服务、耐用消费品和服装）以及卫生保健（医疗保健、制药和生物技术）产生了最多高收益股，分别有 37 只、27 只和 26 只；其次是工业（资本品、商业专业服务、运输）、金融（多元金融、保险、银行)、通信服务(娱乐媒体)分别有 16 只、11 只和 10 只高收益股;能源和必需品板块分别有 6 只高收益股,材料、公用事业、房地产行业各产生 3 只高收益股。

表 5.4   2010~2019 年美股"5 倍股"行业分布(不含股息)

"5 倍股"(CAGR = 20%)11 部门	"5 倍股"(CAGR = 20%)24 行业组	市值 TOP200 中		市值 TOP500 中	
		66 只	占比(%)	148 只	占比(%)
能源	能源	2	3.0	6	4.1
材料	材料	1	1.5	3	2.0
工业	资本品	4	6.1	8	5.4
	商业和专业服务			3	2.0
	运输	3	4.5	5	3.4
非必需消费品	汽车及零部件	1	1.5	1	0.7
	耐用消费品和服装	2	3.0	5	3.4
	消费者服务	4	6.1	7	4.7
	零售	5	7.6	14	9.5
必需品	食品和主食零售	1	1.5	1	0.7
	食品、饮料和烟草			3	2.0
	家庭和个人用品			2	1.4
卫生保健	医疗保健设备与服务	8	12.1	13	8.8
	制药、生物技术和生命科学	9	13.6	13	8.8
信息技术	软件与服务	8	12.1	22	14.9
	技术性硬件和设备	1	1.5	5	3.4
	半导体与半导体设备	5	7.6	10	6.8
通信服务	通信服务	1	1.5	1	0.7
	媒体与娱乐	6	9.1	9	6.1
金融	银行	1	1.5	2	1.4
	多元化金融	1	1.5	6	4.1
	保险	1	1.5	3	2.0
公共事业	公共事业	1	1.5	3	2.0
房地产	房地产	1	1.5	3	2.0

资料来源:WRDS。

总体来看,如表 5.5、表 5.6 所示,金融危机之后的十年间,高收益股主要集中在信息技术中的软件/半导体、非必需消费品中的互联网零售/消费者服务/汽车、卫生保健中的生物技术/医疗保健设备与服务,以及通信服务中的媒体娱乐等行业。

鉴于这一时期美股整体表现都比较强,我们重点探讨从市值 TOP500 标的池中挑选出的"十年十倍股"。

表 5.5 2010 ~ 2019 年市值 TOP500 中"十年十倍股"基本信息

序号	最大上涨倍数	公司名（中文）	公司名（英文）	平均市值（千美元）	市值排序	GICS - 11 部门	GICS - 24 行业组	GICS - 69 行业	GICS - 158 子行业
1	50.3	奈飞公司	Netflix Inc	46 213 358	92	通信服务	媒体与娱乐	娱乐	影视娱乐
2	33.3	钱尼尔能源公司	Cheniere Energy Inc	9 329 387	439	能源	能源	石油、天然气和消费燃料	油气储运
3	30.6	英伟达公司	Nvidia Corp	45 404 590	96	信息技术	半导体与半导体设备	半导体与半导体设备	半导体
4	26.7	超微半导体公司	Advanced Micro Devices Inc	11 570 472	357	信息技术	半导体与半导体设备	半导体与半导体设备	半导体
5	26.3	爱齐科技公司	Align Technology Inc	8 170 235	482	卫生保健	医疗保健设备与服务	保健设备及用品	卫生保健用品
6	25.4	再生元制药公司	Regeneron Pharmaceuticals Inc	30 181 495	152	卫生保健	制药、生物技术和生命科学	生物技术	生物技术
7	21.5	特斯拉公司	Tesla Inc	34 883 357	128	非必需消费品	汽车及零部件	汽车	汽车制造商
8	19.2	犹他美妆公司	Ulta Beauty Inc	8 475 985	471	非必需消费品	零售	专业零售	专卖店
9	18.4	亚马逊公司	Amazon Com Inc	323 965 273	4	非必需消费品	零售	互联网与直接营销零售	互联网与直销零售
10	18.3	博通公司	Broadcom Inc	45 888 818	94	信息技术	半导体与半导体设备	半导体与半导体设备	半导体
11	16.4	露露乐蒙公司	Lululemon Athletica Inc	9 426 199	435	非必需消费品	耐用消费品和服装	纺织品、服装与奢侈品	服装、配饰和奢侈品

续表

序号	最大上涨倍数	公司名（中文）	公司名（英文）	平均市值（千美元）	市值排序	GICS-11 部门	GICS-24 行业组	GICS-69 行业	GICS-158 子行业
12	16.4	康西哥公司	Centene Corp	9 077 959	450	卫生保健	医疗保健设备与服务	医疗保健提供者和服务	管理式医疗保健
13	16.3	美客多公司	Mercadolibre Inc	9 081 510	449	非必需消费品	零售	互联网与直接营销零售	互联网与直销零售
14	15.5	星座集团	Constellation Brands Inc	18 711 835	244	必需品	食品、饮料和烟草	饮料	蒸馏酒厂和葡萄酒厂
15	15.1	因赛特公司	Incyte Corp	11 836 255	352	卫生保健	制药、生物技术和生命科学	生物技术	生物技术
16	15.1	万事达卡公司	Mastercard Inc	118 412 751	33	信息技术	软件与服务	信息技术服务	数据处理和外包服务
17	13.7	Andeavor 公司	Andeavor	8 805 923	459	能源	能源	石油、天然气和消费燃料	石油和天然气精炼与销售
18	13.6	Adobe 公司	Adobe Inc	55 847 860	72	信息技术	软件与服务	软件	应用软件
19	13.5	查特通信公司	Charter Communications Inc	40 245 893	114	通信服务	媒体与娱乐	媒体	有线和卫星
20	13.2	因美纳公司	Illumina Inc	22 434 452	208	卫生保健	制药、生物技术和生命科学	生命科学工具与服务	生命科学工具与服务
21	12.8	艺电公司	Electronic Arts Inc	17 021 227	264	通信服务	媒体与娱乐	娱乐	互动家庭娱乐
22	12.3	缤客公司	Booking Holdings Inc	55 065 621	75	非必需消费品	消费者服务	酒店、餐厅与休闲	酒店、度假村与邮轮公司

续表

序号	最大上涨倍数	公司名(中文)	公司名(英文)	平均市值(千美元)	市值排序	GICS-11部门	GICS-24行业组	GICS-69行业	GICS-158子行业
23	11.9	TDG 公司	TransDigm Group Inc	11 777 842	353	工业	资本品	航空航天与国防	航空航天与国防
24	11.9	穆迪公司	Moodys Corp	20 506 931	226	金融	多元化金融	资本市场	财务交易与数据
25	11.9	天狼星公司	Sirius XM Holdings Inc	18 137 582	249	通信服务	媒体与娱乐	媒体	有线和卫星
26	11.7	奥莱利汽车零部件公司	O Reilly Automotive Inc	18 114 561	250	非必需消费品	零售	专业零售	汽车零售
27	11.7	弗莱克公司	Fleetcor Technologies Inc	13 318 008	322	信息技术	软件与服务	信息技术服务	数据处理和外包服务
28	11.5	Servicenow 公司	Servicenow Inc	21 471 952	216	信息技术	软件与服务	软件	系统软件
29	11.4	美光科技公司	Micron Technology Inc	28 359 488	164	信息技术	半导体与半导体设备	半导体与半导体设备	半导体
30	11.4	脸书公司	Facebook Inc	287 628 151	5	通信服务	媒体与娱乐	互动媒体与服务	互动媒体与服务
31	11.3	麦克威尔公司	Square Inc	10 481 946	390	信息技术	软件与服务	信息技术服务	数据处理和外包服务
32	11.3	爱德华生命科学公司	Edwards Lifesciences Corp	17 620 690	256	卫生保健	医疗保健设备与服务	保健设备及用品	保健设备
33	11.2	信达思公司	Cintas Corp	11 314 729	365	工业	商业和专业服务	商业服务与用品	综合支持服务
34	11.0	爱德士生物科技公司	IDEXX Laboratories Inc	8 908 745	455	卫生保健	医疗保健设备与服务	保健设备及用品	保健设备
35	10.9	罗斯百货公司	Ross Stores Inc	20 902 851	221	非必需消费品	零售	专业零售	服装零售

续表

序号	最大上涨倍数	公司名（中文）	公司名（英文）	平均市值（千美元）	市值排序	GICS-11 部门	GICS-24 行业组	GICS-69 行业	GICS-158 子行业
36	10.9	维萨公司	Visa Inc	144 893 000	26	信息技术	软件与服务	信息技术服务	数据处理和外包服务
37	10.7	苹果公司	Apple Inc	634 924 056	1	信息技术	技术性硬件和设备	技术硬件、存储和外部设备	技术硬件、存储和外部设备
38	10.7	怪物饮料公司	Monster Beverage Corp	20 188 961	229	必需品	食品、饮料和烟草	饮料	软饮料
39	10.4	Salesforce 公司	Salesforce Com Inc	51 982 375	81	信息技术	软件与服务	软件	应用软件
40	10.4	联合健康集团	Unitedhealth Group Inc	123 794 834	31	卫生保健	医疗保健设备与服务	医疗保健提供者和服务	管理式医疗保健
41	10.3	费哲金融服务公司	Fiserv Inc	24 902 028	194	信息技术	软件与服务	信息技术服务	数据处理和外包服务
42	10.0	环球支付公司	Global Payments Inc	13 919 008	309	信息技术	软件与服务	信息技术服务	数据处理和外包服务

注：个别公司会因为重组等因素实际主营业务与行业分类有出入。行业按 GICS 分类，市值是 2010～2019 年多时点市值的算术平均值。如无特殊说明，下同。
资料来源：WRDS、各公司网站、研报、网络信息整理。

表 5.6   2010～2019 年市值 TOP200 中"10 倍股"和"5 倍股"基本信息

序号	最大上涨倍数	公司名（中文）	公司名（英文）	平均市值（千美元）	市值排序	GICS-11 部门	GICS-24 行业组	GICS-69 行业	GICS-158 子行业
1	50.3	奈飞公司	Netflix Inc	46 213 358	92	通信服务	媒体与娱乐	娱乐	影视娱乐
2	30.6	英伟达公司	Nvidia Corp	45 404 590	96	信息技术	半导体与半导体设备	半导体与半导体设备	半导体
3	25.4	再生元制药公司	Regeneron Pharmaceuticals Inc	30 181 495	152	卫生保健	制药、生物技术和生命科学	生物技术	生物技术
4	21.5	特斯拉公司	Tesla Inc	34 883 357	128	非必需消费品	汽车及零部件	汽车	汽车制造商
5	18.4	亚马逊公司	Amazon Com Inc	323 965 273	4	非必需消费品	零售	互联网与直接营销零售	互联网与直销零售
6	18.3	博通公司	Broadcom Inc	45 888 818	94	信息技术	半导体与半导体设备	半导体与半导体设备	半导体
7	15.1	万事达卡公司	Mastercard Inc	118 412 751	33	信息技术	软件与服务	信息技术服务	数据处理和外包服务
8	13.6	Adobe 公司	Adobe Inc	55 847 860	72	信息技术	软件与服务	软件	应用软件
9	13.5	查特通信公司	Charter Communications Inc	40 245 893	114	通信服务	媒体与娱乐	媒体	有线和卫星
10	12.3	缤客公司	Booking Holdings Inc	55 065 621	75	非必需消费品	消费者服务	酒店、餐厅与休闲	酒店、度假村与邮轮公司
11	11.4	美光科技公司	Micron Technology Inc	28 359 488	164	信息技术	半导体与半导体设备	半导体与半导体设备	半导体

续表

序号	最大上涨倍数	公司名（中文）	公司名（英文）	平均市值（千美元）	市值排序	GICS-11 部门	GICS-24 行业组	GICS-69 行业	GICS-158 子行业
12	11.4	脸书公司	Facebook Inc	287 628 151	5	通信服务	媒体与娱乐	互动媒体与服务	互动媒体与服务
13	10.9	维萨公司	Visa Inc	144 893 000	26	信息技术	软件与服务	信息技术服务	数据处理和外包服务
14	10.7	苹果公司	Apple Inc	634 924 056	1	信息技术	技术性硬件和设备	技术硬件、存储和外部设备	技术硬件、存储和外部设备
15	10.4	Salesforce 公司	Salesforce Com Inc	51 982 375	81	信息技术	软件与服务	软件	应用软件
16	10.4	联合健康保险集团	Unitedhealth Group Inc	123 794 834	31	卫生保健	医疗保健设备与服务	医疗保健提供者和服务	管理式医疗保健
17	10.3	费哲金融服务公司	Fiserv Inc	24 902 028	194	信息技术	软件与服务	信息技术服务	数据处理和外包服务
18	9.9	标普全球公司	S&P Global Inc	29 379 674	157	金融	多元化金融	资本市场	财务交易与数据
19	9.7	Intuit 公司	Intuit Inc	29 631 260	156	信息技术	软件与服务	软件	应用软件
20	9.5	宣伟公司	Sherwin Williams Co	25 210 804	191	材料	材料	化学品	特种化学品
21	8.9	渤健公司	Biogen Inc	53 249 480	78	卫生保健	制药、生物技术和生命科学	生物技术	生物技术
22	8.9	星巴克公司	Starbucks Corp	63 680 001	62	非必需消费品	消费者服务	酒店、餐厅与休闲	餐厅
23	8.8	波士顿科学公司	Boston Scientific Corp	25 286 587	189	卫生保健	医疗保健设备与服务	保健设备及用品	保健设备

续表

序号	最大上涨倍数	公司名（中文）	公司名（英文）	平均市值（千美元）	市值排序	GICS-11 部门	GICS-24 行业组	GICS-69 行业	GICS-158 子行业
24	8.6	艾尔建公司	Allergan Plc	49 957 202	85	卫生保健	制药、生物技术和生命科学	制药	制药
25	8.5	瑞领制药	Alexion Pharmaceuticals Inc	24 881 977	195	卫生保健	制药、生物技术和生命科学	生物技术	生物技术
26	8.4	家得宝公司	Home Depot Inc	142 214 651	28	非必需消费品	零售	专业零售	家居装饰零售
27	8.4	瓦莱罗能源	Valero Energy Corp	26 707 639	176	能源	能源	石油、天然气和消费燃料	石油和天然气精炼与销售
28	8.4	哈门那公司	Humana Inc	24 332 983	197	卫生保健	医疗保健设备与服务	医疗保健提供者和服务	管理式医疗保健
29	8.2	动视暴雪公司	Activision Blizzard Inc	25 289 601	188	通信服务	媒体与娱乐	娱乐	互动家庭娱乐
30	8.1	达美航空公司	Delta Air Lines Inc	28 287 102	166	工业	运输	航空公司	航空公司
31	8.1	波音公司	Boeing Co	106 418 496	37	工业	资本品	航空航天与国防	航空航天与国防
32	7.7	赛默飞世尔公司	Thermo Fisher Scientific Inc	55 694 867	73	卫生保健	制药、生物技术和生命科学	生命科学工具与服务	生命科学工具与服务
33	7.7	安泰公司	Aetna Inc	30 335 889	151	卫生保健	医疗保健设备与服务	医疗保健提供者和服务	管理式医疗保健
34	7.7	诺思罗普·格鲁曼公司	Northrop Grumman Corp	33 407 200	137	工业	资本品	航空航天与国防	航空航天与国防
35	7.6	福泰制药公司	Vertex Pharmaceuticals Inc	26 751 852	174	卫生保健	制药、生物技术和生命科学	生物技术	生物技术

续表

序号	最大上涨倍数	公司名（中文）	公司名（英文）	平均市值（千美元）	市值排序	GICS-11部门	GICS-24行业组	GICS-69行业	GICS-158子行业
36	7.4	吉利德公司	Gilead Sciences Inc	92 307 023	43	卫生保健	制药、生物技术和生命科学	生物技术	生物技术
37	7.4	HCA公司	HCA Healthcare Inc	28 601 229	161	卫生保健	医疗保健设备与服务	医疗保健提供者和服务	卫生保健设施
38	7.3	T Mobile 公司	T Mobile US Inc	29 760 781	153	通信服务	通信服务	无线电信服务	无线电信服务
39	7.3	信诺公司	Cigna Corp	33 837 337	133	卫生保健	医疗保健设备与服务	医疗保健提供者和服务	卫生保健服务
40	6.9	直觉外科公司	Intuitive Surgical Inc	27 836 300	167	卫生保健	医疗保健设备与服务	保健设备及用品	保健设备
41	6.9	微软公司	Microsoft Corp	496 804 596	2	信息技术	软件与服务	软件	系统软件
42	6.7	TJX 公司	T J X Companies Inc	43 077 548	102	非必需消费品	零售	专业零售	服装零售
43	6.5	美国银行	Bank Of America Corp	191 542 997	15	金融	银行	银行	多元化银行
44	6.4	耐克公司	Nike Inc	68 096 497	58	非必需消费品	耐用消费品和服装	纺织品、服装和奢侈品	鞋类
45	6.2	安森保险	Anthem Inc	40 248 738	113	卫生保健	医疗保健设备与服务	医疗保健提供者和服务	管理式医疗保健
46	6.2	劳氏公司	Lowes Companies Inc	60 496 202	67	非必需消费品	零售	专业零售	家居装饰零售
47	6.2	富达国民信息公司	Fidelity National Info Svcs Inc	26 643 376	177	信息技术	软件与服务	信息技术服务	数据处理和外包服务

续表

序号	最大上涨倍数	公司名（中文）	公司名（英文）	平均市值（千美元）	市值排序	GICS-11 部门	GICS-24 行业组	GICS-69 行业	GICS-158 子行业
48	6.1	万豪国际集团	Marriott International Inc	24 320 425	198	非必需消费品	消费者服务	酒店、餐厅与休闲	酒店、度假村与邮轮公司
49	6.1	马拉松石油公司	Marathon Petroleum Corp	27 291 618	169	能源	能源	石油、天然气和消费燃料	石油和天然气精炼与销售
50	6.0	威富公司	VF Corp	25 360 006	186	非必需消费品	耐用消费品和服装	纺织品、服装和奢侈品	服装、配饰和奢侈品
51	6.0	Alphabet 公司	Alphabet Inc	246 803 139	9	通信服务	媒体与娱乐	互动媒体与服务	互动媒体与服务
52	6.0	联合太平洋铁路公司	Union Pacific Corp	80 652 551	49	工业	运输	公路与铁路	铁路
53	5.9	应用材料公司	Applied Materials Inc	30 753 459	148	信息技术	半导体与半导体设备	半导体与半导体设备	半导体设备
54	5.7	怡安保险公司	Aon Plc	26 491 315	179	金融	保险	保险	保险经纪人
55	5.7	洛克希德马丁公司	Lockheed Martin Corp	61 677 801	65	工业	资本品	航空航天与国防	航空航天与国防
56	5.7	德州仪器公司	Texas Instruments Inc	63 857 655	61	信息技术	半导体与半导体设备	半导体与半导体设备	半导体
57	5.7	新基公司	Celgene Corp	65 041 994	60	卫生保健	制药、生物技术和生命科学	生物技术	生物技术
58	5.7	拉斯维加斯金沙集团	Las Vegas Sands Corp	42 186 361	105	非必需消费品	消费者服务	酒店、餐厅与休闲	赌场与游戏
59	5.7	康卡斯特公司	Comcast Corp	120 320 645	32	通信服务	媒体与娱乐	媒体	有线和卫星

续表

序号	最大上涨倍数	公司名（中文）	公司名（英文）	平均市值（千美元）	市值排序	GICS-11 部门	GICS-24 行业组	GICS-69 行业	GICS-158 子行业
60	5.7	美国铁塔公司	American Tower Corp	45 095 596	97	房地产	房地产	股票房地产投资信托（REIT）	专业房地产投资信托
61	5.6	丹纳赫公司	Danaher Corp	58 421 613	70	卫生保健	制药、生物技术和生命科学	生命科学工具与服务	生命科学工具与服务
62	5.6	CSX 公司	CSX Corp	33 762 101	134	工业	运输	公路与铁路	铁路
63	5.5	好市多公司	Costco Wholesale Corp	65 657 526	59	必需品	食品和主食零售	食品和主食零售	大型超市和超级购物中心
64	5.4	雷神公司	Raytheon Co	35 973 377	122	工业	资本品	航空航天与国防	航空航天与国防
65	5.3	易贝公司	Ebay Inc	44 194 260	98	非必需消费品	零售	互联网与直接营销零售	互联网零售与直销
66	5.2	新时代能源公司	Nextera Energy Inc	52 984 212	79	公共事业	公共事业	电气事业	电气事业

资料来源：WRDS、各公司网站、研报、网络信息整理。

一、信息技术

21 世纪 10 年代，全球移动互联网取得迅猛发展。如表 5.7 所示，2007 年苹果推出初代 iPhone，以触屏取代传统键盘等颠覆性创新开启智能手机时代，2010～2011 年具有划时代意义的 iPhone 4 和 iPhone 4S 问世。伴随着 4G 网络商用后的飞速普及，全球智能手机、平板电脑等移动设备出货量急速增加，2016 年 6 月 iPhone 全球累计销量超 10 亿台、2018 年底超 15 亿台，2010～2015 年全球智能手机出货量年复合增长率达 42%，之后基本保持每年出货 13 亿～14 亿台。

表 5.7　　　　　　　　　2008～2019 年美国移动互联网发展历程

年份	事件
2008	iPhone 3G 发布，Apple Store 上线；脸书月活跃人数达 1.4 亿人；奈飞订阅用户近 1 000 万人
2009	iPhone 3GS 发布
2010	iPhone 4 发布；美国 4G 开始商用
2011	iPhone 4S 发布；脸书月活跃人数达 7.5 亿人；奈飞订阅用户近 2 500 万人
2012	iPhone 5 发布（支持 4G）；优兔（YouTube）每天视频播放时长超过 1 亿小时
2013	脸书月活跃人数接近 12 亿人；奈飞订阅用户近 4 500 万人
2014	iPhone 6 发布（苹果最畅销机型，累计出货超 2.3 亿台）
2016	iPhone 全球累计销量突破 10 亿台；脸书月活跃人数接近 18 亿人；奈飞订阅用户近 9 000 万人
2017	优兔每天视频播放时长超过 10 亿小时
2018	iPhone 全球累计销量突破 15 亿台；奈飞订阅用户近 1.4 亿人
2019	脸书月活跃人数接近 25 亿人

资料来源：公司公告、新闻整理。

移动终端的大爆发有力地拉动了其上游的集成电路、半导体元件和设备行业的发展，2010～2019 年北美半导体设备制造商出货额以年化 13% 的增速稳步提升（见图 5.16）。

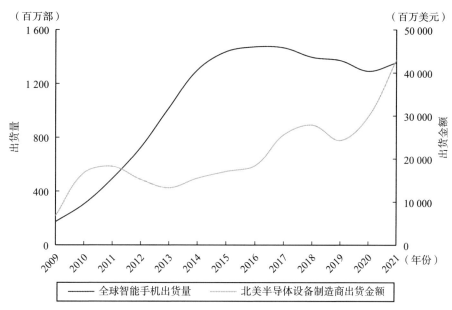

图 5.16　全球智能手机、半导体设备出货量

资料来源：万得（Wind）。

　　与此同时，智能机及对应操作系统的普及给软件提供了广阔的运行平台，2008 年、2012 年 App Store 与 Google Play 平台上线后，可供下载的应用软件数量持续增长，2014～2019 年全球手机应用总营收（包含应用内广告收入和应用下载收入）增速维持在 25% 以上，至 2019 年已近 5 000 亿美元；2017 年，iOS/Android 双平台提供的手机应用数量已超 570 万个，较 2010 年增长 130%。脸书（Facebook）与奈飞（Netflix）是移动互联时代迅猛发展的下游应用代表。2008 年，社交媒体巨头脸书月活人数仅 1.4 亿人，流媒体巨头奈飞也只拥有 1 000 万的订阅用户；经过十余年的发展，到 2019 年，脸书月活人数已增长到 25 亿，奈飞的订阅用户数也已超 1.4 亿。

　　2010～2019 年美国信息技术板块的 74 只股票中共产生 14 只十倍股，软件与服务、半导体和硬件行业分别有 9 只、4 只和 1 只十倍股；37 只最高涨幅超过 5 倍的高收益股，上述三行业分别有 22 只、10 只和 5 只（见表 5.8）；三大细分板块的走势基本一致，硬件和半导体行业的波动比软件与服务行业更大（见图 5.17）。

表 5.8　2010～2019 年信息技术板块高收益股（市值 TOP500）

序号	最大上涨倍数	公司名（中文）	公司名（英文）	平均市值（千美元）	市值排序	GICS-11部门	GICS-24行业组	GICS-69行业	GICS-158子行业
1	30.6	英伟达公司	Nvidia Corp	45 404 590	96	信息技术	半导体与半导体设备	半导体与半导体设备	半导体
2	26.7	超微半导体公司	Advanced Micro Devices Inc	11 570 472	357	信息技术	半导体与半导体设备	半导体与半导体设备	半导体
3	18.3	博通公司	Broadcom Inc	45 888 818	94	信息技术	半导体与半导体设备	半导体与半导体设备	半导体
4	15.1	万事达卡公司	Mastercard Inc	118 412 751	33	信息技术	软件与服务	信息技术服务	数据处理和外包服务
5	13.6	Adobe 公司	Adobe Inc	55 847 860	72	信息技术	软件与服务	软件	应用软件
6	11.7	弗莱克公司	Fleetcor Technologies Inc	13 318 008	322	信息技术	软件与服务	信息技术服务	数据处理和外包服务
7	11.5	ServiceNow 公司	ServiceNow Inc	21 471 952	216	信息技术	软件与服务	软件	系统软件
8	11.4	美光科技公司	Micron Technology Inc	28 359 488	164	信息技术	半导体与半导体设备	半导体与半导体设备	半导体
9	11.3	史克威尔公司	Square Inc	10 481 946	390	信息技术	软件与服务	信息技术服务	数据处理和外包服务
10	10.9	维萨公司	Visa Inc	144 893 000	26	信息技术	软件与服务	信息技术服务	数据处理和外包服务
11	10.7	苹果公司	Apple Inc	634 924 056	1	信息技术	技术性硬件和设备	技术硬件、存储和外部设备	技术硬件、存储和外部设备

续表

序号	最大上涨倍数	公司名（中文）	公司名（英文）	平均市值（千美元）	市值排序	GICS－11部门	GICS－24行业组	GICS－69行业	GICS－158子行业
12	10.4	Salesforce公司	Salesforce Com Inc	51 982 375	81	信息技术	软件与服务	软件	应用软件
13	10.3	费哲金融服务公司	Fiserv Inc	24 902 028	194	信息技术	软件与服务	信息技术服务	数据处理和外包服务
14	10.0	环球支付公司	Global Payments Inc	13 919 008	309	信息技术	软件与服务	信息技术服务	数据处理和外包服务
15	9.7	Intuit公司	Intuit Inc	29 631 260	156	信息技术	软件与服务	软件	应用软件
16	9.5	思佳讯公司	Skyworks Solutions Inc	11 061 973	374	信息技术	半导体与半导体设备	半导体与半导体设备	半导体
17	9.2	威瑞信公司	Verisign Inc	9 736 622	426	信息技术	软件与服务	信息技术服务	互联网服务与基础设施
18	9.2	拉姆研究公司	Lam Resh Corp	16 355 693	271	信息技术	半导体与半导体设备	半导体与半导体设备	半导体设备
19	9.1	DXC科技公司	DXC Technology Co	10 108 311	409	信息技术	软件与服务	信息技术服务	信息技术咨询和其他服务
20	7.7	欧特克公司	Autodesk Inc	16 401 535	270	信息技术	软件与服务	软件	应用软件
21	7.7	CDW公司	CDW Corp	9 640 682	429	信息技术	技术性硬件和设备	电子设备、仪器及组件	技术分销商
22	7.3	儒博科技公司	Roper Technologies Inc	17 887 960	253	信息技术	软件与服务	软件	应用软件
23	7.3	摩托罗拉系统公司	Motorola Solutions Inc	17 243 435	261	信息技术	技术性硬件和设备	通信设备	通信设备
24	6.9	红帽公司	Red Hat Inc	12 293 231	344	信息技术	软件与服务	软件	系统软件

续表

序号	最大上涨倍数	公司名（中文）	公司名（英文）	平均市值（千美元）	市值排序	GICS-11 部门	GICS-24 行业组	GICS-69 行业	GICS-158 子行业
25	6.9	微软公司	Microsoft Corp	496 804 596	2	信息技术	软件与服务	软件	系统软件
26	6.8	新思科技	Synopsys Inc	8 662 855	462	信息技术	软件与服务	软件	应用软件
27	6.6	Ansys 公司	Ansys Inc	9 620 703	431	信息技术	软件与服务	软件	应用软件
28	6.4	科磊公司	KLA Corp	13 091 486	326	信息技术	半导体与半导体设备	半导体与半导体设备	半导体设备
29	6.2	富达国民信息服务公司	Fidelity National Info Svcs Inc	26 643 376	177	信息技术	软件与服务	信息技术服务	数据处理和外包服务
30	5.9	应用材料公司	Applied Materials Inc	30 753 459	148	信息技术	半导体与半导体设备	半导体与半导体设备	半导体设备
31	5.9	派拓网络公司	Palo Alto Networks Inc	13 028 308	328	信息技术	软件与服务	软件	系统软件
32	5.7	德州仪器公司	Texas Instruments Inc	63 857 655	61	信息技术	半导体与半导体设备	半导体与半导体设备	半导体
33	5.5	安费诺公司	Amphenol Corp	17 315 572	258	信息技术	技术性硬件和设备	电子设备、仪器及组件	电子元器件
34	5.4	赛灵思公司	Xilinx Inc	13 201 418	324	信息技术	半导体与半导体设备	半导体与半导体设备	半导体
35	5.4	联合数据系统公司	Alliance Data Systems Corp	10 823 777	382	信息技术	软件与服务	信息技术服务	数据处理和外包服务
36	5.3	Splunk 公司	Splunk Inc	11 305 711	366	信息技术	软件与服务	软件	应用软件
37	5.2	Arista 网络公司	Arista Networks Inc	10 487 320	388	信息技术	技术性硬件和设备	通信设备	通信设备

资料来源：WRDS、各公司网站、研报、网络信息整理。

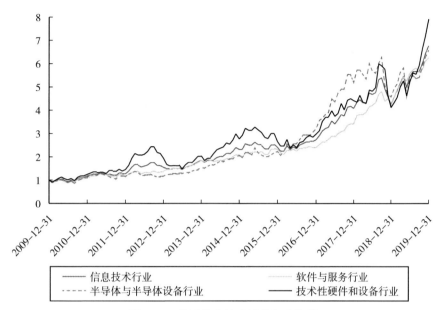

图 5.17　美国信息技术板块行业指数

资料来源：WRDS。

　　硬件行业的"十倍股"是苹果公司（Apple Inc.，最高涨幅 10.7 倍）。作为全球消费电子领导品牌，苹果近二十年的崛起与其革命性产品的推出息息相关。2006 年 iMac 启用英特尔处理器后市占率大幅上升以及 2007 年第一代 iPhone 发布带领全球手机进入智能时代共同助推苹果股价在 2006～2009 年上涨近 200%。

　　2010～2019 年这十年间苹果股价一路上行，最高上涨 10.7 倍，主要驱动力不仅来自研发创新推动硬件产品品类持续扩张，还来自业务结构跟随市场变化逐步向服务转型。

　　2010 年苹果凭借 iPhone 4 从三星、诺基亚、摩托罗拉、黑莓等竞争者中脱颖而出，随后 iPhone 不断升级，成为公司营收的主要来源；而后数年苹果陆续发布 iPad、Macbook、Apple Watch、AirPods 等新产品，消费电子产品线不断丰富（见图 5.18）；其中 iPad 于 2010 年问世，到 2014 年 iPad 系列在全球销售额已超 2.2 亿台。21 世纪 10 年代苹果公司营收来源遍布美欧亚太等地区（见图 5.19）。[①]

---

① 陈敬：《苹果深度复盘，两万亿之路》，兴业证券研究所，2020 年。

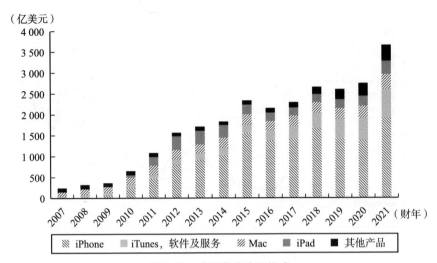

图 5.18　苹果营收产品构成

资料来源：万得（Wind）。

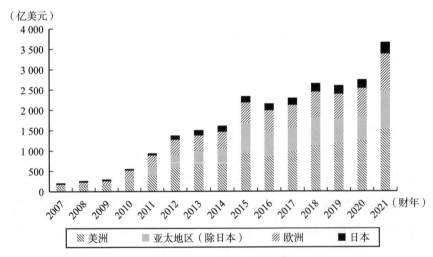

图 5.19　苹果营收地区构成

资料来源：万得（Wind）。

随着全球 PC 出货量在 2015～2016 年达到峰值，消费电子产品增速明显放缓，苹果凭借超 10 亿活跃用户的硬件存量优势和闭环生态，积极向服务业务转型，2016～2019 年苹果公司每年的服务类收入增速均在 20% 以上，且占总营收比重不断攀升，如图 5.20、图 5.21 所示。[1]

---

[1]　黄乐平：《苹果公司：全球消费电子领导品牌，积极向服务类公司转型》，中金公司证券研究所，2019 年。

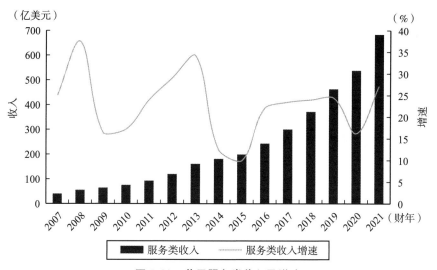

图 5. 20 苹果服务类收入及增速

资料来源：万得（Wind）。

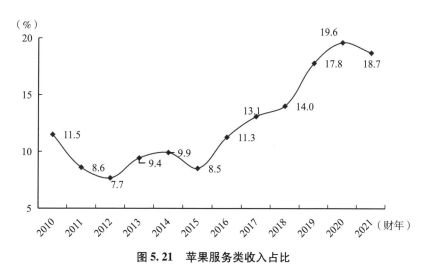

图 5. 21 苹果服务类收入占比

资料来源：万得（Wind）。

此外，在 21 世纪 10 年代的发展过程中，苹果逐步将供应链向中国转移，充分利用了这一时期中国工程师红利、人口红利以及信息产业政策和融资环境的支持，绑定最优质的供应商获取大批量制造能力，实现降本提质增效。

软件与服务行业包含软件、信息技术服务两个子行业，其 9 只"十倍股"中 3 家为软件公司，分别是 Adobe 公司（Adobe Inc. ，最高涨幅 13. 6 倍）、ServiceNow 公司

（ServiceNow Inc.，最高涨幅 11.5 倍）、Salesforce 公司（Salesforce Com Inc.，最高涨幅 10.4 倍）；剩余 6 家为信息技术服务公司，分别是万事达卡公司（Mastercard Inc.，最高涨幅 15.1 倍）、弗莱克公司（Fleetcor Technologies Inc.，最高涨幅 11.7 倍）、史克威尔公司（Square Inc.，最高涨幅 11.3 倍）、维萨公司（Visa Inc.，最高涨幅 10.9 倍）、费哲金融服务公司（Fiserv Inc.，最高涨幅 10.3 倍）、环球支付公司（Global Payments Inc.，最高涨幅 10.0 倍），见图 5.22、图 5.23。

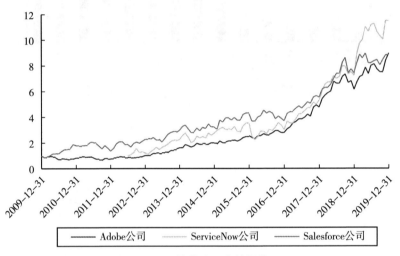

图 5.22 软件公司定基股价

资料来源：WRDS。

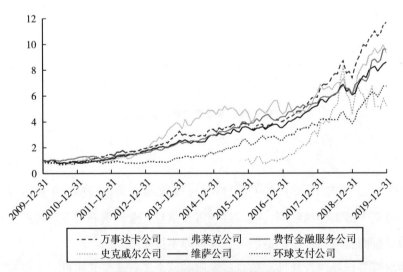

图 5.23 信息技术服务定基股价

资料来源：WRDS。

2010～2019 年软件行业的"十倍股" Adobe 公司（Adobe Inc.，最高涨幅 13. 6 倍）、ServiceNow 公司（ServiceNow Inc.，最高涨幅 11. 5 倍）、Salesforce 公司（Salesforce Com Inc.，最高涨幅 10. 4 倍）全部为软件即服务（software as a service，SaaS）企业。

Adobe 公司（Adobe Inc.，最高涨幅 13. 6 倍）创立于 1982 年，是全球创意软件绝对巨头，也是全球最大的 SaaS 公司，其最为大众所熟知、使用的产品包括图像处理软件 Photoshop、PDF 阅读编辑器等。Adobe 在过去四十多年中不断发展壮大的核心竞争力，其一是在细分市场深耕产品筑就高壁垒和极强用户黏性，其二是适应市场变化在经营模式上大刀阔斧地转型升级。[①]

在创立之初的 20 年里，Adobe 主要以销售软件产品的授权许可和提供相应的服务获取收入和盈利；1980 年，创始人之一的沃诺克（Warnock）发明了适用于打印图像和文字的编程语言 PostScript，硬软件厂商交纳的专利费为 Adobe 带来可观的收入。而后 Adobe 从平台软件向字库和图形应用软件进军，推出了面向消费用户的 Illustrator、Photoshop、Acrobat 等软件产品。同时，Adobe 通过外延收购的方式来加大对应用软件市场的布局，先后收购了 Frame 技术公司、Ceneva 通信公司以及桌面出版的旗舰软件公司 Pagemaker，推动 Adobe 成为世界上最大桌面出版、电子文档和图形软件公司。

随着 Adobe 单个创意设计软件种类不断丰富、市场份额逐步提高，为了扩大收入范围、获取更高利润，公司开始将独立的软件产品打包成套装销售。2002 年 Adobe 推出了 Adobe Creative Suite，CS 套装包括电子文档制作软件 Adobe Acrobat、矢量动画处理软件 Adobe Flash、网页制作软件 Adobe Dreamweaver、矢量图形绘图软件 Adobe Illustrator、图像处理软件 Adobe Photoshop 和排版软件 Adobe InDesign 等产品。在 2002～2012 年，Adobe 共推出 7 代 CS 套装。这一阶段，Adobe 亦通过收购与自研丰富产品线。2005 年，Adobe 公司收购了最强的竞争对手，也是 Internet 开发和互动多媒体领域的领导企业 Macromedia。这次收购极大丰富了 Adobe 的产品线，Macromedia 的 Flash、Dreamweaver 等软件均被纳入 CS 套装中，提高了其在多媒体和网络出版业的能力。[②]

21 世纪初，Adobe 丰富的产品线使其在专业和非专业市场上占有率逐步提升，推

---

① 陈宝健等：《SaaS 让 Adobe 重回伟大，平台化 & 智能化让其强者愈强》，华创证券研究所，2019 年。
② 谢春生：《透析 Adobe，看软件公司如何升级》，海通证券研究所，2017 年。

动股价在 2002 年 10 月~2007 年 10 月上涨超过 400%，但公司隐忧也渐渐浮现。公司自身层面上，随着 Adobe 软件覆盖率提升，其收取一次性售卖软件授权费用以及后续少量服务费用的被动盈利模式缺乏增长动力，盗版层出不穷更压制了业务空间。金融危机引发的 2009 年业绩断崖式下滑（营收下降 18%，净利润下降 56%）成为迫使 Adobe 转型的导火索。

如表 5.9 所示，随着 SaaS 对传统软件销售模式的冲击，2012 年 Adobe 推出 Creative Cloud（CC），所含产品与此前的 Creative Suite 相似，但用户不再通过一次性购买许可获取软件的使用权，而是转为按月或按年进行服务订阅，而后于 2013 年正式宣布停止原有 Creative Suite 系列产品的更新。激进转型对公司财务状况产生明显冲击，2013 年 Adobe 营收下滑 8%，净利润下滑 65%，但资本市场却对公司的转型表示青睐，2012~2013 年股价翻倍。

表 5.9　　　　　　　　　　　　传统软件企业与 SaaS 供应商对比

项目	传统软件企业	SaaS 企业
商业模式	许可证授权式（按产品和项目计费，单次购买许可证可以永久使用，收入方式单一）	订阅制（一般以时间单位按不同服务需求计费，收入方式比较灵活）
销售手段	直销、代销（销售费用投入较大；重在新客户的拓展，同时覆盖存量客户）	直销（销售费用较低；重在存量客户的维护，同时覆盖新客户的拓展）
研发与运维	费用较高（软件版本更新迭代需要有较大不同）	费用较低（研发费用率逐步降低、运维成本较低）
营收波动	营收受季节性波动较大	营收稳定，可预计

资料来源：网络信息整理。

Adobe 的云转型成为其在 21 世纪 10 年代保持高增长的动力源泉。首先，Adobe 产品的销售单价大幅降低，有利于吸引新用户加入。云转型前 Adobe CS 每套售价 1 000~2 000 美元，而云转型后功能服务更完善的云服务产品 Adobe Creative Cloud，每个月仅需 49.99 美元。这大幅降低了用户门槛，有效吸引了新用户加入。2013 年 3 月，Adobe Creative Cloud 约有 50 万用户，年底增加到 140 万，此后 Adobe 没有再公布用户数据。据 Photutorial 估计，截至 2017 年底 Creative Cloud 拥有超过 1 200 万活跃用户；到 2021 年底，Creative Cloud 的活跃用户达到 2 200 万。

从收入端来看，客户生命周期价值在云转型后得到大幅提升。根据相关测算，传统销售软件与服务模式下 Adobe 综合生命周期价值在 2 000 美元左右；云转型之后，由于用户（尤其是设计师等专业用户）对 Creative Cloud 的黏性极强，整体留存率能够达到 90%，客户整个生命周期的价值能提升至 3 000 美元以上，驱动企业营收大幅增长。

成本端 Adobe 也显示出 SaaS 公司的典型特征，即早期投入大量销售、管理费用来获客和建设基础设施，而后随着规模效应显现以及云端开发维护成本较低，销售、管理费用率回落，同时订阅收入带来了持续稳定的经营现金流。为了保持产品竞争力，研发费用整体稳定，如图 5.24 所示。

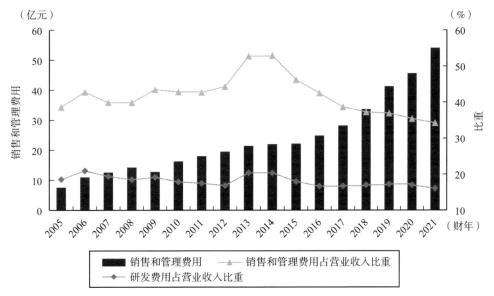

图 5.24　Adobe 各项费用占总收入比重

资料来源：万得（Wind）。

随着云转型逐步深入，订阅业务占比从 2012 年的 15% 提升至 2019 年的 90%，除了受 2020 年新冠疫情冲击之外，2016 年至今 Adobe 的年营收增速都保持在 20% 以上，利润也得到大幅增长，如图 5.25～图 5.27 所示。

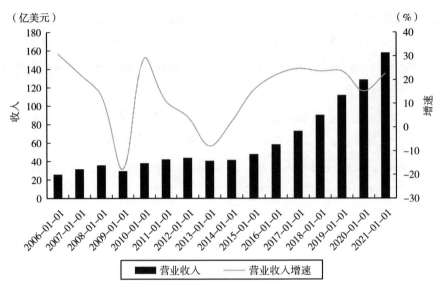

图 5. 25　Adobe 公司营业收入及增速

资料来源：万得（Wind）。

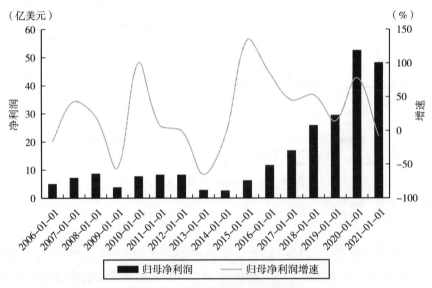

图 5. 26　Adobe 公司净利润及增速

资料来源：万得（Wind）。

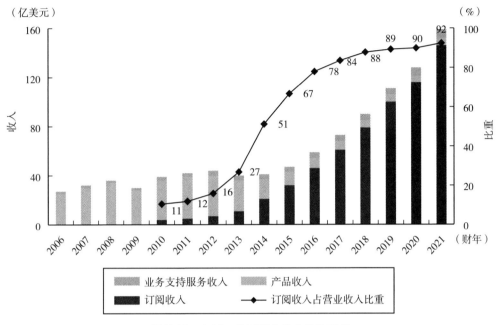

图 5.27　Adobe 公司营业收入结构变化

资料来源：万得（Wind）。

　　除了核心业务 Creative Cloud，从 2009 年开始，Adobe 也通过不断收购合并营销领域龙头公司，在 Experience Cloud 上突飞猛进。得益于公司在过去几十年的发展中积累的大量数据和内容，Adobe 于 2016 年 11 月发布底层人工智能工具 Adobe Sensei。基于 Sensei，Adobe 逐渐向平台化发展。2016 年 Adobe 就宣布对公众开放 Sensei 的 API 接口，2019 年 3 月 28 日，Adobe 向全球发布了业界首个实时客户体验管理平台 Adobe Experience Platform，用于整合企业内部的数据，并通过 Adobe Sensei 的人工智能和机器学习功能实时创建客户档案，从而实时为客户提供个性化体验。平台化和智能化成为 Adobe 未来战略的核心。[①]

　　ServiceNow 公司（ServiceNow Inc.，最高涨幅 11.5 倍）由前 ITSM（IT service management）龙头供应商 Peregrine 和 Remedy 的首席信息官（CTO）弗雷德·鲁迪（Fred Luddy）于 2004 年创立，以提供 SaaS 化的 ITSM 产品起步。

　　公司核心产品为 ITSM，第二产品线为 ITOM（IT operation management）。ITOM

---

① 温朝会：《Adobe：软件巨头腾云而上，体验营销增长亮眼》，广证恒生研究所，2020 年。

对信息技术基础设施的性能进行监测和诊断，一旦发现问题后 ITSM 提供服务和支持。ITSM 能让信息技术系统的管理和服务变得规范化、流程化、可视化，使用软件流程化的管理方式替代原有的效率低下、混乱无序的管理方式；ITOM 能对信息技术基础设施（包括网络系统、主机系统、存储/备份系统、终端系统、安全系统、机房动力及环境等）以及软件应用等对象的运行状态进行实时监控和管理，使监控对象处于最佳运行状态。[①]

2010 年之前的信息技术管理市场被 BMC、CA、IBM、惠普四家龙头垄断，ITSM 产品本身用户黏性较强、行业格局稳定，ServiceNow 一类的新玩家难获一席之地。

2010 年前后，随着互联网快速发展，企业业务结构繁杂化，对信息技术的业务需求快速增长。主流供应商本地化部署的一次性收费模式带来高昂的后续更新成本，且灵活性低，逐渐无法满足企业快速增长的信息技术管理需求。SaaS 模式资产更轻、更新灵活，采用订阅模式可以随时增添新功能，更契合现代企业需求。ServiceNow 抓住企业信息技术服务部署从本地到云端的数字化转型机遇，在短时间内迅速击败四大传统 ITSM 龙头，2014 年跃居市占率首位，此后领先优势不断加大，成长为全球 ITSM 市场的绝对领导者。

随后公司将产品线逐步拓展至信息技术全流程业务（ITOM、ITBM、ITAM 等），同时拓展 CSM、HRM 等其他领域，并推出整合一体化平台 Now Platform，使整个公司业务流程可以通过平台进行统一管理，公司也由 SaaS 向 PaaS 模式发展。

长久以来的高研发投入带来了 ServiceNow 的产品竞争力的持续提升。一方面，公司通过创新研发加快新产品推出，对现有客户进行追加销售与交叉销售，同时拓展潜在新用户，驱动业绩增长；另一方面，ServiceNow 非常重视用户体验，比如其收购整体是围绕自身主营业务，以提升产品附加值或向相关领域拓展；且 ServiceNow 并不急于将购进的新产品或新技术简单整合后进行销售，而是与公司自身产品进行深度整合后上线，产品竞争力得以提升。ServiceNow 强大的产品优势驱动客户留存率和生命周期价值（LTV）不断提升，运营费用率逐步下行，盈利能力持续改善，毛利率从 2012 年的 57% 上升至 2019 年的 77%（见图 5.28、图 5.29）。[②]

---

① 袁煜明、徐聪：《ITSM 造就 SaaS 巨头公司，迈向全方位企业级服务》，兴业证券研究所，2017 年。
② 刘玉萍：《从 ServiceNow 看国内 OA 行业前景》，招商证券研究所，2021 年。

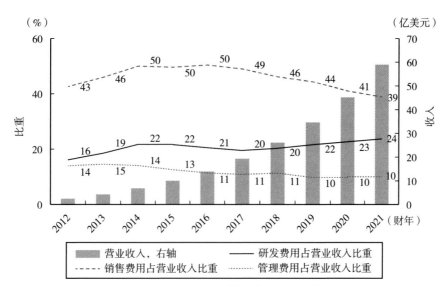

图 5.28　ServiceNow 公司营业收入及各项费用占比

资料来源：万得（Wind）。

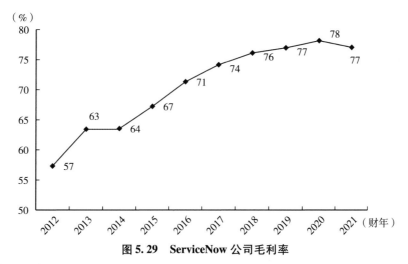

图 5.29　ServiceNow 公司毛利率

资料来源：万得（Wind）。

Salesforce 公司（Salesforce Com Inc.，最高涨幅 10.4 倍）成立于 1999 年，是 SaaS CRM（客户关系管理）软件市场的启蒙者和绝对领导者，市占率逐年提升；在此基础上，公司力图构建“SaaS + PaaS + 数据 + AI + 协同办公”的产业生态圈。[①]

[①] Franky Lau 等：《Salesforce（CRM. N）：全球云计算领导者，强壁垒高留存打开云化趋势下长期空间》，富途证券研究所，2022 年。

Salesforce 公司的发展历程可分为三个阶段：

第一阶段是 1999～2004 年，公司对 CRM 软件核心业务的完善与拓展。创始人的超前观念是 Salesforce 获取市场领先地位的基石。公司创始人马克·贝尼奥夫（Marc Benioff）曾任甲骨文高管，在世纪之交互联网思潮涌动的背景下，他开始反思通过出售大型软件收取一次性高昂费用，同时每年收取维护费用的商业模式，逐渐产生互联网会从本质上改变软件业的想法，认为未来服务将取代软件，即软件即服务（SaaS）。2001 年 Salesforce 推出第一款 SaaS CRM 产品，2004 年成功上市。

第二阶段是 2005～2009 年从 SaaS 至 PaaS 的拓展。越来越多新兴的云业务公司崛起，Salesforce 公司利用 SaaS 先行优势，于 2005 年发布了 AppExchange 平台，第三方开发者可以在此平台创建自己的应用，供他人免费或收费订阅，但此时还未形成统一架构下的生态。2006 年，Salesforce 开发了基于云平台的开发语言 Apex，供开发者在 Salesforce 的共享平台上开发 SaaS 应用。2008 年 Salesforce 推出了世界上第一个支持应用程序在云端的开发、部署和运行的底层架构——PaaS（platform as a service）平台 Force. com。PaaS 平台的建立永久地区分了 Salesforce 和后续进入 SaaS 市场的竞争者，同时 PaaS 层技术补足了数据管理和 API 接口、用户界面和 SaaS 整合、权限管理和二次开发等方面的短板，使其真正具备了服务于大公司的能力。在这一时期，Salesforce 收购了多语言应用程序开发平台 Heroku，为公司提供了搭建 PaaS 所需的底层技术架构。

第三阶段是 2010 年至今，Salesforce 通过积极并购，将核心产品扩展到 CRM 之外的其他领域。公司通过大量并购构建起 CRM 完整版图，包括客服、销售 CRM、营销 CRM 和电商四部分。2015 年公司开始收购一系列 AI、数据分析、协同办公公司，完善产品布局，打造了"CRM + AI + 数据"的完整生态。[1][2]

Salesforce 呈现出 SaaS 公司的典型经营特征，尽管上市以来公司营业收入始终保持较快增长，但在 2013 年以前，Salesforce 投入了大量的销售、管理费用来获取客户、建设基础设施，这导致 2011～2015 年公司净利润持续亏损；而后随着规模效应凸显以及云端开发维护的成本优势，各项费用率回落，同时订阅收入带来持续稳定的经营现金流，2016 年 Salesforce 成功扭亏。为了保持产品竞争力，Salesforc 在研

---

[1] 刘泽晶等：《Salesforce10 年 20 倍的传奇》，招商证券研究所，2017 年。

[2] 朱涛：《Salesforce 系列（一）20 年发展史回顾》，亿欧网，https://www.iyiou.com/interview/20190920113192，2019 年。

发上持续高投入，2020～2021 年研发费用占营业收入比重达 17%（见图 5.30、图 5.31）。①

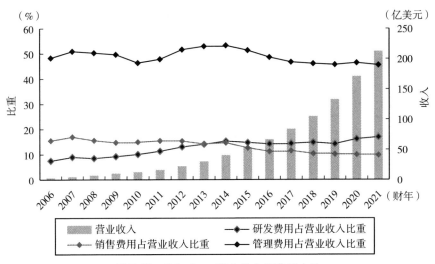

图 5.30　Salesforce 营业收入和费用占比

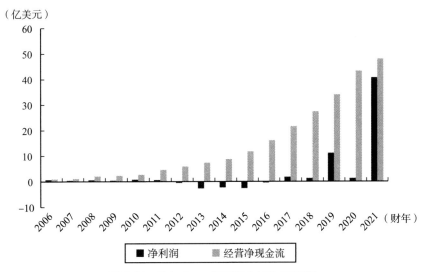

图 5.31　Salesforce 经营现金流和净利润

资料来源：万得（Wind）。

————————————

① 陈宝健等：《SaaS 鼻祖 Salesforce 的千亿帝国》，华创证券研究所，2019 年。

软件板块中6家信息技术服务"十倍股"全部是提供支付服务的金融科技公司，在金融危机之后呈现持续上涨态势。

维萨公司（Visa Inc.，最高涨幅10.9倍）和万事达卡公司（Mastercard Inc.，最高涨幅15.1倍）是美国银行卡清算组织的两大巨头，强大的规模效应是清算机构的深厚壁垒，目前两家龙头在美国市占率约为85%。

维萨公司和万事达卡公司在21世纪10年代的持续高增长依托于美国消费支出的稳健增长，以及交易基础设施、计算网络完善带来的非现金交易对现金交易的替代，在这个过程中，美国银行卡渗透率不断提升。如图5.32所示，全球电商在近十年也经历了大幅增长，清算组织把握线上支付场景的扩张趋势，加码布局线上快捷支付方式；同时通过与海外银行及电子钱包合作，加速进军国际市场。

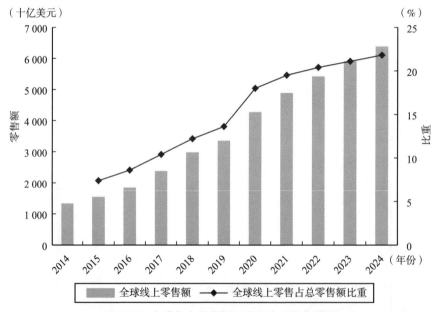

图5.32 全球电商零售额和渗透率现状与预测

资料来源：Statista，https://savemycent.com/how-many-ecommerce-sites-are-there/。

20世纪后半叶，维萨公司和万事达卡公司逐步形成四方清算模式，四方模式下，收单方、清算机构、发卡方按一定比例分享商户支付的刷卡手续费率，其中清算机构收取网络服务费，借记卡费率通常在0.05%左右，信用卡费率通常在0.25%左右；而在三方模式下，银行业金融机构可收取全部的商户刷卡手续费率，一般为2%～2.5%，虽然能获得更高的手续费率，但需要同时在C端及B端获客，成本相对较高。四方模式下，清算机构具有轻资产运营属性，借助发卡及收单银行原有客户群迅速扩大自己的业务规模，盈利能力更强，如图5.33～图5.35所示。近年来维萨公司和万事达卡公司的销售净利润率能够达到40%～50%，与之相对的，三方模式下的代表美国运通公司（American Express）净利润率仅为10%～20%。

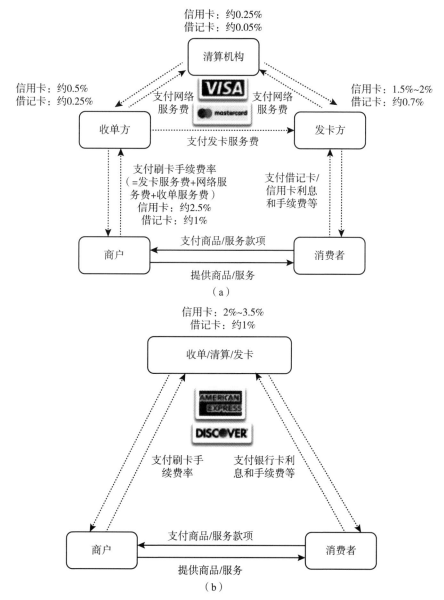

图5.33　四方与三方清算模式

资料来源：公司公告；姚泽宇等：《银行卡清算组织：美国支付产业链"皇冠上的宝石"》，中金公司研究所，2021年。

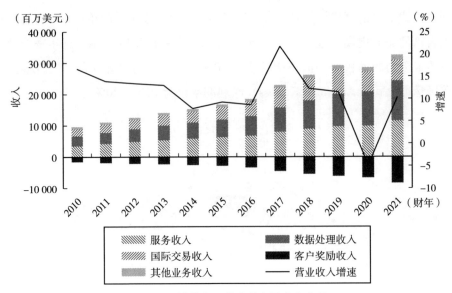

图 5.34 维萨公司营业收入及业务占比

资料来源：万得（Wind）。

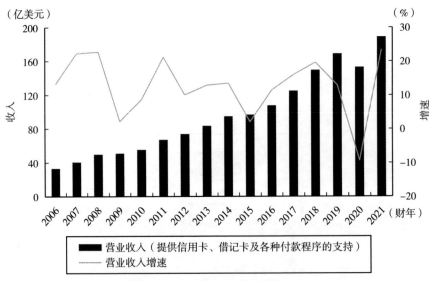

图 5.35 万事达卡公司营收及增速

资料来源：万得（Wind）。

　　维萨公司和万事达卡公司凭借较高的品牌认知度，早早打入下沉市场以及国际市场，利用先发优势与当地商户和发卡行建立联系；且维萨公司和万事达卡公司仅涉及清算这一个环节，与发卡行并无竞争关系，通过与卡组织合作可以帮助发卡行向消费者进行推广，丰富银行卡的使用场景，这带来了其发卡行合作网络的快速拓展。2019
年维萨就已与约 13 000 家发卡行建立了合作关系。相比之下，三方模式下的清算机
构与发卡行存在业务竞争，发展较为缓慢。①

史克威尔公司（Square Inc.，最高涨幅 11.3 倍）成立于 2009 年，成立之初针对
中小商家的支付需求，以低廉简易的支付硬件设备迅速占领了中小商户。凭借支付基
础业务，史克威尔公司通过自研与并购方式，大力发展面向企业的 SaaS 服务及其他
增值服务来增加客户黏性，多样化的产品打造了面向商户和消费者的双生态系统。史
克威尔为商家提供管理订单、库存、结算、收据、发工资等一系列解决方案以及定制
化服务；Caviar 提供订餐服务以及餐馆收餐和送货；Cash App 实现个人收付款以及买
卖比特币的功能，其用户数快速增长，如图 5.36 所示；"Square Capital" 服务解决了
许多小额借款人的融资难题，主动向有资格的卖家提供现金预付款，史克威尔公司营
收增长与结构见图 5.37。2015 年上市后，2017 年开始强势上涨，2017 年 1 月～2018
年 9 月，史克威尔涨幅超 600%。2018 年史克威尔公司宣布支持比特币交易后，其股
价与比特币价格走势相关性大幅上升，如图 5.38 所示。②③④

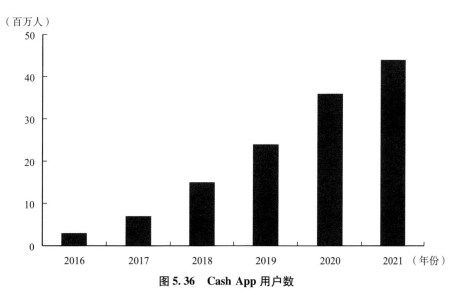

图 5.36　Cash App 用户数

资料来源：Business of Apps，https：//www.businessofapps.com/data/cash-app-statistics/。

---

① 王瑶平等：《维萨 VISA：如何看待全球金融业市值增长的皇冠》，中金公司研究所，2019 年。
② 耿琛：《从 Square 的崛起看中国移动互联网 B 端服务市场》，华创证券研究所，2018 年。
③ 姚泽宇等：《Square：支付赛道的后起之秀》，中金公司研究所，2020 年。
④ 诸海滨：《深度剖析美国第三方支付公司 Square 后，我们看到了什么？》，安信证券研究所，2019 年。

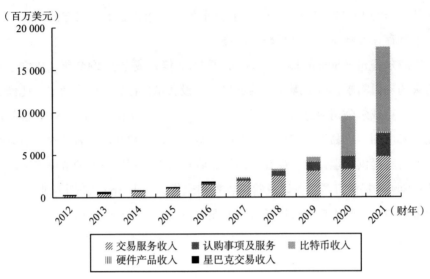

图5.37 史克威尔公司收入结构

资料来源：万得（Wind）。

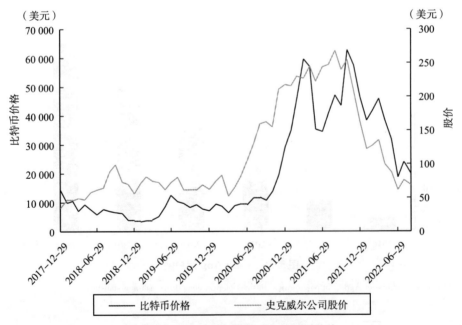

图5.38 史克威尔公司股价与比特币价格

资料来源：万得（Wind）。

弗莱克公司（Fleetcor Technologies Inc.，最高涨幅 11.7 倍）是成立于 1986 年的全球油卡和支付结算服务提供商，2010 年底于纳斯达克上市。弗莱克的服务对象是拥有车队的客户、全球石油公司以及拥有单一加油地点的小型石油营销商，提供加油卡、商业支付和数据解决方案、存储价值解决方案以及雇员支付产品和服务。其收入来源于基于交易量的服务费，基本不受能源市场的波动影响。

20 世纪 80 年代，美国油品毛利率下降使得跨国石油巨头逐步退出零售市场，加油终端品牌趋于分散化，各品牌对应的加油卡支付系统也趋于分散化。弗莱克在成立之初敏锐地抓住车队用户在成本控制、管理效率方面的"痛点"，为运输车队客户提供快捷、安全的加油通用支付卡，可供车队员工（司机）在加油站购买燃料、支付过路费和住宿费。弗莱克统一的支付卡不但优化了车队支付效率，还利于其能源消耗成本管理；而加油站更期待弗莱克的统一支付网络所拥有的庞大商用车用户能助推其销量的增长。弗莱克构建起链接商用车主与加油站的庞大支付网络建设，逐步建成美国最大的能源支付网络。

此后，在加油卡业务的基础上，弗莱克通过大数据分析及新产品研发，为客户提供增值功能和数据，针对成本管理、结算服务挖掘客户潜在价值，提供优于传统石油公司的服务，客户忠诚度不断提升。与此同时，也加强与英国石油（BP）、雪佛龙、雪铁戈（Citgo）等石油巨头的合作，并成功打开国际市场。[1]

为了对抗燃油价格以及汇率波动，以及各国石油政策的差异性等问题，弗莱克通过业务延伸和外部并购启动多元化发展。在收购方向上，弗莱克一方面将燃料业务这条根茎再次向下深入，另一方面新生出住宿、通行费、公司支付和礼物等其他配套服务业务。2002～2019 年，弗莱克完成了超过 80 项收购，用户数量在稳定积累的同时实现了业务收入多元化。公司的营收及增速情况如图 5.39 所示。[2]

---

[1]　《解码 FleetCor 和它的中国"朋友们"》，汽车时代网，https：//www.autotimes.com.cn/news/201907/1177299.html，2019 年。

[2]　粒场财经：《能源数字化标杆 FleetCor：10 年成长 10 倍，市值破千亿！能链将成"中国版 FleetCor"？》，新浪财经，https：//finance.sina.com.cn/stock/stockzmt/2020-08-03/doc-iivhvpwx8996996.shtml，2019 年。

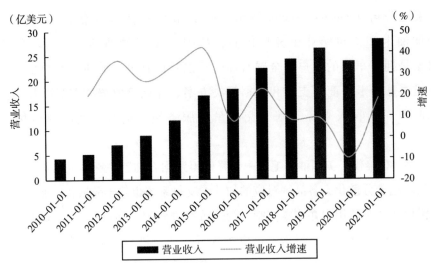

图 5.39　弗莱克公司营业收入及增速

资料来源：万得（Wind）。

费哲金融服务公司（Fiserv Inc.，最高涨幅 10.3 倍）成立于 1984 年，成立之初主要向客户提供金融外包服务，而后通过大量收购不断扩张。如今，公司业务包括为银行、信用合作社、其他金融机构等客户提供包括交易处理、外包服务、软件及系统解决方案在内的信息管理系统及定制化服务。

费哲金融服务公司在过去几十年中的发展驱动力，一方面来源于先发优势，由于转移成本高昂，银行及其他金融机构不能轻易更换数据库以及支付系统，公司通过数据库处理服务与支付系统与客户深度绑定；另一方面，公司不断研发高度专业化的产品和增值服务，同时收购具有协同效应的业务来丰富公司的产品线，内生增长与外延收购共同促进企业持续增长。[1]

环球支付公司（Global Payments Inc.，最高涨幅 10.0 倍）是成立于 1996 年的国际支付服务公司，业务是为信用卡、转账卡、电子付款和支票相关服务提供处理解决方案。环球支付公司的服务包括终端机的出售和设置、授权处理、结算和基金处理、客户支援和服务台功能、拒付解决、行业法规、付款卡片产业安全、合并账单和结算单及线上读取。其在 21 世纪 10 年代的高增长也依托于持续的收购扩张。[2]

---

① 郑宏达等：《中国领先的金融 PaaS 平台公司》，海通证券研究所，2021 年。
② 余丰慧：《今年第三大支付业收购袭来意味什么》，新浪财经，https://t.cj.sina.com.cn/articles/view/1163218074/45554c9a00100giop，2019 年。

半导体与半导体设备行业的 4 只"十倍股"分别为：英伟达公司（Nvidia Corp.，最高涨幅 30.6 倍）、超微半导体公司（Advanced Micro Devices Inc.，AMD 公司，最高涨幅 26.7 倍）、博通公司（Broadcom Inc.，最高涨幅 18.3 倍）、美光科技公司（Micron Technology Inc.，最高涨幅 11.4 倍），如图 5.40 所示。

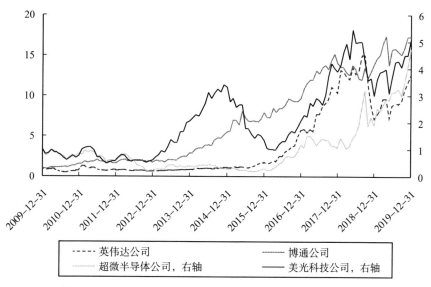

图 5.40 2010～2019 年半导体与设备公司高收益股定基股价

资料来源：WRDS。

英伟达公司（Nvidia Corp.，最高涨幅 30.6 倍）成立于 1993 年，目前是全球最大的独立图形处理器（graphics processing unit，GPU）供应商，也是 AI 芯片市场的领军者。

2010 年前后，随着终端设备的多元化，PC 及 PC 独立显卡出货量开始下滑。同时，随着集成显卡性能的提升，独立桌面显卡出货情况也开始出现衰退。英伟达及时将战略重心转移至高端游戏显卡领域。在游戏应用市场，更胜于 3D 渲染能力和软件优化的英伟达 GPU 精准抓住了用户的需求，市占率一路上行，与 ADM、Intel 公司拉开差距。如图 5.41 所示，在 2010～2015 年全球 PC 市场持续回落的背景下，英伟达游戏显卡出货量实现 9% 的年化增速，成功与下行的行业趋势实现剥离，强劲的游戏业务带来的稳定业绩增长以及健康的现金流助推其股价温和上涨。[1]

---

① 王紫敬：《5 年 46 倍，复盘 GPU 巨头英伟达股价暴涨之路》，东吴证券研究所，2021 年。

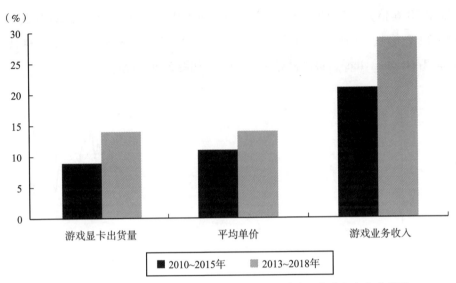

图 5.41   英伟达游戏显卡出货量、平均单价、游戏业务收入年复合增速

资料来源：公司财报。

如图 5.42、图 5.43 所示，2016 年起，半导体行业从 21 世纪头十年的 PC 驱动、第二个十年早期的智能手机驱动转向云计算引领发展的时代，英伟达的数据中心业务开始爆发式增长。早在 2006 年，英伟达意识到 GPU 的并行计算优势后就斥巨资研发出了通用化的统一计算设备架构（Compute Unified Device Architecture，CUDA）技术，并通过免费推广迅速占领 AI 市场。而后 CUDA 经过多年优化，成为连接 AI 的中心节点，作为基础算力的 CUDA + GPU 系统极大地推动了 AI 领域的发展。全球顶级云服务商如亚马逊 AWS、微软 Azure、谷歌、甲骨文等都纷纷采用英伟达的 GPU 进行硬件架构的搭建，2022 财年，英伟达数据中心营收约 106 亿美元，几乎可与游戏显卡业务收入（125 亿美元）比肩。除云计算外，2016～2017 年数字货币价格暴涨带来的矿机需求也推动了这一时期英伟达股价的快速上行；未来自动驾驶市场的扩张也将为英伟达带来新的增长动力。[1]

---

① 黄乐平等：《英伟达从绘图到计算，从 GPU 到 AI 芯片》，中金公司研究所，2019 年。

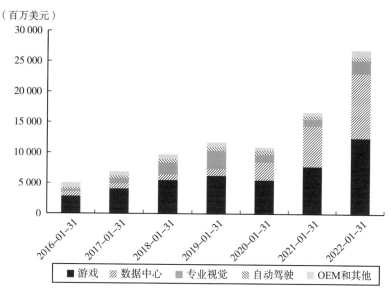

图 5.42　英伟达公司营收结构

资料来源：万得（Wind）。

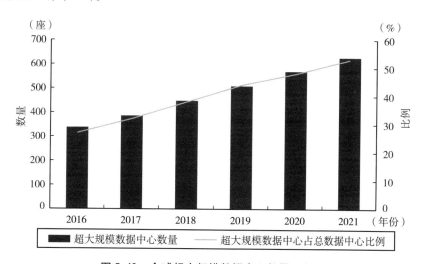

图 5.43　全球超大规模数据中心数量及占比

资料来源：Cisco。

超微半导体公司（Advanced Micro Devices Inc.，AMD 公司，最高涨幅 26.7 倍）成立于 1969 年，是目前除了英特尔以外最大的 x86 架构微处理器供应商，也是除了英伟达和英特尔以外仅有的独立图形处理器供应商。AMD 公司与英特尔公司在长达 50 多年的竞争中大多处于劣势，2017 年发布"Zen"架构开启逆转趋势，在 CPU 市场中的份额提升带动其股价大幅上涨。

　　AMD 公司成立初期自主设计简单 IC 产品，由于核心技术落后于英特尔，AMD 采取市场导向、低价竞争策略。1978 年，英特尔推出第一款 x86 处理器，并成为最成功的 CPU 架构，随后 AMD 获得 x86 架构授权，成为 IBM 的第二供应商。1986 年，英特尔取消对 AMD 授权，双方法律纠纷持续多年，尽管 AMD 胜诉，但失去黄金发展期，随后持续受到压制。1999 年 AMD 推出 K7 处理器（当时最快的 x86 处理器），2003 年 AMD 首次提出 64 位概念，似乎有超越趋势，但英特尔的 Core2 在 2006 年横空出世，并提出了"摆钟计划"，当年双方市场占有率迅速拉开差距，英特尔彻底领跑 PC、笔记本和服务器 CPU 市场。[①]

　　2016 年，公司发布 Zen 处理器架构，并于 2017 年发布 RX Vega 系列显卡，一改 AMD 只生产中端和低端芯片的固有印象，在高端产品线上连续发布新品，保持相对低价的同时性能直追英特尔和英伟达高端产品线。2017 年发布 EPYC 处理器进入利润较高的服务器市场，2019 年发布采用 TSMC7nm 工艺及 Zen2 架构的第三代 Ryzen 和第二代 EPYC 处理器，性能继续提升。AMD 在 CPU 市场的占有率从 2016 年的 20% 以下逐步上行，2020～2022 年基本稳定在 36% 附近。AMD 公司 2006～2021 年的净利润情况如图 5.44 所示。[②]

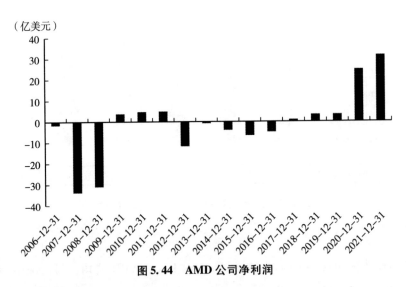

图 5.44　AMD 公司净利润

资料来源：万得（Wind）。

---

① 杨然：《AMD 三年十五倍的背后，摩尔定律失效后的追赶机会》，国盛证券研究所，2018 年。
② 徐涛等：《"架构 + 工艺"，CPU 业务拉动业绩持续成长》，中信证券研究所，2019 年。

　　博通公司（Broadcom Inc.，最高涨幅 18.3 倍）是全球领先的有线和无线通信半导体公司。2005 年，KKR 与银湖资本从分拆自惠普的安捷伦公司手中收购半导体业务，成立安华高（Avago）公司，并于 2009 年上市。2015 年，安华高以 370 亿美元收购原博通公司，设立博通有限公司。目前公司业务可分为两大板块：基础设施与软件、半导体业务。

　　广泛并购、高效整合是驱动博通持续增长的重要动力。2008～2018 年公司收购标的锁定在有线、无线、企业存储这几个自有主业所在细分市场的其他品类龙头。所有收购标的自身优质，且在产品组合上与公司产品重合度低但协同性强。博通在收购后常常立即进行重组，果断卖掉非核心业务和裁员来削减成本、提升利润。此外，博通重视研发投入，维持技术优势，2010～2019 年，公司研发投入占营收占比从 13.4% 一路增长到 20.8%。外生并购与内部研发推动公司稳定增长，2010～2019 年，公司营收由 14.8 亿美元增至 266 亿美元，年复合增长率达 31.3%，见图 5.45、图 5.46。①②

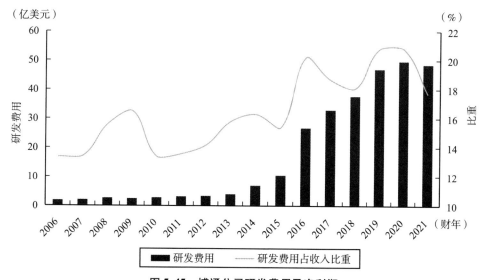

图 5.45　博通公司研发费用及净利润

资料来源：万得（Wind）。

---

①　张夏等：《科技长牛：细数美股十年十倍股系列之（科技篇）》，招商证券研究所，2020 年。
②　郑震湘等：《回顾海外巨头发展，看国内平台型龙头崛起》，国盛证券研究所，2022 年。

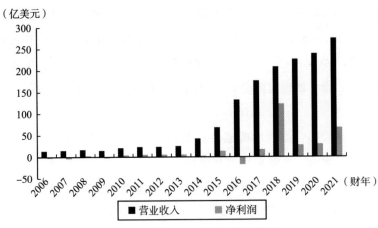

图 5.46　博通公司营收及净利润

资料来源：万得（Wind）。

美光科技公司（Micron Technology Inc.，最高涨幅 11.4 倍）是全球最大的半导体储存及影像产品制造商之一，其主要产品包括 DRAM、NAND 闪存、NOR 闪存、SSD 固态硬盘和 CMOS 影像传感器，其中 DRAM（动态随机存储器）约占收入比重的 70%。

次贷危机之后，行业集中度提高，内存涨价成为驱动内存公司业绩上行的主要因素。由于半导体生命周期，内存产品刚上市时价格最高，而后逐步下降，企业盈利随之变化，一个包含上涨和下跌的"内存周期"大约持续 3.5 年。与生产 CPU、GPU 的半导体高收益股相比，美光股价的周期性和波动性明显更大（见图 5.47）。

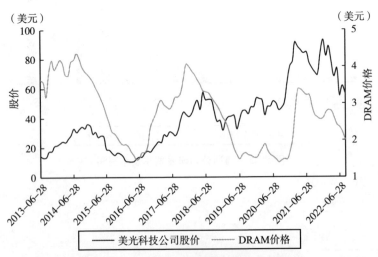

图 5.47　美光科技公司股价与 DRAM 价格

资料来源：万得（Wind）。

二、医疗保健

如图 5.48～图 5.51 所示，金融危机后，流动性充裕与产业周期向上共振，全球医疗健康领域，尤其是生物技术行业的投融资环境大幅改善。在其他新兴产业研发强度基本稳定的背景下，美国药企不断加大研发投入，研发强度从 2000～2010 年的 15%～20% 提升至当前的 25% 以上。尤其是随着 2010 年后基因工程技术的逐渐成熟，制药企业不断加大生物药的研发，单抗、双抗、ADC 等重磅生物大分子药物不断问世。2015～2019 年，FDA 批准的新药数量大约是十年前的两倍，且生物药物在 FDA 批准的药物中所占的份额越来越大。2010 年全球销售额前十大药物中有 5 款为生物药，2018 年全球销售额前十大药物中有 8 款为生物药，推动生物制药企业股价上行，如表 5.10 所示。[①]

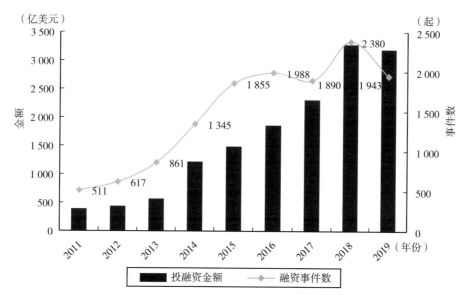

图 5.48　2011～2019 年全球医疗健康行业投融资金额和事件数

资料来源：Vcbeat. top、前瞻产业研究院。

---

　　① 邹朋、赵利建：《危机与重构系列二：美国医保控费下制药企业表现如何？》，中金公司研究所，2019 年。

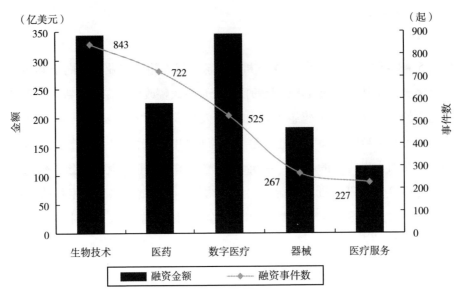

图 5.49 2011～2019 年海外医疗健康领域各行业融资金额和事件数

资料来源：Vcbeat. top、前瞻产业研究院。

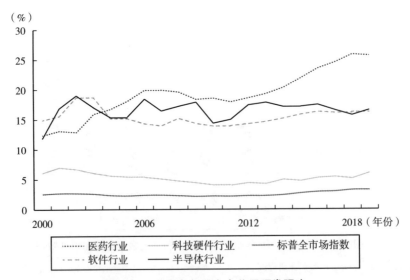

图 5.50 美国各行业上市公司研发强度

注：研发强度是指研发支出占净收入的比例，https：//www. cbo. gov/publication/57025#data。
资料来源：美国国会预算办公室（CBO）。

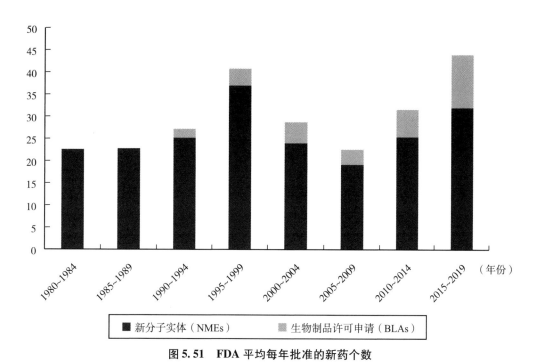

图 5.51　FDA 平均每年批准的新药个数

注：BLA 为生物制品许可申请（Biologics License Application），NME 为新分子实体（new molecular entities）。
资料来源：美国国会预算办公室（CBO）。

除生物技术外，医疗保健设备和保险行业亦表现强劲。首先，2010 年后美国经济稳健增长、老龄化明显加深带来的医疗支出增加，如图 5.52、图 5.53 所示。其次，2010 年奥巴马医改（《患者保护与平价医疗法案》）出台，许多原来没有医保、看不起病的美国百姓在联邦资助下获得医疗保障，医保覆盖率提升带来美国社会医疗支出增加，医疗设备、医疗保险行业整体受益（见图 5.54）。此外，从公司层面来看，医疗器械以及管理式医疗企业普遍在 21 世纪 10 年代通过持续收购进行扩张，也助推了股价上行。

表5.10　2010年、2015年、2018年全球销售额前十位药品

序号	2010年				2015年				2018年			
	商品名	通用名	适应证	销售额（十亿美元）	商品名	通用名	适应证	销售额（十亿美元）	商品名	通用名	适应证	销售额（十亿美元）
1	Lipitor	阿托伐他汀	血脂异常	12.6	Humira	阿达木单抗	自身免疫疾病	14.0	Humira	阿达木单抗	自身免疫疾病	19.9
2	Plavix	氯吡格雷	预防中风	9.4	Harvoni	雷迪帕韦+索非布韦	丙肝	13.9	Eliquis	阿哌沙班	中风	9.9
3	Seretide/Advair	沙美特罗替卡松	哮喘/慢性阻塞性肺疾病	8.5	Enbrel	依那西普	自身免疫疾病	8.7	Revlimid	来那度胺	多发性骨髓瘤	9.7
4	Remicade	英夫利西单抗	自身免疫疾病	7.3	Remicade	英夫利西单抗	自身免疫疾病	8.4	Opdivo	纳武单抗	肿瘤	7.6
5	Crestor	瑞舒伐他汀	血脂异常	6.8	Rituxan	利妥昔单抗	肿瘤	7.3	Keytruda	帕博利珠单抗	肿瘤	7.2
6	Enbrel	依那西普	自身免疫疾病	6.2	Lantus	甘精胰岛素	糖尿病	7.1	Enbrel	依那西普	自身免疫疾病	7.1
7	Avastin	贝伐珠单抗	肿瘤	6.2	Avastin	贝伐珠单抗	肿瘤	6.9	Herceptin	曲妥珠单抗	肿瘤	7.1
8	Rituxan	利妥昔单抗	肿瘤	6.1	Herceptin	曲妥珠单抗	肿瘤	6.8	Avastin	贝伐珠单抗	肿瘤	7.0
9	Diovan/Co-Diovan	缬沙坦	高血压	6.1	Prevnar 13	13价肺炎球菌多糖结合疫苗	预防肺炎球菌感染	6.2	Rituxan	利妥昔单抗	肿瘤	6.9
10	Humira	阿达木单抗	自身免疫疾病	6.0	Januvia and Janumet	西格列汀	糖尿病	6.0	Eylea	阿柏西普	黄斑变性	6.7

资料来源：Bloomberg，IgeaHub，Nature，GEN，中金公司。

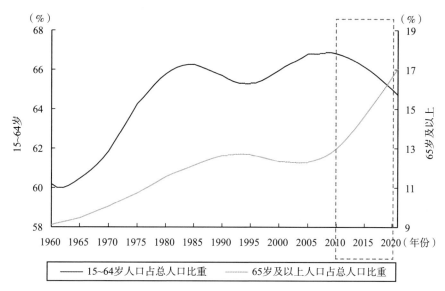

图 5.52 美国老龄人口占比

资料来源：万得（Wind）。

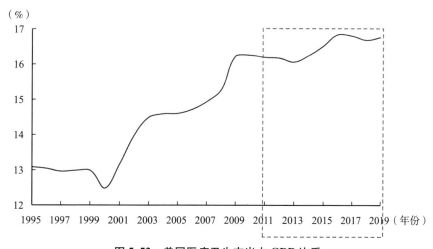

图 5.53 美国医疗卫生支出占 GDP 比重

资料来源：万得（Wind）。

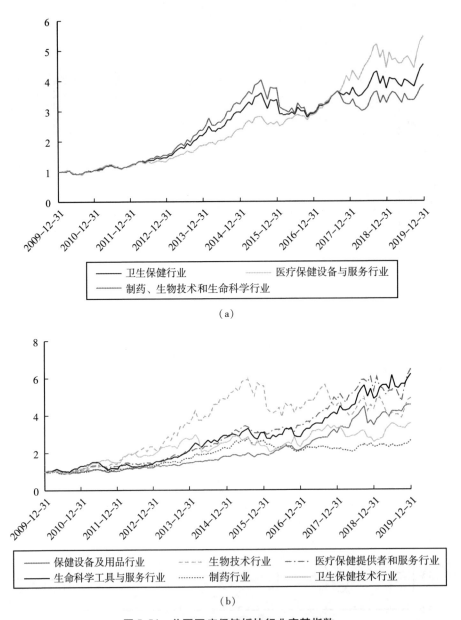

图 5.54 美国医疗保健板块行业定基指数

资料来源：WRDS。

2010～2019 年美国医疗保健板块的 71 只股票中共产生 8 只"十倍股"，医疗保健设备与服务、制药和生物技术分别有 5 只、3 只；26 只最高涨幅超过 5 倍的高收益股中，上述两行业各有 13 只；制药与生物技术行业上涨集中在 2015 年之前，医疗保健设备与服务行业在 2018 年末之前持续上涨（见表 5.11）。

表5.11 2010～2019 年医疗保健板块高收益股（市值 TOP500）

序号	最大上涨倍数	公司名（中文）	公司名（英文）	平均市值（千美元）	市值排序	GICS-11部门	GICS-24行业组	GICS-69行业	GICS-158子行业
1	26.3	爱齐科技公司	Align Technology Inc	8 170 235	482	卫生保健	医疗保健设备与服务	保健设备及用品	卫生保健用品
2	25.4	再生元制药公司	Regeneron Pharmaceuticals Inc	30 181 495	152	卫生保健	制药、生物技术和生命科学	生物技术	生物技术
3	16.4	森特公司	Centene Corp	9 077 959	450	卫生保健	医疗保健设备与服务	医疗保健提供者和服务	管理式医疗保健
4	15.1	因赛特公司	Incyte Corp	11 836 255	352	卫生保健	制药、生物技术和生命科学	生物技术	生物技术
5	13.2	因美纳公司	Illumina Inc	22 434 452	208	卫生保健	制药、生物技术和生命科学	生命科学工具与服务	生命科学工具与服务
6	11.3	爱德华生命科学公司	Edwards Lifesciences Corp	17 620 690	256	卫生保健	医疗保健设备与服务	保健设备及用品	保健设备
7	11.0	爱德士生物科技公司	IDEXX Laboratories Inc	8 908 745	455	卫生保健	医疗保健设备与服务	保健设备及用品	保健设备
8	10.4	联合健康保险集团	Unitedhealth Group Inc	123 794 834	31	卫生保健	医疗保健设备与服务	医疗保健提供者和服务	管理式医疗保健
9	8.9	渤健公司	Biogen Inc	53 249 480	78	卫生保健	制药、生物技术和生命科学	生物技术	生物技术

续表

序号	最大上涨倍数	公司名（中文）	公司名（英文）	平均市值（千美元）	市值排序	GICS-11 部门	GICS-24 行业组	GICS-69 行业	GICS-158 子行业
10	8.8	波士顿科学公司	Boston Scientific Corp	25 286 587	189	卫生保健	医疗保健设备与服务	保健设备及用品	保健设备
11	8.6	艾尔建公司	Allergan Plc	49 957 202	85	卫生保健	制药、生物技术和生命科学	制药	制药
12	8.6	梅特勒托利多国际公司	Mettler Toledo International Inc	9 784 067	424	卫生保健	制药、生物技术和生命科学	生命科学工具与服务	生命科学工具与服务
13	8.5	亚力兄制药公司	Alexion Pharmaceuticals Inc	24 881 977	195	卫生保健	制药、生物技术和生命科学	生物技术	生物技术
14	8.4	哈门那公司	Humana Inc	24 332 983	197	卫生保健	医疗保健设备与服务	医疗保健提供商和服务	管理式医疗保健
15	7.8	拜玛林制药公司	Biomarin Pharmaceutical Inc	11 032 332	375	卫生保健	制药、生物技术和生命科学	生物技术	生物技术
16	7.7	赛默飞世尔科技公司	Thermo Fisher Scientific Inc	55 694 867	73	卫生保健	制药、生物技术和生命科学	生命科学工具与服务	生命科学工具与服务
17	7.7	安泰保险公司	Aetna Inc	30 335 889	151	卫生保健	医疗保健设备与服务	医疗保健提供商和服务	管理式医疗保健
18	7.6	福泰制药公司	Vertex Pharmaceuticals Inc	26 751 852	174	卫生保健	制药、生物技术和生命科学	生物技术	生物技术

续表

序号	最大上涨倍数	公司名（中文）	公司名（英文）	平均市值（千美元）	市值排序	GICS – 11 部门	GICS – 24 行业组	GICS – 69 行业	GICS – 158 子行业
19	7.4	吉利德科学公司	Gilead Sciences Inc	92 307 023	43	卫生保健	制药、生物技术和生命科学	生物技术	生物技术
20	7.4	美国医院公司	HCA Healthcare Inc	28 601 229	161	卫生保健	医疗保健设备与服务	医疗保健提供者和服务	卫生保健设施
21	7.3	信诺保险公司	Cigna Corp	33 837 337	133	卫生保健	医疗保健设备与服务	医疗保健提供者和服务	卫生保健服务
22	6.9	直觉外科公司	Intuitive Surgical Inc	27 836 300	167	卫生保健	医疗保健设备与服务	保健设备及用品	保健设备
23	6.2	安森保险公司	Anthem Inc	40 248 738	113	卫生保健	医疗保健设备与服务	医疗保健提供者和服务	管理式医疗保健
24	6.1	瑞思迈公司	Resmed Inc	9 136 975	445	卫生保健	医疗保健设备与服务	保健设备及用品	保健设备
25	5.7	新基公司	Celgene Corp	65 041 994	60	卫生保健	制药、生物技术和生命科学	生物技术	生物技术
26	5.6	丹纳赫公司	Danaher Corp	58 421 613	70	卫生保健	制药、生物技术和生命科学	生命科学工具与服务	生命科学工具与服务

资料来源：根据 WRDS、各公司网站、研报、网络信息整理。

制药和生物技术行业的 3 只"十倍股"全都是生物科技股，分别是再生元制药公司（Regeneron Pharmaceuticals Inc.，最高涨幅 25.4 倍）、因赛特公司（Incyte Corp.，最高涨幅 15.1 倍）以及因美纳公司（Illumina Inc.，最高涨幅 13.2 倍），见图 5.55。在欧美成功生物科技企业的成长过程中，有的专注自主研发破局，有的将更多注意力放到企业并购上，但无一不是在推出爆款药品后获得市场认可，如眼科神药艾力雅（Eylea，阿柏西普）之于再生元、HIV 药物特鲁瓦达（Truvada）之于吉利德，可以说创新能力决定了生物科技企业的上限。

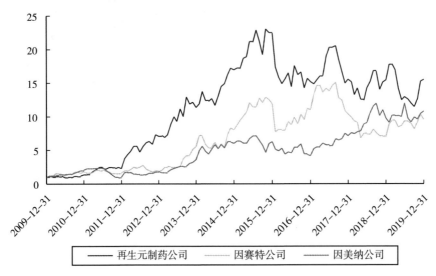

图 5.55　生物技术行业"十倍股"定基股价

资料来源：WRDS。

再生元制药公司（Regeneron Pharmaceuticals Inc.，最高涨幅 25.4 倍）是由伦纳德·施莱弗（Leonard Schleifer）与乔治·亚克波罗斯（George Yancopoulos）在 1988 年成立的生物科技公司。自创立以来，再生元始终专注于自研技术，在最初一二十年里，公司针对神经生长因子的药品研发并不顺利，股价也在低位徘徊；但长期的研发经历让再生元在细胞信号传导方面积累了很大优势，在此基础上研发出核心技术平台"捕捉网"（Trap）——两种受体组合成一个捕捉网，可以用来捕获体内的细胞因子和生长因子，从而抑制这些因子由于过度表达而引起的病症，如类风湿性关节炎、过敏、哮喘等。2003 年，再生元与赛诺菲合作共同开发用于肿瘤治疗的血管内皮生长因子捕捉剂（VEGF Trap），到 2009 年，这一合作已升级为 20 多个单抗产品的联合开发。2006 年，再生元与拜耳合作开发基于 VEGF Trap 技术的眼科［湿性老年性黄斑变性（wet AMD）］用药——艾力雅（Eylea），这款药于 2012 年获得 FDA 批准上市，成为再生元的重磅王牌，从 2012 年到 2015 年 10 月，公司股价从 56 美元飙升 9 倍多至 557 美元，自 2016 年起，艾力雅销售增速降至 20% 以下带动公司营收降速，股价进入震荡区间，见图 5.56。虽然再生元的第二个爆款药达必妥（Dupixent，度普利尤单抗）在 2017 年上市，但目前还处于快速放量阶段，艾力雅仍是贡献收入的主力军。①

再生元的研发脚步并未而停止，除了 Trap 技术，还研发出了利用老鼠来生产以人类基因为基础的单克隆抗体的"人抗体小鼠"（VelocImmune）技术平台，由此衍生出波立达（Praluent）、达必妥（Dupixent）、萨瑞鲁单抗（Kevzara）、西米普利单抗（Libtayo）等成功药品；其另一创新技术平台"Veloci-T"能够促进对人类抗体和 T 细胞受体的发现和鉴定。目前，再生元新一代的 T 细胞产品和细胞治疗就是基于这一技术平台。持续研发使得再生元公司几乎每年至少有一款药物（新适应证）获得 FDA 批准，至今已经上市产品达十余种。②

图 5.56 再生元重磅产品艾力雅（Eylea）净销售额及增速

注：净销售额是指销售收入减去当期销售收入中扣除的项目，如销售折扣、销货折让和销售退回等。
资料来源：公司财报。

---

① 《再生元制药：两个学霸的创业之路》，腾讯网，https://new.qq.com/rain/a/20211108A016NX00，2021 年。
② 林晓晨：《再生元 VS 吉利德：两种模式，殊途同归》，搜狐网，https://www.sohu.com/a/539941095_116132，2021 年。

因赛特公司（Incyte Corp.，最高涨幅 15.1 倍）是专研艾滋病（抗 HIV）、癌症与炎症药物的生物制药公司。研发团队花了 12 年时间研究 Jakafi（鲁索替尼）在 2011 年 11 月获得 FDA 批准用来治疗骨髓纤维化，三年后又获批用于真性红细胞增多症。作为唯一一种获批治疗上述两种血癌的药物，鲁索替尼成为公司的主要收入来源，其销量增长驱动 2012～2017 年股价上行（见图 5.57）。

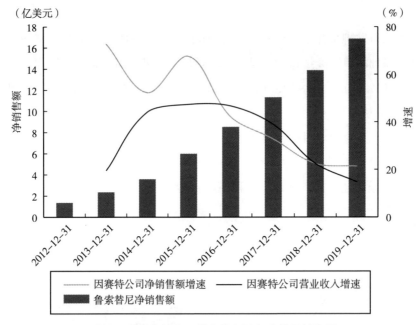

图 5.57　因赛特公司营业收入及鲁索替尼销售额

资料来源：公司财报。

因美纳公司（Illumina Inc.，最高涨幅 13.2 倍）是从事基因测序的生物科技公司。因美纳公司的产品线主要分为三大类，高通量生物芯片检测仪、高通量测序仪及定量 PCR 仪。因纳美在成立之初（21 世纪头十年）主要是以基因分型和微阵列为主要技术，经过 10 年的发展，因美纳逐渐意识到微阵列芯片的潜力有限。为了拥有先进的基因测序技术，因美纳在强化自身研发的同时开启并购其他基因测序技术公司的战略。

2006 年收购瑟利公司（Solexa）进入基因测序领域是因纳美的转折点，瑟利的基因测序技术非常新颖，它采用综合方法进行测序，比其他公司的技术快 100 倍，且价格更低。因美纳收购瑟利之后，为其提供了全球销售网络，销售额急速提升。2007 年市面上对人类基因组测序的价格高达 100 万美元，随着因纳美技术升级以及并购带来的生产能力增强，其基因组测序费用不断下降、市场份额不断提升。从 2009 年的 48 000 美元，到 2010 年的 19 500 美元、2011 年的 4 000 美元，再到 2014 年已降至 1 000 美元，这时公司占据基因组测序市场 70% 的份额。2017 年，因纳美 NovaSeq 机器推出，基因组测序费用继续下降。目前因纳美占据全球基因测序市场 80% 的份额。[①] 因美纳公司的营业收入及研发费用情况见图 5.58。

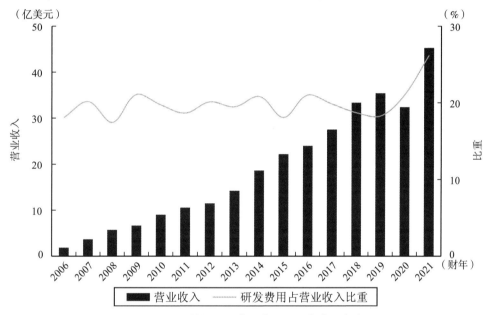

图 5.58　因美纳公司营业收入及研发费用占比

资料来源：万得（Wind）。

医疗保健设备与服务行业主要包含卫生保健用品和设备、管理式医疗保健两个子行业，分别有 3 只和 2 只"十倍股"。

卫生保健用品和设备行业的 3 只"十倍股"分别是畸齿矫正设备生产商爱齐科技公司（Align Technology Inc.，最高上涨 26.3 倍）、专门从事人工心脏瓣膜和血流动力学监测的医疗设备行业的爱德华生命科学公司（Edwards Lifesciences Corp.，最高涨幅 11.3 倍）以及生产治疗各种动物疾病的药物同时提供水质检测等服务的爱德士生物科技公司（Idexx Laboratories Inc.，最高涨幅 11 倍），如图 5.59 所示。

---

① 《基因帝国的崛起：深扒测序巨鳄 Illumina 发展史》，转化医学网，https：//www.360zhyx.com/home-research-index-rid-67422.shtml，2017 年。

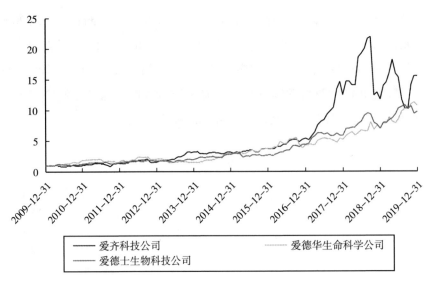

图 5.59　美国卫生保健用品和设备"十倍股"股价

资料来源：WRDS。

爱齐科技公司（Align Technology Inc.，最高上涨 26.3 倍）1997 年创立于硅谷，是隐形正畸领域的开创者，以其隐形矫治器"隐适美"而闻名。

1997 年，公司生产出革命性产品——隐适美，并申请长达 20 年的专利保护期，1998 年获 FDA 批准上市，2001 年公司在纳斯达克上市。在上市的头十年，隐形正畸赛道仍处在医疗器械行业较长期的市场培育期，外部竞争激烈、专利诉讼不断，业绩处于盈亏平衡线，股价波动较大。

2010 年后，随着全球医疗消费支出稳健增长以及对牙齿健康、美观的追求不断觉醒，相对传统矫治更为美观、卫生、舒适，但价格更贵的隐形正畸市场开始蓬勃发展。

随着爱齐科技发展走上正轨和数字化正畸时代的开启、技术与案例不断累积，爱齐产品的升级与医生认可度的提升逐渐形成相互促进的正循环，龙头地位稳固，股价迎来"戴维斯双击"，目前爱齐科技在全球隐形正畸领域保持着 80% 以上的市场份额。[1]

2017 年爱齐公司专利即将过期，行业涌入大量新进入者，传统齿科器械巨头以及众多新创公司纷纷加码布局隐形矫治这一领域。在行业竞争加剧的背景下，隐适美依然实现持续快速放量，推动股价在 2017 年至 2018 年 9 月涨幅超 3 倍。核心原因有两个：其一在于公司在长期技术积累后，通过完备的产品矩阵构筑了极强的医生黏

---

[1]　刘慧敏：《隐形正畸悄然变美，冠军赛道未来可期》，国元证券研究所，2021 年。

性，品牌效应及先发优势显著；其二在于公司通过国际扩张实现第二增长曲线，2015
年之前，美国市场是主要增长动力，2016 年开始荷兰的绝对量超过美国，2017 年开
始中国和其他市场开始发力，见图 5.60 和图 5.61。以零售销售收入计，中国的隐形
矫治市场份额在 2015～2020 年已从 6.9% 上升至 19.0%。

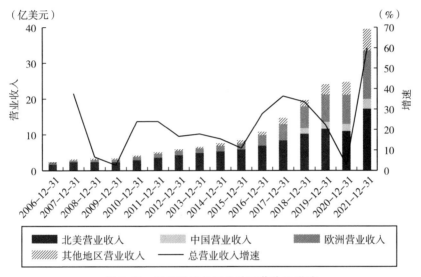

图 5.60　爱齐科技公司分地区营收及增速

资料来源：万得（Wind）。

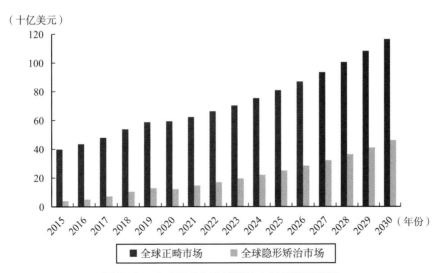

图 5.61　全球正畸和隐形矫治市场规模及预测

注：自 2021 年起为预测值。
资料来源：时代天使公司招股说明书。

近年来，为对抗专利过期的痛点，爱齐科技在扩大未成年人对隐适美的使用量上发力并取得成效，2016～2020 年，青少年占隐适美案例的比重从 24% 上升至 30%。①

爱德华生命科学公司（Edwards Lifesciences Corp.，最高涨幅 11.3 倍）成立于 1958 年，主营人工心脏瓣膜。1975 年，爱德华公司推出了全世界第一款猪心生物瓣膜；2007 年，爱德华在欧洲推出全球第一个商业化经导管主动脉瓣置换术（TAVR）产品——SAPIEN，并在 2011 年获 FDA 批准在美国上市。爱德华占得心脏瓣膜领域先发优势，拉开 TAVR 发展的新纪元，继 SAPIEN 后，爱德华先后推出迭代的 SAPIEN XT、SAPIEN 3 和 SAPIEN 3 Ultra 瓣膜，并率先将 TAVR 疗法逐步拓展到中、低危重度主动脉瓣狭窄患者。近年来爱德华瓣膜收入占全球 TAVR 市场份额稳定在 50%～60%，是绝对的行业龙头。

如图 5.62、图 5.63 所示，21 世纪 10 年代爱德华的营业收入高增长首先得益于 TAVR 业务的快速成长和巨大的市场空间。2000 年前，机械瓣占据人工瓣膜主流市场，全球人工瓣膜 80% 以上的市场由美敦力和圣犹达的机械瓣占据。由于用猪主动脉瓣或牛的心包组织改性处理后制作生物瓣，术后仅需要 3～6 个月的抗凝治疗，克服了机械瓣患者需终身抗凝以及术后抗凝相关并发症问题，2000 年后，大量循证医学数据开始支持生物瓣的应用，逐渐替代机械瓣成为主流。2010 年前后，全球生物瓣占比超过机械瓣，截至目前，在以退行性病变为主要治疗群体的欧美发达国家，生物瓣使用率已经达到 70% 以上。

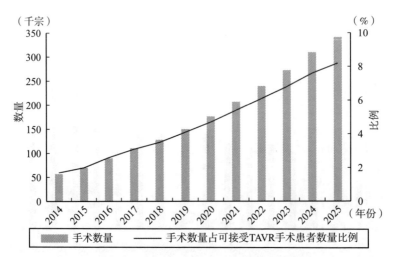

图 5.62　全球 TAVR 手术渗透率及预测

资料来源：弗若斯特沙利文（Frost & Sullivan）。

---

① 《阿莱技术（ALGN. O）：高景气赛道下的隐形矫治龙头》，老虎证券，2021 年。

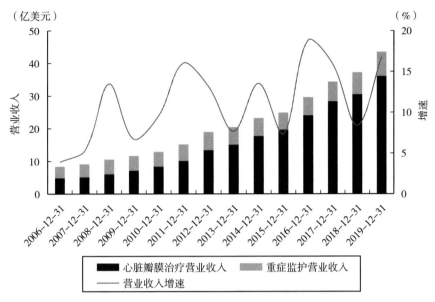

图 5.63　爱德华生命科学公司营业收入及增速

资料来源：万得（Wind）。

TAVR 在近十年崛起，随着爱德华的 SAPIEN 及美敦力的 CoreValve 上市，生物瓣中的介入瓣治疗数量开始增长，主动脉瓣进入微创时代。TAVR 只需在患者的其中一处血管开一个小口，将导管由该处伸延至心脏合适位置后，再将介入瓣释放后固定在原有瓣膜位置，达到替代原有瓣膜功能的目的。2010 年后美欧发达国家老龄化人口的不断增长主动脉瓣狭窄的患病数大幅增加，微创治疗（尤其是 TAVR）的需求扩张。2014 年 TAVR 首次被写进美国心脏病学会（ACC）和美国心脏协会（AHA）的治疗指南，用于无法外科手术或高危的重度主动脉瓣狭窄患者，近年来 TAVR 适应证在美国已经逐步拓宽至手术中的中危、低危患者群体。

爱德华对 TAVR 产品持续的研发和更新迭代是保持全球领先地位的重要基石。爱德华的耐久抗钙化技术支撑其从同行中脱颖而出，公司最早用戊二醛技术对生物组织材料进行处理，成功制造了抗排异、结构强韧的生物瓣。此后，第三代抗钙化技术的改进使爱德华公司的瓣膜耐久度大大提高，且通过了长期大量临床数据进行了证明，在先发优势的基础上积累了极强的竞争壁垒。

技术优势使得爱德华公司产品领先。2007 年首款 SAPIEN 上市后，爱德华的介入瓣膜产品不断精进升级；2014 年推出第二款产品 SAPIEN XT，具备更小的鞘管直径，明显降低了大血管并发症的发生率；2015 年 SAPIEN 3 获批上市，在支架的外周附有裙边，可以使瓣膜在瓣环处更好地定位，并且最大限度地减少了瓣周漏的发生；近年来其新产品研发在持续推进。[①]

爱德士生物科技公司（IDEXX Laboratories Inc.，最高涨幅11倍）1983年成立，1991年在纳斯达克交易所上市，是宠物医疗行业中市值最大的企业。如图5.64所示，公司的业务主要分为三部分：一是以诊断和信息技术为基础的面向兽医市场的产品和服务，即伴侣动物（宠物）诊断（CAG），占收入比重90%左右；二是水质量安全检测，提供饮用水和其他水源的安全检测；三是涉及家畜家禽健康和保证牛奶质量、食品安全的诊断产品和服务，提供诊断测试和软件监控系统，即家禽诊断（LPD）。

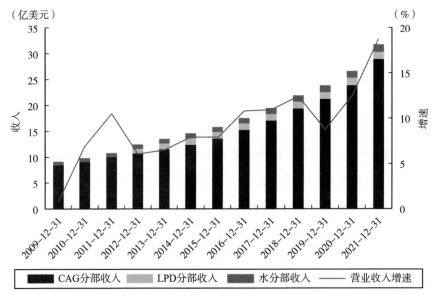

图5.64 美国爱德士公司营业收入及增速

资料来源：万得（Wind）。

近十年美欧呈现居民收入提升、独居人口占比上升、老龄化程度加深、老年人寿命增加的趋势，人类对宠物的陪伴需求不断升温，带动宠物产业发展。在行业水涨船高的基础上，爱德士生物科技公司的内生研发与外延并购是驱动其营收高增长的两大动力。

技术和实验积累是爱德士生物科技公司的核心竞争力，公司始终致力于实验检测、诊断技术的研发，贡献了动物诊断领域超过80%的研发投入。爱德士的发家之

[①] 黄翰漾：《论心脏瓣膜市场发展现状及未来空间："心"之所向，新赛道大市场》，兴业证券研究所，2020年。

作——用于寄生虫筛查的标准试剂 SNAP，自 1992 年推出以来不断升级，最新版本可以在 8 分钟内提供多种疾病的准确筛查结果。2015 年，爱德士在北美启动了爱德士对称性二甲基精氨酸（SDMA）试验。爱德士 SDMA 检测是一种肾病检测试剂，能够比肌酐指标更早鉴别肾病，让兽医能够更早进行治疗干预，从而显著改善患病动物的治疗预后和生活质量。自 2015 年首次启用爱德士 SDMA 检测试剂以来，迄今已运行了逾 1 500 万次患病动物样本 SDMA 检测，建立了全世界最大的犬猫肾病数据库。

另外，公司通过收购其他宠物医疗实验室以达到外延扩张、提升市场份额的目的。自公司成立以来共收购了超过 50 家实验室、生产线等，涉及国家包括加拿大、英国、德国、芬兰、荷兰、西班牙、日本、澳大利亚等，并在英国和德国设立新的实验室，全面开拓全球性市场。

管理式医疗保健行业的两只"十倍股"为森特公司（Centene Corp.，最高涨幅 16.4 倍）和联合健康保险集团（Unitedhealth Group Inc.，最高涨幅 10.4 倍）[①]，如图 5.65 所示。

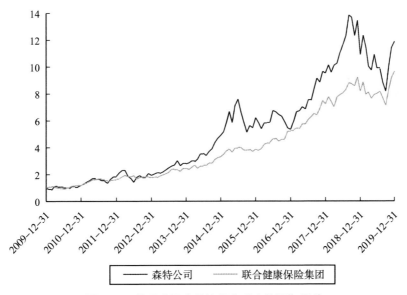

图 5.65　管理式医疗保健行业"十倍股"股价

资料来源：WRDS。

联合健康保险集团（Unitedhealth Group Inc.，最高涨幅 10.4 倍）成立于 1977 年，

―――――――――――

① 此公司与"大缓和"时期高收益股"联合健康公司"为同一公司，因业务发展公司名称有所变化。

1984 年在纽交所上市，是美国最大的商业健康险公司。经过几十年的发展，2011 年联合健康保险集团终于形成健康险和健康服务两大业务板块，链接保险与就医购药服务，协同互补形成闭环，见表 5.12。一方面，公司立足传统健康险业务，将保险作为资金池、流量池，以量换价支持医疗资源扩张和带量采购落地，为客户带来更优质低价的医药资源，同时也为健康服务业提供稳定客源。另一方面，健康服务业务在健康管理、信息技术服务和药品福利管理领域形成强大的专业能力，通过高频服务提升客户黏性，协助保险公司加强医疗行为监控，有效降低成本，帮助保险主业实现风险控制。[①]

表 5.12　　　　　　联合健康保险集团"健康险 + 健康服务"闭环模式

健康险业务 （作为资金池和流量池，支持医疗资源扩张和带量采购落地）				健康服务业务 （通过高频服务提升客户黏性，协助理赔控费）		
公司/个人业务	老年/退休业务	国家医疗补助业务	全球业务	健康管理	健康信息服务	药品福利 PBM

资料来源：公司公告；毛晴晴等：《从联合健康看中国保险创新支付的发展空间》，中金公司研究所，2021 年。

2010 年的奥巴马医改是推动近十年美国医疗保险行业繁荣的重要政策。21 世纪初，美国医保覆盖面窄、医疗费用高等问题凸显；2010 年奥巴马签署《患者保护与可负担医疗法案》，即"奥巴马医改"，对于个人和 50 人雇员以上公司强制投保，否则处以相应罚款；禁止保险公司价格歧视并进一步放宽了医疗辅助保险（Medicaid）的认定标准，以扩大医疗保险覆盖面。无保险人员向个险与 Medicaid 的转移直接推动联合健康政府保险（Community & State）板块收入上行。2013 年奥巴马医改法案正式实施，2014～2018 年联合健康的政保板块数年收入都维持了 14% 以上的高增速。2020 年联邦医疗保险（Medicare）和联合健康政府保险两项业务贡献联合健康保险公司 68.3% 的营收，即与政府机构的合作密切是公司流量池和支付池稳健增长的重要保障。

联合健康保险集团的健康服务业务为客户提供就医购药相关服务，延展保险生态边界。公司健康服务分为三个板块：健康管理、药品福利管理和健康信息技术，分别对应客户医疗周期的前端 + 中端（疾病预防、医疗资源分配和诊疗服务）、后端（药品供应和配送）以及系统支持（医疗数据系统）。自 2010 年以来，健康服务业务营业利润率持续提升，对集团利润的贡献从 14.3% 增长至 2020 年的 44.8%，见图 5.66 和图 5.67。

---

① 夏昌盛、周颖婕：《为什么中国没有联合健康模式专题 1：什么是联合健康模式？》，天风证券研究所，2021 年。

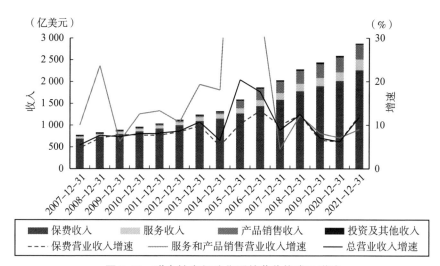

图 5.66　联合健康保险集团的营收构成及增速

资料来源：万得（Wind）。

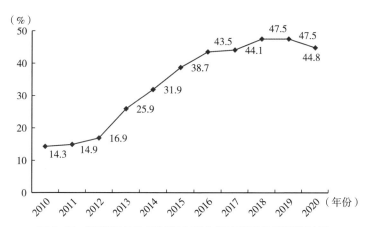

图 5.67　健康服务业务利润占联合健康保险集团利润比重

资料来源：公司财报。

　　21世纪10年代，联合健康保险集团继续通过深化合作谈判、并购扩张，带动健康服务业务大规模扩张。1988年，联合健康保险集团首创性地推出了现代药品福利管理业务，药品福利管理业务的创新之处在于利用规模优势与药厂谈判获得更低的处方药成本，在此之后联合健康开启了向外收购扩张之路。2005年，联合健康保险集团收购了一家名为"处方解决方案"（Prescription Solutions）的药品福利管理公司；2015年药品福利管理板块通过收购美国大型药品福利公司卡塔马兰（Catamaran）和连锁快速诊所医学快递（Med Express）继续扩张；2016年与美国第二大连锁药店CVS

药房达成合作，二者共享药物平台，为用户研发新的药物和健康解决方案。[①]

森特公司（Centene Corp.，最高涨幅16.4倍）创立于1984年，也是美国医疗健康保险巨头。在初创的十多年里，公司长期担任的角色是政府医疗保险计划的执行方，业务单一，增长缓慢。

互联网时代和奥巴马医改给公司带来转机。进入21世纪后，随着互联网的普及，森特通过与技术软件公司合作，建立了一套线上医疗保险服务系统，解决了用户、医疗保险公司、社区医疗机构三者之间的沟通成本，效率得以提升。森特还利用精准的医疗大数据分析，实时监测高风险发病人群，在其患病前就进行预防和治疗，尽量避免重大疾病给患者造成身体上的痛苦与高额的医疗费用，同时实现自身的降本增效。与其他健康保险公司相似，森特在2010年奥巴马医改后得到迅速发展。此外，不断并购也助推其在21世纪10年代的市场不断扩张。[②]

三、消费

21世纪10年代美国在大规模货币和财政刺激政策的推动下逐步走出金融危机，人均可支配收入大幅增长、实际消费支出年增速稳定在2%～3%之间，叠加低通胀环境，美国消费市场迎来向上周期，如图5.68～图5.70所示。

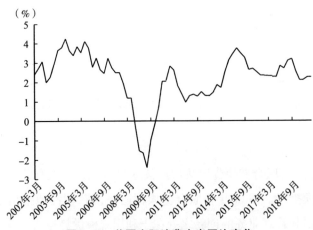

图5.68　美国实际消费支出同比变化

资料来源：万得（Wind）。

---

① 郑积沙等：《保险医疗，健康险的下一个蓝海——美国联合健康发展经验的启示》，招商证券研究所，2021年。

② 动脉网：《全美百强、年收入超600亿美元，这家医保公司是如何做到的》，https://www.jiemian.com/article/2957401.html，2019年。

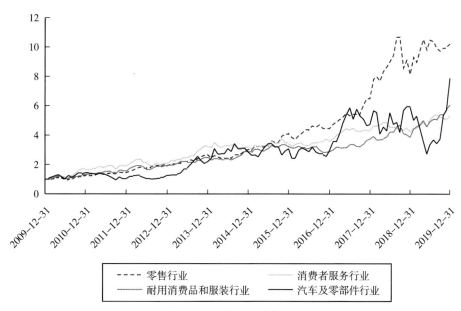

图 5.69　美国必需和非必需消费行业定基指数

资料来源：WRDS。

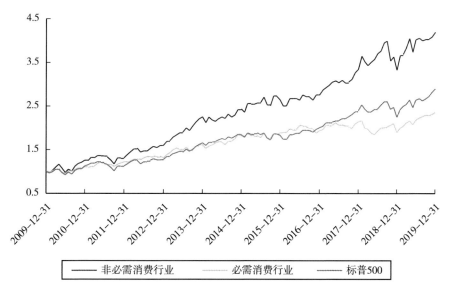

图 5.70　美国非必需消费子行业定基指数

资料来源：WRDS。

友好的宏观环境使得美国消费品公司业绩稳步扩张，美股消费品板块 ROE 在2010～2019 年间持续高于全部美股（见图 5.71）；再加上随着移动互联时代线上消费渗透率的不断提升，以零售为代表的非必需消费品公司积极拥抱数字化变革，成功实现降本增效，为传统消费公司注入新活力，诞生了多家高收益股。

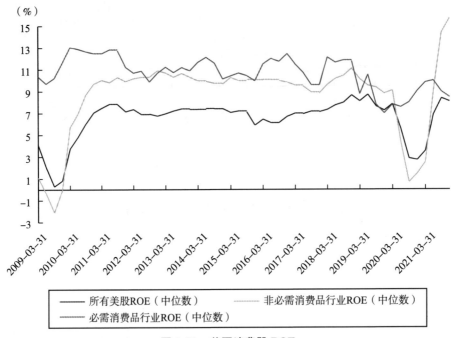

图 5.71　美国消费股 ROE

资料来源：WRDS。

如表 5.13 和图 5.72、图 5.73 所示，2010～2019 年美国非必需消费板块的 63 只股票中共产生 8 只"十倍股"，子行业中，零售占据 5 只，汽车、服饰、休闲旅游行业各有 1 只；27 只最高涨幅超过 5 倍的高收益股中，零售占据 14 只，耐用消费品和服务、餐饮休闲酒店行业各有 5 只和 7 只，汽车行业有 1 只。

表 5.13　2010～2019 年非必需消费品板块高收益股（市值 TOP500）

序号	最大上涨倍数	公司名（中文）	公司名（英文）	平均市值（千美元）	市值排序	GICS-11 部门	GICS-24 行业组	GICS-69 行业	GICS-158 子行业
1	21.5	特斯拉公司	Tesla Inc	34 883 357	128	非必需消费品	汽车及零部件	汽车	汽车制造商
2	19.2	优他彩妆公司	Ulta Beauty Inc	8 475 985	471	非必需消费品	零售	专业零售	专卖店
3	18.4	亚马逊公司	Amazon Com Inc	323 965 273	4	非必需消费品	零售	互联网与直接营销零售	互联网与直销零售
4	16.4	露露乐蒙公司	Lululemon Athletica Inc	9 426 199	435	非必需消费品	耐用消费品和服装	纺织品、服装和奢侈品	服装、配饰和奢侈品
5	16.3	美客多公司	Mercadolibre Inc	9 081 510	449	非必需消费品	零售	互联网与直接营销零售	互联网与直销零售
6	12.3	缤客公司	Booking Holdings Inc	55 065 621	75	非必需消费品	消费者服务	酒店、餐厅与休闲	酒店、度假村与邮轮公司
7	11.7	奥莱利汽车零部件公司	O'Reilly Automotive Inc	18 114 561	250	非必需消费品	零售	专业零售	汽车零售
8	10.9	罗斯百货公司	Ross Stores Inc	20 902 851	221	非必需消费品	零售	专业零售	服装零售
9	9.5	奇波雷墨西哥烧烤公司	Chipotle Mexican Grill Inc	13 924 618	308	非必需消费品	消费者服务	酒店、餐厅与休闲	餐厅
10	8.9	星巴克公司	Starbucks Corp	63 680 001	62	非必需消费品	消费者服务	酒店、餐厅与休闲	餐厅
11	8.6	牵引机供销公司	Tractor Supply Co	8 625 437	464	非必需消费品	零售	专业零售	专卖店
12	8.4	家得宝公司	Home Depot Inc	142 214 651	28	非必需消费品	零售	专业零售	家居装饰零售

续表

序号	最大上涨倍数	公司名（中文）	公司名（英文）	平均市值（千美元）	市值排序	GICS-11部门	GICS-24行业组	GICS-69行业	GICS-158子行业
13	8.3	Expedia公司	Expedia Group Inc	10 896 697	378	非必需消费品	消费者服务	酒店、餐厅与休闲	酒店、度假村与邮轮公司
14	7.7	汽车地带公司	Autozone Inc	18 064 314	252	非必需消费品	零售	专业零售	汽车零售
15	7.4	百思买公司	Best Buy Company Inc	15 048 428	294	非必需消费品	零售	专业零售	电脑和电子产品零售
16	7.1	达乐公司	Dollar General Corp	21 166 866	219	非必需消费品	零售	多线零售	百货商店
17	7.1	美元树公司	Dollar Tree Inc	15 171 672	291	非必需消费品	零售	多线零售	百货商店
18	6.8	莫霍克工业公司	Mohawk Industries Inc	10 541 779	386	非必需消费品	耐用消费品和服装	家庭耐用品	家居摆设
19	6.7	TJX公司	TJX Companies Inc	43 077 548	102	非必需消费品	零售	专业零售	服装零售
20	6.4	耐克公司	Nike Inc	68 096 497	58	非必需消费品	耐用消费品和服装	纺织品、服装和奢侈品	鞋类
21	6.2	劳氏公司	Lowes Companies Inc	60 496 202	67	非必需消费品	零售	专业零售	家居装饰零售
22	6.2	温德姆度假公司	Wyndham Destinations Inc	7 780 966	500	非必需消费品	消费者服务	酒店、餐厅与休闲	酒店、度假村与邮轮公司
23	6.1	万豪国际公司	Marriott International Inc	24 320 425	198	非必需消费品	消费者服务	酒店、餐厅与休闲	酒店、度假村与邮轮公司
24	6.1	霍顿公司	DR Horton Inc	10 627 806	385	非必需消费品	耐用消费品和服装	家庭耐用品	房屋建筑

续表

序号	最大上涨倍数	公司名（中文）	公司名（英文）	平均市值（千美元）	市值排序	GICS-11部门	GICS-24行业组	GICS-69行业	GICS-158子行业
25	6.0	威富公司	VF Corp	25 360 006	186	非必需消费品	耐用消费品和服装	纺织品、服装和奢侈品	服装、配饰和奢侈品
26	5.7	拉斯维加斯金沙集团	Las Vegas Sands Corp	42 186 361	105	非必需消费品	消费者服务	酒店、餐厅与休闲	赌场与游戏
27	5.3	易贝公司	Ebay Inc	44 194 260	98	非必需消费品	零售	互联网与直接营销零售	互联网与直销零售

资料来源：WRDS、各公司网站、研报、网络信息整理。

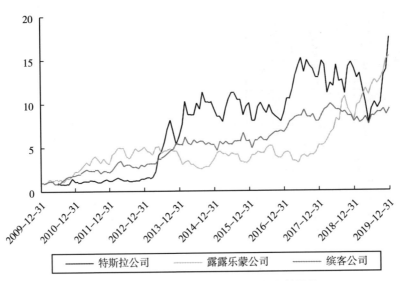

图 5.72　美国非必需消费"十倍股"定基股价

资料来源：WRDS。

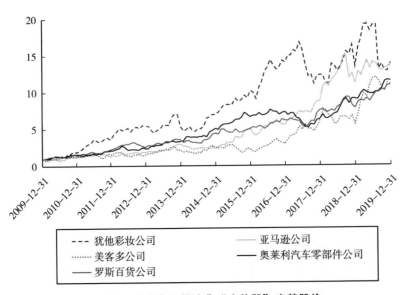

图 5.73　美国非必需消费"十倍股"定基股价

资料来源：WRDS。

　　过去十年，随着以电能为代表的清洁、高效、便捷的二次能源对煤、油等传统能源的替代加速，以及全球对能源转型格局中新能源成为供给主力的共识，各国政府相继出台各种新能源支持政策，汽车电气化成为大势所趋，特斯拉等电动车企迅速崛起，传统车企亦纷纷大力布局新能源车型。

汽车零部件行业的十倍股特斯拉（Tesla Inc.）是 21 世纪 10 年代涨幅最高的消费股，在 2009～2019 年公司最高涨幅达 21.5 倍，急速上涨主要集中在 2013 年年中至 2014 年年中、2017 年上半年以及 2019 年下半年，主要受新车型产品的发布/量产所驱动。[①]

2003～2008 年为特斯拉初创期，公司花费 5 年时间于 2008 年开始交付首款车型——定位电动豪华超级跑车的 Roadster，全年交付量超 100 台，实现了从 0 到 1 的突破。

2009～2015 年特斯拉实现了从生产限量高端电动跑车的电动汽车科技企业向可以量产电动汽车的汽车企业转变。2010 年 6 月特斯拉在纳斯达克上市，筹资 2.26 亿美元用于生产 Model S。2012 年 5 月 Model S 开始在美国交付，并于 2013 年在欧洲开始交付右驾驶版本，2013 年特斯拉交付车辆数从 2012 年的 2 650 辆直线上升至 22 477 辆，正式进入量产阶段带来了公司营收大增，特斯拉股价在 2013 年 4 月～2014 年 8 月涨幅超 600%。与此同时，定位豪华高端 SUV 的 Model X 在 2012 年亮相，并于 2015 年 9 月开始交付。这一阶段，特斯拉通过与传统车企丰田、动力电池供应商松下的合作实现了量产能力。[②]

随着美国页岩油大幅增产，2014～2016 年全球原油价格出现大幅下挫，传统油车性价比凸显，电动车行业增速放缓。

2016 年末至 2017 年年中，随着市场对 Model 3 的期待以及全球电动化加速，营收回暖带动特斯拉股价重新快速上行。特斯拉 2016 年第三季度出货量达 24 821 辆，同比增长 114%；其中 Model S 16 047 辆，Model X 8 774 辆，交付量和收入均创特斯拉历史新高；当季营收达 22.98 亿美元，同比大幅增长 145%，净利润约 2 200 万美元，自 2013 年第一季度后再度回正。2016 年第三季度报告中特斯拉还表示 Model 3 生产线已铺设完成，很快将开始安装装配线，超级电池工厂也将按计划即将投产，并将从 2017 年第三季度开始为 Model 3 供应锂电池。特斯拉电动车 2017 年第一季度出货量超过 25 000 台，当季营收为 26.96 亿美元，同比增长 135%，再创纪录。特斯拉公司的营收利润以及年度交付车辆数如图 5.74、图 5.75 所示。在特斯拉不断刷新自身业务数据的同时，中国的投资者对于电动车的热情持续高涨发酵，进一步推升了市

① 梁超等：《特斯拉复盘、竞争优势与投资机遇》，国信证券研究所，2020 年。
② 高登等：《特斯拉的璀璨星光》，长江证券研究所，2022 年。

场乐观情绪，推动特斯拉股价实现半年翻倍。[①]

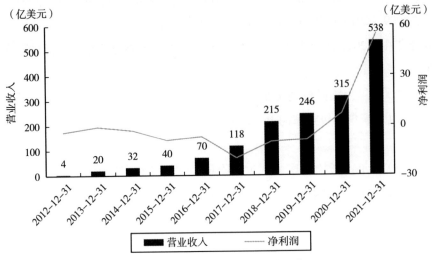

图 5.74 特斯拉公司营收与净利润

资料来源：万得（Wind）。

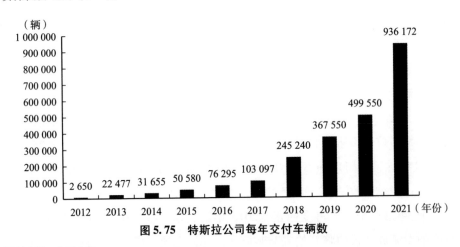

图 5.75 特斯拉公司每年交付车辆数

资料来源：公司公告。

2018～2019 年，受到美国电动车税收优惠下降、贸易争端导致产能受限交付不及预期、公司人事动荡以及首席执行官（CEO）负面新闻等因素影响，特斯拉股价陷入震荡。直至 2019 年下半年，Model 3 交付再创新高，带动净利润回正、现金流改善，同时特斯拉宣布上海工厂投产，提振未来盈利预期，股价再度快速攀升。

---

① 谭菁、陈瑶：《特斯拉股价及估值复盘分析（一）》，西南证券研究所，2020 年。

服饰行业的十倍股是露露乐蒙公司（Lululemon Athletica Inc.，最高涨幅 16.4 倍），两次急速上涨集中在 2010～2011 年和 2018～2019 年。露露乐蒙成立于 1998 年，总部位于加拿大温哥华，起初为瑜伽服装零售商，目前已成为全球著名运动服装品牌和全球瑜伽服细分赛道的龙头。

公司发展大致可划分为四个阶段：

第一阶段是金融危机之前的初创期。创始人奇普·威尔逊（Chip Wilson）从瑜伽服痛点中发现商机，瞄准中产阶级女性市场，使用创新性面料露安（Luon）开发出瑜伽服，并进入美国市场。

第二阶段是 2007～2012 年的快速发展期。2007 年上市后露露乐蒙快速扩张直营店和加盟店，2008 年金融危机后关闭加盟店，全面转为直营模式，直营店增长如图 5.76 所示。产品方面，这一时期露露乐蒙亦开拓新产品线，如少女运动品牌 ivivva 和 ABC 男裤等；渠道方面，2009 年公司通过电子商务网站开启 DTC 业务，销路进一步拓宽。

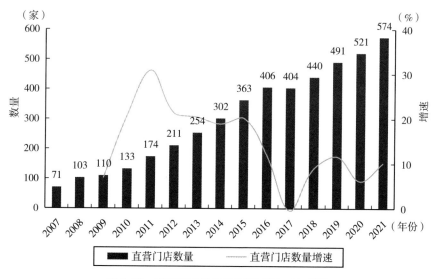

图 5.76　露露乐蒙公司直营门店数量与增速

资料来源：彭博（Bloomberg）、公司公告。

第三阶段是 2013～2016 年的曲折发展期。露露乐蒙产品质量问题频发导致召回损失，创始人不当言论与库存积压损害品牌形象，新产品线投放不及预期，股价表现低迷。但这一时期，公司在全球继续扩张，相继进入欧洲和中国市场。

第四阶段是 2017 年至今的复苏发展期。公司提出电商、男士、北美、国际四个增长重心（各地区营收见图5.77），并发布产品创新、顾客体验、市场开拓三大发展战略。同时露露乐蒙对加拿大高性能骑行服品牌7mesh以及交互式健身镜品牌Mirror进行收购，弥补面料专利短板，增强业务协同性，业绩和市场预期逐步改善，股价攀升。[①]

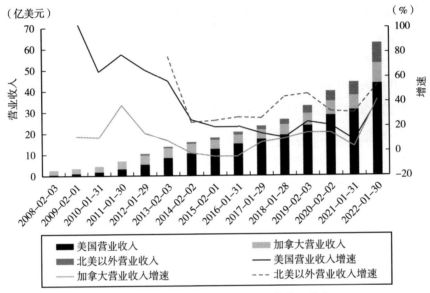

图5.77　露露乐蒙公司在各地区营收和增速

资料来源：彭博（Bloomberg）、公司公告。

休闲旅游行业的十倍股是缤客公司［Booking Holdings Inc.，2018年前公司名为普利斯林（Priceline），最高涨幅12.3倍］，成立于1997年，1999年上市，2010年超越另一巨头亿客行（Expedia）公司成为全球市值最大的在线旅游公司（OTA），主要提供网上预订系统，包括度假机票、酒店房间及出租汽车的旅游服务。

在线旅游公司（OTA）的收入来源一般包括三种模式，分别为代理佣金模式、批发模式和广告费模式。代理佣金模式是通过旗下的各类网站销售酒店、机票、租车等旅游产品，按销售额的一定比例收取佣金；批发模式是以某一价格买下旅游产品，再卖给消费者或者更小的OTA以赚取其中差价，其中作为逆向拍卖的模糊交易模式——"Name Your Own Price"（NYOP）被大众所熟知；广告费模式是通过旗下的旅游搜索引擎（比价平台）、餐厅预订网站等平台获得广告费收入。

---

① Franky Lau等：《露露乐蒙（LULULEMON）：百亿美元雄心，"Power of Three"继续驱动增长》，富途证券，2022年。

2004 年普利斯林收购英国酒店预订平台 Active Hotels，2005 年收购荷兰酒店预订网站 Bookings，之后公司将二者整合为缤客公司；而后缤客公司通过持续不断的并购扩张，大幅扩张业务边界与市占率，完善产业链，逐步发展成全球最大 OTA。究其成功原因，模式、赛道与市场的选择缺一不可。

其一是缤客公司的商业模式迎合市场需求从批发向代理转变。缤客公司最初以"NYOP 全模糊竞价"为基础的批发模式闻名，契合了消费者省钱和供应商处理库存的需求；但随着顾客对预订便捷化的诉求提升、供应商议价能力加强，NYOP 模式增长放缓，与之相对，代理模式对消费者和商家更友好，消费者无须预付、选择性多，商家可以自主定价、自主管理，逐渐成为 OTA 快速发展时期的主流商业模式。2005年普利斯林收购缤客后，公司顺应潮流加大代理模式业务拓展，实现了版图的快速扩张。缤客公司的最大竞争对手亿客行公司直至 2008 年才意识到代理业务的巨大市场，步伐落后；2007～2019 年缤客公司营收年均复合增长率为 22%，代理收入年均复合增长率更高达 35%，而亿客行公司营收年均复合增长率仅为 14%。从佣金率的角度，一般来说，代理佣金率不及批发，但代理业务扩张、代理规模庞大使得 OTA 话语权大幅提升，缤客司代理佣金率在 21 世纪 10 年代持续上行，而固守批发模式的亿客行公司其佣金率不断下滑，两公司营业收入情况如图 5.78、图 5.79 所示。①

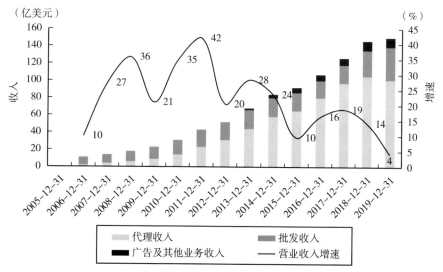

图 5.78　缤客公司各业务营业收入及增速

资料来源：万得（Wind）。

---

① 旷实：《OTA 市场跟踪报告：Priceline 的成长路径映射携程的成长空间》，中银国际证券研究所，2016 年。

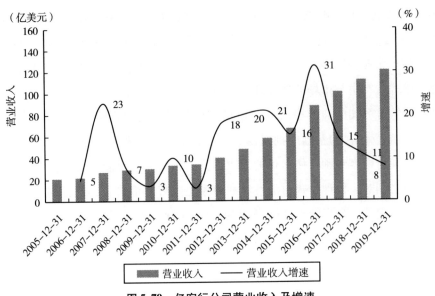

图 5.79　亿客行公司营业收入及增速

资料来源：万得（Wind）。

　　其二是从机票代理业务转向专注变现率最高的酒店代理业务。2000 年后，各大欧美航司开始压缩分销代理成本，导致 OTA 的机票代理佣金率几近为 0，同时航空公司发力在线直销也压缩了 OTA 的机票代理市场。酒店市场可变现空间高于交通，佣金率保持在 15%～20%，缤客公司及时将业务重心聚焦于酒店代理，快速扩张全球房源，企业端资源累积优势日益明显，2010 年赶超对手亿客行公司后持续拉开差距。此外，缤客公司的用户体验也更好，进一步促进了酒店业务的发展。

　　其三是抓住欧洲市场机遇，国际化突飞猛进。21 世纪初美国 OTA 发展在先，由于互联网普及相对更慢，欧洲 OTA 发展处于刚刚起步的阶段。而且西欧住宿市场分散、单体酒店偏多，这些酒店难以独自承担线上获客成本，为 OTA 的盈利整合提供了很大空间。普利斯林瞄准这一机会，2005 年收购整合缤客后率先发力欧洲 OTA 酒店市场，随着过去 20 年欧洲在线旅游渗透率从 10% 左右升至 50% 以上，缤客公司以欧洲为主的国际化发展突飞猛进。国际营收占比从 2005 年的 10% 上升至 2019 年的 90% 左右；而亿客行公司近几年的国际营收占比也仅在 30%～40%，如图 5.80 所示。[1]

──────────

　　[1]　焦俊、何富丽：《OTA（在线旅游）行业：知识分子红利驱动行业繁荣，竞争格局变数仍存》，国盛证券研究所，2019 年。

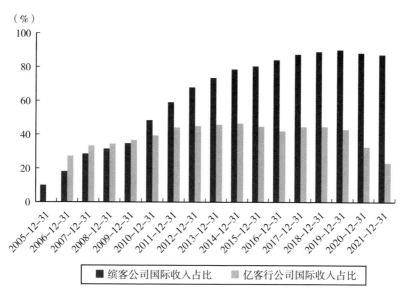

图 5.80　缤客公司和亿客行公司国际营收占比

资料来源：公司财报。

零售行业的 5 只十倍股分别是犹他彩妆公司（Ulta Beauty Inc.，最高涨幅 19.2 倍）、亚马逊公司（Amazon Com Inc.，最高涨幅 18.4 倍）、美客多公司（Mercadolibre Inc.，最高涨幅 16.3 倍）、奥莱利汽车零部件公司（O'Reilly Automotive Inc.，最高涨幅 11.7 倍）、罗斯百货公司（Ross Stores Inc.，最高涨幅 10.9 倍）。

犹他彩妆公司（Ulta Beauty Inc.，最高涨幅 19.2 倍）成立于 1990 年，2007 年在纳斯达克上市，2015 年超越丝芙兰成为美国最大的美妆产品连锁零售商，2019 年犹他彩妆公司在美妆洗护零售市场中的份额为 26.7%，位列第一。

犹他彩妆公司上市后一直保持较快的扩张速度和较强的盈利能力，2010～2019 年其净利润 CAGR 达 30%，如图 5.81 所示。2008 年国际金融危机后美国零售端出现从百货、商超转向专营店的趋势，犹他彩妆、丝芙兰等美妆专营店的扩店速度明显快于百货商店；而从公司层面来看，在选址战略上，犹他彩妆遵循"off-mall""郊区包围城市"策略，以较低的租金覆盖更大范围的消费群体，同时避开了市中心严峻的品牌竞争[1]；产品结构上，犹他彩妆提供超 2.5 万 + SKU，品类、价格档次覆盖全面，并推出"网红款"等差异化独家产品吸引客流；客户服务上，会员忠诚度计划提升了客户留存率和购物频次，2021 年门店会员贡献销售额占比已超过 95%，会员数量超

---

[1]　石林：《借鉴 ULTA BEAUTY　重审渠道机遇》，德邦证券研究所，2019 年。

3 700 万，见图 5.82；犹他彩妆还向顾客提供全方位沙龙服务以获客引流、提升黏性。[1]

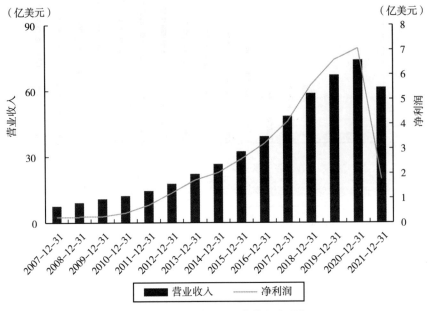

图 5.81　犹他彩妆公司营收和净利润

资料来源：万得（Wind）。

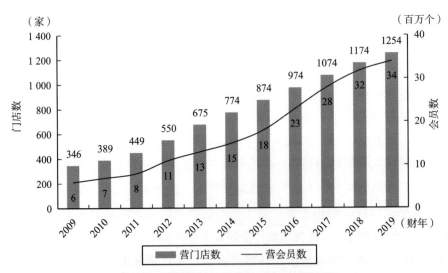

图 5.82　犹他彩妆公司美妆门店数和会员数

资料来源：万得（Wind）。

---

① 孙丹阳等：《美妆零售连锁龙头对我国的经验启示》，华泰证券研究所，2022 年。

　　亚马逊公司（Amazon Com Inc.，最高涨幅 18.4 倍）在 21 世纪 10 年代的持续上涨来自线上零售和云服务两大业务的共同发力，其营业收入、利润增长如图 5.83 所示。

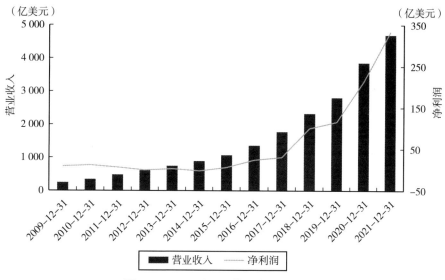

图 5.83　亚马逊公司营业收入和净利润

资料来源：万得（Wind）。

　　线上零售方面，亚马逊通过极高资本投入和深度创新，大力打造履约设施和技术服务平台，持续提升商品流通效率，满足上游商户与终端会员的需求，以"FBA + Prime"模式形成良性循环，实现生态体系的高效运转。过去 10 年，亚马逊在美国零售市场中的份额不断提升。欧睿数据显示，2019 年亚马逊在美国的线上零售总额达到 1 817 亿美元，占比为 35.6%；排名第二的 eBay 线上零售总额仅为 282 亿美元，占比 5.5%；沃尔玛的电商业务零售总额为 265 亿美元，占比 5.2%。美国线上零售渗透率整体较低，综合线下零售渠道后亚马逊市场份额仍低于沃尔玛（12% 左右），但在过去 10 年持续上升，从 2010 年的 1% 左右增长至 2019 年的 5.9%。[①]

　　亚马逊的另一块重要业务云计算在 21 世纪 10 年代取得迅猛发展。亚马逊不仅是云计算行业的开创者，更是在过去十多年中持续引领技术发展方向。21 世纪初，很

————————

① 李锦、陈亮、罗祎：《亚马逊的护城河》，长江证券研究所，2020 年。

多大企业都面临服务器资源不足的情况，2006 年亚马逊推出亚马逊（Amazon Web Services），以 Web 服务的形式向企业提供 IT 基础设施服务。通过将虚拟机和存储服务提供给开发者，用户不需要构建自己的服务器，就可以获取计算和存储能力，像水电一样可随取随用。2006 年 3 月 14 日 Amazon Web Services 发布 Simple Storage Service（简称 S3），自此"计算服务时代"的新纪元拉开帷幕，又名"云"。此后亚马逊不断投入资源发展云计算业务，在相当程度上引领了云计算行业的发展。2008 年，微软及谷歌相继进入云计算行业，这一时段计算和存储分离的理念初步确立，各大云厂商致力于为企业提供一些基础设施服务。

2012 年亚马逊"re：Invent"全球大会登上历史舞台，此次会议上，亚马逊云科技推出了业界首款云原生数据仓库 Amazon Redshift，标志着云原生开始从概念落地为产品，从理念上升为可落地的技术栈，随后井喷式发展。伴随着移动互联网和万物互联时代的到来，传统的计算和存储方式无法满足现阶段数据规模的井喷式爆发。2014 年"re：Invent"全球大会上，亚马逊云科技推出首款专门为云打造的数据库 Amazon Aurora。Amazon Aurora 完全兼容最普遍的 MySQL 和 PostgreSQL 关系型数据库，同时实现了计算、存储的高度分离和近乎无限扩展，既具备高端商用数据库的速度和可用性，又兼具开源数据库的简单性和成本效益，且其成本仅有商业级数据库的 1/10。自 2014 年发布至今，Amazon Aurora 始终保持着亚马逊云科技有史以来增长最为迅速的服务。Amazon Aurora 的发布揭开了云数据库时代的大幕。此后几年，亚马逊在数据库产品方面不断革新，开创了无服务器云原生数据库的先河。2017 年的"re：Invent"全球大会上，亚马逊云科技发布面向所有开发人员和数据科学家的全托管的机器学习服务——Amazon SageMaker，大大提升了开发人员和数据科学家构建、训练和部署机器学习模型的效率，开启了全新的智能时代。2020 年"re：Invent"全球大会上，亚马逊云科技进一步发布了 Amazon SageMaker Studio，成为首个全集成的 ML 开发环境。[1]

基于深厚的技术积累与客户沉淀，亚马逊的云计算业务在全球拥有广泛的客户分布，覆盖多个垂直行业，实现快速增长，在全球公有云市场中占有率排名第一。[2]

美客多公司（Mercadolibre Inc.，最高涨幅 16.3 倍）1998 年成立，2007 年在纳斯达克上市，是拉丁美洲最大的电商与支付平台，同时开展物流、金融科技等业务，

---

① 焦娟：《阿里巴巴 & 亚马逊，云计算巨头布局元宇宙的同与异》，安信证券研究所，2021 年。
② 胡又文、曹佩：《亚马逊：云计算与科技零售巨擘》，安信证券研究所，2018 年。

向拉丁美洲 18 个国家提供服务，目前拥有超过 1.4 亿年度活跃用户和超过一千万的活跃商家。美客多收入来源分为电商（交易市场 + 物流）和金融科技，两大业务收入占比约为 6.5 : 3.5。①

如图 5.84～图 5.87 所示，过去二十年拉丁美洲电商渗透率的提升是美客多崛起的重要背景，依托于早期股东易贝（eBay）提供的资源支持，公司以阿根廷为起点，陆续收购巴西、委内瑞拉、哥伦比亚等国本地电商或者广告平台，扩大市场份额，成为南美通用电商平台。2002～2020 财年公司年度总成交额（GMV）从 5 500 万美元上涨到 209 亿美元，占据约 20% 的拉美电商市场份额，增速远远超过 B2W 为代表的电商对手。21 世纪 10 年代持续不断的研发、人员投入也是公司保持高速增长的重要动力。

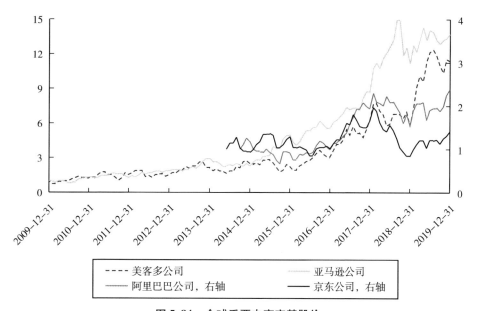

图 5.84　全球重要电商定基股价

资料来源：万得（Wind）。

---

① 《MercadoLibre 拉美头部电商》，六合商业研选，https：//www.laohu8.com/post/681858424，2022 年。

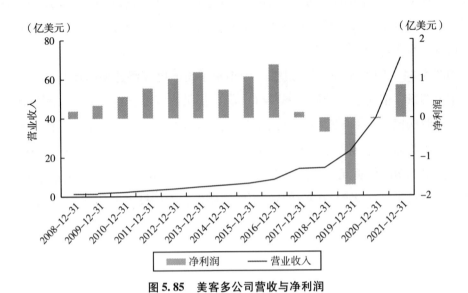

图 5.85　美客多公司营收与净利润

资料来源：万得（Wind）。

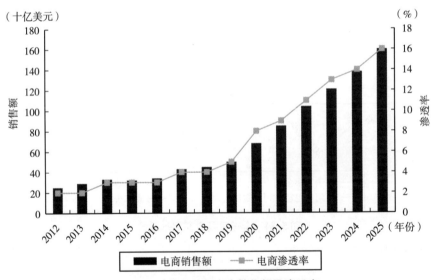

图 5.86　拉丁美洲电商销售额及渗透率

注：自 2020 年起为预测值。
资料来源：摩根士丹利。

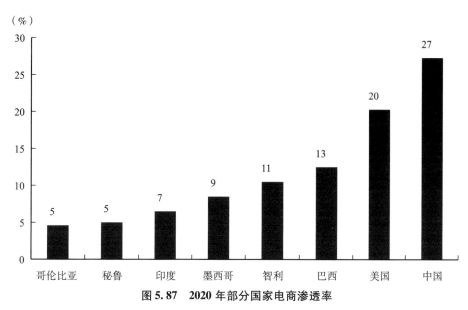

图 5.87　2020 年部分国家电商渗透率

资料来源：富达国际。

　　奥莱利汽车零部件公司（O'Reilly Automotive Inc.，最高涨幅 11.7 倍）成立于1975 年，是美国第二大汽车零部件零售商。主要从事汽车售后市场零部件、汽车维修相关工具及汽车装饰品的销售，并同时为有需要的客户提供安装和维修服务。美国汽车市场历史悠久，汽车文化成熟，奥莱利的两大客户群体是 DIY（自己动手做）车主以及专业的汽车维修企业（即小型企业修理店）。

　　2008 年国际金融危机后，虽然美国汽车销量在最初几年的大幅反弹后基本停止增长，但随着美国汽车保有量的持续增长以及平均车龄的提升，汽车售后市场迎来稳定发展，如图 5.88～图 5.90 所示。而且由于零部件连锁企业规模优势显著，尽管过去十几年零配件销售服务企业总数量增长不多，但行业集中度提升明显。龙头企业通过收购兼并的方式，逐步扩大自身规模，同时将整个行业的运营朝着标准化的方向改变。美国前十大汽配企业规模增长迅速，门店数量市场份额从 2001 年的 30% 逐步上升到 2018 年的 54%。[1]

　　① 林志轩等：《美国汽车后市场：规模大牛股辈出　龙头企业高增长给中国市场的启示》，华泰证券研究所，2020 年。

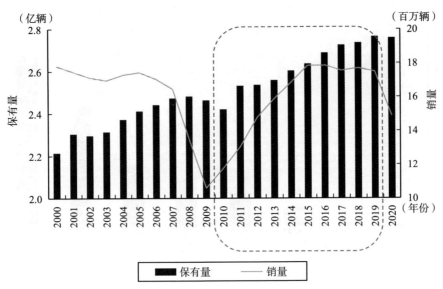

图 5.88　美国汽车保有量及销量

资料来源：CEIC。

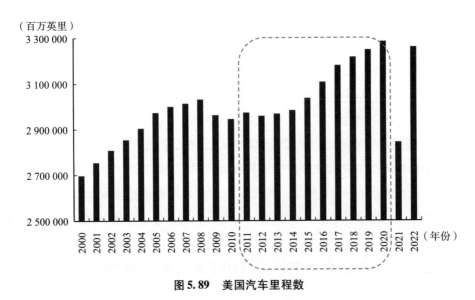

图 5.89　美国汽车里程数

注：1 英里 ≈ 1.609 千米。
资料来源：CEIC。

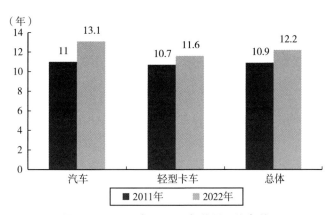

图5.90 2011 年、2022 年美国平均车龄

资料来源：标普全球公司。

奥莱利汽车借此机遇，通过快速的开新店、提升单店销售以及战略并购的形式实现了快速扩张，收入和利润大幅增长，见图5.91。同时，公司努力提升运营效率，产品、服务、库存与运营管理水平均居行业前列。针对个人 DIY 市场，公司配备了近千名专业技术人员进行服务；针对专业客户，公司有一支全职的销售队伍，进行实时的跟踪服务。奥莱利在全美有 27 个区域部署配送中心（DC）与 5 000 多家门店，存货也会根据各门店需求进行调整，保证随时满足客户需求。此外，过去数年奥莱利还通过持续的股票回购来为投资者带来了丰厚的投资回报。[①]

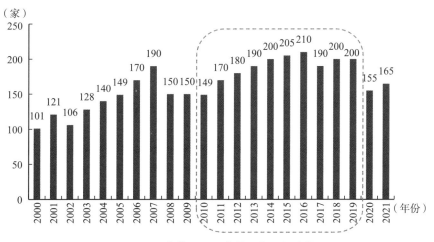

图5.91 奥莱利公司全美国新开门店数

资料来源：公司网站。

---

① 张夏、陈刚：《消费长青——细数美股十年十倍股系列之（消费篇）》，招商证券研究所，2020 年。

　　罗斯百货公司（Ross Stores Inc. ，最高涨幅10.9倍）成立于1950 年，在 20 世纪 80 年代确定了折扣销售模式，后发展成仅次于 TJX 公司的美国第二大折扣服饰和家居用品零售商，主要面向中低收入群体，与其他百货商店和专卖店的价格相比优惠幅度在20% ~60% 之间。金融危机后，美国居民消费习惯回归理性，更重视购物"性价比"，罗斯百货和 TJX 公司门店高速扩张，股价在 2010 ~ 2019 年最高涨幅分别为 10.9 倍和 6.7 倍；与之相对，主营全价高档商品的梅西百货在过去十余年门店几乎没有进一步扩张，股价也表现低迷，如图 5.92、图 5.93 所示。

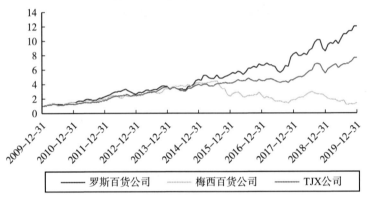

图 5.92　罗斯百货、梅西百货、TJX 公司股价走势

资料来源：万得（Wind）。

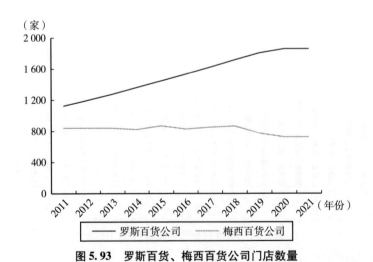

图 5.93　罗斯百货、梅西百货公司门店数量

资料来源：公司财报。

如图 5.94～图 5.97 所示，罗斯百货作为价格带更低的零售商，其毛利率（20%～30%）低于梅西百货等中高档百货（40% 左右），但通过低价采购策略以及优秀的存货管理，大大降低库存成本，从而实现更高净利率。罗斯百货通过错峰大批量采购商品获得进价优惠，高折扣率以及对上下游的议价能力又带来存货和资金周转大大提速，在 21 世纪 10 年代实现营收持续高增。此外，随着罗斯百货和 TJX 公司现金流的增长，其分红和股票回购量也不断上升，而梅西百货则在 2015 年后大幅减少回购，这也是造成两类零售商股价在 2015 年后走势分化的重要原因。①

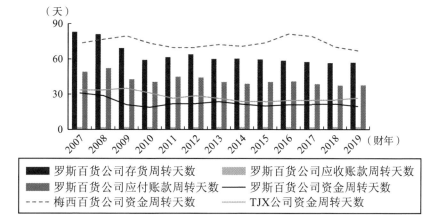

图 5.94　罗斯百货、梅西百货、TJX 公司存货及资金周转天数

资料来源：万得（Wind）。

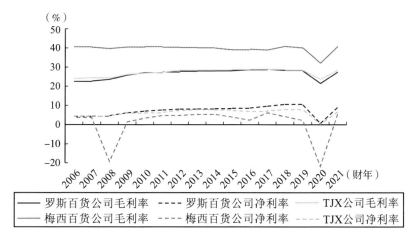

图 5.95　罗斯百货、梅西百货、TJX 公司毛利率与净利率

资料来源：万得（Wind）。

---

① 徐春：《聚焦 Ross 百货：集中经营集中优势，打包库存"打包利润"》，长江证券研究所，2014 年。

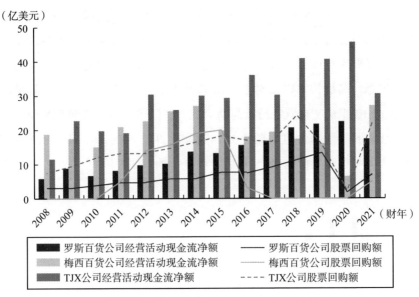

图 5.96　罗斯百货、梅西百货、TJX 公司经营现金流及回购额

资料来源：万得（Wind）。

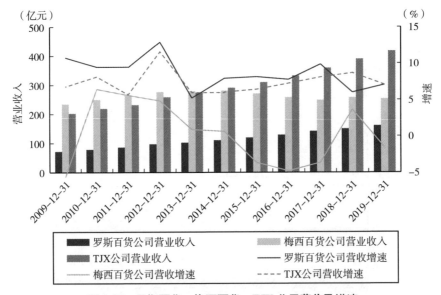

图 5.97　罗斯百货、梅西百货、TJX 公司营收及增速

资料来源：万得（Wind）。

必需消费品整体表现偏弱，仅在饮料行业产生了 2 只"十倍股"，分别是星座集团（Constellation Brands Inc.，最高涨幅 15.5 倍）、怪物饮料公司（Monster Beverage Corp.，最高涨幅 10.7 倍），如表 5.14 和图 5.98 所示。

表5.14   2010～2019年必需消费品板块高收益股（市值TOP500）

序号	最大上涨倍数	公司名（中文）	公司名（英文）	平均市值（千美元）	市值排序	GICS-11部门	GICS-24行业组	GICS-69行业	GICS-158子行业
1	15.5	星座集团	Constellation Brands Inc	18 711 835	244	必需品	食品、饮料和烟草	饮料	蒸馏酒厂和葡萄酒厂
2	10.7	怪物饮料公司	Monster Beverage Corp	20 188 961	229	必需品	食品、饮料和烟草	饮料	软饮料
3	8.5	雅诗兰黛公司	Lauder Estee Cos Inc	21 237 039	218	必需品	家庭和个人用品	个人产品	个人产品
4	7.6	泰森食品公司	Tyson Foods Inc	14 001 169	304	必需品	食品、饮料和烟草	食品	包装食品和肉类
5	5.5	好市多公司	Costco Wholesale Corp	65 657 526	59	必需品	食品和主食零售	食品和主食零售	大型超市和超级购物中心
6	5.3	丘奇德怀特公司	Church & Dwight Inc	10 210 573	406	必需品	家庭和个人用品	家用产品	家居用品
7	5.2	雷诺美国烟草公司	Reynolds American Inc	33 338 866	139	必需品	食品、饮料和烟草	烟草	烟草

资料来源：WRDS、各公司网站、研报、网络信息整理。

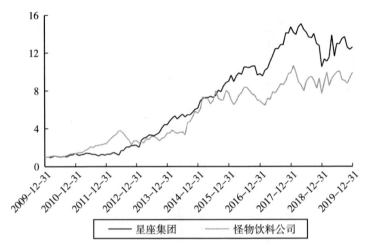

图 5.98 美国非必需消费品十倍股定基股价

资料来源：WRDS。

星座集团（Constellation Brands Inc.，最高涨幅 15.5 倍）是全球领先的优质葡萄酒、啤酒和烈酒生产商，旗下拥有众多酒类品牌。1945 年星座集团创立后，通过自主创新研发以及大量海内外并购形成超过 100 种的葡萄酒品牌矩阵，在 21 世纪初成为全球最大的葡萄酒生产和销售厂商。

2008 年国际金融危机后，公司战略从前期的规模扩张调整为聚焦高端、盈利更强的品牌，对相对中低端的、非核心品牌资产进行了剥离出售，在一定程度上影响了公司营收能力，但提高了公司整体利润水平，毛利率在过去十年从 30% 左右上升至50% 以上，如图 5.99 所示。

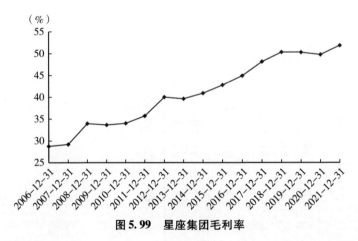

图 5.99 星座集团毛利率

资料来源：万得（Wind）。

此外，星座集团在 2013 年收购墨西哥啤酒莫得罗（Modelo）在美业务，跻身啤酒经营。在葡萄酒业务保持平稳的基础上（2013～2019 年营收年均复合增长率为1%），其啤酒业务快速增长（2013～2019 年营收年均复合增长率达 11%），成为驱动股价上行的另一动力，如图 5.100 所示。[1]

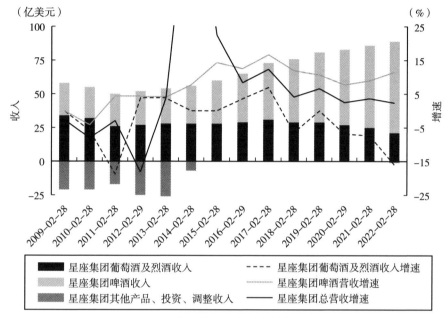

图 5.100　星座集团营收及增速

资料来源：万得（Wind）。

从 20 世纪 60 年代起，美国碳酸饮料销量快速攀升，90 年代达到峰值，在饮料消费（含酒精）中的比重达 30%。进入 21 世纪后，随着消费需求逐步走向个性化，美国居民对软饮料的消费也开始变得多元化，再加上健康意识的增强，传统高糖高热量的碳酸饮料受到来自风味瓶装水、功能饮料、茶饮等快速增长品类的冲击。功能饮料巨头欧洲红牛率先于 1997 年进入美国市场，而后传统饮料巨头纷纷布局这一新增长点，与此同时怪物饮料（Monster）、Rockstar 等新兴品牌也迅速崛起。

怪物饮料公司（Monster Beverage Corp.，最高涨幅 10.7 倍）的前身汉森公司于1970 年成立，主营天然苏打水和果汁。20 世纪 90 年代公司开始研发功能饮料并于1997 年推出首款产品，但受制于品牌和渠道劣势，其产品在与红牛及其他传统饮料

---

[1]　王莺：《中国葡萄酒将复制美国崛起，张裕对标星座集团》，华创证券研究所，2015 年。

巨头的竞争中处于劣势。

2002 年公司推出怪物饮料品牌的功能饮料产品，一举成为公司的核心品牌，并带动公司开启高速增长，2008 年其总营收达 10 亿美元，2012 年公司营收超 20 亿美元，公司正式由"汉森饮料"更名为"怪物饮料"。

2012 年后美国功能饮料市场迈入每年个位数增长的成熟期，怪物饮料公司加速海外布局。2015 年可口可乐完成收购怪物饮料 16.7% 的股份，双方通过品牌置换等方式整合强化了产品组合和分销能力。同年，怪物饮料在美国能量饮料市场的零售额市占率达 43.6%，超过红牛成为第一。此次收购对于怪物饮料公司最为核心的是渠道上可以借助可口可乐的全球分销网络进行扩张，进入亚洲、南美、非洲等主要国家及地区，逐步形成全球化市场覆盖。[1][2]

四、工业

美国工业板块主要包含资本品、运输，以及商业和专业服务三个行业，在 21 世纪 10 年代均呈现上行态势，资本品中的军工、运输中的航空、商业和专业服务中的服务与用品子行业均表现较强，如图 5.101 所示。

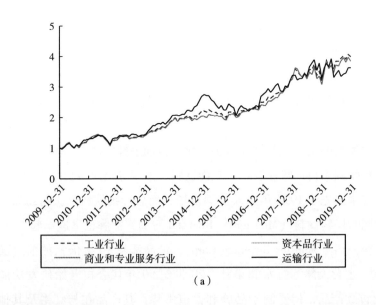

（a）

---

① 訾猛等：《借鉴怪物饮料，探中国能量饮料破局之道》，国泰君安证券研究所，2021 年。
② 欧阳予等：《中国软饮料行业深度报告：变中求进，百舸争流》，华创证券研究所，2021 年。

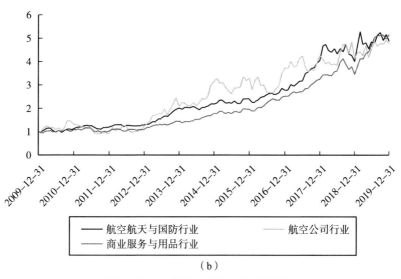

图 5.101 工业板块及子行业定基指数

资料来源：WRDS。

2010～2019 年美国工业板块的 57 只股票中共产生 2 只"十倍股"，分别为航空航天军工企业 TDG 公司（Transdigm Group Inc.，最高涨幅 11.9 倍）和服务与用品公司信达思公司（Cintas Corp.，最高涨幅 11.2 倍）。在此期间产生的 16 只五倍股中，共有 6 只军工股、5 只运输股、3 只商业与专业服务股，如图 5.102、图 5.103 所示。

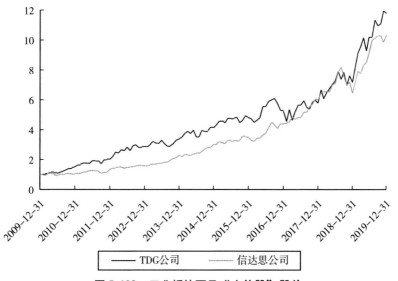

图 5.102 工业板块两只"十倍股"股价

资料来源：WRDS。

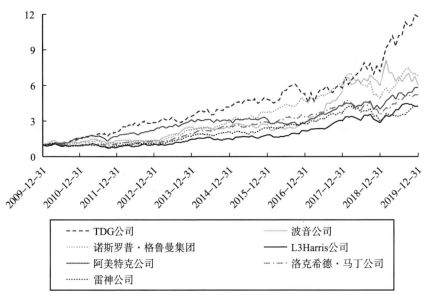

图 5.103 军工高收益股定基股价

资料来源：WRDS。

金融危机之后，美国国防军工股经历了十年大牛市，2010～2019 年标普军工指数（SPSIAD. SPI）上涨 405%，大幅超过标普 500 指数 190% 的涨幅。

军费支出是美国军工企业营收的主要来源，也是美国高度发达的军工行业的基础。2001 年"9·11"恐怖袭击发生后，美国将军事重心放在反恐上，军费大增，2009 年军费支出相比 2001 年增幅达 113.8%。2008 年国际金融危机后，《2011 年预算控制法案》出台，对 2012～2021 年的各项政府支出做出了限制，美国军费经历了5 年左右的下行周期。2017 年特朗普上任后主张大幅增加国防支出，军费再度上行。

美国的国防预算按照使用方式可以分为人员开支、装备采购、研发测试评估和运营支持四大部分，其中装备采购费用和研发测试评估费用是军工企业订单的经费来源，与军工巨头营收变化趋势基本吻合，21 世纪初大幅上升，2008 年国际金融危机后下行，2014 年触底而后再度上行，军费支出整体保持高位。除了美国政府的需求外，近十年中东等地区的局部冲突也促进了美国军工企业出口的持续增长，成为支撑业绩的另一动力，如图 5.104、图 5.105 所示。

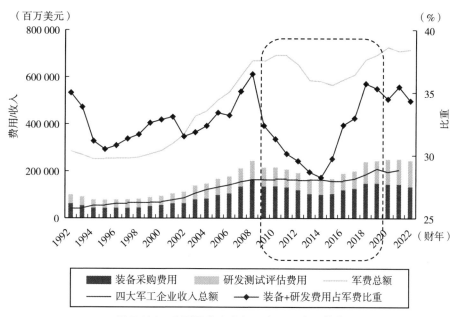

图 5.104　美国军费支出与四大军工企业营收

资料来源：《美国国防预算绿皮书》、万得（Wind）。

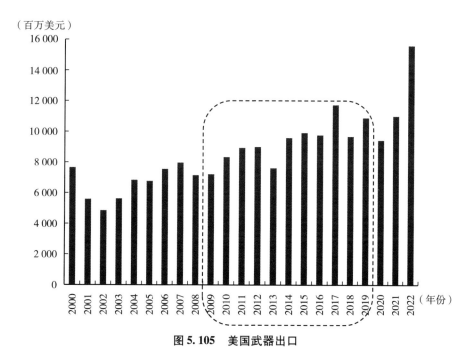

图 5.105　美国武器出口

资料来源：《美国国防预算绿皮书》、万得（Wind）。

在过去几十年中，军工巨头纷纷通过兼并收购逐步发展成涉及航空、航天、车辆、船舶、信息化等多个领域的大型军工复合体。通过并购与重组，军工企业的收入和利润得以增长，盈利能力提升，竞争力大大增强，推动股价上行。

20 世纪 90 年代初军费支出下降，美国军方认为未来政府更需要的是能够集成作战系统的供应商，并通过产能整合来降低成本，于是公开鼓励军工企业合并。在美国政府的主导下，军工行业掀起了大规模兼并重组的浪潮：如洛克希德公司 1993 年收购通用动力公司的军机生产部门；1995 年与马丁·玛丽埃塔公司合并，组成新的洛克希德·马丁公司；波音公司在 1996 年收购罗克韦尔（Rockwell）公司的航天与防务业务，1997 年与麦道公司进行高达 133 亿美元的换股，合并成立新的波音公司。经过十多年的兼并重组，美国大型武器装备供应商从 20 世纪 80 年代的 50 多家急剧减少到 21 世纪初的 10 家左右。

2008 年国际金融危机后的几年中，政府军费减少带来军工企业收入下滑，巨头们纷纷剥离利润较低的业务以求改善盈利，在 2009～2014 年，虽然美国国防开支下降，但军工行业利润提高至 12% 左右。资产剥离浪潮也导致了军工不同子行业的分化，专注于军事系统及相关商业领域（如航空）的企业利润稳定在 10%～12%，而面向政府服务的企业受累于军费减少，利润率降至 10% 以下。

2015～2020 财年，美国国防部对核心防御系统的支出不断增加。2017 年特朗普上任后更加速了国防预算增长，同时还进行了减税，国防承包商的负担进一步降低。在此背景下，军工巨头发起新一轮并购，主要聚焦于核心技术，包括航空航天、国防电子、导弹、信息技术等。[①]

TDG 公司（TransDigm Group Inc.）是全球领先的飞机组件设计、生产以及供应商，也是过去十年涨幅最高的军工股，在 2010～2019 年最高涨幅近 12 倍。

1993 年 TDG 公司成立，2003 年美国的私募股权投资（PE）机构华平基金（Warburg Pincus）成立 TDG（TransDigm Group）并杠杆收购 TD 公司（TransDigm Inc.），后于 2006 年在纽交所上市。TDG 公司设计生产的零部件应用于几乎所有在运营的商业飞机以及欧美生产的军用飞机上。

---

① 石康等：《它山之石——从美股军工股走强看 A 股军工股投资价值》，兴业证券研究所，2018 年。

　　TDG 公司的产品竞争力是支撑其高盈利水平的重要基础。首先，TDG 大部分收入来自拥有专利权的独家供应产品，近几年其收入中的 90% 源于专利产品销售，所提供产品中的 80% 为单一来源供货，以保证公司对产品的强定价权以及高盈利水平；其次，TDG 的产品性质更偏向于耗材而非维修品，更新替换周期更短；最后，公司军品与民品收入的比例大致为 3∶7，在美国军费下降阶段其营收也可保持平稳；最为重要的是，TDG 不仅面向受新飞机订单建造交付驱动的 OEM 市场，其收入还来自为受机队规模增长以及总飞行里程增长双重驱动的后市场提供全生命周期服务，这种模式下收入增长更为平稳且可持续，全生命周期可达 50 年以上，TDG 公司的收入结构见图 5.106，毛利和净利率见图 5.107。[①]

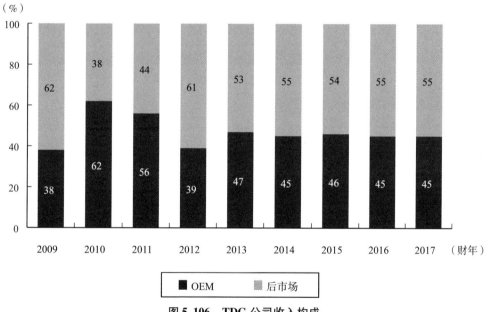

图 5.106　TDG 公司收入构成

资料来源：TDG 公司网站、万得（Wind）。

_____

　　[①]　陈珺诚、王宇飞：《寻找中国的 TransDigm Group》，中金公司研究所，2018 年。

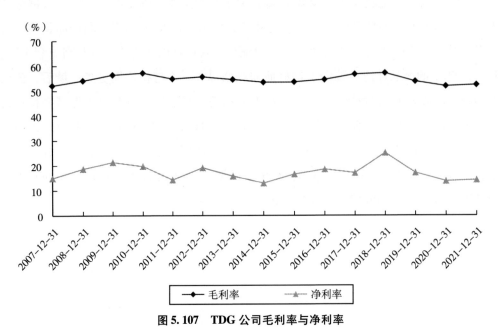

图 5.107 TDG 公司毛利率与净利率

资料来源：TDG 公司网站、万得（Wind）。

TDG 公司以航空零部件为主业，单一产品面对的市场较小，其通过大量并购增加细分市场数量从而扩大公司产品在航空整机中的价值占比，扩大成长空间。2006 ~ 2018 年，TDG 完成了 49 起收购，且其收购标的大多为生产独供产品的细分市场龙头，通过强强联合，不断巩固公司竞争地位。

如表 5.15 和图 5.108 所示，21 世纪 10 年代美国运输业中的航空股也取得了较大涨幅，西南航空公司（Southwest Airlines Co.）、达美航空公司（Delta Air Lines Inc.）和美国联合航空公司（United Airlines Holdings Inc.）在 2010 ~ 2019 年最高涨幅都在 8 倍左右，上涨主要集中在 2013 ~ 2015 年，供给侧改革是 21 世纪 10 年代美国航空股大涨的先决条件。

表5.15 2010～2019年工业板块高收益股（市值TOP500）

排序	最大上涨倍数	公司名（中文）	公司名（英文）	平均市值（千美元）	市值排序	GICS-11部门	GICS-24行业组	GICS-69行业	GICS-158子行业
1	11.9	TDG公司	Trans Digm Group Inc	11 777 842	353	工业	资本品	航空航天与国防	航空航天与国防
2	11.2	信达思公司	Cintas Corp	11 314 729	365	工业	商业和专业服务	商业服务与用品	综合支持服务
3	8.1	西南航空公司	Southwest Airlines Co	21 749 300	213	工业	运输	航空公司	航空公司
4	8.1	达美航空公司	Delta Air Lines Inc	28 287 102	166	工业	运输	航空公司	航空公司
5	8.1	波音公司	Boeing Co	106 418 496	37	工业	资本品	航空航天与国防	航空航天与国防
6	7.9	美国联合航空公司	United Airlines Holdings Inc	15 748 978	284	工业	运输	航空公司	航空公司
7	7.7	诺斯罗普·格鲁曼集团	Northrop Grumman Corp	33 407 200	137	工业	资本品	航空航天与国防	航空航天与国防
8	7.6	马斯可木业公司	Masco Corp	8 970 481	453	工业	资本品	建筑产品	建筑产品
9	6.2	L3Harris公司	L3Harris Technologies Inc	13 835 405	311	工业	资本品	航空航天与国防	航空航天与国防
10	6.2	阿美特克公司	Ametek Inc	12 713 681	331	工业	资本品	电气设备	电气元件和设备
11	6.0	联合太平洋铁路公司	Union Pacific Corp	80 652 551	49	工业	运输	公路与铁路	铁路
12	5.8	威瑞斯克分析公司	Verisk Analytics Inc	12 106 075	347	工业	商业和专业服务	专业服务	研究与咨询服务
13	5.7	洛克希德·马丁公司	Lockheed Martin Corp	61 677 801	65	工业	资本品	航空航天与国防	航空航天与国防
14	5.6	CSX运输公司	CSX Corp	33 762 101	134	工业	运输	公路与铁路	铁路
15	5.4	雷神公司	Raytheon Co	35 973 377	122	工业	资本品	航空航天与国防	航空航天与国防
16	5.2	艾可菲公司	Equifax Inc	10 153 866	408	工业	商业和专业服务	专业服务	研究与咨询服务

资料来源：WRDS、各公司网站、研报、网络信息整理。

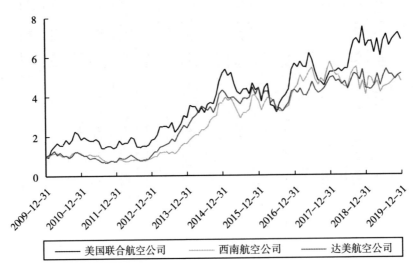

图 5.108　航空高收益股定基股价

资料来源：WRDS。

　　1950 年以来，美国航空业经历了三个发展阶段。

　　第一阶段是 1979 年以前，美国民用航空委员会（CAB）对于市场准入、航线网络、运价以及服务质量进行严格监管，市场竞争有序，尽管盈利有周期波动，但仅有三次行业亏损。

　　第二阶段是 1980 年至 2008 年国际金融危机前，管制放松后行业进入完全竞争状态，行业集中度低削弱了航空公司定价权，只能通过价格竞争获取客流，虽客座率不断提升，但 30 年中超过一半的年份都在亏损，长期回报率低于资本成本，被巴菲特冠以"价值毁灭"阶段。

　　第三阶段是国际金融危机后，行业集中度随破产、并购大幅上升，竞争格局优化。如 2008 年达美航空兼并美国西北航空、2010 年美国联合航空与大陆航空合并、2013 年美国航空与全美航空合并、2016 年阿拉斯加航空收购维珍航空。从 20 世纪 90年代末到 2014 年，美国航空公司总数从 103 家减少到 52 家，集中度提升（见图5.109），大型航企运力供给放缓，客座率屡创历史新高。近十年各大航空巨头在各自重心区域逐步构建起大型枢纽网络，掌控力提升后票价（通胀调整后）连续提升，航空公司盈利增长带动股价上行，见图 5.110。此外，2014～2015 年页岩油产量大增导致原油供给过剩、油价大幅下跌，上游（油气行业）的利润让渡也在一定程度上提振了美国航空业盈利，如图 5.111 所示。[1]

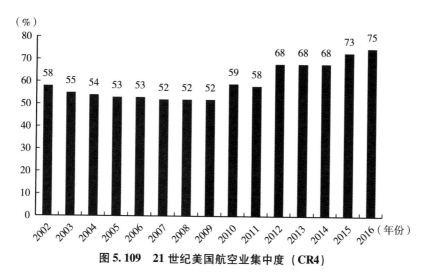

图 5.109　21 世纪美国航空业集中度（CR4）

资料来源：BST。

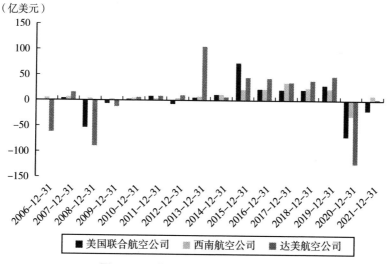

图 5.110　美国三大航空公司净利润

资料来源：万得（Wind）。

---

[1]　袁钉、常涛：《美国航空大牛市深度思考：无形供给侧改革，9 年长牛 10 倍股》，招商证券研究所，2018 年。

图 5.111　2002～2021 年原油价格走势

资料来源：万得（Wind）。

　　信达思公司（Cintas Corp.，最高涨幅 11.2 倍）是北美最大的职业装制造商，除了制服租赁和售卖，公司业务范围还涵盖设施服务、清洁服务以及急救与安全服务等方面。

　　信达思成立于 1968 年，在 2007 年金融危机之前，信达思一方面注重改善制服产品和质量，另一方面通过兼并收购扩展业务覆盖范围，提高市场占有率。2008 年，美国爆发金融危机，大量公司裁员，制服需求下滑，信达思营收骤减。为了应对困境，信达思对内关闭部分制造工厂、减少管理费用、改善成本结构；对外开始走向海外扩张，2009 年在中国建厂、2013 年进军欧洲，在一定程度上降低了依赖美国单一市场的风险，其营收开始稳步上升。2016 年后，信达思通过两次收购竞争对手，扩大市场份额，实现营收高增长。第一次收购是 2016 财年公司以 1.34 亿美元收购泽医疗（Zee Medical）的全部股份，扩张急救业务，收购初期的整合阶段利润有所下降，而后恢复上升；第二次是 2017 财年，公司以 21 亿美元的价格收购竞争对手——美国五大制服公司之一 G&K 服务（G&K Services），从而公司制服业务的市场地位得到进一步巩固。信达思公司在 21 世纪 10 年代的净利润和收入增速如图 5.112、图 5.113 所示。[①]

---

　　① 糜韩杰、左琴琴：《从美国制服行业龙头信达思成长史看中国制服行业未来发展》，广发证券研究所，2021 年。

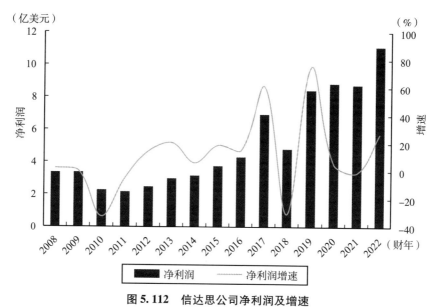

图5.112　信达思公司净利润及增速

资料来源：万得（Wind）。

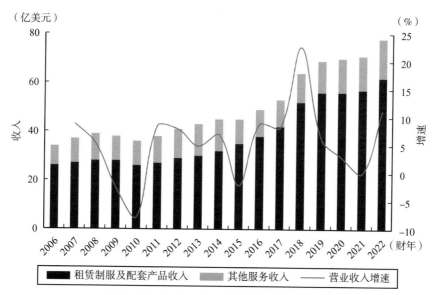

图5.113　信达思公司营业收入结构及增速

资料来源：万得（Wind）。

五、娱乐与媒体

21 世纪 10 年代，伴随着 4G 网络商用后的飞速普及，全球智能手机、平板电脑等移动设备出货量急速增加，2010 ~ 2015 年全球智能手机出货量年均复合增长率达 42%，之后基本保持每年出货 13 亿 ~ 14 亿台。移动终端的大爆发及对应操作系统的普及给软件提供了广阔的运行平台，2014 ~ 2019 年全球手机应用总营收（包含应用内广告收入和应用下载收入）增速维持在 25% 以上，至 2019 年已近 5 000 亿美元。脸书（Facebook）与奈飞（Netflix）是移动互联时代迅猛发展的下游应用代表。2008 年，社交媒体巨头脸书月活跃用户数（MAU）仅 1.4 亿人，流媒体巨头奈飞也只拥有 1 000 万的订阅用户；经过十余年的发展，到 2019 年，脸书月活跃用户数已增长到 25 亿人，Netflix 的订阅用户数也已超 1.4 亿人。

21 世纪 10 年代美国媒体与娱乐行业诞生了多家高收益股，内容为王的流媒体巨头奈飞公司以最高涨幅 50 倍一骑绝尘，游戏行业的艺电公司（Electronic Arts Inc.）、动视暴雪公司（Activision Blizzard Inc.）也涨幅居前；社交巨头脸书最高上涨 11.4 倍；此外，电视运营商查特通信（Charter Communications Inc.）公司和卫星广播公司天狼星公司（Sirius XM Holdings Inc.）在 21 世纪 10 年代同样走势强劲，如图 5.114 ~ 图 5.115 及表 5.16 所示。

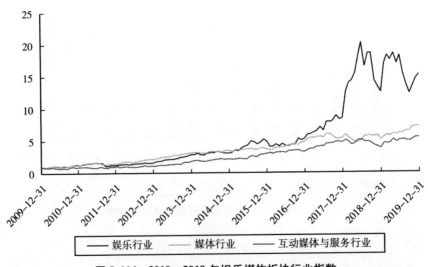

图 5.114 2010 ~ 2019 年娱乐媒体板块行业指数

资料来源：WRDS。

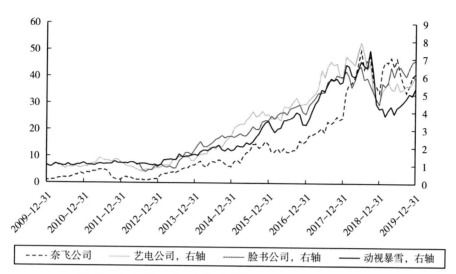

图 5.115 2010～2019 年娱乐媒体板块"十倍股"定基股价

资料来源：WRDS。

奈飞公司（Netflix Inc.）成立于 1997 年，2002 年上市，是目前全球会员规模最大的视频流媒体平台，在 2010～2019 年最高涨幅 50.3 倍，位列美股涨幅第一。

创立之初，奈飞采用"线上租赁 + 邮寄"模式出租 DVD，1999 年推出无到期日、无逾期费、无邮费的会员租赁制度，解决了消费者在线下门店所遇到的高额逾期费的痛点，积累了首批付费用户。

从 2007 年奈飞开始向流媒体业务转型至今，其发展可划分为三个阶段。

第一阶段是 2007～2010 年的转型初期，发展重心在于拓展分发渠道。渠道方面，奈飞与多家公司合作，将视频软件扩展至蓝光播放器、机顶盒、电视机、笔记本电脑和移动设备，尽力触达消费者；内容方面，奈飞与 CBS、迪士尼、星光娱乐等电视制作公司合作，获得其部分内容的播放许可权，但这一阶段奈飞拥有的版权数量还比较少。

第二阶段是 2011～2012 年的内容储备期。2011 年奈飞采取的拆分 DVD 业务、让消费者在租赁 DVD 与流媒体中二选一等激进变革虽未实现，但标志着奈飞全面向流媒体视频服务商转型。虽然奈飞初步开启了自制尝试，但这一阶段的内容扩充仍以版权采购为主，2011 年 3 月，奈飞与米拉麦克斯（Miramax）电影公司达成未来五年网络版权合作协议；2011 年 4 月，与 20 世纪福克斯达成部分作品的网络版权协议；7 月达成与音乐电视网（MTV）、哥伦比亚广播公司（CBS）及环球影视公司（NBCU）

表 5.16　2010～2019 年娱乐媒体板块高收益股（市值 TOP500）

序号	最大上涨倍数	公司名（中文）	公司名（英文）	平均市值（千美元）	市值排序	GICS-11 部门	GICS-24 行业组	GICS-69 行业	GICS-158 子行业
1	50.3	奈飞公司	Netflix Inc	46 213 358	92	通信服务	媒体与娱乐	娱乐	影视娱乐
2	13.5	查特通信公司	Charter Communications Inc	40 245 893	114	通信服务	媒体与娱乐	媒体	有线和卫星
3	12.8	艺电公司	Electronic Arts Inc	17 021 227	264	通信服务	媒体与娱乐	娱乐	互动家庭娱乐
4	11.9	天狼星公司	Sirius XM Holdings Inc	18 137 582	249	通信服务	媒体与娱乐	媒体	有线和卫星
5	11.4	脸书公司	Facebook Inc	287 628 151	5	通信服务	媒体与娱乐	互动媒体与服务	互动媒体与服务
6	8.2	动视暴雪公司	Activision Blizzard Inc	25 289 601	188	通信服务	媒体与娱乐	娱乐	互动家庭娱乐
7	7.3	T Mobile 公司	T Mobile US Inc	29 760 781	153	通信服务	通讯服务	无线电信服务	无线电信服务
8	6.0	字母表公司	Alphabet Inc	246 803 139	9	通信服务	媒体与娱乐	互动媒体与服务	互动媒体与服务
9	5.7	康卡斯特公司	Comcast Corp	120 320 645	32	通信服务	媒体与娱乐	媒体	有线和卫星
10	5.4	维亚康姆公司	Viacomcbs Inc	21 730 120	214	通信服务	媒体与娱乐	媒体	广播

资料来源：WRDS、各公司网站、研报、网络信息整理。

的版权合约；2011 年 9 月，宣布将获得梦工厂动画的授权；2012 年 12 月，奈飞与迪士尼签署长期独家付费电视版权授权协议。上述布局使得奈飞所提供剧集节目的丰富性大大提升。奈飞第一、第二阶段的转型仍然受到市场质疑，股价表现相对低迷。

第三阶段是 2013 年至今的爆发期，聚焦原创构建内容护城河，同时加速海外扩张。2013 年 2 月 1 日，奈飞自制剧《纸牌屋》全球同步上线，获得大量好评，成功带动的订阅用户增长，见图 5.116。而后奈飞对原创内容的投入不断增加，布局方向开始由量向质、由丰富性向独家性转变，在类型上拓展至电影、动漫等，相继推出了《女子监狱》《马男波杰克》《黑镜》《超感猎杀》《王冠》《后翼弃兵》等优质剧集和《罗马》《婚姻故事》《爱尔兰人》等屡获提名的优秀电影。

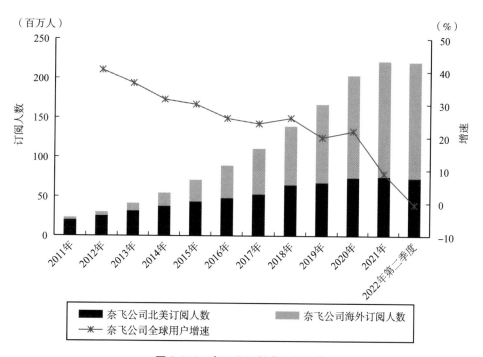

图 5.116 奈飞公司付费订阅人数

资料来源：公司财报。

2013 年之后奈飞的全面爆发还伴随着海外市场的扩张，奈飞的国际化之路始于 2010 年进入加拿大，而后相继进军拉丁美洲、欧洲市场，2016 年基本已覆盖除中国等少数几个国家和地区外的全球市场。奈飞来自全球 190 多个国家和地区的庞大用户群体不仅形成了极高的网络效应，更赋予其超强的整合分发能力，对上游议价能力也大幅上升。

近年来，奈飞的海外扩展不仅限于将英语原创内容翻译后分发海外，而是紧密贴合当地受众需求，将美国电影电视工业化与本土文化融合进行创作，增强对当地观众的吸引力。比如结合韩国文化的《王国》《鱿鱼游戏》、与日本文化融合的《弥留之国的爱丽丝》均获得较高热度。[①]

奈飞公司的营收结构及增速如图 5.117 所示。

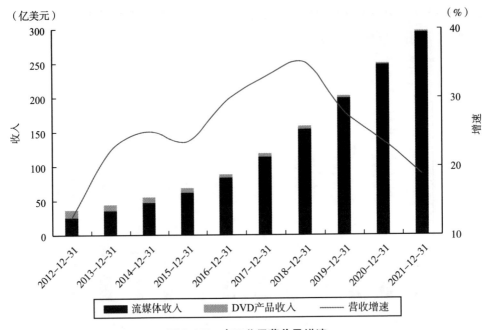

图 5.117　奈飞公司营收及增速

资料来源：万得（Wind）。

同样是内容赛道上的游戏公司艺电（Electronic Arts Inc.）、动视暴雪（Activision Blizzard Inc.）在 21 世纪 10 年代的最高涨幅也在 10 倍上下。

受益于消费复苏以及政策扶持，美国游戏产业在金融危机之后数年稳步增长，全球游戏市场收入规模从 2012 年的 706 亿美元扩张至 2021 年的 1 757 亿美元，其中移动端游戏是增长最快部分，复合年均增长率达 27%，PC 和主机游戏份额被移动端游戏挤占，但规模还保持每年 5% 左右的增长，见图 5.118。从文化角度，美国人习惯

---

① 张雪晴等：《Netflix 急流勇进，内容制胜的视频平台》，中金证券研究所，2021 年。

于将游戏看作是与朋友、家人之间重要的纽带，整体持积极态度，也在一定程度上有利于游戏产业的发展。

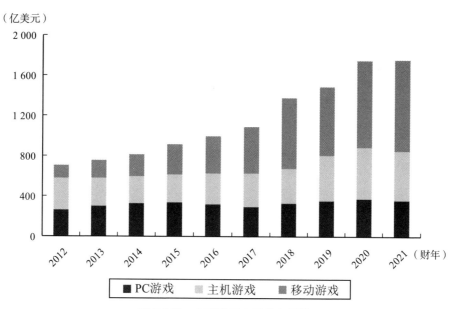

（亿美元）

图 5.118 全球游戏市场收入规模

资料来源：Newzoo。

艺电和动视暴雪公司在 21 世纪 10 年代依靠成功的 IP 运营获得快速增长。

艺电公司（Electronic Arts Inc.）创立于 1982 年，主营电子游戏的开发、出版和销售。20 世纪 90 年代公司走上并购扩张之路，2007 年开始采用城邦式的商业模式，保持旗下工作室独立性的同时，适当干预并加以整合。艺电旗下拥有 Game、Sports、Maxis 和 All Play 四大部门，和 DICE、BioWare 等王牌工作室，既有《FIFA 足球》（1994）和《极品飞车》（1994）这样长盛不衰的经典游戏，也有《质量效应》（2007）、《明朗》（2016）等潜力新款游戏。

成功的 IP 创作与运营是 EA 脱颖而出的关键所在。游戏公司业绩常受短期盈利项目驱动，艺电公司的游戏普遍为"大 IP"、受众规模庞大，如 FIFA、NBA、NFL、极品飞车、战地等系列产品，可以长期、持续地为公司贡献稳定的收入与现金流，具备较强的风险承受能力。除了持续大量研发投入、专注 3A 游戏构筑竞争壁垒外，收购成为积累知识产权（IP）的重要手段，公司从 20 世纪 90 年代起持续收购经典 IP，其续作和移植的畅销为艺电公司带来稳定的营业收入增长。此外，艺电公司通过内部业务拓展与外部并购全面布局线上线下发行渠道，构建多市场、全平台的发行体系，游戏发行能力大大增强。[①]

动视暴雪（Activision Blizzard Inc.）是全球最大的游戏开发商和发行商之一，为游戏用户提供精品化 3A 游戏大作，拥有《使命召唤》《魔兽世界》《守望先锋》等多款经典游戏 IP。公司成立之初主要从事主机游戏的研发与发行，后续通过兼并与收购将业务逐步拓展至 PC 端与移动游戏领域。

1979 年，动视公司成立，以第三方主机游戏研发与发行切入游戏市场，通过陆续收购游戏工作室夯实研发实力；2008 年，动视收购暴雪并与维旺迪游戏合并，动视暴雪正式成立，暴雪带来的电脑游戏业务成为公司增长新动能；2013 年公司从维旺迪手中回购股权并开始独立运营；而后于 2016 年完成对休闲游戏公司 King 的收购，补足移动游戏业务短板，完成全终端类型覆盖。微软于 2022 年 1 月宣布以 687 亿美元收购动视暴雪。

IP 塑造与运维依然是动视暴雪的核心竞争力。2010～2020 年公司头部游戏 IP 产生的收入占比平均为 70%；2020 年三大游戏 IP《使命召唤》《糖果传奇》《魔兽世界》收入贡献达 76%。在 IP 塑造层面，公司每年均会推出多款旗下经典游戏 IP 的续作，结合玩法趋势变化与市场热点对游戏内容进行改进、叠加与拓展，进而延长 IP 的吸引力。在 IP 运维层面，公司基于游戏世界观打造小说、影视、周边商城、电竞等衍生业务，以多元形态放大 IP 影响力。

在 IP 经营的过程中，并购成拓展业务的重要手段，吸纳新生力量带来新增长点。如动视暴雪陆续于 21 世纪头十年收购 Treyarch、Infinity Ward、Sledgehammer Games 工作室，随后由三大工作室共同研发《使命召唤》系列游戏，以三足鼎立的架构降低研发不确定性并增强内容风格多元化，在此结构下，《使命召唤》系列在近 10 年保持了按年推新的频率，构成公司的重要业绩支撑，截至 2020 年末《使命召唤》系列累计收入已达到 270 亿美元；再如公司 2016 年收购休闲游戏公司 King，借助其成熟的移动游戏 IP，切入手游市场，移动端驱动了 21 世纪 10 年代后期的新增长，如图 5.119 和图 5.120 所示。[②]

---

① 唐思思：《EA，IP 运营为核心，持续并购推动发展》，中信证券研究所，2019 年。
② 张雪晴、余歆瑶：《动视暴雪极简史——探寻微软收购的背后》，中金公司研究所，2022 年。

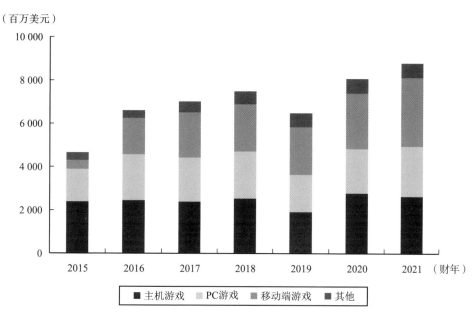

图 5.119　动视暴雪不同类别游戏营业收入

资料来源：万得（Wind）。

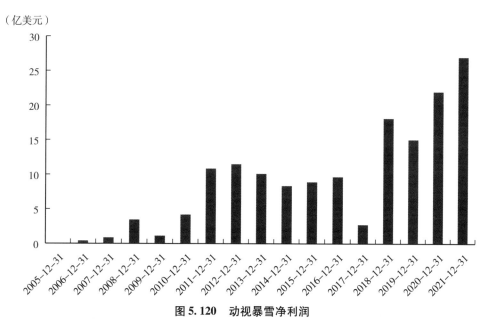

图 5.120　动视暴雪净利润

资料来源：万得（Wind）。

社交巨头脸书（Facebook Inc.）公司（2021 年更名为 Meta）于 2004 年在哈佛大学成立。2012 年上市之前，脸书公司已基本完成从高校到全民、从社交网络到开放性平台系统的初步建立，并于 2008 年启动全球战略，2009 年其访问量超过竞争对手聚友（MySpace）。

2012 年 5 月脸书公司在纳斯达克上市，成功融资 160 亿美元，而后通过收购图片和视频分享软件照片墙（Instagram）、即时通信软件 WhatsApp 构建社交网络生态，用户数持续增长。2014 年起脸书公司通过收购 VR 设备公司开始布局元宇宙，2021 年公司改名为 Meta，聚焦元宇宙生态构建。[①]

脸书公司在 21 世纪 10 年代的高速增长主要来源于其把握了移动互联时代社交网络这一蓝海市场，通过产品的迭代和丰富，奠定社交霸主地位。如图 5.121 所示，2010～2022 年，脸书公司全球月活跃用户数（MAU）从 3.6 亿上升至 29.4 亿，庞大的用户群体、高黏性的社交流量以及天量用户数据提供广告变现引擎，持续的高研发投入进一步加深护城河，见图 5.122、图 5.123。[②]

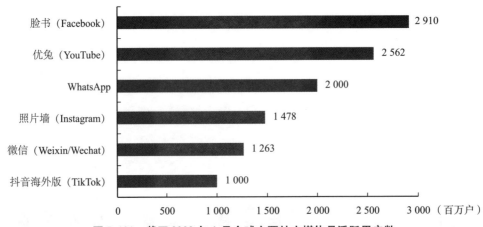

图 5.121　截至 2022 年 1 月全球主要社交媒体月活跃用户数

资料来源：Statista。

---

① 张良卫等：《Facebook $ 5 000 亿社交帝国的根基——深度分析社交属性流量价值》，东吴证券研究所，2017 年。
② 张忆东等：《Facebook：社交巨头——海外核心资产启示录系列》，兴业证券研究所，2018 年。

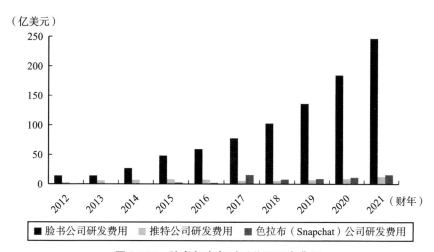

图 5.122　脸书与竞争对手公司研发费用

资料来源：万得（Wind）。

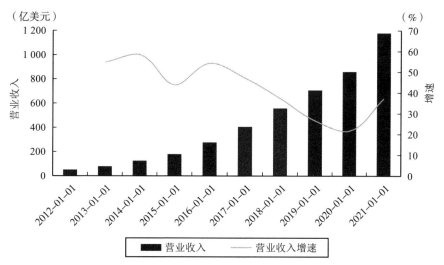

图 5.123　脸书公司营业收入及增速

资料来源：万得（Wind）。

有线电视营运商查特通信（Charter Communications Inc.）公司和卫星广播公司天狼星公司（Sirius X M Holdings Inc.）在 21 世纪 10 年代也大幅上涨，见图 5.124。

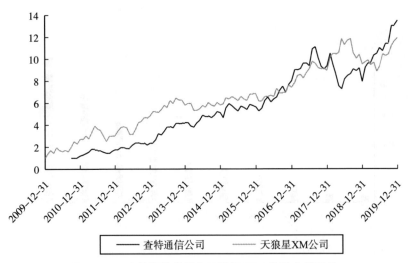

图 5.124　查特通信公司和天狼星 XM 公司定基股价

资料来源：WRDS。

　　查特通信公司创建于 1999 年，主要从事用电缆将电视信号传输给用户，视频与互联网业务是其营收的主要来源。21 世纪 10 年代互联网飞速发展促进公司有线通信业务迅速增长。此外，公司近 20 年来通过不断地合并、收购壮大自身，2016 年完成对光明屋网络公司（Bright House Networks）和时代华纳有线（TWC）的收购后，成为美国第二大有线电视和宽带提供商，2018 年起移动业务成为新增长点。

　　天狼星公司是全球最大的卫星音频广播服务公司，主要为用户提供付费车载节目和免费音乐。美国私家车市场的庞大保有量和公司在内容上不遗余力的布局是其用户稳步增长的重要基础，2010～2021 年公司营收复合年均增长率达 11%。

六、金融

　　自 2009 年起，随着大规模货币、财政政策刺激以及相关产业救助政策不断推出，美国金融行业随经济复苏逐步从金融危机的谷底走出。2010 年奥巴马签署《多德－弗兰克华尔街改革与消费者保护法案》，启动大萧条以来最大规模金融监管改革，监管趋严使得金融体系向稳健转变，美国金融行业指数在 2010～2019 年走势与标普 500 基本一致，十年约上涨两倍，如图 5.125 所示。

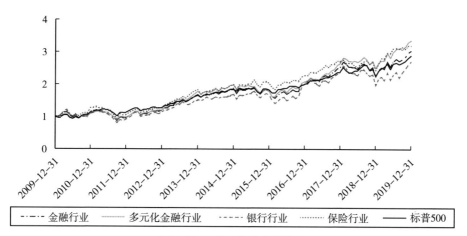

图 5.125　金融行业定基指数

资料来源：WRDS。

金融板块中的高收益股集中在多元金融中的金融数据子行业，最强势的 3 只个股穆迪公司（Moodys Corp）、标普全球公司（S&P Global Inc Inc.）、明晟公司（MSCI Inc.）在 2010～2019 年最高涨幅分别为 11.9 倍、9.9 倍和 9.6 倍，见图 5.126。

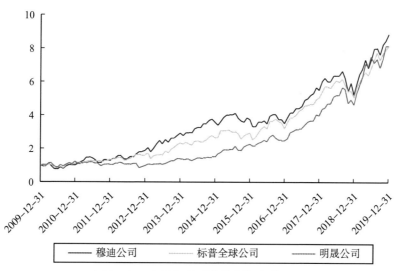

图 5.126　金融行业"十倍股"定基股价

资料来源：WRDS。

表 5.17　2010～2019 年金融板块高收益股（市值 TOP500）

序号	最大上涨倍数	公司名（中文）	公司名（英文）	平均市值（千美元）	市值排序	GICS-11部门	GICS-24行业组	GICS-69行业	GICS-158子行业
1	11.9	穆迪公司	Moodys Corp	20 506 931	226	金融	多元化金融	资本市场	财务交易与数据
2	9.9	标普全球公司	S&P Global Inc	29 379 674	157	金融	多元化金融	资本市场	财务交易与数据
3	9.6	明晟公司	MSCI Inc	8 346 444	476	金融	多元化金融	资本市场	财务交易与数据
4	6.7	发现金融服务公司	Discover Financial Services	22 145 227	210	金融	多元化金融	消费者金融	消费者金融
5	6.5	美国银行	Bank of America Corp	191 542 997	15	金融	银行	银行	多元化银行
6	6.1	黑石集团	Blackstone Group Inc	16 280 767	273	金融	多元化金融	资本市场	资产管理与托管银行
7	6.1	富达国民金融公司	Fidelity National Finl Inc	8 158 046	483	金融	保险	保险	财产保险
8	6.0	纳斯达克公司	Nasdaq Inc	9 088 448	448	金融	多元化金融	资本市场	财务交易与数据
9	5.8	地区金融公司	Regions Financial Corp	12 712 492	332	金融	银行	银行	区域银行
10	5.7	怡安集团	Aon Plc	26 491 315	179	金融	保险	保险	保险经纪人
11	5.3	林肯国民公司	Lincoln National Corp	11 837 707	351	金融	保险	保险	人寿与健康保险

资料来源：WRDS、各公司网站、研报、网络信息整理。

全球信用评级市场由穆迪、标普全球和惠誉（非上市）这三大评级机构所垄断，穆迪和标普合计市占率超 80%，人均创收能力均在 30 万美元/年，人均市值均在 200 万美元附近。

穆迪公司（Moodys Corp.）自 1890 年成立后率先建立起债券风险评估体系，20 世纪 70 年代起，美国债券市场扩容、信用风险上升以及监管赋权共同推动了评级需求的快速增长，穆迪的评级业务规模随之快速发展。金融危机后，评级行业进入成熟期，2014～2019 年穆迪评级业务复合增速仅 5.1%（标普情况类似，同期评级业务复合年均增长率仅 5.6%），于是公司开始加速转型。穆迪通过并购与本业相协同的信息服务、商业咨询等非评级业务（研究、数据和分析）获得新的增长动力。虽然穆迪的非评级业务起步晚，规模也大致只有标普全球的一半，但 2014～2021 年穆迪这一业务复合年均增长率达 13%，明显快于标普 7.5% 的增速，见图 5.127 和图 5.128。[①]

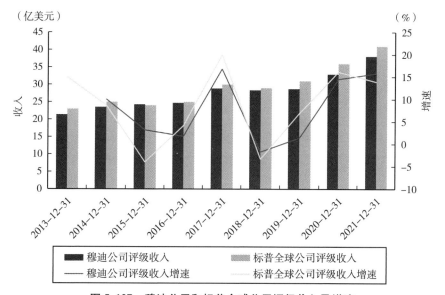

图 5.127　穆迪公司和标普全球公司评级收入及增速

资料来源：万得（Wind）。

---

① 乔永远等：《全球金融机构深度研究系列之二：穆迪转型之路》，兴业证券研究所，2019 年。

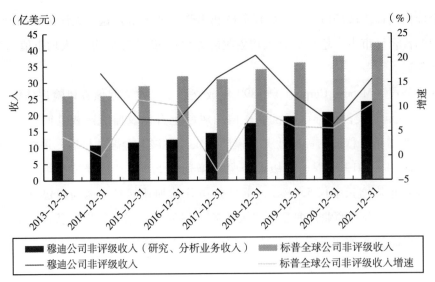

图5.128 穆迪公司和标普全球公司非评级收入及增速

资料来源：万得（Wind）。

标普全球公司（S&P Global Inc.）成立于1925年，是全球领先的金融数据及信息服务商，在全球35个国家为投资者提供独立透明的评级、全面的市场数据和先进的分析工具，旗下包括标普全球评级、标普全球市场财智、普氏能源资讯、标普道琼斯指数四大业务线。

20世纪60年代之前，标普主要致力于向投资者提供公司的财务等信息，后期将业务扩展到商品市场与指数编制。1966年，标普公司被麦格罗·希尔集团收购，成为其金融服务领域的一个分公司。

1975年，美国证券交易委员会（SEC）设立了准入机制，认定标准普尔、穆迪和惠誉为"国家认可的评级组织"（NRSRO），并正式以这三家机构的评级结果为依据设立监管规定。评级机构的商业模式彻底由投资人付费模式转变为发行人付费模式，带来了评级机构利润与收入迅速增长。标普全球评级能够长期在国际信用评级市场上保持其领先地位，一方面由于优秀的历史表现所累积的强大公信力，另一方面受益于监管的严格准入制度带来的护城河。

进入21世纪后，集团对旗下各业务进行整合，逐步剥离教育、出版等盈利能力偏低的业务，向专业的金融数据及信息服务提供商转型，并着力推动海外扩张。2016年，集团正式更名为标普全球，凭借强大的外延内生能力不断扩张。

如图5.129~图5.131所示，2012~2019年标普全球营收复合年均增长率约为

7%，其中增长最快的业务是指数服务，同期年化增速近 14%，这主要得益于 2008 年金融危机后被动投资迅速兴起，指数基金和资产管理者需要向指数提供商支付创建和维护指数的费用，与标普全球并称为全球最大的三家指数提供商的 MSCI、富时罗素也迎来了业绩大增。[①]

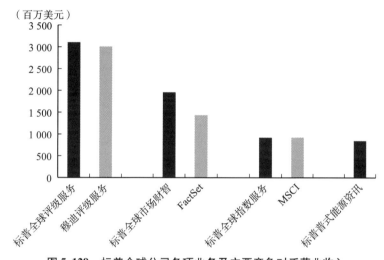

图 5.129　标普全球公司各项业务及主要竞争对手营业收入

注：Factset 为 2019 财年营业收入，即截至 2019 年 8 月的 12 个月营业收入，其余均为截至 2019 年 12 月的 12 个月营业收入。

资料来源：公司财报、中金公司。

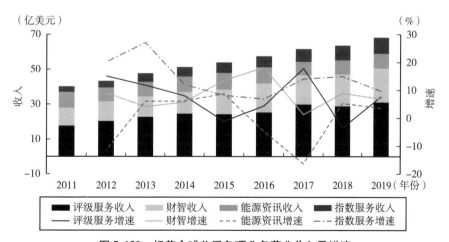

图 5.130　标普全球公司各项业务营业收入及增速

资料来源：万得（Wind）。

---

① 姚泽宇等：《标普全球：全球金融数据及信息服务市场的"百年老店"》，中金公司研究所，2021 年。

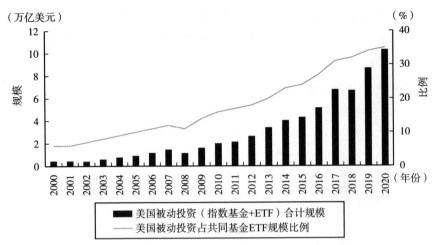

图 5.131　美国被动投资（指数基金 + ETF）规模及占比

资料来源：ICI。

　　明晟公司（MSCI Inc.）是全球领先的指数及分析工具供应商，为全球超 90 个国家的机构客户提供金融信息及投资决策服务，包括全球市场指数产品及服务、投资组合分析工具、环境、社会和公司治理（ESG）指数及解决方案、房地产分析工具等，其主要收入来自收取指数相关的资产挂钩费用、指数及分析工具的订阅费用。

　　明晟公司前身为资本集团旗下部门，1968 年编制出第一个全球股票市场指数，并在被摩根士丹利收购后于 1998 年正式成为独立公司，2007 年明晟公司脱离摩根士丹利并登陆纽交所上市。

　　2000 年以来全球被动投资兴起与 ETF 规模上升所带来的指数业务不断增长及其较高的利润率是驱动明晟公司盈利上行的最大动力。21 世纪头十年美国爆发两次危机，主动管理型产品收益下滑，跑赢指数难度增加，交易低费率、高透明度、高便利性的被动型产品越发受到客户的青睐；与此同时，各指数供应商不断推出创新指数门类，各类丰富的被动投资策略越发满足不同投资者的各类需求，被动投资进入迅速发展期——指数基金及 ETF 合计规模由 2000 年的 4 500 亿美元提升至 2020 年的 10.3 万亿美元，复合年均增长率达 17%、占共同基金及 ETF 规模比例由 6% 提升至 35%，其中 ETF 规模提升更快，对应复合年均增长率 25%，指数基金复合增速 13%。明晟公司顺应被动投资浪潮不断完善指数体系，与资管机构紧密合作，与 MSCI 指数绑定的股票 ETF 规模从 2005 年的 729 亿美元提升至 2020 年的 1.1 万亿美元，复合年均增长率达 20%，如图 5.132 所示。此外，明晟公司通过收购不断扩充分析业务产品线，拓宽分析业务范围和客群，布局 ESG 服务，成为收入增长的新动力，见图 5.133。[①]

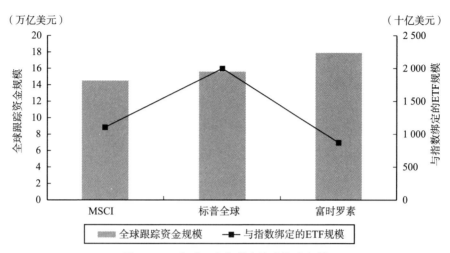

图 5.132　全球三大指数商资产绑定规模

注：富时罗素及 MSCI 数据截至 2020 年末，标普数据截至 2019 年末。
资料来源：公司公告、中金公司。

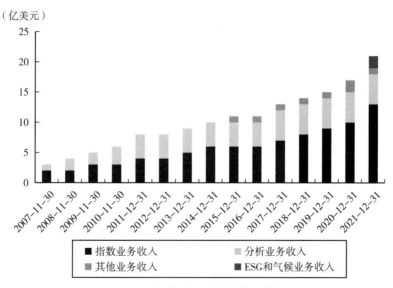

图 5.133　明晟公司业务板块及收入

资料来源：万得（Wind）。

---

① 姚泽宇等：《MSCI 全球领先的指数及分析工具供应商》，中金证券研究所，2021 年。

第六章

疫情时期：
2020 ~ 2022 年

第一节　宏　观　背　景

2020 年初暴发的新冠疫情以及随之而来的供应链紧张是贯穿而后两年全球经济、政策以及市场变化的主要脉络。如图 6.1 所示，疫情冲击下海外经济增长于 2020 年第二季度见底，经历一年的持续修复后于 2021 年第二季度达到顶峰，而后逐步回落；海外通胀从 2020 年第二季度起随经济复苏逐步上行，进入 2021 年之后美欧供需矛盾凸显，物价持续飙升，创下近 40 年来最高的通胀水平。疫后各国经济周期呈现较强同步性，中国由于疫情暴发时点以及防疫政策的独特性，整个经济周期比海外前置约一个季度。

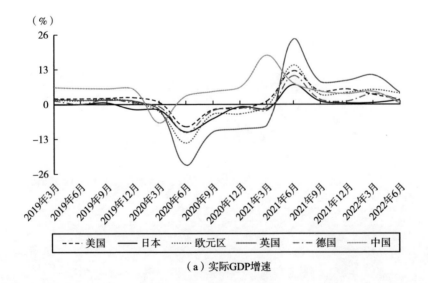

（a）实际GDP增速

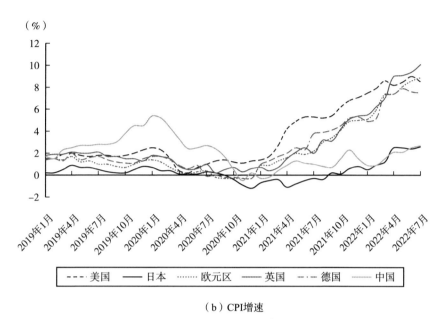

（b）CPI 增速

图 6.1 美国、日本、欧元区、中国和德国实际 GDP 增速和 CPI 增速

资料来源：万得（Wind）。

2020 年 1 月底开始，新冠疫情陆续在中国、欧美、新兴市场蔓延开来，各国经济几乎停摆，流动性危机下全球金融市场出现断崖式下跌。如图 6.2 和图 6.3 所示，为了应对疫情的巨大冲击，全球货币与财政当局都推出巨额的救助政策以刺激经济从衰退中修复。2020 年 3 月美联储直接将基准利率降至 0，同时开启无上限量化宽松。截至 2022 年 3 月，美联储总资产已由 2 年前的 4.2 万亿美元扩张至 8.9 万亿美元。欧日央行也同步推行货币、财政双宽松，如欧洲央行疫后立即宣布启动 7 500 亿欧元的紧急抗疫购债计划（PEPP），6 月将 PEPP 规模进一步扩大到 1.35 万亿欧元；日本央行宣布扩大资产购买计划，大幅提高 ETF、J-REIT、商业票据和企业债的购买规模；但无论是政策力度还是效果都弱于美国。

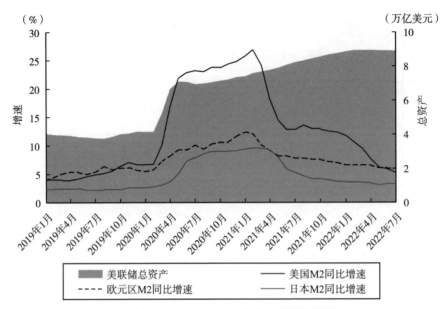

图 6.2　美国、欧元区、日本货币供给增速

资料来源：万得（Wind）。

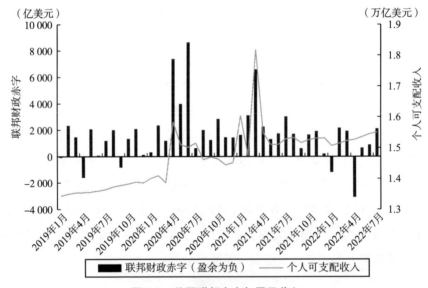

图 6.3　美国联邦赤字与居民收入

资料来源：万得（Wind）。

全球货币扩张和财政补贴使得需求端迅速回升，但供应端修复的滞后带来美欧通胀水平的急速攀升，伴随着能源、劳动力价格普涨（见图 6.4、图 6.5），美国 CPI 同比从 2021 年初的 1.4% 飙升至 2022 年初的 7.5%，欧元区调和 CPI 则从 0.9% 升至

5.1%。2022 年 2～3 月俄乌冲突爆发带来能源供给冲击使得美欧通胀进一步失控，2022 年第三季度美欧通胀升至9%附近。

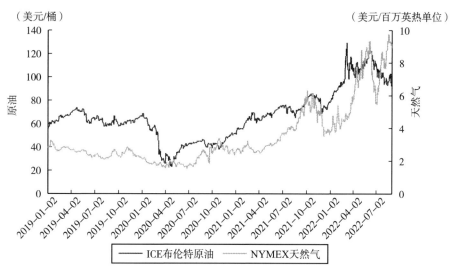

图 6.4　原油和天然气价格

资料来源：万得（Wind）。

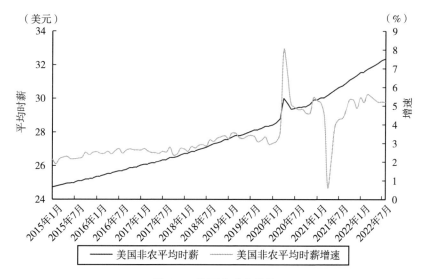

图 6.5　美国劳动力价格

资料来源：万得（Wind）。

通胀高企迫使各国央行加快收紧货币。美联储自 2021 年 11 月启动缩减购债（Taper），2022 年 3 月结束 Taper 并开始连续加息，联邦基金利率大幅提升。与此同时，美联储还于 2022 年 6 月开始缩减资产负债表，在 6 ~ 8 月的过渡期内每月缩表 300 亿美元国债和 175 亿美元抵押贷款支持证券（MBS），过渡期之后从 9 月份开始，每月减少购买 600 亿美元国债和 350 亿美元 MBS，即每月缩减 950 亿美元，缩表速度大幅快于 2017 年退出 QE 后的缩表进程。欧央行也于 2022 年 7 月启动加息 50bp，这是欧债危机以来的首次加息。除了中国因经济周期异步、日本因经济结构性因素而未收紧货币外，全球大多数央行形成紧缩合力，如图 6.6 和图 6.7 所示。

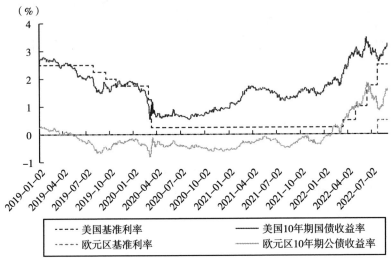

图 6.6　美欧基准利率与国债收益率

资料来源：万得（Wind）。

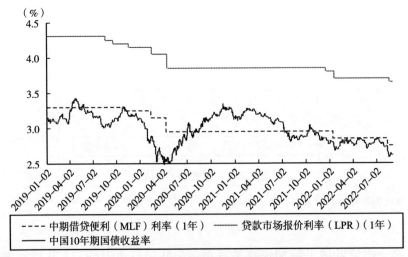

图 6.7　中国基准利率与国债收益率

资料来源：万得（Wind）。

流动性成为主导疫情以来美欧股市表现的主要驱动力，从2020年3月到2022年初，经济复苏叠加充裕的流动性推升美欧股市一路上行，标普500实现翻倍；2022年，随着美联储从天量放水中逐步退出，流动性加速收缩，美债利率加速上行，美欧股市尤其是长久期成长板块大幅下跌，2022年上半年标普500指数跌幅在20%左右，见图6.8、图6.9。

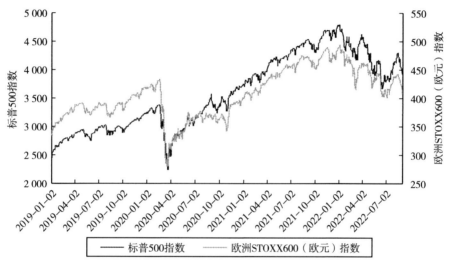

图6.8 2020～2022年美欧股票指数走势

资料来源：万得（Wind）。

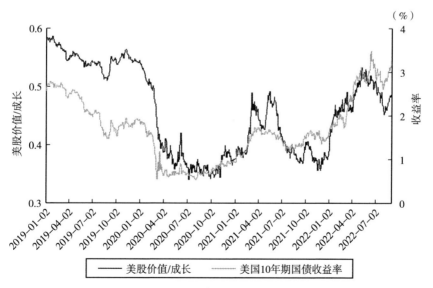

图6.9 2020～2022年美股风格与美债收益率

资料来源：万得（Wind）。

第二节　大类资产表现

如图 6.10 所示，从 2020 年新冠疫情暴发到 2022 年 7 月，美国经济（2020 年 2 月~2022 年 7 月）可划为 3 段宏观场景，按顺序分别为衰退（2020 年 2 月~2020 年 4 月）、扩张（2020 年 5 月~2021 年 4 月）、滞胀（2021 年 5 月~2022 年 7 月）。

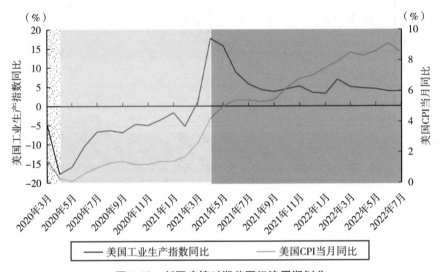

图 6.10　新冠疫情时期美国经济周期划分

注：扩张、滞胀和衰退分别为浅灰、深灰、点状。
资料来源：万得（Wind）。

由于政策趋同，2020 年至 2022 年 7 月，全球金融市场受宏观环境驱动呈现出较强的联动性，债跌股涨，美股强于欧洲和日本股市；大宗普遍大幅上涨，尤其是原油其年化收益率接近 30%，如表 6.1 所示。

表 6.1　新冠疫情时期经济周期划分与大类资产表现

起	止	宏观场景	时长（月）	标准普尔 500 指数涨跌幅（%）	道琼斯工业指数涨跌幅（%）	纳斯达克综合指数涨跌幅（%）	法国 CAC40 指数涨跌幅（%）	伦敦富时 100 指数涨跌幅（%）	德国 DAX 指数涨跌幅（%）	东证指数涨跌幅（%）	美元指数涨跌幅（%）	10 年期美国国债收益率变化（bp）	伦敦现货金涨跌幅（%）	原油涨跌幅（%）	铜价涨跌幅（%）
2020-02-01	2020-04-30	衰退	3	-9.7	-13.8	-2.9	-21.3	-19.0	-16.3	-13.1	1.7	-94	6.0	-52.9	-6.9
2020-05-01	2021-04-30	扩张	12	43.6	39.1	57.1	37.1	18.1	39.4	29.7	-7.8	101	5.0	150.9	89.1
2021-05-01	2022-07-31	滞胀	15	-1.2	-3.0	-11.3	2.9	6.5	-10.9	2.2	15.9	103	-0.2	55.8	-19.3
2020 年 2 月～2022 年 7 月年化涨跌幅				10.4	6.2	12.9	4.3	0.8	1.5	5.8	3.4	111	4.3	27.5	15.2

注：美债对应的涨跌幅含义为 10 年期美债收益率在对应期间变化基点数，最后一行 111bp 为区间变化值，非年化值。
资料来源：万得（Wind）。

2020 年初新冠疫情暴发，全球陷入衰退，美债收益率下行，全球股市大幅下挫至 3 月末触底反弹，美国相对欧洲更快从底部修复；需求骤降引发以原油为代表的大宗商品腰斩，黄金上涨。在疫后大规模的财政和货币政策刺激下，美国进入 2020 年年中至 2021 年年中的扩张期，这一时期美债收益率随经济复苏上行，充裕的流动性下全球股市大幅反弹，供给短缺推升大宗商品暴涨，油价涨幅超 150%。而后随着通胀压力显现，以美联储为首的货币当局从 2021 年下半年起逐步收紧流动性，美债收益率快速上行，全球股市承压，尤其是成分股中长久期成长股居多的纳斯达克指数大幅下跌；大宗商品明显分化，持续的高通胀对经济活动产生抑制带动铜价回落，而 2022 年 3 月的俄乌冲突更加剧原油供需矛盾，油价高位继续上涨。

第三节　宽基和行业表现

如图 6.11 和图 6.12 所示，美欧股市在新冠疫情暴发后两年多走势基本一致，从 2020 年初疫情冲击下的大幅下挫到 3 月全球启动大放水后近两年的持续反弹，再到通胀高企背景下 2021 年末以美联储为首的货币当局开始收紧流动性，美欧股市随之下跌。整体来看，美股强于欧洲股市，纳斯达克弹性大于标普和道琼斯指数，在 2020 年 1 月 ~2022 年 8 月录得 32% 的涨幅，其间最高涨幅接近 80%；欧洲股市中德国相对较强，英法偏弱；日本疫后经济修复缓慢，叠加工资黏性等结构性因素，其通胀远低于其他发达经济体，低通胀允许日本央行始终维持宽松货币政策，2022 年 8 月，东证指数基本回到疫情前水平。

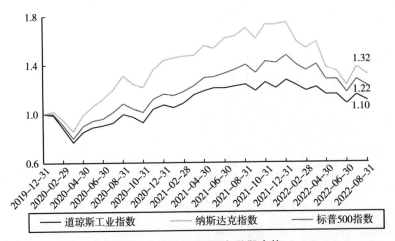

图 6.11　2020 ~2022 年美股走势

资料来源：万得（Wind）。

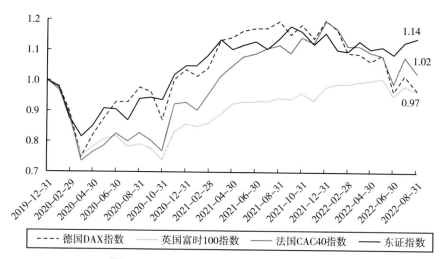

图 6.12　2020～2022 年欧洲和日本股指走势

资料来源：万得（Wind）。

结构上来看，如图 6.13、图 6.14 所示，消费（耐用消费品、零批及服务）、计算机软硬件和电子设备、能源板块在 2020 年 1 月至 2022 年 7 月间表现最佳。新冠疫情暴发后，美国政府采取了多轮针对居民和企业的财政补贴，可支配收入的增加和居家场景带来家电、家具等耐用品以及消费电子产品需求的增长。早在 2015 年末《巴黎协定》问世后，各国便积极向绿色可持续的增长方式转型，能源企业逐步减少对传统能源的资本开支。在清洁能源尚未对旧能源形成有效替代之际，新冠疫情以及俄乌冲突造成的供给冲击让油、气供需矛盾更为突出，ICE 布油从疫情前的 60～70 美元/桶上涨至 100 美元/桶，直接带动美国能源股大涨。传统能源的高价、越来越严苛的排放政策以及消费者观念的转变共同驱动全球新能源车快速放量。2021 年全球新能源汽车共实现注册销量 650.14 万辆，较 2020 年增长了 108%，渗透率达到 10.2%；2022 年上半年再创新高，全球新能源汽车销量超过 422 万辆，同比增长 66.38%，其中中国新能源汽车销量达到 260 万辆，占全球销量 60% 以上，市场渗透率超 21.6%，保有量突破 1 100 万辆。以特斯拉为代表的电动车制造商成为近两年最为耀眼的板块。

从不同宏观场景来看，如表 6.2 所示，在新冠疫情冲击下的经济衰退时期，大部分行业均下挫，医疗、零批及服务、计算机软硬件和电子设备行业表现出较强韧性；而后的扩张场景中，美股普遍大幅反弹，耐用品需求大增、最为强势；进入通胀高企下的滞胀周期后，消费和投资均受抑制，除能源板块外大部分行业表现一般。

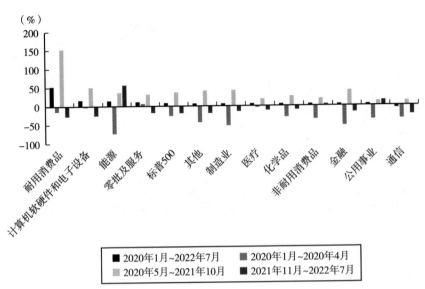

图6.13　2020～2022年美股各板块年化收益率

资料来源：弗伦奇（French，2022）。

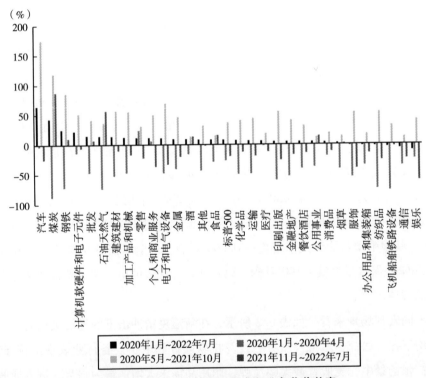

图6.14　2020～2022年美股各行业年化收益率

资料来源：弗伦奇（French，2022）。

表6.2　疫情时期各宏观场景下的行业涨跌幅

单位：%

起	止	宏观场景	时长（月）	标普500	能源	化学品	制造业	非耐用消费品	耐用消费品	零批及服务	医疗	计算机软件硬件和电子设备	通信	公用事业	金融	其他
2020-02-01	2020-04-30	衰退	3	-9.7	-27.5	-8.5	-19.9	-13.5	-10.3	1.3	1.5	-3.4	-11.4	-18.3	-20.5	-17.8
2020-05-01	2021-04-30	扩张	12	44.4	32.2	37.8	66.4	32.0	197.4	46.0	22.4	60.0	32.6	16.7	54.5	61.0
2021-05-01	2022-07-31	滞胀	15	-1.8	68.6	-6.0	-9.7	0.3	5.8	-11.3	-4.2	-7.6	-26.6	12.6	-5.9	-11.4

资料来源：弗伦奇（French，2022）。

第四节　高收益股挖掘

由于新冠疫情时间相对较短，且股价波动剧烈，用"十年十倍"的概念去筛选高收益股难以聚焦挖掘规律，因此我们在纽约证券交易所、纳斯达克交易所、美国证券交易所股票中选择 2020～2022 年最高上涨幅度排名前 10% 和 20% 的股票来代表新冠疫情暴发后美国表现最优秀的个股。需要说明的是，2020～2022 年存续且数据、行业分类相对完整的美股超过 4 000 只，其中市值 TOP500 的股票其市值之和占总市值 85%，TOP200 的股票其市值之和占总市值 70%，对美股市场已具备一定代表性。因此，本节高收益股均在市值 TOP500 和 TOP200 股票中进行筛选①。

由于是否考虑股息对高收益股特征影响不大，因此后续主要讨论不含股息的收益率。此外，随着美联储在 2022 年紧缩步伐的加快，美股普遍震荡下跌，因此近两年半的最大涨幅顶点几乎都发生在 2021 年内，本节使用 2020 年 1 月～2022 年 3 月数据计算最高涨幅进行排序不会产生太大误差。

从部门和行业组分布来看，如表 6.3 所示，在 TOP200 美股的 20 只"涨幅前10%"股票中，信息技术（软件和服务、半导体）占据 7 只；其次是非必需消费品（汽车、零售）和能源板块，分别有 3 只；卫生保健（制药、医疗设备）、金融（多元金融）板块各有 2 只；剩余 3 只分布在材料、工业（资本品）、通信服务（媒体娱乐）行业。从部门和行业组分布来看，在 TOP500 美股的 50 只"涨幅前 10%"股票中，同样是信息技术（软件和服务、半导体）占据 17 只；其次是非必需消费品（汽车、零售、消费者服务、耐用品和服装）有 10 只；能源、材料板块分别有 6 只和 4只；通信服务（媒体娱乐）行业有 5 只；剩余高收益股分布在卫生保健（制药、医疗设备）、金融（多元金融）、工业（资本品）、房地产板块，必需品和公用事业板块没有产生位列"涨幅前 10%"股票。

---

① 此处市值是 2020～2022 年多时点市值的算术平均值。

表 6.3　　　　　　　2020～2022 年美股"最高涨幅前 10%"股票行业分布

"最高涨幅前 10%"11 部门	"最高涨幅前 10%"24 行业组	市值 TOP200 中		市值 TOP500 中	
		20 只	占比（%）	50 只	占比（%）
能源	能源	3	15.0	6	12.0
材料	材料	1	5.0	4	8.0
工业	资本品	1	5.0	3	6.0
	商业和专业服务				
	运输				
非必需消费品	汽车及零部件	2	10.0	4	8.0
	耐用消费品和服装			1	2.0
	消费者服务			2	4.0
	零售	1	5.0	3	6.0
必需品	食品和主食零售				
	食品、饮料和烟草				
	家庭和个人用品				
卫生保健	医疗保健设备与服务	1	5.0	1	2.0
	制药、生物技术和生命科学	1	5.0	1	2.0
信息技术	软件与服务	3	15.0	12	24.0
	技术性硬件和设备				
	半导体与半导体设备	4	20.0	5	10.0
通信服务	通信服务				
	媒体与娱乐	1	5.0	5	10.0
金融	银行			2	4.0
	多元化金融	2	10.0		
	保险				
公共事业	公共事业				
房地产	房地产			1	2.0

注：行业按 GICS 分类，市值是 2020～2022 年多时点市值的算术平均值。下同。
资料来源：WRDS。

在市值 TOP200 和 TOP500 最高涨幅排名前 20% 的股票分布与"涨幅前 10%"股票分布类似，信息技术（软件、半导体）、非必需消费品（汽车、零售）、能源、金融（多元金融、银行）板块走出更多高收益股，见表 6.4。

表 6.4 **2020～2022 年美股"最高涨幅前 20%"股票行业分布**

"最高涨幅前 20%" 11 部门	"最高涨幅前 20%" 24 行业组	市值 TOP200 中		市值 TOP500 中	
		40 只	占比（%）	100 只	占比（%）
能源	能源	3	7.5	13	13.0
材料	材料	2	5.0	6	6.0
工业	资本品	2	5.0	6	6.0
	商业和专业服务				
	运输				
非必需消费品	汽车及零部件	3	7.5	4	4.0
	耐用消费品和服装			3	3.0
	消费者服务	1	2.5	3	3.0
	零售	3	7.5	4	4.0
必需品	食品和主食零售				
	食品、饮料和烟草				
	家庭和个人用品				
卫生保健	医疗保健设备与服务	4	10.0	2	2.0
	制药、生物技术和生命科学	1	2.5	4	4.0
信息技术	软件与服务	7	17.5	20	20.0
	技术性硬件和设备	1	2.5	4	4.0
	半导体与半导体设备	8	20.0	13	13.0
通信服务	通信服务				
	媒体与娱乐	1	2.5	6	6.0
金融	银行			3	3.0
	多元化金融	4	10.0	8	8.0
	保险				
公共事业	公共事业				
房地产	房地产			1	1.0

资料来源：WRDS。

我们重点探讨从市值 TOP200 和 TOP500 中最高涨幅位列"前 10%"的股票，如表 6.5 和表 6.6 所示。2020～2022 年的高收益股基本由两种力量所驱动，其一是新冠疫情暴发后医疗以及居家线上工作娱乐等需求大增带来的大消费与科技股机会；其二是新旧能源转换期供给不足引发的传统和新能源相关机会。

表 6.5　2020～2022 年市值 TOP200 美股中"涨幅前 10%"股票基本信息

序号	最大上涨倍数	公司名（中文）	公司名（英文）	平均市值（千美元）	市值排序	GICS－11 部门	GICS－24 行业组	GICS－69 行业	GICS－158 子行业
1	19.7	莫德纳公司	Moderna Inc	54 999 221	131	卫生保健	制药、生物技术和生命科学	生物技术	生物技术
2	13.7	特斯拉公司	Tesla Inc	739 759 531	4	非必需消费品	汽车及零部件	汽车	汽车制造商
3	7.4	自由港麦克莫兰公司	Freeport Mcmoran Inc	47 615 684	147	材料	材料	金属与矿业	铜
4	6.4	色拉布公司	Snap Inc	48 365 843	145	通信服务	媒体与娱乐	互动媒体与服务	互动媒体与服务
5	5.6	英伟达公司	Nvidia Corp	471 576 874	7	信息技术	半导体与半导体设备	半导体与半导体设备	半导体
6	5.1	布洛克公司（前身名为史克威尔）	Block Inc	60 002 594	119	信息技术	软件与服务	信息技术服务	数据处理和外包服务
7	4.3	福特汽车公司	Ford Motor Co	54 713 160	133	非必需消费品	汽车及零部件	汽车	汽车制造商
8	4.1	美满电子公司	Marvell Technology Inc	46 072 931	152	信息技术	半导体与半导体设备	半导体与半导体设备	半导体
9	4.1	爱齐科技公司	Align Technology Inc	37 527 102	199	卫生保健	医疗保健设备与服务	保健设备及用品	卫生保健用品
10	3.8	美客多公司	Mercadolibre Inc	59 982 932	121	非必需消费品	零售	互联网与直接营销零售	互联网与直销零售
11	3.8	派拓网络公司	Palo Alto Networks Inc	43 432 555	161	信息技术	软件与服务	软件	系统软件

续表

序号	最大上涨倍数	公司名（中文）	公司名（英文）	平均市值（千美元）	市值排序	GICS－11 部门	GICS－24 行业组	GICS－69 行业	GICS－158 子行业
12	3.6	马拉松石油公司	Marathon Petroleum Corp	38 295 533	193	能源	能源	石油、天然气和消费燃料	石油和天然气精炼与销售
13	3.6	Fortinet 公司	Fortinet Inc	38 911 633	185	信息技术	软件与服务	软件	系统软件
14	3.5	康菲石油公司	Conocophillips	84 718 205	87	能源	能源	石油、天然气和消费燃料	油气勘探与生产
15	3.5	超微半导体公司（AMD）	Advanced Micro Devices Inc	129 085 096	58	信息技术	半导体与半导体设备	半导体与半导体设备	半导体
16	3.5	EOG 能源	Eog Resources Inc	49 897 773	141	能源	能源	石油、天然气和消费燃料	油气勘探与生产
17	3.4	应用材料公司	Applied Materials Inc	97 696 637	76	信息技术	半导体与半导体设备	半导体与半导体设备	半导体设备
18	3.3	第一资本公司	Capital One Financial Corp	52 038 737	138	金融	多元化金融	消费者金融	消费者金融
19	3.3	开利全球公司	Carrier Global Corp	39 607 479	178	工业	资本品	建筑产品	建筑产品
20	3.1	黑石集团	Blackstone Inc	64 586 965	114	金融	多元化金融	资本市场	资产管理与托管银行

注：个别公司会因为重组等因素因实际主营业务与行业分类有出入。行业按 GICS 分类，市值是 2020～2022 年多时点市值的算术平均值。如无特殊说明，下同。

资料来源：WRDS、各公司网站、研报、网络信息整理。

表6.6　2020～2022年市值TOP500美股中"涨幅前10%"股票基本信息

序号	最大上涨倍数	公司名（中文）	公司名（英文）	平均市值（千美元）	市值排序	GICS-11部门	GICS-24行业组	GICS-69行业	GICS-158子行业
1	20.0	普拉格能源公司	Plug Power Inc	12 332 755	493	工业	资本品	电气设备	电气元件和设备
2	19.7	莫德纳公司	Moderna Inc	54 999 221	131	卫生保健	制药、生物技术和生命科学	生物技术	生物技术
3	13.7	特斯拉公司	Tesla Inc	739 759 531	4	非必需消费品	汽车及零部件	汽车	汽车制造商
4	11.4	云焰公司	Cloudflare Inc	22 194 193	319	信息技术	软件与服务	信息技术服务	互联网服务与基础设施
5	9.6	恩菲斯能源公司	Enphase Energy Inc	19 341 494	350	信息技术	半导体与半导体设备	半导体与半导体设备	半导体设备
6	8.6	德文能源公司	Devon Energy Corp New	21 279 655	333	能源	能源	石油、天然气和消费燃料	油气勘探与生产
7	8.6	Bill.Com公司	Bill.Com Holdings	15 701 686	414	信息技术	软件与服务	软件	应用软件
8	8.5	昆腾斯科普公司	Quantumscape Corp	14 882 765	428	非必需消费品	汽车及零部件	汽车零部件	汽车零部件和设备
9	8.0	大陆资源公司	Continental Resources Inc	14 349 714	439	能源	能源	石油、天然气和消费燃料	油气勘探与生产
10	7.8	凯撒娱乐公司	Caesars Entertainment Inc De	14 162 961	446	非必需消费品	消费者服务	酒店、餐厅与休闲	赌场与游戏
11	7.5	Zscaler公司	Zscaler Inc	27 949 428	266	信息技术	软件与服务	软件	系统软件
12	7.4	自由港麦克莫兰公司	Freeport Mcmoran Inc	47 615 684	147	材料	材料	金属与矿业	铜

续表

序号	最大上涨倍数	公司名（中文）	公司名（英文）	平均市值（千美元）	市值排序	GICS-11 部门	GICS-24 行业组	GICS-69 行业	GICS-158 子行业
13	7.1	Etsy 公司	Etsy Inc	17 806 984	374	非必需消费品	零售	互联网与直接营销零售	互联网与直销零售
14	7.0	祖玛公司	Zoom Video Communications Inc	36 703 323	207	信息技术	软件与服务	软件	应用软件
15	6.4	色拉布公司	Snap Inc	48 365 843	145	通信服务	媒体与娱乐	互动媒体与服务	互动媒体与服务
16	6.2	西方石油公司	Occidental Petroleum Corp	33 292 287	226	能源		石油、天然气和消费燃料	油气一体化
17	6.1	美盛公司	Mosaic Company New	14 075 246	449	材料	材料	化学品	肥料和农用化学品
18	6.1	卡瓦纳公司	Carvana Co	13 031 738	474	非必需消费品	零售	专业零售	汽车零售
19	6.1	热点公司	HubSpot Inc	19 679 057	346	信息技术	软件与服务	软件	应用软件
20	5.7	派乐腾公司	Peloton Interactive Inc	15 003 770	427	非必需消费品	耐用消费品和服装	休闲产品	休闲产品
21	5.7	克劳德斯塔克公司	CrowdStrike Holdings Inc	33 062 515	228	信息技术	软件与服务	软件	系统软件
22	5.6	英伟达公司	Nvidia Corp	471 576 874	7	信息技术	半导体与半导体设备	半导体与半导体设备	半导体
23	5.5	哈里伯顿公司	Halliburton Company	23 171 955	303	能源	能源	能源设备与服务	石油和天然气设备与服务
24	5.5	路西德公司	Lucid Group Inc	35 584 767	215	非必需消费品	汽车及零部件	汽车	汽车制造商

续表

序号	最大上涨倍数	公司名(中文)	公司名(英文)	平均市值(千美元)	市值排序	GICS-11部门	GICS-24行业组	GICS-69行业	GICS-158子行业
25	5.5	安森美公司	On Semiconductor Corp	19 989 924	344	信息技术	半导体与半导体设备	半导体与半导体设备	半导体
26	5.4	萃保公司	Trade Desk Inc	28 785 855	259	信息技术	软件与服务	软件	应用软件
27	5.4	杰奈拉公司	Generac Holdings Inc	15 436 209	421	工业	资本品	电气设备	电气元件和设备
28	5.3	响尾蛇能源公司	Diamondback Energy Inc	16 471 327	399	能源	能源	石油、天然气和消费燃料	油气勘探与生产
29	5.2	乐库公司	Roku Inc	22 821 642	309	通信服务	媒体与娱乐	娱乐	影视娱乐
30	5.2	缤趣公司	Pinterest Inc	18 460 882	359	通信服务	媒体与娱乐	互动媒体与服务	互动媒体与服务
31	5.1	布洛兑公司	Block Inc	60 002 594	119	信息技术	软件与服务	信息技术服务	数据处理和外包服务
32	5.0	数据狗公司	Datadog Inc	27 718 781	269	信息技术	软件与服务	软件	应用软件
33	4.7	硅谷银行	SVB Financial Group	26 458 507	281	金融	银行	银行	区域银行
34	4.7	雅保公司	Albemarle Corp	19 173 496	352	材料	材料	化学品	特种化学品
35	4.6	派拉蒙公司	Paramount Global	21 496 025	330	通信服务	媒体与娱乐	媒体	广播
36	4.5	Zillow线上房地产公司	Zillow Group Inc	12 449 376	488	房地产	房地产	房地产管理与开发	房地产服务
37	4.4	IAC公司	IAC Inter Active Corp	13 692 217	459	通信服务	媒体与娱乐	互动媒体与服务	互动媒体与服务
38	4.4	拓力公司	Twilio Inc	33 095 551	227	信息技术	软件与服务	信息技术服务	互联网服务与基础设施

续表

序号	最大上涨倍数	公司名（中文）	公司名（英文）	平均市值（千美元）	市值排序	GICS-11 部门	GICS-24 行业组	GICS-69 行业	GICS-158 子行业
39	4.3	所乐公司	Solaredge Technologies Inc	13 237 356	470	信息技术	半导体与半导体设备	半导体与半导体设备	半导体设备
40	4.3	福特汽车公司	Ford Motor Co	54 713 160	133	非必需消费品	汽车及零部件	汽车	汽车制造商
41	4.3	签字银行	Signature Bank New York N Y	12 991 423	475	金融	银行	银行	区域银行
42	4.1	Quanta服务公司	Quanta Services Inc	12 727 981	483	工业	资本品	建筑与工程	建筑与工程
43	4.1	钱尼尔能源公司	Cheniere Energy Inc	22 923 207	306	能源	能源	石油、天然气和消费燃料	油气储运
44	4.1	纽柯钢铁公司	Nucor Corp	26 425 624	282	材料	材料	金属与矿业	钢
45	4.1	美满电子公司	Marvell Technology Inc	46 072 931	152	信息技术	半导体与半导体设备	半导体与半导体设备	半导体
46	4.1	爱齐科技公司	Align Technology Inc	37 527 102	199	卫生保健	医疗保健设备与服务	保健设备及用品	卫生保健用品
47	4.0	MDB公司	MongoDB Inc	23 293 702	302	信息技术	软件与服务	信息技术服务	互联网服务与基础设施
48	4.0	多酷赛公司	DocuSign Inc	26 552 194	278	信息技术	软件与服务	软件	应用软件
49	4.0	米高梅国际酒店集团	MGM Resorts International	18 000 582	367	非必需消费品	消费者服务	酒店、餐厅与休闲	赌场与游戏
50	3.8	美客多公司	Mercadolibre Inc	59 982 932	121	非必需消费品	零售	互联网与直接营销零售	互联网与直销零售

资料来源：WRDS、各公司网站、研报、网络信息整理。

一、医疗保健

医疗保健行业最为耀眼的高收益股是最高涨幅近 20 倍的莫德纳公司（Moderna Inc.）。

莫德纳公司是成立于 2010 年的制药与生物技术公司，主要产品为信使核糖核酸（mRNA）疫苗，2018 年在纳斯达克上市。21 世纪 10 年代莫德纳公司研发的药物均未获得上市许可，2020 年新冠疫情暴发后，其凭借成功商业化新冠 mRNA 疫苗实现盈利暴增。

针对新冠病毒，莫德纳公司仅用 25 天就完成了新冠疫苗的序列设计和疫苗生产、63 天内完成首个受试者给药、322 天完成 FDA 文件提交。2020 年 12 月，莫德纳公司的新冠 mRNA 疫苗产品 Spikevax 获美国 FDA 紧急使用授权，2022 年 1 月正式获批。同时其疫苗也被纳入世界卫生组织（WHO）紧急使用清单，逐步在全球范围内进行销售。2021 年度，Spikevax 发放支数超过 8 亿剂。莫德纳公司在 2021 年获得 1 177 亿美元和 778 亿美元的净利润，股价最高上涨 19.7 倍，如图 6.15 所示。[①]

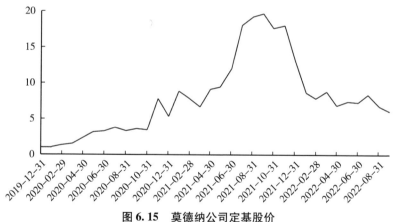

图 6.15　莫德纳公司定基股价

资料来源：WRDS。

二、信息技术

如表 6.7 所示，信息技术板块有 17 只股票位列过去两年最高涨幅前 10%，其中 12 只来自软件与服务行业，5 只来自半导体行业。这些高收益股的市值大多分布在 200 亿～300 亿美元，在 TOP500 的市值排序中属于中等偏下。

---

① 张金洋等：《mRNA 迎风起势，海内外研发同入快车道》，国盛证券研究所，2022 年。

表 6.7 2020～2022 年信息技术板块高收益股（市值 TOP500）

序号	最大上涨倍数	公司名（中文）	公司名（英文）	平均市值（十亿美元）	市值排序	GICS-11 部门	GICS-24 行业组	GICS-69 行业	GICS-158 子行业
1	11.4	云焰公司	Cloudflare Inc	22.2	319	信息技术	软件与服务	信息技术服务	互联网服务与基础设施
2	9.6	恩菲斯能源公司	Enphase Energy Inc	19.3	350	信息技术	半导体与半导体设备	半导体与半导体设备	半导体设备
3	8.6	Bill.Com 公司	Bill. Com Holdings	15.7	414	信息技术	软件与服务	软件	应用软件
4	7.5	Zscaler 公司	Zscaler Inc	27.9	266	信息技术	软件与服务	软件	系统软件
5	7.0	祖玛公司	Zoom Video Communications Inc	36.7	207	信息技术	软件与服务	软件	应用软件
6	6.1	热点公司	HubSpot Inc	19.7	346	信息技术	软件与服务	软件	应用软件
7	5.7	克劳德斯塔克公司	Crowdstrike Holdings Inc	33.1	228	信息技术	软件与服务	软件	系统软件
8	5.6	英伟达公司	Nvidia Corp	471.6	7	信息技术	半导体与半导体设备	半导体与半导体设备	半导体
9	5.5	安森美公司	On Semiconductor Corp	20.0	344	信息技术	半导体与半导体设备	半导体与半导体设备	半导体
10	5.4	萃奕公司	Trade Desk Inc	28.8	259	信息技术	软件与服务	软件	应用软件
11	5.1	布洛克公司	Block Inc	60.0	119	信息技术	软件与服务	信息技术服务	数据处理和外包服务
12	5.0	数据狗公司	Datadog Inc	27.7	269	信息技术	软件与服务	软件	应用软件
13	4.4	拓力公司	Twilio Inc	33.1	227	信息技术	软件与服务	信息技术服务	互联网服务与基础设施

续表

序号	最大上涨倍数	公司名（中文）	公司名（英文）	平均市值（十亿美元）	市值排序	GICS－11部门	GICS－24行业组	GICS－69行业	GICS－158子行业
14	4.3	所乐公司	SolarEdge Technologies Inc	13.2	470	信息技术	半导体与半导体设备	半导体与半导体设备	半导体设备
15	4.1	美满电子公司	Marvell Technology Inc	46.1	152	信息技术	半导体与半导体设备	半导体与半导体设备	半导体
16	4.0	MDB公司	MongoDB Inc	23.3	302	信息技术	软件与服务	信息技术服务	互联网服务与基础设施
17	4.0	多酷赛公司	DocuSign Inc	26.6	278	信息技术	软件与服务	软件	应用软件

资料来源：WRDS、各公司网站、研报、网络信息整理。

如图 6.16 所示，2020 ~ 2021 年美国科技股估值大幅抬升，疫后全球货币与财政双宽松为股票市场注入的天量流动性是主要驱动力。随着经济强劲复苏、通胀大幅上行，2021 年 11 月初美联储宣布启动 Taper 标志美元流动性转向，2022 年通胀继续高位上行，全球达成货币紧缩共识，美联储大幅加息与缩表并行，科技股估值下杀。

美股盈利在 2020 年第二季度触底后逐步反弹，整个 2021 年保持强劲复苏态势，而后持续高通胀对消费、投资进而对企业业绩的抑制从 2022 年第一季度开始显现，并在第二、第三季度加剧，美股盈利支撑逐步减弱，见图 6.17。

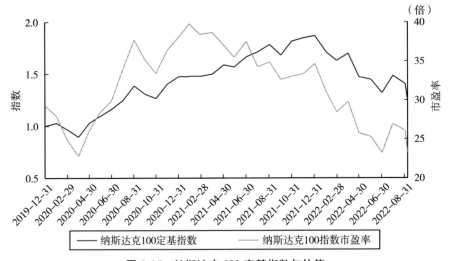

图 6.16　纳斯达克 100 定基指数与估值

资料来源：万得（Wind）。

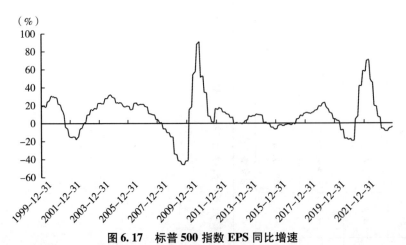

图 6.17　标普 500 指数 EPS 同比增速

注：同比增速为标普 500 指数滚动过去一年 EPS 同比增速。
资料来源：Factset 。

如图 6.18 所示，新冠疫情后长时间的"居家"场景带动了家用电子设备消费的增长，企业远程办公后对云计算服务需求的扩张加速数字经济转型。科纳仕咨询（Canalys）数据显示：2021 年全球云基础设施服务总支出从 2020 年的 1 420 亿美元增长 35% 至 1 917 亿美元，2022 年第一季度又同比增长 34% 至 559 亿美元（同比 +140 亿美元）。市场对云服务的旺盛需求使得云计算产业链〔芯片、软件和软件即服务（SaaS）〕相关股票表现强劲。另外，新冠疫情背景下急剧上行的科技产业景气在较短时间内透支了后续需求，这也是海外疫情防控常态化后部分科技股价回落的重要原因。[①]

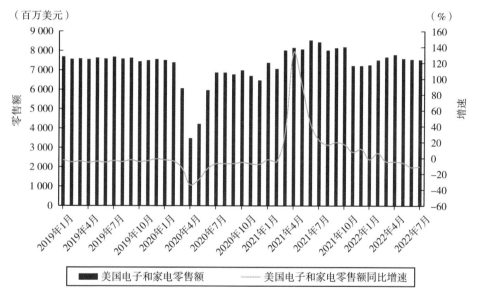

图 6.18　美国电子和家电零售额

资料来源：万得（Wind）。

在全球向新能源转型加速的大背景下，汽车电动化、智能化以及光伏为代表的清洁能源快速发展也有力地带动了部分半导体公司订单增长，且能源转型的中长期逻辑更为稳固，相关美股走势亦显现出抵御宏观环境负面冲击的能力，见图 6.19。

---

① 资料来源：https：//canalys. com/newsroom/global-cloud-services-Q4-2021。

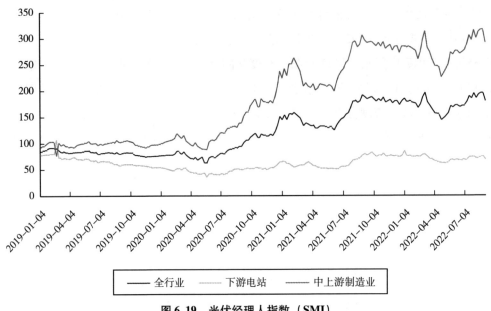

图 6.19　光伏经理人指数（SMI）

资料来源：Solarzoom。

　　软件行业 12 只高收益股的变动基本跟随科技板块的整体走势，2020 年初启动上涨至 2021 年末到达顶部，而后回撤，如图 6.20、图 6.21 所示。其中云焰公司（Cloudflare Inc.，最高涨幅 11.4 倍）、拓力公司（Twilio Inc.，最高涨幅 4.4 倍）和 MDB 公司（MongoDB Inc.，最高涨幅 4 倍）属于互联网服务与基础设施行业；Bill. Com 公司（Bill. Com Holdings，最高涨幅 8.6 倍）、祖玛公司（Zoom Video Communications Inc.，最高涨幅 7.0 倍）、热点公司（HubSpot Inc.，最高涨幅 6.1 倍）、萃弈公司（Trade Desk Inc.，最高涨幅 5.4 倍）、数据狗公司（Datadog Inc.，最高涨幅 5.0 倍）、多酷赛公司（DocuSign Inc.，最高涨幅 4.0 倍）为应用软件公司；Zscaler 公司（Zscaler Inc.，最高涨幅 7.5 倍）、克劳德斯塔克公司（CrowdStrike Holdings Inc.，最高涨幅 5.7 倍）主营系统软件；布洛克公司（Block Inc.，最高涨幅 5.1 倍）从事数据处理和外包服务。

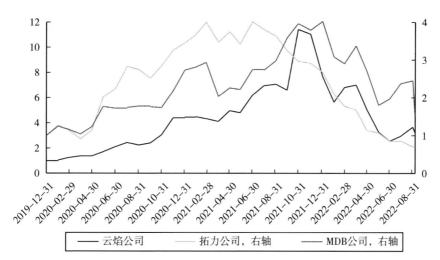

图 6.20 互联网服务与基础设施高收益股定基股价

资料来源：万得（Wind）。

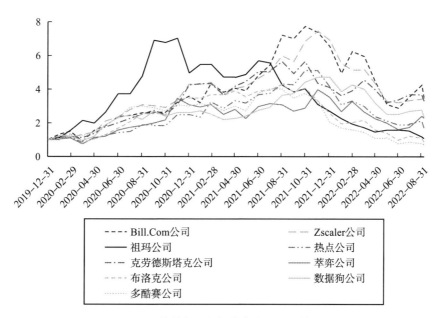

图 6.21 软件与服务板块高收益股定基股价

资料来源：万得（Wind）。

云焰（Cloudflare）公司（最高涨幅 11.4 倍）是创立于 2009 年的云安全服务公司，向客户提供网站安全管理、阻止黑客攻击和垃圾邮件等技术支持。云焰没有采用传统的出售防火墙软件或者入侵防护硬件的方法，而是在云端提供价格相对低廉的保护。云焰还通过它部署在全球各大洲的缓存节点服务器，提供高效的网站加速服务。在云安全需求快速增长背景下，云焰免费的基础服务吸引到大多数客户，少量客户每月支付 20 ~ 5 000 美元来获得加强版的功能，客户使用云焰产品后的高黏性和高转移成本为其构筑起护城河，近几年营业收入实现连续高增。[①]

克劳德斯塔克（Crowdstrike）公司（最高涨幅 5.7 倍）成立于 2011 年，由两位传统杀毒软件 McAfee 的高管创立。相较于传统杀毒厂商基于特征签名只能解决已知威胁，公司创建了一个云安全平台猎鹰（Falcon），基于大数据和 AI 的主动防御平台，以 SaaS 的模式提供多种安全服务，包括端点安全、安全与 IT 运营、威胁情报，能够解决未知威胁。在收费模式上，克劳德斯塔克公司订阅收入占比达到 90% 以上，避免了单独软件售卖的客户留存问题，同时实现差异化定价。此外，新冠疫情以来最高涨幅超 7 倍的另一只高收益股 Zscaler 公司也是全球重要的云端安全平台，网络安全巨头营业收入见图 6.22。

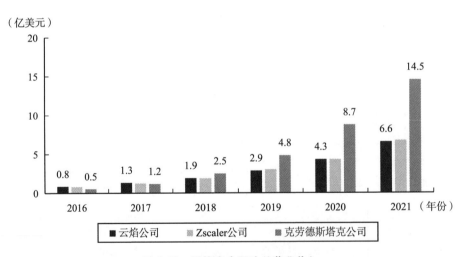

图 6.22　网络安全巨头总营业收入

资料来源：万得（Wind）。

针对传统企业通信面临的电信运营商昂贵预付合同以及冗余配置要求的痛点，前亚马逊云服务产品经理杰夫·劳森（Jeff Lawson）于 2008 年创立云通信公司拓

---

① 《天贝合历史十倍股分享 – CloudFlare》，https：//xueqiu.com/1369924623/201604028，2021 年。

力（Twilio）公司，致力于帮助客户把企业通信的前期投入降到最低，在使用产品以后按实际用量付费。拓力与亚马逊云服务有很多相似之处，商业模式上，亚马逊云服务售卖的是服务器和其提供的算力，拓力公司售卖的是带宽和其提供的通信能力；收费模式上，亚马逊云服务和拓力公司都是按实际使用量计费，使用越多、单价越低。①

拓力公司利用 PaaS 平台为各类大中小企业提供封装好的 API 通信接口，嵌入企业的业务系统中，让开发者可以将语音、短信、IP 或 VoIP 电话以及视频呼叫服务集成到自己公司的 Web、移动及桌面应用上。公司于 2008～2018 年发布通话、文本、短信、视频、邮件、API 产品，极大地减轻了中小企业在通信方面的成本压力。2018 年公司已具备 CPaaS（通信即服务平台）及 CCaaS（云呼叫中心）两大产品线能力，主要应用于匿名通信、警报和通知、呼叫中心、通话追踪、市场营销、用户安全和社会责任诸多应用场景，服务行业包含制造业、金融、医疗健康、消费者服务等。

2020 年新冠疫情暴发后，云视频、远程医疗、在线教育等众多新模式崛起，拓力等公司为企业进行数字化赋能的公司收获高速成长，股价连续翻倍。2021 年年中，随着海外疫情防控常态化、流动性扩张速度放缓，市场开始注意到云通信行业短期被过度透支的需求、高昂的费用支出（始终未实现盈利）以及过度依赖大客户的问题，股价大幅回落。②

MDB（MongoDB）公司是成立于 2007 年的全球领先的云原生 NoSQL 数据库平台，2017 年成功上市。首先，近年来数据量（尤其是非结构化数据）激增，NoSQL 数据库的分布式横向拓展架构以及对于非结构化、半结构化数据的支持较好地解决了传统关系型数据库的弱点。其次，企业 IT 系统向云端迁移也是近年来的一大确定性趋势，疫情后欧美 IT 基础设施上云加速更使得企业对数据库等基础软件需求大增，推动 MDB 公司营业收入与股价大幅上行。③

Bill. Com 公司是基于云的软件提供商，该软件可自动为中小型企业提供后台财务操作，基于 AI 平台在企业及其供应商和客户之间建立联系，帮助企业管理其发票和现金的流入流出。Bill. Com 公司作为美国第一家专门面向中小企业客户的 SaaS 付费

---

① 蒋颖：《云上通信，大有可为》，信达公司研究所，2021 年。
② 宋嘉吉、赵丕业：《Twilio（TWLO）云通信龙头是如何进化而成的?》，国盛证券研究所，2021 年。
③ 陈俊云等：《NoSQL 数据库的先行者，Cloud 2.0 时代核心受益者》，中信证券研究所，2021 年。

平台，面对的是 2 000 多万家中小企业的广阔市场。2020 年暴发的新冠疫情推动了工作方式向远程工作的转变，进一步增加了商家对线上会计工具的需求。

祖玛（Zoom）公司成立于 2011 年，2013～2018 年上线和迭代了各类通信和会议产品，疫情期间居家远程办公对线上会议产品的需求增长带来公司业绩爆发式增长，祖玛公司在 2021 财年第一季度收入同比增长 169%，第二季度同比增速达 355%，并且超高增速持续了 3～4 个季度，如图 6.23 所示。此外，随着网络会议产品渗透率提升，用户部分工作场景永久性向线上转移，进而带来持续性需求。

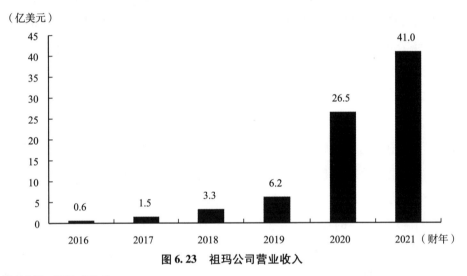

图 6.23　祖玛公司营业收入

资料来源：万得（Wind）。

热点（HubSpot）公司是世界领先的营销云龙头，提供基于 SaaS 的市场、营销、CRM 服务，涉及客户获客、成交、留存及推荐的业务全流程。其目标客户群体以中小型 B2B 企业为主，逐步向大型全球性企业扩展。集客式营销（inbound marketing）营销策略是热点发展过程中的重要业务逻辑。集客式营销为入站式营销，是指通过与消费者、潜在客户和客户建立有意义、持久的关系来发展组织的方法，类似于私域流量运营，与推播式营销（outbound marketing）相对。随着互联网流量越来越贵、营销获取消费者信任越来越难，口碑以及私域流量的重要性大幅提升。基于集客式营销的业务逻辑，2018 年热点放弃了创业开始便一直沿用的营销漏斗模型，转变为飞轮模型，精细化管理客户关系带来热点营业收入大幅增长。新冠疫情暴发使得公司营业收入增速在 2020 年第二季度的触底，而后在疫情带来全社会数字化转型以及飞轮模型顺利转动的驱动下业绩逐季攀升。[①]

萃弈（Trade Desk）公司成立于 2009 年 11 月，是一家为买方提供全渠道广告购买服务技术的平台，新冠疫情导致营销资源向线上经济倾斜，萃弈公司在 2020 年和 2021 年的营业收入增速达 26% 和 43%。

数据狗（Datadog）公司成立于 2010 年，是面向开发者、IT 运维团队以及业务人员的系统监控和分析平台，其主要产品包括：基础设施监控（ITIM）、应用性能监控（APM）、日志管理及网络性能监控（NPM）等。凭借对各种计算环境的良好兼容、对容器和无服务器等云原生架构的深刻理解等，公司迅速成长为全球云监控领域的头部厂商，并不断挤占传统厂商的市场份额。

多酷赛（Docusign）公司成立于 2003 年，历经十余年发展，成为美国电子签行业巨头，德勤报告显示多酷赛公司在全球电子签名市场份额约 75%；且根据多酷赛预测，未来全球电子签名行业的可及市场规模将达到 250 亿美元，全生命周期合同管理的可及市场规模将达到 500 亿美元，行业增长空间广阔。多酷赛以电子签名为入口，搭建协议云平台，覆盖创建、签署、管理和分析环节组成的数字合同业务全流程，提高产品的丰富度与价值量。疫情催化下，远程线上办公成为新常态，电子签名成为必备的交易管理工具。疫情加速了电子签名用户培育与转化进程、降低了用户转化成本，在线办公的浪潮之下，多酷赛依托强大的品牌势能以及产品实力，把握住市场机遇，获取了更多应用场景的长尾用户。[②]

布洛克（Block）公司（前身为 Square 公司）是成立于 2009 年的移动支付公司。成立之初，史克威尔（Square）公司针对中小商家的支付需求，以低廉简易的支付硬件设备迅速占领了中小商户。凭借支付基础业务，史克威尔通过自研、并购，大力发展面向企业的 SaaS 服务及其他增值服务来增加用户黏性，多样化的产品打造了面向商户和消费者的双生态系统。2015 年上市，2017 年开始强势上涨，2017 年 1 月～2018 年 9 月史克威尔涨幅超 600%。2018 年史克威尔宣布支持比特币交易后，股价跟随比特币价格在 2020～2021 年的暴涨飙升后回落，如图 6.24、图 6.25 所示。[③]

① 《8 年 17 倍，是飞轮模型铸就了 Hubspot？》，老虎社区，https：//www.laohu8.com/post/631891650，2022 年。
② 于钟海等：《Docusign：如何抢占网络效应核心节点》，中金公司研究所，2021 年。
③ 姚泽宇等：《Square：支付赛道的后起之秀》，中金公司研究所，2021 年。

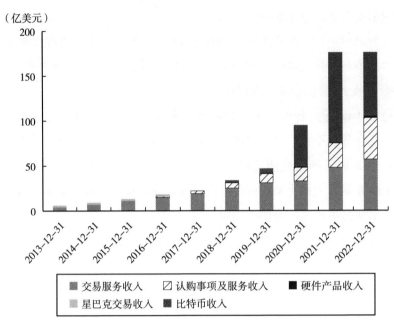

图 6.24 史克威尔公司营业收入结构

资料来源：万得（Wind）。

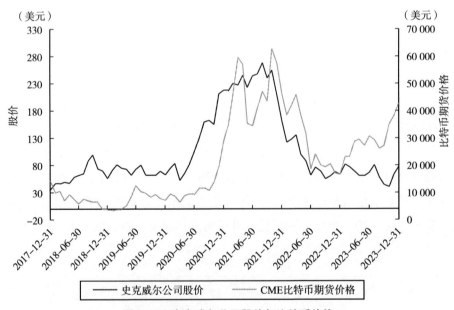

图 6.25 史克威尔公司股价与比特币价格

资料来源：万得（Wind）。

半导体行业的 5 只高收益股可以分为消费电子驱动以及能源转型驱动两类。英伟达公司（Nvidia Corp.，最高涨幅 5.6 倍）、美满电子公司（Marvell Technology Inc.，最高涨幅 4.1 倍）主要受新冠疫情期间居家、线上场景增长带来的消费电子需求旺盛所驱动。随着全球电脑、手机出货量在 2020～2021 年持续上升，股价大幅上涨；进入 2022 年后，海外疫情防控趋于常态化，美国居民消费逐步从商品（耐用品）向服务业转移，且高通胀对消费端的抑制作用也越发明显，电子产品销售回落带动相关半导体公司股价下跌，如图 6.26、图 6.27 所示。而恩菲斯能源公司（Enphase Energy Inc.，最高涨幅 9.6 倍）、安森美公司（On Semiconductor Corp.，最高涨幅 5.5 倍）和所乐公司（SolarEdge Technologies Inc.，最高涨幅 4.3 倍）则主要受近年来以光伏为代表的新能源板块快速发展所驱动，见图 6.28。

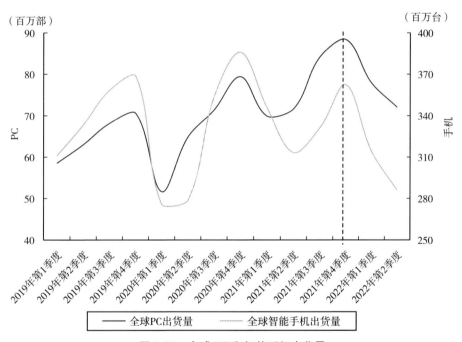

图 6.26　全球 PC 和智能手机出货量

资料来源：万得（Wind）。

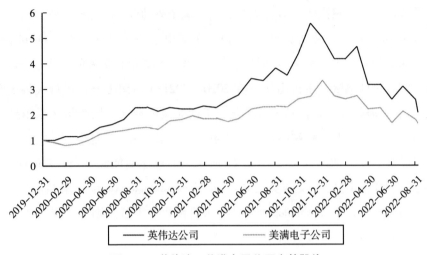

图 6.27 英伟达、美满电子公司定基股价

资料来源：万得（Wind）。

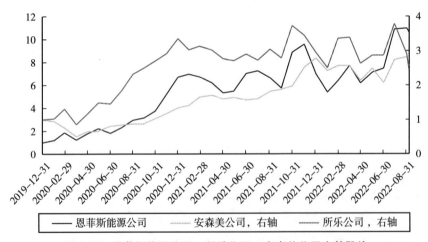

图 6.28 恩菲斯能源公司、所乐公司、安森美公司定基股价

资料来源：万得（Wind）。

英伟达公司（Nvidia Corp.，最高涨幅 5.6 倍）成立于 1993 年，目前是全球最大的独立图形处理器（graphics processing unit，GPU）供应商，也是 AI 芯片市场的领军者。英伟达的主要收入来源包括消费者（游戏）业务、数据中心业务、汽车业务等，其中游戏和数据中心占营业收入 85% 以上，如图 6.29、图 6.30 所示。

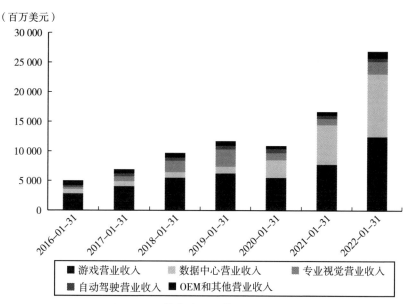

（百万美元）

图 6.29 英伟达公司营业收入结构

资料来源：万得（Wind）。

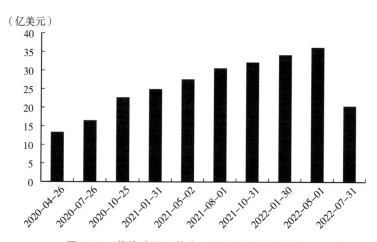

（亿美元）

图 6.30 英伟达公司游戏 GPU 和相关产品收入

资料来源：万得（Wind）、中金公司。

2020 年新冠疫情暴发后，居家场景带来了游戏需求的明显增加，英伟达显卡一直处于供不应求状态，2021 财年（截至 2021 年 1 月）、2022 财年（截至 2022 年 1 月）游戏业务分别为其创造 78 亿美元和 125 亿美元的收入，同比增长达 41％ 和 61％。游戏之外，近年来云计算蓬勃发展带来的数据中心业务爆发式增长以及智能驾驶时代对大算力芯片与日俱增的需求也成为拉动英伟达增长的新动力。

新冠疫情加速了全球数字化的进程，在线教育、视频会议、电商、数字广告、云计算、智能化电动车等行业在过去两年中加速发展，作为数字基底的芯片需求量大增，芯片产业链相关的公司都迎来了新一轮业绩的爆发式增长，作为全球最大的无生产线（fabless）模式半导体供应商之一的美满电子（Marvell Technology Inc.）就是其中翘楚。

美满电子创立于1995年，凭借芯片设计及数字信号处理的专业优势，在大容量存储解决方案、移动与无线技术、网络、消费电子产品等领域占据领先地位。2020～2021年，数据中心、消费电子以及汽车等终端需求的增长拉动美满电子收入提升，2020年10月以百亿美元收购英菲（Inphi）更有助于提升其在数据中心芯片细分市场的影响力，近几年营业收入情况见图6.31。①

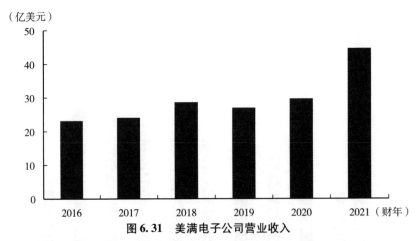

图 6.31 美满电子公司营业收入

资料来源：万得（Wind）。

随着半导体相关技术的成熟、清洁能源需求的日益增长以及产业政策引导，全球光伏产业在近几年迅速扩张。如图6.32所示，根据彭博新能源财经（BNEF）数据，2021年全球新增光伏装机量183GW，同比增长近30%，2020年增长22%。BNEF预

---

① 《数据中心芯片巨头，迈威尔科技（MRVL）千亿美金市值可期?》，老虎社区，https://www.laohu8.com/post/871846327，2021年。

测 2030 年全球将新增光伏装机 334GW。[①]

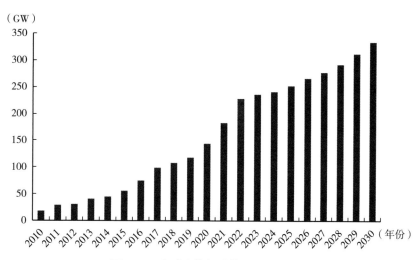

图 6.32　全球光伏新增装机量及预测值

资料来源：彭博新能源财经（BNEF）。

　　根据伍德麦肯兹（Wood Mackenzie）数据，2019～2021 年，美国新增电力市场中的光伏发电量占新增发电总容量的都在 40% 以上并逐年增加，光伏在美国市场得到越来越广泛的应用。且美国民用电价较高，民用电和商用电电价分别是工业电价的约 1.5 倍和 2 倍，同时近年来美国户用光伏平均成本从 2013 年的 4.59 美元/W 已降至 2019 年的 2.84 美元/W，户用光伏吸引力增强提振装机需求。

　　产业扶持政策是美国光伏行业高增的另一驱动。2006 年美国联邦政府颁布美国太阳能投资税减免政策（ITC），该政策允许纳税人将投资光伏系统成本的 30% 用来抵免税收，持续到 2019 年后逐年递减。2020 年 ITC 又进一步延长，2021 年和 2022 年税收抵免将保持 26%，2023 年下降到 22%，商业项目在 2024 年下降到 10%。此外，加利福尼亚州发布的《2019 建筑能效标准》要求从 2020 年 1 月 1 日开始，所有在加州建造的新建住宅（包括三层楼以下独栋或公寓）都将被要求安装住宅光伏系统，户用装机需求进一步释放。

　　光伏逆变器负责直流电到交流电的转换，与组件、汇流箱、电缆、支架等共同构

---

　　① 彭博新能源财经（BNEF）于 2022 年 1 月预测，见 https：//www.pv-magazine.com/2022/02/01/bloombergnef-says-global-solar-will-cross-200-gw-mark-for-first-time-this-year-expects-lower-panel-prices/。

成整个光伏系统。作为光伏系统中唯一智能化的设备，逆变器直接影响发电效率，运行稳定性和使用寿命。得益于全球光伏市场的快速发展，光伏逆变器的需求量快速增长，根据伍德麦肯兹（Wood Mackenzie）数据，2021 年全球光伏逆变器出货量增长22% 至 225GW。且有别于光伏组件 25 ~ 30 年的使用寿命，光伏逆变器的使用寿命一般在 10 年左右，即在光伏电站运行周期内，至少需要更换一次逆变器产品，带来替换新增需求。华为、阳光电源、格罗瓦特分列全球太阳能光伏逆变器市场出货量前三，占据一半以上的市场份额。①

逆变器按应用场景可分为集中式、组串式、集散式和微型逆变器。德国老牌逆变器厂商 SMA 主打大功率逆变器，产品广泛应用于大型地面电站。所乐（SolarEdge）公司和恩菲斯（Enphase）能源公司聚焦美国户用市场，市占率超 80%，主推微型逆变器和功率优化器。中国企业锦浪科技以组串式逆变器为主，是 20kW 以下细分赛道龙头。华为主推组串式逆变器，最低可覆盖功率达 3kW。阳光电源主攻 500kW 以上集中式逆变器。

在 2020 ~ 2022 年最高涨幅近 10 倍的恩菲斯能源公司和最高涨幅 4.3 倍的所乐公司是美国户用光伏逆变器双寡头，营业收入情况如图 6.33 和图 6.34 所示。

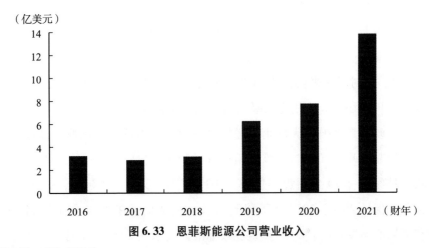

（亿美元）

图 6.33　恩菲斯能源公司营业收入

资料来源：万得（Wind）。

---

　　① *Global top 10 solar PV inverter vendors account for 82% of market share*，https：//www. woodmac. com/press-re-leases/global-top-10-solar-pv-inverter-vendors-account-for-82-of-market-share/，2022.

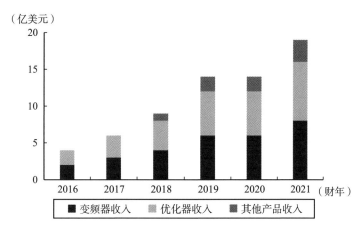

图 6.34 所乐公司营业收入

资料来源：万得（Wind）。

所乐（SolarEdge）公司和恩菲斯（Enphase）能源公司近年来市场份额的不断提升，首先源于 2017 年美国 NEC 出于安全性考虑，要求光伏系统具备"组件级关断"以解决高压直流电弧造成的失火问题的政策背景；新政下原来许多组串式逆变器不再适用，所乐和恩菲斯由于具备"组件级控制"技术，快速形成天然护城河。其次，两家公司产品聚焦美国户用细分市场，如恩菲斯主攻光伏微型逆变器，差异化提供系统解决方案；最后，两大寡头战略与光伏系统集成商的绑定为其带来稳定客源。此外，2019 年 6 月全球市场份额最大的华为宣布退出美国逆变器市场，两家公司获得更大的行业发展空间。[①]

恩菲斯能源公司创立于 2006 年，主要生产光伏微型逆变器，2020 年占据全球微逆市场份额的 77.8%。微型逆变器直接与单个光伏组件进行集成（对每个组件直接进行电流转化），进行最大功率峰值跟踪，大幅提升了系统整体的发电效率与发电量，还能监测各个组件的工作状态。微型逆变器单体容量一般在 1kW 以下，体积小、质量轻、更安全，受到了中小型工商业和家用用户的欢迎。

恩菲斯主打 IQ 系列微型逆变器，第七代 IQ7、IQ7＋、IQ7X 分别支持 60 片、72 片、96 片的光伏组件，功率最高能达到 250 伏安、295 伏安和 320 伏安，适配各品牌光伏组件，后于 2021 年 10 月推出了全新的 IQ8 微型逆变器。2021 年全年公司共出货 1 040 万台微型逆变器，同比增长 53%，带来营业收入同比增长 78%。除此之外，近年来恩菲斯还推出 IQ 电池储能系统，进军电动车领域，逐步打造电池储能、电动汽

---

① 开文明：《美股 Ten bagger，SolarEdge 和 Enphase 对国内逆变器行业启示》，新时代证券研究所，2020 年。

车充电桩、软件生态一体化。

产品之外，战略绑定下游客户也是恩菲斯营业收入稳步增长的重要支撑。Sunrun 公司和太阳能源公司（SunPower）是美国户用光伏排名前二的安装商。2018 年恩菲斯收购太阳能源公司逆变器，成为其独家供应商；2015 年和 2019 年与 Sunrun 公司两度合作，深度绑定大客户，并与 LG、松下、索拉利亚（Solaria）公司和非营利组织替代电网（GRID Alternatives）形成战略合作。[①]

所乐与恩菲斯一样，都旨在提高光伏面板的发电效率，但解决思路却不同。恩菲斯的解决方案是微型逆变器，所乐的解决方案是提供优化器。不同于传统组串式逆变器，所乐将逆变器直流转交流和最大功率点跟踪（MPPT）两个功能一分为二，通过具有 MPPT 功能的直流功率优化器连接组件，然后将不同优化器串联后的电流送入逆变器逆变并网。公司的直流优化逆变器系统允许光伏发电直接存储入电池中而无须任何转换，可以消除转换的能量损失，提高效率。

所乐的功率优化器通过跟踪每一块组件的最大功率，解决了单一组件因阴影遮挡、朝向等原因导致整个系统发电量下降的问题。此外，优化器还具有监控和安全保护功能，紧急情况发生时可以第一时间自动关断组件输出，满足 NEC 组件级快速关断的要求，提高系统安全性。2021 年公司逆变器与优化器收入占总收入比重在 80% 以上。[②]

所乐"逆变器 + 优化器"的独特解决方案能提高光伏系统的发电效率和安全性，并提供长期售后保障（逆变器保修 12 年，优化器保修 25 年），因此具有更高的产品附加值。2019 年公司以全球逆变器出货量份额 4%（全球排名第七）实现了全球逆变器出货金额份额 16%（全球排名第一）。[③]

安森美公司（On Semiconductor Corp.）是 1999 年从摩托罗拉分拆出来的半导体公司。成立以来，安森美进行多次并购获得了新技术、新产品以及新工厂，包括图像传感器、电源及模拟产品、数字控制等，在全球建立了多家解决方案开发中心。2016 年安森美完成对集成电路行业先驱仙童公司的收购，一举成为全球第二大功率半导体供应商（见图 6.35），仅次于与 IRF 合并的英飞凌，同时在汽车工业及通信领域整个电压范围取得领先地位。2021 年安森美汽车和工业产品占收入的比例约为 60%，公司计划在 2025 年增加至 75%，如图 6.36 所示。

① 李志虹：《美股逆变器，为何成黑马——光伏逆变器专题深度》，浙商证券研究所，2020 年。
② 申建国、王东华：《从海外逆变器龙头估值变化看国内逆变器厂商》，方正证券研究所，2021 年。
③ 申建国、王东华：《海外逆变器厂商复盘与展望全球布局大势所趋，国产逆变乘势成长》，方正证券研究所，2021 年。

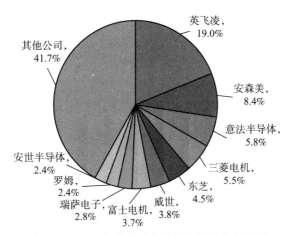

图 6.35　2019 年全球功率半导体器件市场份额

资料来源：国际电子商情。

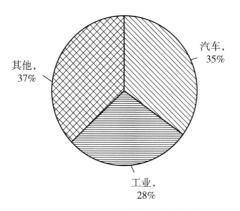

图 6.36　2021 年安森美收入构成

资料来源：https://www.investors.com/news/technology/on-stock-onsemi-drives-profits-with-semiconductors-for-cars-factories/。

　　安森美聚焦于功率半导体制造，在金氧半场效晶体管（MOSFET）功率模块和汽车点火绝缘栅双极晶体管（IGBT）等关键技术细分市场，位列全球第一。此外，安森美的核心竞争力还体现在汽车图像传感器 CMOS 领域。如图 6.37 所示，在 CMOS 领域，安森美在全球市场占比超 60%，是绝对的龙头，在涉及自动驾驶的高级驾驶辅助系统（ADAS）感知摄像机领域，安森美一骑绝尘占据 81% 的市场份额。2020 年以来，新能源汽车以及 5G 催生了大量的功率器件需求（汽车领域营业收入占比 35%），比如新能源汽车对 IGBT 的需求价值量相对于传统汽车的 5 倍，同时光伏、风能的崛起也大幅拉升了功率器件市场需求（工业领域营业收入占比 28%），叠加 8

寸晶圆的产能不足，功率半导体量价齐升带动安森美营业收入高增，2021 年营业收入增长 28% 至 67 亿美元，2022 年上半年营业收入达 40 亿美元，增长延续，见图 6.38。

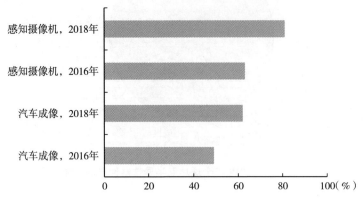

图 6.37　安森美公司在全球汽车图像传感领域市场份额

资料来源：公司资料。

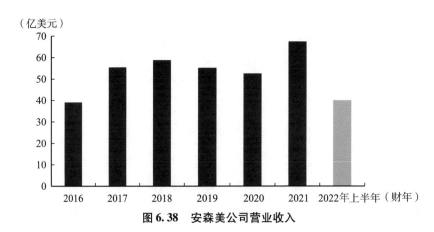

图 6.38　安森美公司营业收入

资料来源：万得（Wind）。

三、媒体娱乐

如表 6.8 和图 6.39 所示，媒体娱乐板块有 5 只股票位列 2020～2022 年最高涨幅前 10%，其中 3 只来自互动媒体与服务行业，其他 2 只分属影视娱乐与广播行业。除色拉布（Snap）公司外的娱乐媒体高收益股市值都偏小。媒体娱乐行业在 2020 年初至 2021 年年中的大幅上涨主要来自新冠疫情暴发后，居家带来的线上娱乐需求暴增，随着 2021 年上半年美国居民快速接种新冠疫苗（见图 6.40），2021 年年中开始美国多州逐步放松或解除防疫措施，线上娱乐需求的回落带动股票下挫。

表 6.8　2020～2022 年媒体娱乐板块高收益股（市值 TOP500）

序号	最大上涨倍数	公司名（中文）	公司名（英文）	平均市值（千美元）	市值排序	GICS-11 部门	GICS-24 行业组	GICS-69 行业	GICS-158 子行业
1	6.4	色拉布公司	Snap Inc	48 365 843	145	通信服务	媒体与娱乐	互动媒体与服务	互动媒体与服务
2	5.2	乐库公司	Roku Inc	22 821 642	309	通信服务	媒体与娱乐	娱乐	影视娱乐
3	5.2	缤趣公司	Pinterest Inc	18 460 882	359	通信服务	媒体与娱乐	互动媒体与服务	互动媒体与服务
4	4.6	派拉蒙全球公司	Paramount Global	21 496 025	330	通信服务	媒体与娱乐	媒体	广播
5	4.4	IAC 公司	IAC Inte Ractive Corp	13 692 217	459	通信服务	媒体与娱乐	互动媒体与服务	互动媒体与服务

资料来源：WRDS、各公司网站、研报、网络信息整理。

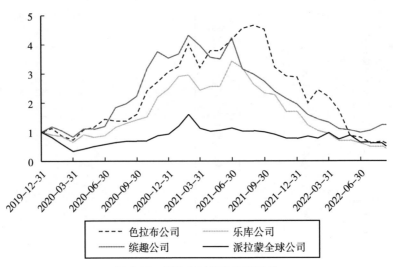

图6.39 媒体娱乐板块定基股价

资料来源：WRDS。

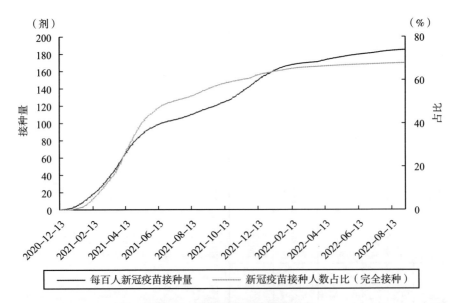

图6.40 美国新冠疫苗接种进度

资料来源：万得（Wind）。

色拉布公司（Snap Inc.，最高涨幅6.4倍）是主打"阅后即焚"（Snapchat，中文名称"色拉布"）软件的社交媒体公司。其主要产品是斯坦福大学学生在2011年创作的"阅后即焚"图片传送软件Picaboo，同年11月产品重新上架并改名为

"Snapchat"。阅后即焚功能是聊天界面的图片会在对方已阅几秒后消失，满足了年轻一代对交流内容的私密、真实性，以及交流节奏及时性的需求。色拉布不断推出新功能，到 2017 年 3 月上市前，已发展成一款集拍照和滤镜、即时通信、生活分享、咨询获取等多功能于一身的软件，日活跃用户大幅增长至 1.66 亿，增速远高于社交巨头脸书（Facebook），此时色拉布的用户每日平均使用时长也达 26 分钟，仅次于脸书的 39 分钟。上市之后，在与脸书的竞争格局恶化、欧盟推出不利的产业政策、产品更新走弯路等因素影响下，2017～2018 年色拉布日活用户（DAU）增长持续不及预期，股价下挫。2018 年后脸书转向与 TikTok 的竞争，色拉布专注自身发展沉淀，向游戏业务发展、增加各种微创新功能，同时在短视频领域寻找到增量空间。这一时期色拉布用户根基牢固，在青少年用户中的渗透率继续提升，DAU 增速回暖，股价逐步上行，如图 6.41 所示。

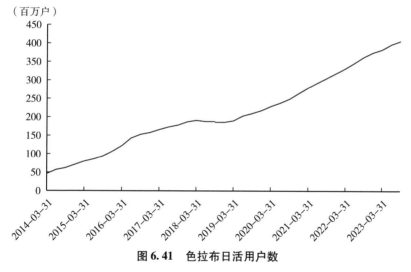

图 6.41　色拉布日活用户数

资料来源：Statista，https：//www.statista.com/statistics/545967/snapchat-app-dau/。

2020 年新冠疫情暴发后，居家办公和生活使好友间的文字和视频通信活跃度大大增加，自 2019 年以来对小游戏、短视频以及增强现实（AR）技术的布局也给色拉布带来更多流量，广告主加大了在色拉布上的投放，2021 年营业收入增长 64% 至 41.2 亿美元，见图 6.42。2021 年第四季度，随着美欧疫苗接种推进，出行限制被逐步放开，居家带来的线上社交红利渐渐消弭，叠加全球流动性转向，美债利率大幅上行，长久期的"科技"股进入下行通道。

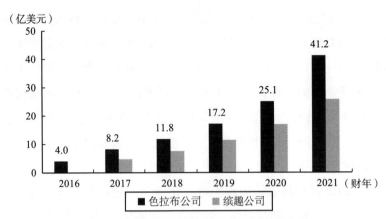

图 6.42　色拉布公司和缤趣公司总营业收入

资料来源：万得（Wind）。

　　另一家高涨幅的媒体公司缤趣（Pinterest）公司 2020～2022 年的股价走势与色拉布基本一致。缤趣是于 2010 年在美国正式上线的图片分享社区，用户可以自己搜寻目标内容或直接浏览平台算法推荐可能感兴趣的内容，2019 年上市。与国内的小红书类似，缤趣作为内容社区，鼓励用户生成内容（UGC）创作，用户以女性为主，盈利模式以广告为主。2017 年第一季度以来，缤趣通过开放视频内容、加强与电商平台的连接等一系列动作来提升用户的体验，并协助品牌商家更好地进行营销，美国月活用户各季度同比增长维持在 6%～13%。疫情期间，如图 6.43 所示，用户线上时长增长，平台美国用户在 2020 年第二季度至第四季度分别实现了 13%、13%、11% 的同比增长，2021 年下半年随着美国防疫措施的宽松，月活用户回落，股价自此开始下行。

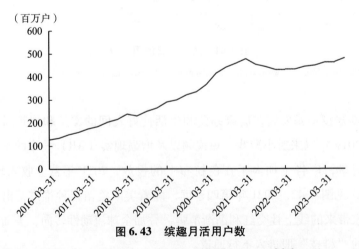

图 6.43　缤趣月活用户数

资料来源：Statista，https://www.statista.com/statistics/463353/pinterest-global-mau/。

乐库（Roku）公司成立于2002年，2007年获奈飞公司（Netflix）战略投资合作开发视频播放器，次年推出可观看奈飞的网络机顶盒Roku DVP，凭借高性价比和奈飞崛起的东风，乐库迅速扩张并逐步将业务拓展至毛利率更高的软件方向，包括广告、订阅分成、用户付费购买节目和预装系统收费等。2018年起乐库的平台收入和盈利（即软件、服务和广告）超过硬件，实现成功转型。乐库近年来的收入结构见图6.44。

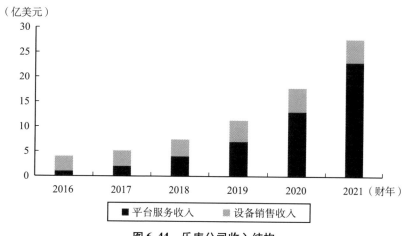

图6.44　乐库公司收入结构

资料来源：万得（Wind）。

乐库公司不自制内容，仅作为内容分销平台，但在各大公司纷纷推出自己的智能电视和流媒体服务时，反而以中立性整合内容资源推给观众，成为统一硬件入口。观众可以在乐库上观看超过5 000个频道或流媒体平台，包括热门的奈飞、葫芦（Hulu）等。乐库的规模优势使其成为最优质的流媒体广告投放平台，带来营业收入增长。此外，流媒体巨头的成本大头主要来自原创内容制作，不自产的乐库成本负担轻，财务更健康。

与其他媒体股类似，乐库从新冠疫情中受益匪浅，娱乐场所关门使得居家人群逐渐转向流媒体娱乐。如图6.45所示，2020年第一季度至2021年第一季度，乐库季度活跃账户数保持40%左右的高增速。2021年年中后，随着疫情对海外居民生活扰动减弱，用户活跃度和增长率回落。

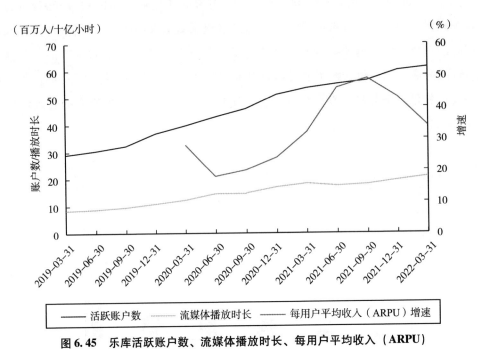

图 6.45　乐库活跃账户数、流媒体播放时长、每用户平均收入（ARPU）

资料来源：Seeking Alpha，https://seekingalpha.com/article/4512787-roku-0-percent-cable-100-percent-streaming。

四、新能源车和电气设备

如表 6.9 和图 6.46 所示，新能源车和电气设备相关板块有 7 只股票位列 2020～2022 年最高涨幅前 10%，分别是普拉格能源公司（Plug Power Inc.，最高涨幅 20倍）、特斯拉公司（Tesla Inc.，最高涨幅 13.7 倍）、昆腾斯科普公司（Quantum Scape Corp.，最高涨幅 8.5 倍）、卡瓦纳公司（Carvana Co.，最高涨幅 6.1 倍）、路西德公司（Lucid Group Inc.，最高涨幅 5.5 倍）、杰奈拉公司（Generac Holdings Inc.，最高涨幅 5.4 倍）、福特汽车公司（Ford Motor Co.，最高涨幅 4.3 倍）。其中普拉格能源和杰奈拉公司为电气设备公司，特斯拉、路西德和福特是汽车生产商，昆腾斯科普公司生产汽车零部件，卡瓦纳是汽车零售商。

表 6.9 2020～2022 年新能源板块高收益股（市值 TOP500）

序号	最大上涨倍数	公司名（中文）	公司名（英文）	平均市值（千美元）	市值排序	GICS-11部门	GICS-24行业组	GICS-69行业	GICS-158子行业
1	20.0	普拉格能源公司	Plug Power Inc	12 332 755	493	工业	资本品	电气设备	电气元件和设备
2	13.7	特斯拉公司	Tesla Inc	739 759 531	4	非必需消费品	汽车及零部件	汽车	汽车制造商
3	8.5	昆腾斯科普公司	Quantum Scape Corp	14 882 765	428	非必需消费品	汽车及零部件	汽车零部件	汽车零部件和设备
4	6.1	卡瓦纳公司	Carvana Co	13 031 738	474	非必需消费品	零售	专业零售	汽车零售
5	5.5	路西德公司	Lucid Group Inc	35 584 767	215	非必需消费品	汽车及零部件	汽车	汽车制造商
6	5.4	杰奈拉公司	Generac Holdings Inc	15 436 209	421	工业	资本品	电气设备	电气元件和设备
7	4.3	福特汽车公司	Ford Motor Co	54 713 160	133	非必需消费品	汽车及零部件	汽车	汽车制造商

资料来源：WRDS、各公司网站、研报、网络信息整理。

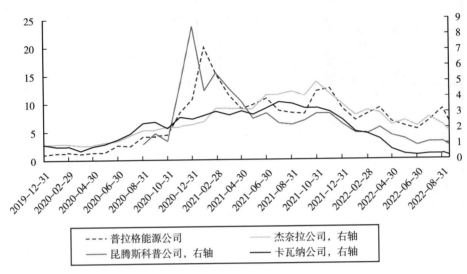

图 6.46 新能源板块高收益股定基股价

资料来源：万得（Wind）。

普拉格能源公司（Plug Power Inc.，最高涨幅 20 倍）成立于 1997 年，是全球最大的燃料电池集成商之一，公司专注于在全球范围内从事氢燃料电池系统的设计、开发、制造和商业化应用，主要用于工业越野（或叉车物料搬运）市场。

过去二十年，普拉格通过一系列收购获得燃料电池技术并进军全球。2007 年，公司通过收购沙力斯能源（Cellex Power）和通用氢气（General Hydrogen）公司，获得了其未来销量之王 GenDrive 的核心技术。2011 年，公司在欧洲以合资公司 HyPulsion 为欧洲材料处理市场开发和销售氢燃料电池系统；2014 年收购瑞莱昂（ReliOn）公司获得了工业用固定式燃料电池技术；2018 年收购美国燃料电池公司（American Fuel Cell），开始布局 MEA（膜电极）自产；2019 年收购聚焦于机器人、小型材料处理和航空航天应用的加拿大 PEM（质子交换膜）氢燃料电池系统制造商 EnergyOR，布局超小型燃料电池技术。2020 年收购美国最大的私人制氢生产商联合氢（United Hydrogen）和 PEM 电解制氢团队吉纳埃尔克斯（Giner Elx），开始布局绿氢领域。2021 年初，韩国 SK 集团以 15 亿美元收购普拉格 10% 的股份，并计划 2022 年起组建合资企业，在韩国和亚洲其他地方布局氢燃料电池、充电站等。

普拉格公司在 2020 年年中至 2021 年初暴涨 14 倍反映了市场对全球大力发展清洁能源的期待。2020 年 7 月，欧洲发布《欧盟氢能战略》，随后欧洲各国均发布国家氢战略政策；2021 年初拜登上任后推行"绿色新政"；与此同时，普拉格与韩国 SK 达成协议，加速在亚洲推广氢技术。普拉格在过去两年强劲增长，截至 2020 年，公司已经部署了 4 万套燃料电池系统，并设计、建造和运营超过 100 个加氢站的燃料网络，但目前行业仍处于发展初期，公司尚未实现盈利。若扣除 2020 年亚马逊提前对认股权证行权造成的 4.56 亿美元一次性非现金费用，公司 2020 年实现营业收入 3.37 亿美元，同比增长 42.5%，如图 6.47 所示。[①]

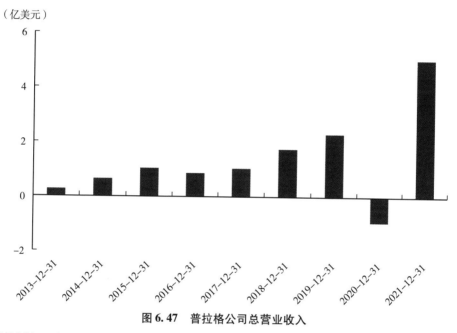

图 6.47　普拉格公司总营业收入

资料来源：万得（Wind）。

杰奈拉公司（Generac Holdings Inc.，最高涨幅 5.4 倍）主要从事发电设备和其他电力产品的设计和制造，其营业收入在过去两年大幅增长，如图 6.48 所示。一方面，杰奈拉公司营业收入大幅增长来自新冠疫情暴发后的居家场景以及 5G 发展带来家庭备用电源需求的增长；另一方面，公司推出了帮助用户管理家庭电池和太阳能系统的清洁能源产品，比如太阳能储能及备用解决方案 PWRcell 出货量大幅增加，杰奈拉计划其清洁能源收入将在 2022~2026 年增加两倍。

---

① 殷中枢：《普拉格能源：绑定优质客户，自下而上完善核心竞争力》，光大证券研究所，2021 年。

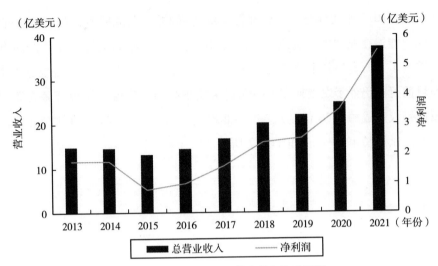

图 6.48　杰奈拉公司总营业收入和净利润

资料来源：万得（Wind）。

　　新能源板块高收益汽车股股价如图 6.49 所示，特斯拉公司（Tesla Inc.）在 2020 年至 2022 年 8 月最高涨幅近 14 倍。

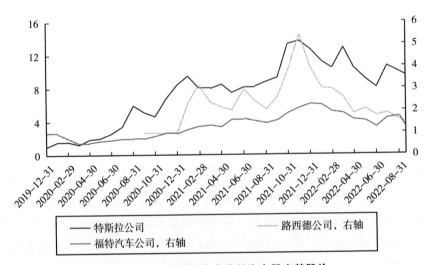

图 6.49　新能源板块高收益汽车股定基股价

资料来源：万得（Wind）。

　　宏观和产业层面，首先，新冠疫情暴发后全球货币和财政当局都推行大规模刺激政策，居民可支配收入的增长拉动了对汽车等耐用消费品的需求；其次，碳中和目标下各国加速向清洁能源的转型是过去两年电动车渗透率不断攀升的重要驱动力；此外，流动性极度宽松的背景下资金涌入资本市场也是助推特斯拉上涨的因素之一。

企业层面，一直以来特斯拉面临的产量不足、成本偏高的问题得到很好改善。随着技术难题的攻克和2019年底上海工厂的投产，特斯拉的产能得到释放，2019年交付36.8万辆，2020年交付约50万辆，2021年交付近93.6万辆，2022年上半年也已完成56.4万辆的电动车交付，如图6.50所示。特斯拉还积极推进供应链的本地化以实现降本增效，目前特斯拉上海工厂的Model 3车型零部件国产化率已达90%以上，本土供应商涵盖了从电池原材料到底盘、电驱动等环节，成本得到了有效控制。2020年以来，特斯拉多次降价，但利润率却不降反升，毛利率反而从18.8%上升至29.1%，净利率亦从0附近升至17.7%，见图6.51和图6.52。此外，过去两年特斯拉在打造专而精大单品矩阵的同时，智能化水平亦实现突破。FSD芯片快速换代、200Tops大算力芯片为自动驾驶保驾护航、8摄像头纯视觉解决方案逐步成熟、超3亿公里的里程数据推动自动驾驶算法快速迭代，用户驾乘体验和对安全隐患的担忧均有所改善。①

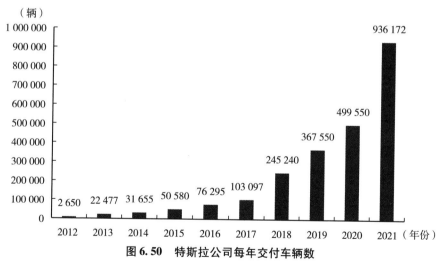

图6.50 特斯拉公司每年交付车辆数

资料来源：公司财报。

---

① 高登等：《特斯拉的璀璨星光》，长江证券研究所，2021年。

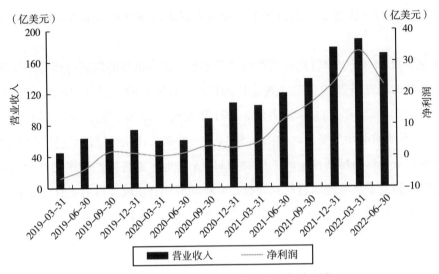

图 6.51　特斯拉公司季度营业收入与净利润

资料来源：公司财报。

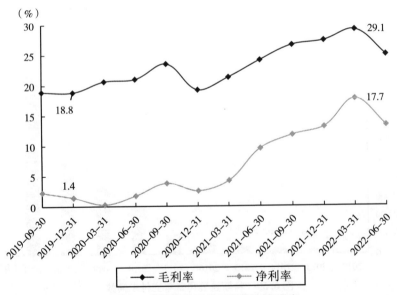

图 6.52　特斯拉公司的毛利率和净利率

资料来源：公司财报。

传统燃油车巨头福特汽车公司（Ford Motor Co.，最高涨幅 4.3 倍）在 2020 ～ 2021 年的大幅上涨也来自其成功的电动化转型。2021 年，福特在美国的电动车销量排名跃升至第二，销量的增速比整个细分市场快 36%，其重要车型福特电马（Mustang Mach-E）电动跨界车在 2021 年销量达 27140 辆。随着福特纯电动皮卡（F－150 Lightning）和纯电动商用车（E-Transit）开始交付，福特电动汽车势头更为强劲，市场份额进一步提升。对于未来，福特计划 2026 年的电动汽车产量将超过 200 万辆，到 2030 年福特的全球销量将有一半是电动汽车。

路西德公司（Lucid Group Inc.，最高涨幅 5.5 倍）前身是成立于 2007 年的源捷（Atieva），致力于为其他车企提供电池和动力系统。2016 年 10 月更名为路西德（Lucid Motors），转型开发纯电和高性能的豪华轿车。路西德的第一大股东沙特主权基金拥有 62.7% 的股份。

路西德公司首款量产车型 Lucid Air 于 2020 年 9 月正式亮相，定位于 "后奢华"（Post-Luxury），兼具高性能和奢华体验，与特斯拉形成差异化。2021 年 10 月，首批 Lucid Air 正式向客户交付，股价随之大幅上涨。进入 2022 年后，受供应链和自身产能影响，路西德在上半年仅交付了 1 039 辆汽车，公司两次下调其产量目标，从最初的 20 000 辆汽车目标降至 6 000～7 000 辆，股价大幅下挫。此外，路西德后续产品节奏较慢，其第二款新品——定位于家庭生活豪华纯电动（SUV Gravity）预计于 2024 年推出，也对市场信心产生一定拖累。[①②]

昆腾斯科普公司（Quantum Scape Corp.，最高涨幅 8.5 倍）主要从事电动汽车固态锂电池开发，2021 年 11 月并购肯辛顿资本收购公司（Kensington Capital Acquisition），以 SPAC（特殊目的收购公司）方式进行上市，随后其股价暴涨。固态电池相比传统锂电池，在能量密度、充电速度、寿命、适用范围、安全性等指标性上大幅领先，这是资本市场追捧昆腾斯科普公司的重要原因。但另一方面，目前固态电池还在研发阶段，小规模商业化量产要看到 2025 年之后，且可应用的范围有限，市场情绪在炒作后迅速回落，股价持续下跌。

卡瓦纳公司（Carvana Co.，最高涨幅 6.1 倍）是成立于 2012 年的二手车电商，其业务汇集了采购车辆、维修、销售、汽车金融等多功能，向消费者提供一站式购车服务，2020 年末成为仅次于车美仕（CarMax）的美国第二大二手汽车零售商。

卡瓦纳公司的网站和 App 以完全透明的价格解决了二手车购买过程中讨价还价

---

① 邓学、常青：《Lucid 三电性能卓越，差异化定义电动车奢品》，中金公司研究所，2022 年。
② 《特斯拉美国最大竞争对手的头衔，Lucid Motors 扛得起吗?》，界面新闻，https：//www.jiemian.com/article/5723611.html，2021 年。

的消费者痛点，在长期高度分散且缺乏差异化的美国二手车零售市场中获得快速增长。卡瓦纳公司还拥有 360 度车辆成像专利技术，客户可以在线看到车辆的特征，包括汽车外观、内部装饰和瑕疵。同时，公司简化了汽车销售流程，并提供贷款和保修等增值服务，客户最快在 10 分钟内即可完成签约购买。公司还对所有售出的车辆提供 7 天无理由退货政策，消费者满意度不断提升。

新冠疫情暴发后，汽车芯片短缺导致包括通用、福特、大众在内等大型汽车制造商多次宣布停产，美国新车市场供应不足，众多有购车需求的消费者转向二手车市场。此外，疫情封锁也使得更多购车需求转向线上，卡瓦纳公司相对其他传统线下销售商更具优势。如图 6.53 ~ 图 6.56 所示，与传统二手车零售商车美仕（CarMax）相比，近两年卡瓦纳公司的销量和营业收入增速、毛利率水平都更为优异，2020 ~ 2021年，卡瓦纳公司毛利率保持在 15% 左右，而车美仕仅 12% 且持续下滑。线上模式还带来成本优势，2016 年以来卡瓦纳公司的费用率持续下行。[①]

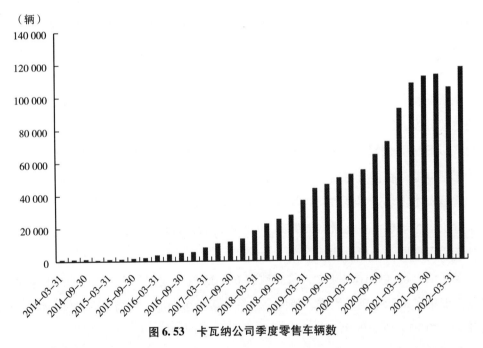

图 6.53　卡瓦纳公司季度零售车辆数

资料来源：公司公告。

---

　① 《美国最大在线二手车零售商 Carvana：先颠覆行业，还是先学会赚钱》，https：//new.qq.com/rain/a/20211111A09Z0V00，2021 年。

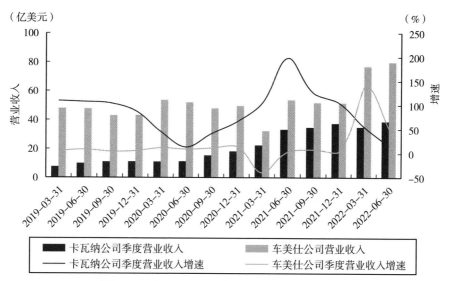

图 6.54 卡瓦纳公司与车美仕公司季度营业收入

资料来源：万得（Wind）。

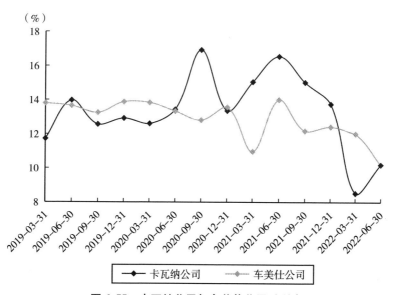

图 6.55 卡瓦纳公司与车美仕公司毛利率

资料来源：万得（Wind）。

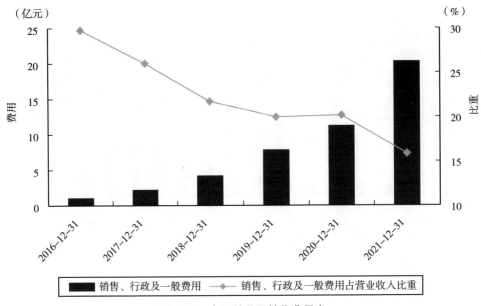

图6.56　卡瓦纳公司销售费用率

资料来源：万得（Wind）。

五、传统能源

能源板块有6只股票位列疫情以来最高涨幅前10%（见表6.10），分别是德文能源公司（Devon Energy Corp.，最高涨幅8.6倍）、大陆资源公司（Continental Resources Inc.，最高涨幅8倍）、西方石油公司（Occidental Petroleum Corp.，最高涨幅6.2倍）、哈里伯顿公司（Halliburton Company，最高涨幅5.5倍）、响尾蛇能源公司（Diamondback Energy Inc.，最高涨幅5.3倍）、钱尼尔能源公司（Cheniere Energy Inc.，最高涨幅4.1倍）。

能源板块高收益股大多经营石油天然气的勘探、开采，走势基本与油气价格一致，如图6.57～图6.60所示。2020年2～4月新冠疫情暴发带来油价暴跌近70%，能源股随之大幅下挫。4月末全球经济开始复苏，工业生产、居民消费和出行的提振带动原油需求端强劲回暖，叠加"欧佩克＋"（OPEC＋）大幅减产，油价触底启动反弹，能源股营业收入进入长达2年的上行周期，股价持续上涨；2022年2～3月的俄乌冲突造成的供给冲击进一步推升油气价格，能源股股价保持坚挺。2022年年中，高通胀与流动性快速紧缩对需求的抑制逐步显现，供给逐步释放，油价回落带动能源股走弱。

表 6.10　2020～2022 年能源板块高收益股（市值 TOP500）

序号	最大上涨倍数	公司名（中文）	公司名（英文）	平均市值（千美元）	市值排序	GICS-11 部门	GICS-24 行业组	GICS-69 行业	GICS-158 子行业
1	8.6	德文能源公司	Devon Energy Corp	21 279 655	333	能源	能源	石油、天然气和消费燃料	油气勘探与生产
2	8.0	大陆资源公司	Continental Resources Inc	14 349 714	439	能源	能源	石油、天然气和消费燃料	油气勘探与生产
3	6.2	西方石油公司	Occidental Petroleum Corp	33 292 287	226	能源	能源	石油、天然气和消费燃料	油气一体化
4	5.5	哈里伯顿公司	Halliburton Company	23 171 955	303	能源	能源	能源设备与服务	石油和天然气设备与服务
5	5.3	响尾蛇能源公司	Diamondback Energy Inc	16 471 327	399	能源	能源	石油、天然气和消费燃料	油气勘探与生产
6	4.1	钱尼尔能源公司	Cheniere Energy Inc	22 923 207	306	能源	能源	石油、天然气和消费燃料	油气储运

资料来源：WRDS、各公司网站、研报、网络信息整理。

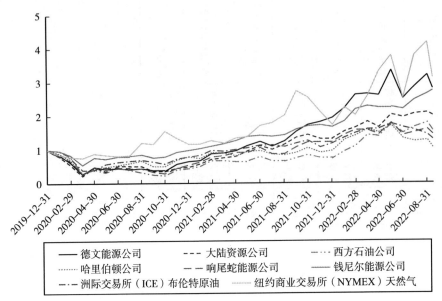

图 6.57　美国能源板块高收益股定基股价

资料来源：万得（Wind）。

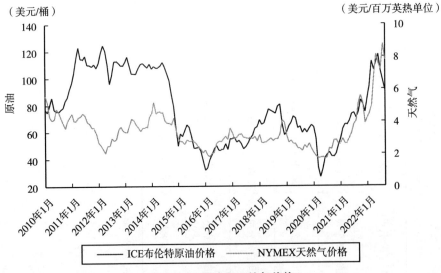

图 6.58　原油和天然气价格

资料来源：万得（Wind）。

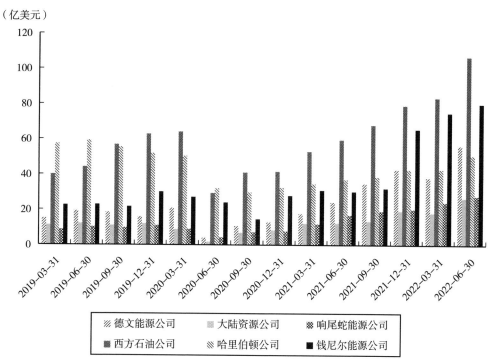

图 6.59　美国能源高收益股单季营业收入

资料来源：万得（Wind）。

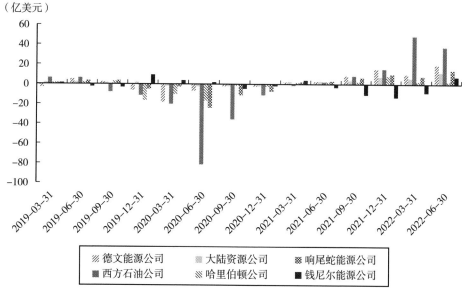

图 6.60　美国能源高收益股单季净利润

资料来源：万得（Wind）。

2014 年美国页岩油产量大增，欧佩克与美国爆发价格战迫使原油从 100 美元/桶跌至 30 美元/桶。而后油价虽有所回升但整体仍偏低，且不少页岩油厂商陷入"油价反弹—增产—供给增加—油价下跌—被迫减产"的循环之中，叠加能源转型大趋势下各国低碳环保政策的陆续实施，美欧能源巨头开发传统上游资源的积极性下降，资本开支在 2014～2019 年持续下滑，如图 6.61 所示。

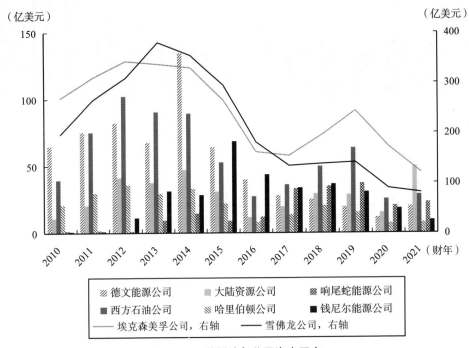

图 6.61　美国油气公司资本开支

资料来源：万得（Wind）。

长期弱资本开支使得疫后全球能源供给弹性有限，加剧了油气价格上涨，但即使洲际交易所（ICE）布伦特原油期货价格从 2020 年 4 月的 20 美元/桶左右一路上涨至 2022 年 6 月的 120 美元/桶，也并未驱动上游投资在近两年大幅增长，更未转化为产量提升。2021 年全球上游计划资本开支较 2020 年增加 250 亿美元，仅同比上涨 7.7%，仍明显低于 2019 年水平；与此同时，2021 年全球石油产量仅温和增长 1.3% 至 44.23 亿吨，且增量主要来自"欧佩克＋"。

新冠疫情后高油价下，全球能源企业迎来利润和现金流的大幅增长，据彭博统计，美国前 28 家大型独立石油生产商 2022 年第二季度的自由现金流总额超过 250 亿美元，全年预计将超过千亿美元，为 2021 年的两倍。油气生产商的巨额增量资金主要用于偿还债务、分红以及股票回购，而非增加产量。在新旧能源结构转型过程中，对原油需求达峰渐近与传统油田开发周期（3～5 年）错配导致的长期回报不确定性的担忧抑制了增产。[①]

六、原材料

原材料板块有 4 只股票位列疫情以来最高涨幅前 10%，分别是自由港麦克莫兰公司（Freeport Mcmoran Inc.，最高涨幅 7.4 倍）、美盛公司（Mosaic Company，最高涨幅 6.1 倍）、雅保（Albemarle Corp.，最高涨幅 4.7 倍）和纽柯钢铁（Nucor Corp.，最高涨幅 4.1 倍），如表 6.11 所示。4 只原材料股票的大涨与他们所对应的有色金属（铜、锂）、钢铁、农产品在过去两年阶段性价格上行紧密相关。

自由港麦克莫兰公司（Freeport Mcmoran Inc.，最高涨幅 7.4 倍，简称麦克莫兰公司）是成立于 1912 年的跨国矿业巨头，目前为世界上最大的钼生产商，也是主要的铜、金生产商，营业收入情况如图 6.62 所示。

过去二十多年，麦克莫兰经历了跌宕起伏的并购拆分。2007 年公司斥巨资收购美国最大的铜资产开发商菲尔普斯道奇公司（Phelps Dodge），一跃成为全球最大的铜生产商之一。2012 年，再斥近百亿美元高价收购 PXP 能源和 MMR 能源公司，成为一家"能源＋资源"的大型跨国矿业公司。2014 年下半年，国际油价和金属矿产品价格暴跌，麦克莫兰受重创，经营困难、债务急增、濒临破产，而后麦克莫兰剥离了油气资产以及部分铜矿资产，最终回归到钼、铜、金等主业上来。[②]

---

① 陈淑娴：《资本开支不足，油价开启上行周期》，信达证券研究所，2022 年。
② 《自由港麦克莫兰：成也并购，败也并购》，五矿经济研究院，https://finance.sina.com.cn/money/future/indu/2020-10-27/doc-iiznctkc7912583.shtml。

表 6.11　2020 ～ 2022 年原材料板块高收益股（市值 TOP500）

序号	最大上涨倍数	公司名（中文）	公司名（英文）	平均市值（千美元）	市值排序	GICS - 11 部门	GICS - 24 行业组	GICS - 69 行业	GICS - 158 子行业
1	7.4	自由港麦克莫兰公司	Freeport Memoran Inc	47 615 684	147	材料	材料	金属与矿业	铜
2	6.1	美盛公司	Mosaic Company	14 075 246	449	材料	材料	化学品	肥料和农用化学品
3	4.7	雅保公司	Albemarle Corp	19 173 496	352	材料	材料	化学品	特种化学品
4	4.1	纽柯钢铁公司	Nucor Corp	26 425 624	282	材料	材料	金属与矿业	钢

资料来源：WRDS、各公司网站、研报、网络信息整理。

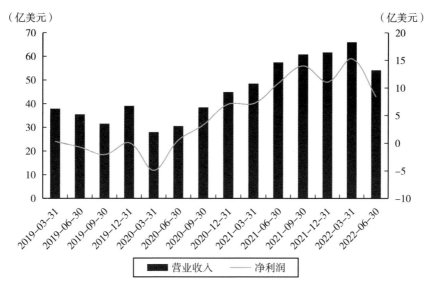

图 6. 62　麦克莫兰公司单季营业收入与净利润

资料来源：万得（Wind）。

2020 年初新冠疫情暴发，麦克莫兰股价紧跟铜价在 3 月触底后经历了大约两年的持续反弹，如图 6.63 所示。铜价在 2020 年 4 月～2022 年 4 月实现翻倍上涨是多因素共振的结果。其一，智利、秘鲁、澳大利亚等主要产铜国在疫情冲击下产能下滑，铜出现供给不足的情况，与此同时，全球供应链中断导致的运力不足、航运资费上涨

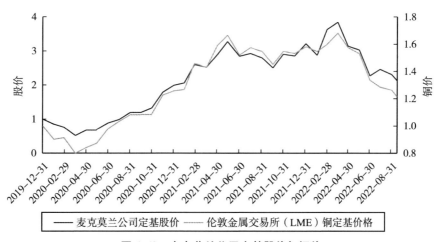

图 6. 63　麦克莫兰公司定基股价与铜价

资料来源：万得（Wind）。

更加剧了大宗商品价格的飙升；其二，近几年新能源产业链爆发式增长带来铜需求大幅扩张，从上游充电桩的建设、新增电网的铺设到汽车含铜量的提升，铜需求增长3～5倍以上；其三，以美联储为首的全球央行在过去两年释放天量流动性，进一步推升大宗价格；此外，新冠疫情暴发后居家场景下，消费电子产品销量增长也对铜需求有小幅度提升。[①]

2022 年年中，在供应链略有缓和、全球经济景气回落以及各国央行加速紧缩的背景下，铜价进入下行通道，麦克莫兰股价亦随之下滑。

美盛公司（Mosaic Company，最高涨幅6.1 倍）由美国嘉吉公司作物营养部和美国 IMC 全球公司（IMC Global Inc.）于 2004 年 10 月共同组建而成，是世界最大的磷肥生产商和销售商，钾肥也是其主要产品之一。

2020 年新冠疫情暴发之后，石油、天然气、煤炭等能源价格的飙升导致化肥行业成本攀升，化肥随之大涨价。而下游农产品的生产和运输均受疫情阻碍，叠加粮食安全担忧下多国缩减粮农贸易以及在此期间的极端天气，全球农产品出现大幅上涨，支撑化肥涨价的同时与其形成相互促进的正反馈。2022 年 2～3 月俄乌冲突爆发后两国对化肥出口的限制更加剧了全球化肥供给不足的境况，价格进一步上冲。个股层面，美盛控制着美国市场化肥供应量的 90%，获得了巨大的定价权和成本优势，利润不断增厚，如图 6.64、图 6.65 所示。

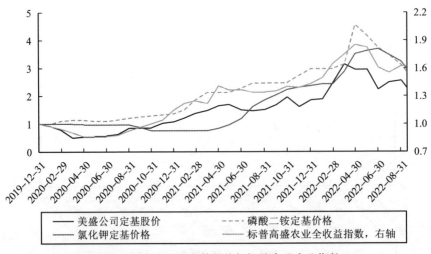

图 6.64　美盛公司定基股价与标普高盛农业指数

资料来源：万得（Wind）。

---

① 《麦克莫兰，铜周期的大牛股》，老虎社区，https：//www.laohu8.com/post/377358084。

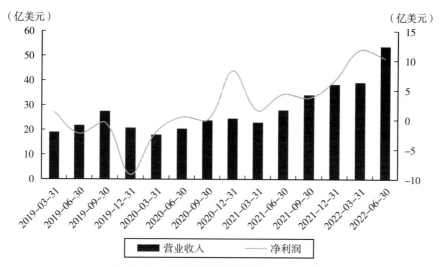

图 6.65　美盛公司单季营业收入与净利润

资料来源: 万得 (Wind)。

2022 年第二季度以来, 通胀高企以及全球紧缩政策对需求的抑制作用逐步显现, 化肥供需紧张格局略有改善, 美盛股价跟随化肥价格有所回落。

雅保 (Albemarle Corp., 最高涨幅 4.7 倍) 于 1987 年成立, 2015 年收购洛克伍德 (Rockwood) 正式进入锂行业, 秉承资源为王, 陆续收购全球最优质的锂矿和盐湖资源, 成为全球锂矿龙头。目前在手的锂资源主要包括盐湖阿塔卡马 (Salar de Atacama), 锂矿格林布什 (Greenbushes) 和沃吉纳 (Wodgina) 等。

如图 6.66～图 6.68 所示, 雅保的主要业务有三块, 分别是锂、催化剂与溴业务, 服务于包括能源储存、精炼、电子、建筑、汽车、润滑油、制药、农作物/农业和其他化学品在内的市场。催化剂与溴业务基本上保持平稳, 行业增速大致同步于美国 GDP 增速, 2022 年锂相关业务占比在 45% 左右, 较 2020 年的 37% 大幅提升。目前锂产品约 60% 份额由储能电池来占据, 包括电动车、电子产品等, 公司预计这一比例在 2026 年将提升至 85% 以上。2020 年, 雅保占据全球锂产品供应约 30% 的市场份额, 是全球第一大锂产品供应商, 其客户群体就包含了全球动力电池领域的几大龙头, 宁德时代、LG 化学、松下 SDI、三星等, 还包括特斯拉、理想等造车新势力及老牌传统车企。

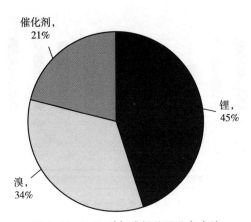

图 6.66　2022 财年雅保公司业务占比

资料来源：公司公告。

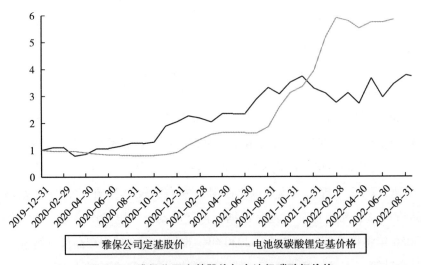

图 6.67　雅保公司定基股价与电池级碳酸锂价格

资料来源：万得（Wind）。

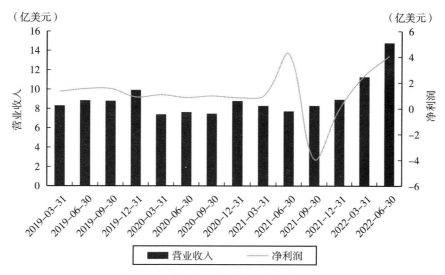

图 6.68　雅保公司单季营业收入与净利润

资料来源：万得（Wind）。

疫情后，在供给短缺、需求爆发的背景下，锂盐价格大幅上涨，雅保释放产量迎来业绩增长。在锂盐价格保持高位的基础上，由于雅保销售结构中长单占比高，长单客户议价周期长，市场价格变化较难及时反映在实际销售价格上，2022财年业绩指引低于预期叠加流动性环境趋紧，股价阶段性走弱。直至2022年年中，随着雅保谈判获得更多的可变价格合同，公司预计2022年全年调整后的EBITDA（税息折旧及摊销前利润）将比上年同比增长160%以上，业绩预期提振驱动股价回升。

纽柯钢铁（Nucor Corp.，最高涨幅4.1倍）成立于1905年，是美国最大的钢铁生产商。

钢铁行业是全球以及国内碳排放总量最大的行业之一，2018年水泥、钢铁和电解铝行业碳排放合计约占全球总碳排放的22.7%，其中钢铁仅次于水泥，占比高达10.1%；中国钢铁行业碳排放量占全球能源系统排放量的8%左右，占全国碳排放总量的15%左右，是碳排放量最高的制造业行业。2020年9月，中国政府宣布，二氧化碳排放力争于2030年前达到峰值，努力争取2060年前实现碳中和。而钢铁压减产量是我国完成碳达峰、碳中和目标任务的重要举措，2021年1月，中国工信部强调"坚决压缩粗钢产量，确保2021年粗钢产量同比下降"。

为配合国内压减粗钢产量政策，自2021年5月1日起，中国取消部分钢铁产品出口退税，出口价格优势收窄有效抑制了钢材出口，叠加新冠疫情后海外经济回暖，供需趋紧推升海内外钢价上涨，纽柯钢铁疫后两年营业收入和利润出现大幅增长。而从2021年末起，随着高通胀对消费和投资的抑制、流动性紧缩加速以及中国地产景气下行带来的钢铁需求走弱，全球钢价进入下行通道，钢铁股上涨动力放缓。如图6.69、图6.70所示。

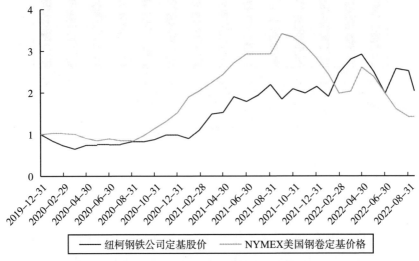

图6.69 纽柯钢铁定基股价与钢价

资料来源：万得（Wind）。

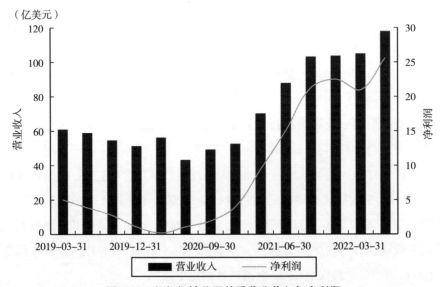

图6.70 纽柯钢铁公司单季营业收入与净利润

资料来源：万得（Wind）。

第七章
总结与启示

　　本书将 1970 年以来的全球经济发展划分为五个阶段，分别为大滞胀时期、大缓和与经济转型期、两次泡沫期、金融危机后的十年慢牛以及新冠疫情时期，通过对各阶段美欧日等国宏观背景、大类资产表现以及美国各板块股票走势（"十年十倍股"）的深入复盘与分析，来挖掘长周期中诞生高收益股的主要驱动因素，以期对权益资产研究与实践有所帮助。总结与启示如下：

第一节　宏 观 层 面

　　第一，美欧日等经济体在过去五十余年不同时段的权益资产表现有着很强的联动性。这一方面来自发达经济体在贸易、资金流动下增长、通胀呈现协同变化，由此也带来财政、货币政策的趋同；另一方面，全球产业升级虽有先后快慢之分，但仍通过国际扩张、技术溢出在不同国家传播，产业周期形成共振。

　　第二，增长、通胀、流动性和产业周期构筑起影响资产表现的宏观基石，其中流动性作为估值的决定因素尤为重要。20 世纪 70 年代大滞胀时期，低增长高通胀迫使各国货币当局大幅收紧流动性，美欧权益资产均表现不佳，日本通过"减量经营"和"科技立国"成功实现第二次产业转型升级，股市相对坚挺；八九十年代全球经济从滞胀的泥淖中走出，在高增长、低通胀、小波动的"大缓和"时期，持续降息保证了流动性宽裕，叠加产业结构升级，美欧日股市大幅反弹，80 年代末日本泡沫破灭引发日股大跌；90 年代末至 21 世纪初的两次危机中，流动性大幅扩张助推了资本市场泡沫的积累，再加上互联网、地产产业在世纪之交前后的高景气度，全球股市随泡沫聚集与破灭大起大落；金融危机后的 21 世纪 10 年代，各国央行释放天量流动性，经济逐渐复苏，全球股市迎来近十年牛市；2020 年 2 月新冠疫情暴发后，全球货币与财政当局都推出巨额的救助政策以刺激经济从衰退中修复，各国股市的大幅上涨态势直到 2021 年末美元流动性开始逐渐收缩才出现逆转。

第三，长周期中，大类资产表现基本符合投资时钟规律，如大滞胀时期大宗商品走势最强、"大缓和"时期以及金融危机后经济逐步回暖支撑股票资产占优。在各个年代，大部分具体宏观场景之下的资产表现仍基本吻合投资时钟（美林时钟）规律，如复苏和扩张时期股票收益强于其他资产类别；而少数时段受短期因素影响出现偏差，如 20 世纪 80 年代末美股在扩张场景下表现相对弱，这源于央行在扩张期的加息，再如美股在 1988～1989 年的"滞胀"场景出现大幅上涨，这主要受益于美国贸易逆差的明显改善。

第二节　行业层面

总体而言，在不同的宏观和产业背景下，各阶段美股相对占优的板块有所不同，但在技术进步和居民消费水平持续提升的驱动下，科技、医疗和消费板块在 1970 年以来的大多数周期中表现优异，即使在不利的宏观环境中，也常有细分板块跑出超额收益。具体而言：

大滞胀时期，两次石油危机导致美股能源板块一骑绝尘；消费和科技板块在 20 世纪 70 年代前中期估值大幅下杀，盈利亦遭受原材料成本攀升以及需求不振的双重挤压表现不佳；而 70 年代末半导体和计算机产业蓬勃发展，科技股随盈利回暖大幅上涨。

"大缓和"时期，美股消费板块在高增长、低通胀的稳定宏观环境下迎来黄金发展期；这一时期美国半导体产业受到来自日本的严重冲击，进入 20 世纪 90 年代后，随着个人计算机快速普及以及互联网关键技术的突破，以软件为代表的科技股表现大幅好转；美国在 80 年代启动医保控费的各项措施，医疗板块内部明显分化，医院、医疗器械表现受到压制，而制药和管理式医疗保健子行业走势较强。

两次泡沫时期，产业周期以及热钱涌入带来科技和生物技术板块在世纪之交的泡沫积聚与破灭中大起大落，金融板块在次贷危机前后走势亦是如此；必需消费品在两次危机期间表现出很强的避险属性，非必需消费品内部出现巨大分化，汽车等与宏观经济周期紧密相关板块走势惨淡，而零售/餐饮酒店/纺服等满足居民日常需求的板块表现更佳；中国的快速发展以及美国的地产繁荣带动能源需求旺盛，原油价格持续上行，能源板块走势较强。

2008 年国际金融危机后的十年慢牛期，全球权益资产普遍上涨，科技、零售、医疗、金融板块表现最佳，原材料、能源板块走势偏弱。在移动互联网大爆发时代下美股科技板块盈利不断上行，诞生了以"FAANG"为代表的一大批科技互联网、流媒体及线上零售巨头；可选消费板块受益于这一时期的稳步增长与低通胀环境亦走势较强；2011～2015 年生物科技行业蓬勃发展、融资顺利支撑持续研发投入、新药审批数量得以提升，叠加制药巨头频繁并购扩张，医药板块的优异表现。金融板块在金融危机冲击之后的修复阶段表现较好。

新冠疫情暴发之后两年，表现优异的行业主要分为两类：一是疫情暴发后医疗以及居家线上工作娱乐等需求大增带来的大消费与科技股机会；二是新旧能源转换期供给不足引发的传统和新能源相关机会。

第三节　个 股 层 面

第一，20 世纪 70 年代以来的各个时段均诞生了多只高收益股（"十年十倍股"），即使在不利于权益资产的宏观环境中，如低增长、高通胀的大滞胀时期，抑或是经济大起大落的两次危机时期，也同样在产业周期或企业内外生发展的驱动下，走出了一系列牛股。

第二，高收益股出现最频繁的板块当属科技、消费和医疗，三大板块在本书划分的五个时段均诞生多只高收益股。而公用事业和房地产板块在过去 50 多年几乎没有出现长牛个股，金融板块高收益股也相对较少，且大幅上涨主要集中在金融危机前的泡沫阶段，业务上聚焦于金融数据、评级机构、互联网券商等细分领域，传统的银行、保险等机构鲜有高收益股。

第三，随着产业发展及政策变化，科技、消费和医疗板块中高收益股所属的细分行业也不断更迭。科技板块高收益股所属子行业从大滞胀时期的半导体和计算机硬件发展到"大缓和"时期的中央处理器（CPU）和操作系统，再到 21 世纪初的消费电子，以及近十年的云计算、半导体、社交媒体软件等。医疗板块则受政策影响较大，20 世纪 70 年代政府医保提振医疗需求带动医院和医疗保健设备产生多只高收益股，80 年代医保控费下制药和管理式医疗表现更佳，进入 21 世纪后生物科技、管理式医疗以及药品福利管理（PBM）成为更优质的赛道。消费板块高收益股在 70 年代集中于满足基本生活需求、讲求性价比的食品消费以及计算机相关零售；80 年代消费板块各子行业都水涨船高；两次泡沫时期经济大幅波动，消费回归理性，互联网、折扣零售相关消费走势较强；近十年移动互联与能源转型的产业趋势带动新能源车、电商、专业零售等细分板块表现优异。

第四，过去五轮周期的高收益股复盘中，出现 3 次的个股包括油气股（多只）、英特尔、英伟达。出现 2 次的分别是消费板块中的麦当劳、沃尔玛、亚马逊、特斯拉、福特；科技板块的微软、甲骨文、思科、苹果、博通、史克威尔（Square）；医疗保健板块的 CVS 药房公司。消费板块中，麦当劳和沃尔玛的大幅上涨集中在 20 世纪八九十年代，由宏观环境和独特商业模式共同成就；亚马逊、特斯拉、福特则在近十年表现优异，零售、汽车产业的数字赋能以及绿色转型是重要驱动力。科技板块中，计算机软硬件技术的发展和互联网的普及推动英特尔、思科、博通在 20 世纪末大涨，而英伟达、甲骨文、苹果、史克威尔在移动互联和云计算业务兴起的背景下在近 20 年表现更佳。油气股走势与油价亦步亦趋，在大滞胀、21 世纪初以及新冠疫情后的能源供需紧张时段表现最佳。

以下是对高收益股驱动力的总结与启示。

第一，有利的宏观环境与产业周期是高收益股诞生的基础。早期宏观经济更多通过影响需求进而传达到消费及周期板块，而对科技与医疗板块影响偏弱；2008 年国际金融危机后，各国进行大规模财政货币宽松，全球经济波动下降，以流动性为核心的宏观环境变化对美股各板块的影响力有所提升。产业周期对高收益股的推动更为直接且贯穿始终。产业政策作为驱动产业周期变化的重要原动力，对于医疗板块影响巨大，如 20 世纪 70 年代政府主导医保的建立、80 年代启动的医保控费、2010 年出台的奥巴马医改法案等，直接对医疗板块细分赛道走势产生了决定性影响。此外，美国政府在 70 年代对半导体的扶持、近几年全球各国政府对光伏及新能源车的重视也带来了板块性机会。

第二，赛道（模式）、产品、管理（周转）以及品牌（定位）是企业内生增长的重要驱动力，高收益股的亮眼表现常源于上述多因素共振，但不同类别的企业各有侧重。

首先，独特的赛道（模式）能为企业构筑天然护城河。商业模式方面，大滞胀时期麦当劳"房产租赁＋品牌授权"模式丰富了公司收入来源，提升了公司盈利水平；20 世纪 80 年代，好市多以"低价优质商品引流、会员费获利"的模式实现持续高增；雅虎在 90 年代末凭借首创的"用户免费访问、网页向广告主收费"的模式迅速壮大；线上旅游平台缤客公司（Booking）在 21 世纪 10 年代通过从批发向代理佣金模式的转变实现版图快速扩张；银行卡清算组织维萨（Visa）和万事达卡以四方清算的轻资产运营模式，借助发卡及收单银行原有客户群迅速扩大业务规模，获取更强盈利；TDG 公司为飞机制造后市场提供全生命周期服务的模式带来长达 50 年以上的平稳可持续收入。赛道方面，20 世纪 80 年代美国制药行业蓬勃发展，阿尔扎在药物输送系统这个独特赛道里鲜有竞争对手，与药企展开多样化合作取得迅猛发展；史克威尔（Square）于 2009 年成立后，针对中小商家的支付需求，以低廉简易的支付硬件设备迅速占领了中小商户；近几年流媒体竞争尤为激烈，乐库（Roku）反其道行之，不自制内容而在内容分销平台赛道上独树一帜，中立整合内容资源推给观众，以轻资产构建了统一硬件入口，营业收入大增。

其次，对于科技（包括娱乐媒体）、消费及医药产品制造企业，重磅产品的推出与畅销是高收益股诞生的关键要素。如英特尔的 8086 及奔腾系列处理器、甲骨文（Oracle）系列数据库、苹果的 iPhone 系列、奈飞的原创剧集、特斯拉的 Model S/Model X/Model 3 车型、安进的红白药、渤健的干扰素 Avonex、莫德纳的 mRNA 新冠疫苗、吉利德的首个抗艾滋病药物替诺福韦酯、博士伦的世界第一款软性隐形眼镜 Softlens，这些旗舰产品的推出拉动企业营收大幅改善，股价随之大涨。

再次，对于零售商，管理（周转）效率尤为重要。1980～2019 年的三个时段中高收益股的代表家具零售商家得宝、品牌服饰折扣零售商 TJX 和罗斯百货的大涨都源于优秀存货管理带来的资产周转率大幅高于同业；此外，管理水平的提升的方式多种多样，如 20 世纪 70 年代美国连锁医院集团通过收购多家医院、通过集中管理与规模经济实现成本控制，以及苹果、威富集团通过将供应链向亚洲外移实现降本增效。

最后，对于泛消费板块，品牌（定位）也是带领公司从行业中脱颖而出的核心竞争力之一。可口可乐、星巴克几十年来累积起的高昂品牌价值，爱奇科技"隐适美"在全球隐形正畸领域的品牌认可度，以及蔻驰对"轻奢服饰"的定位都支撑着公司获得持续稳定收益。

第三，国际化、横向并购扩张以及纵向产业整合是企业寻求外延增长的重要驱动力，其中横向并购扩张最常被美国高收益股所采用。

企业纵向扩展产业链的案例较少，最为典型的是包装和冷冻食品公司康尼格拉，20 世纪 80 年代为了对抗基本农产品的周期性，康尼格拉决定切入预制食品生产，通过自创和收购逐步覆盖多种肉类食品加工，成长为参与整个食品链的多元化食品公司。

横向并购扩张是高收益股寻求外延增长的常用手段，主要包括多元化扩张与赛道内扩张两种方式，除了20世纪80年代萨拉李"品牌收购与管理战略"外，多元化扩张鲜有成功，绝大多数高收益股还是选择在主营相关领域内进行并购。

从20世纪80年代繁荣期到金融危机之前，横向并购扩张频繁发生，不同性质企业对横向并购的诉求有所差异。科技（如思科、博通、甲骨文、动视暴雪等）、制药（新基、渤健）、医疗器械（美敦力）、工业（TDG）等板块的高收益股主要通过收购前沿产品来丰富公司产品线，以期减缓拳头产品专利保护到期后的营收骤降；零售性质企业（百货、专业零售、药房、管理式医疗保健）的行业内并购可以实现门店的快速复制，通过渠道扩张来触达更庞大的客户群体，巩固赛道内的龙头地位；2008年国际金融危机后美国航空业通过破产后并购成功实现供给侧改革，竞争格局大幅优化，航空公司获取定价权后盈利持续增长；另外，通过集中管理与规模经济实现成本控制是美国连锁医院集团开展大量收购的核心诉求。

国内市场饱和后，泛消费领域公司常通过国际扩张寻求新增长点，一般发生在具有高品牌知名度的企业。如20世纪八九十年代的箭牌、可口可乐、麦当劳、耐克、康柏电脑，21世纪初的星巴克、普信资管，21世纪10年代的怪物饮料、爱齐科技、奈飞等公司。

第四节　对国内市场投资的启示

本书通过对20世纪70年代以来全球宏观、产业背景以及各个时代诞生的美国高收益股进行详细复盘，来挖掘中长期驱动权益资产大幅上涨的因素，以期对未来投资提供参考。且随着近年来中国科技不断赶超国际前沿、跨境资本流动渠道陆续打通，全球宏观与产业周期在中长期的趋同带来国内外资产联动加深，海外经验对国内投资的借鉴意义增强。

在以十年计的中长期维度下，全球能源转型毋庸置疑成为未来数年的一大确定性趋势，各国均面临新能源增长难以弥补传统能源供给下降的局面，能源供需紧张推升通胀中枢。参考20世纪70年代全球大滞胀时期的经验，能源、黄金板块股票可能在中长期都具备投资机会；而对于消费、科技板块，由于高通胀通常迫使央行保持紧缩政策，在估值承压、盈利受原材料成本攀升挤压以及需求不振的背景下，或缺乏整体性机会，但一些细分赛道仍可能诞生高收益股：如新能源产业链上的消费与科技公司

（发电设备及零部件、新能源车相关等），以及满足基本生活需求、高性价比的消费品公司。

对于与政策紧密挂钩的医疗板块，近年来国内各项医保控费措施不断推出并进入精细化管理阶段，对标美国 20 世纪 80 年代启动医保控费后的经验，医疗板块内部或呈现分化加剧态势，医院、医疗器械承压，管理式医疗保健快速发展，制药行业相对更依赖重磅药品的推出。

附表

20世纪70年代以来美国高收益股驱动因素汇总

时代	部门/行业	公司名	次数(次)	主业	区间最高涨幅(倍)	宏观与产业			企业内生				企业外延			其他
						宏观经济	产业趋势	产业政策	渠道/模式	品牌/定位	产品	管理/周转	国际化	纵向产业链整合	横向并购扩张	回购/分红
全球大滞胀时期：1970~1980年(11年)	能源	哈里伯顿等多只油气股	3	油气开采	14.9	▨										
	材料	特利丹	1	钢铁	40.0											▨
	材料	多姆矿业等多只黄金股	1	黄金	22.5	▨										
	工业	波音、通用动力等多只军工股	1	航空航天国防	15.0			▨			▨					
	工业	利顿工业	1	航空航天国防	31.7				▨							

续表

时代	部门/行业	公司名	次数（次）	主业	区间最高涨幅（倍）	宏观经济	产业趋势	产业政策	赛道/模式	品牌/定位	产品	管理/周转	国际化	纵向产业链整合	横向并购扩张	回购/分红
全球大滞胀期：1970～1980年（11年）	非必需消费	担迪电子	1	电子产品零售	38.8		■				■	■				
		数据点	1	互联网零售	37.9						■	■				
		麦当劳	2	快餐	6.0				■						■	
		李维斯	1	服饰	12.1				■		■					
		桑达克斯	1	建筑商	8.9	■										
	必需消费	ADM	1	农产品加工	12.6									■	■	
		沃尔玛	2	超市	11.7				■				■			
	医疗保健	哈门那	1	连锁医院	52.5										■	
		国家医疗	1	连锁医院	39.6										■	
		美国医院	1	连锁医院	20.0										■	
		CVS药房	2	连锁药房	6.3				■							
		雅培实验室	1	医疗保健设备和用品	6.0											
		贝克曼仪器	1	医疗保健设备和用品	8.3								■			
		博士伦	1	眼睛护理产品	8.6											
		SKF实验室	1	制药	8.6											
	信息技术	国家半导体	1	半导体	22.9		■									
		英特尔	3	CPU、存储芯片	13.0		■				■					
		王安电脑	1	硬件	31.8		■				■	■				
		计算机视觉	1	硬件	98.1		■				■					
		克雷	1	硬件	22.7		■				■					
		存储技术	1	硬件	18.1		■				■					
		天腾电脑	1	硬件	9.5		■			■	■					
		惠普	1	硬件	7.0		■				■	■				

续表

时代	部门/行业	公司名	次数(次)	主业	区间最高涨幅(倍)	宏观与产业			企业内生				企业外延			其他
						宏观经济	产业趋势	产业政策	赛道/模式	品牌/定位	产品	管理/周转	国际化	纵向产业链整合	横向并购扩张	回购/分红
大缓和与经济转型时期：1981~1994年（14年）	必需消费	沃尔玛	2	超市	68.5					■		■				
		艾伯森	1	连锁超市	22.7											
		西斯科	1	食品分销	16.7											
		美国商店	1	食品零售	14.2											
		沃尔格林	1	药店	17.3											
		箭牌	1	口香糖	30.2											
		萨拉·李	1	食品	19.2											
		家乐氏	1	谷物食品	15.4		■	■								
		康尼格拉	1	包装与冷冻食品	12.8									■		
		好时	1	巧克力	12.7											
		可口可乐	1	碳酸饮料	19.8						■		■			
		百事可乐	1	碳酸饮料	13.2						■					
		安海斯－布希	1	啤酒	12.3											
		菲利普莫里斯	1	烟草	14.7								■		■	
		吉列	1	剃须刀	21.6								■			
	非必需消费	家得宝	1	家居装饰零售	316.1				■							
		盖璞	1	服装零售	130.7											
		迪拉德百货	1	中高端百货	92.9										■	
		诺德斯特龙	1	中高端百货	18.0											
		好市多	1	百货商店	14.0				■			■				
		丽兹克莱伯恩	1	服装	50.6											

续表

时代	部门/行业	公司名	次数（次）	主业	区间最高涨幅（倍）	宏观与产业			企业内生				企业外延			其他
						宏观经济	产业趋势	产业政策	赛道/模式	品牌/定位	产品	管理/周转	国际化	纵向产业链整合	横向并购扩张	回购/分红
大缓和与经济转型时期：1981~1994年（14年）	非必需消费	耐克	1	服装	24.1	■					■					
		威富	1	服装	15.9					■		■	■		■	
		麦当劳	2	快餐	11.9						■		■			
		克莱斯勒	1	汽车	40.0		■				■					
		福特汽车	2	汽车	17.6		■				■					
	医疗保健	马里昂·梅雷尔·道	1	制药	41.2						■					
		阿尔扎	1	制药	14.7						■					
		默沙东	1	制药	13.8						■					
		安进	1	生物制药	104.3		■				■					
		联合健康	1	管理式医疗	57.5				■						■	
		美国医疗保健	1	管理式医疗	52.6				■				■			
		美敦力	1	心血管医疗器械	16.5						■					
	信息技术	诺维尔	1	操作系统	88.9		■				■					
		国际联合电脑	1	操作系统、软件	60.2						■					
		微软	2	操作系统、软件	40.2				■		■					
		甲骨文	2	数据库管理软件	50.6						■					
		英特尔	3	CPU	17.8						■					
		康柏电脑	1	个人电脑	52.5						■				■	
		思科	2	通信设备制造商	25.2		■				■					
		凯创系统	1	网络设备	13.8		■									
		摩托罗拉	1	移动通信设备和半导体	12.4		■				■					

时代	部门/行业	公司名	次数(次)	主业	区间最高涨幅(倍)	宏观与产业			企业内生				企业外延			其他
						宏观经济	产业趋势	产业政策	赛道/模式	品牌定位	产品	管理/周转	国际化	纵向产业链整合	横向并购扩张	回购/分红
两次泡沫形成和破灭期：1995～2009年(15年)	能源	XTO能源等多只能源股	3	油气开采	83.5	■										
	非必需消费	雅虎	1	门户网站	151.7		■								■	
		亚马逊	2	互联网零售、云计算	89.6		■				■	■				
		易贝	1	互联网零售	30.0		■									
		百思买	1	电子产品零售商	54.1		■									
		TJX 服装	1	品牌服饰折扣零售商	25.7				■							
		3B 家居	1	家居零售商	16.6											
		阿波罗教育	1	营利性大学	118.6								■			
		星巴克	1	咖啡连锁店	24.7										■	
		蔻驰	1	轻奢服装配饰	17.6					■			■			
	医疗保健	渤健	1	神经系统疾病药物研发	209.2		■				■				■	
		新基	1	生物技术	171.5											
		吉利德科学	1	艾滋病、乙型肝炎、丙型肝炎和各类传染病药物	92.2		■				■					
		英姆克斯	1	生物技术	64.8											
		应用生物系统	1	生命科学服务	19.0											
		快捷药方	1	PBM 机构	48.4										■	
		凯尔马	2	PBM 机构	23.7										■	
		奎斯特诊断	1	提供诊断测试服务的临床实验室	16.3										■	

续表

时代	部门行业	公司名	次数(次)	主业	区间最高涨幅(倍)	宏观与产业			企业内生					企业外延		其他
						宏观经济	产业趋势	产业政策	渠道模式	品牌/定位	产品	管理周转	国际化	纵向产业链整合	横向并购扩张	回购/分红
	医疗保健	盖丹特	1	心血管相关器械	18.5										■	
		史赛克	1	综合性医疗器械	15.3						■				■	
		维尔软件	1	系统恢复和存储管理软件	245.5		■									
		希柏系统软件	1	销售团队自动化软件(SFA)、客户关系管理(CRM)和企业关系管理(ERM)	58.9		■					■	■			
两次泡沫形成和破灭期：1995～2009 年(15 年)	信息技术	BEA 系统	1	中间平台软件	50.9		■									
		威瑞信	1	身份验证技术	38.7		■									
		赛门铁克	1	网络安全软件和服务	25.2		■									
		高知特	1	信息技术、咨询和业务流程外包服务提供商	89.7		■		■			■	■	■		
		甲骨文	2	信息管理软件	20.6		■									
		微软	2	操作系统、软件	14.7		■									
		捷迪讯光电	1	通信设备制造商	305.8		■									
		升腾通信	1	通信设备制造商	18		■									
		讯远	1	通信设备制造商	16.2		■									
		思科	2	通信设备制造商	40.7		■				■				■	
		戴尔	1	个人电脑	83.2		■					■				
		苹果	2	消费电子	63.2		■			■						
		网域存储	1	数据存储硬件	83.9		■								■	
		太阳微系统	1	工作站、服务器和 UNIX 操作系统	62.5		■									

续表

时代	部门/行业	公司名	次数(次)	主业	区间最高涨幅(倍)	宏观与产业			赛道/模式	企业内生			企业外延			其他
						宏观经济	产业趋势	产业政策		品牌/定位	产品	管理/周转	国际化	纵向产业链整合	横向并购扩张	回购/分红
两次泡沫形成和破灭期: 1995～2009年(15年)	信息技术	易安信	1	存储、管理、保护和分析数据的产品和服务	50.6	█	█									
		康宁	1	特种玻璃、陶瓷和相关材料和技术	16.3	█	█								█	
		旭电	1	电子设备"代工厂"(OEM)	14.9	█	█				█				█	
		高通	1	CPU, GPU, 调制调解器	60.1		█									
		英伟达	3	GPU	24.5		█				█				█	
		赛灵思	1	FPGA(可编程逻辑器件)	17.5		█					█				
		阿尔特拉	1	FPGA(可编程逻辑器件)	23.8		█									
		博通	2	调制调解器	19.8		█		█		█				█	
		英特尔	3	CPU	17.8		█				█					
		德州仪器	1	半导体和集成电路设计与制造	18.2		█								█	
	金融	德美利证券	1	互联网券商	41.7				█							
		嘉信理财	1	财富管理	21.2											
		雷曼兄弟	1	投资银行	21.3								█			
		萨莉梅	1	消费信贷	17.6											
		第一资本	1	多元金融控股	15.4											
		普信资管	1	养老资管	17.7											
		芝加哥商品交易所	1	商品交易所	15.1											

续表

时代	部门/行业	公司名	次数（次）	主业	区间最高涨幅（倍）	宏观与产业			企业内生					企业外延		其他
						宏观经济	产业趋势	产业政策	渠道/模式	品牌/定位	产品	管理/周转	国际化	纵向产业链整合	横向并购扩张	回购/分红
金融危机之后十年，"大放水"下慢牛时期：2010~2019年（10年）	工业	TDG	1	飞机组件设计、生产以及供应商	11.9	■	■		■		■				■	
		美国三大航空公司	1	航空	8.0	■										
		信达思	1	职业装制造商设施服务、清洁服务以及急救与安全服务	11.2	■	■								■	
	非必需消费	特斯拉	2	新能源车	21.5	■	■									
		露露乐蒙	1	瑜伽服	16.4	■	■									
		缤客	1	在线旅游公司	12.3	■										
		犹他彩妆	1	美妆产品连锁零售	19.2				■		■					
		亚马逊	2	互联网零售、云计算	18.4	■	■				■	■	■			
		美客多	1	电商、支付平台	16.3	■	■			■		■	■			■
		罗斯百货	1	折扣服饰和家居用品零售商	10.9	■			■							
		奥莱利汽车零部件	1	汽车零部件零售商	11.7	■										
	必需消费	星座集团	1	葡萄酒、啤酒和烈酒生产商	15.5						■				■	
		怪物饮料	1	功能饮料	10.7	■					■					
	医疗保健	再生元	1	生物制药	25.4		■				■					
		因赛特	1	生物制药	15.1		■								■	
		因美纳	1	基因测序	13.2	■					■					

续表

时代	部门/行业	公司名	次数（次）	主业	区间最高涨幅（倍）	宏观与产业			企业内生				企业外延			其他
						宏观经济	产业趋势	产业政策	赛道/模式	品牌/定位	产品	管理/周转	国际化	纵向产业链整合	横向并购扩张	回购/分红
金融危机之后十年，"大放水"下慢牛时期：2010～2019年（10年）	医疗保健	爱齐科技	1	隐形正畸	26.3											
		爱德华生命科学	1	人工心脏瓣膜	11.3											
		爱德士生物科技	1	宠物医疗	11.0											
		联合健康保险	1	管理式医疗保健	10.4											
		森特	1	管理式医疗保健	16.4											
	信息技术	苹果	2	消费电子	10.7											
		英伟达	3	GPU、数据中心	30.6											
		AMD	1	CPU	26.7											
		博通	2	基础设施与软件、半导体业务	18.3											
		美光科技	1	半导体储存及影像产品	11.4											
		Adobe	1	SaaS 创意软件	13.6											
		ServiceNow	1	SaaS ITSM	11.5											
		Salesforce	1	SaaS CRM	10.4											
		万事达卡	1	银行卡清算组织	15.1											
		维萨	1	银行卡清算组织	10.9											
		史克威尔	2	支付硬件	11.3											
		费哲金融服务	1	金融外包服务	10.3											
		环球支付	1	支付服务	10.0											
		弗莱克	1	油卡和支付结算服务	11.7											

续表

时代	部门/行业	公司名	次数（次）	主业	区间最高涨幅（倍）	宏观与产业			企业内生				企业外延			其他
						宏观经济	产业趋势	产业政策	赛道模式	品牌/定位	产品	管理/周转	国际化	纵向产业链整合	横向并购扩张	回购/分红
金融危机之后十年，"大放水"下慢牛时期：2010~2019年（10年）	娱乐与媒体	奈飞	1	流媒体	50.3	■					■		■			
		艺电	1	游戏	12.8		■				■				■	
		动视暴雪	1	游戏	8.2										■	
		脸书	1	社交平台	11.4		■									
		查特通信	1	有线电视营运商	13.5										■	
	金融	穆迪	1	信用评级机构	11.9	■	■									
		标普全球	1	金融数据及信息服务商	9.9	■	■									
		明晟	1	指数及分析工具供应商	9.6				■	■						
	传统能源	德文能源等多只油气股	3	油气开采	8.6	■	■									
	原材料	自由港麦克莫兰	1	跨国矿业巨头	7.4	■	■									
		美盛	1	磷肥、钾肥生产销售商	6.1	■	■									
		雅保	1	锂矿、催化剂与溴业务	4.7	■	■									
		纽柯钢铁	1	钢铁	4.1	■	■									
疫情时期：2020~2022年（2年）	新能源	特斯拉	2	新能源车	13.7		■				■					
		福特汽车	2	新能源车	4.3							■	■			
		路西德	1	新能源车	5.5				■							
		普拉格能源	1	燃料电池	20.0										■	
		昆腾斯科普	1	电动汽车固态锂电池	8.5						■					
		卡瓦纳	1	二手车电商	6.1				■			■				
		杰西拉	1	发电设备设计和制造	5.4						■					

续表

时代	部门/行业	公司名	次数（次）	主业	区间最高涨幅（倍）	宏观与产业			企业内生				企业外延			其他
						宏观经济	产业趋势	产业政策	赛道/模式	品牌/定位	产品	管理/周转	国际化	纵向产业链整合	横向并购扩张	回购/分红
	医疗保健	莫德纳	1	生物制药	19.7											
疫情时期：2020～2022年（2年）	信息技术	云格	1	云安全服务	11.4											
		克劳德斯塔克	1	云安全服务	5.7											
		Zscaler	1	云安全服务	7.5											
		拓力	1	云通信	4.4											
		MDB	1	NoSQL 数据库平台	4.0											
		Bill. Com	1	财务软件	8.6											
		祖玛	1	远程会议软件	7.0											
		热点	1	营销云服务	6.1											
		荸荠	1	营销云服务	5.4											
		数据狗	1	云监控	5.1											
		多酷赛	1	电子签	4.0											
		布洛尔（前身为史身威尔）	2	支付软硬件	5.1											
		英伟达	3	GPU、数据中心	5.6											
		美满电子	1	半导体芯片	4.1											
		恩菲斯能源	1	光伏微型逆变器	9.6											
		所乐	1	光伏逆变器、优化器	4.3											
		安森美	1	功率半导体	5.5											

续表

时代	部门/行业	公司名	次数（次）	主业	区间最高涨幅（倍）	宏观与产业			企业内生				国际化	企业外延		其他
						宏观经济	产业趋势	产业政策	渠道/模式	品牌/定位	产品	管理/周转	国际化	纵向产业链整合	横向并购扩张	回购/分红
疫情时期：2020～2022 年（2 年）	媒体娱乐	色拉布	1	社交媒体软件	6.4	■	■				■					
		缤趣	1	社交媒体软件	5.2	■	■				■					
		乐库	1	内容分销平台	5.2	■			■							

注：灰色块为驱动因素。

资料来源：WRDS、信息汇总。

参 考 文 献

［1］Albemarle. 雅保再度上调 2022 年业绩指引 ［EB/OL］. https：//albemar-le. cn/news/2022，2022 - 06 - 06.

［2］Antpedia. 吉里德发家史：一花一世界，从小药厂到世界巨头的 30 年蜕变 ［EB/OL］. https：//ibook. antpedia. com/x/148194. html，2019 - 02 - 20.

［3］Antpedia. 揭秘新基 32 年发家史：老药新用开启的成功之门 ［EB/OL］. ht-tps：//ibook. antpedia. com/x/147965. html，2019 - 02 - 20.

［4］Antpedia. 他山之石：老司机默沙东在百年药研路上的得与失 ［EB/OL］. ht-tps：//ibook. antpedia. com/x/148006. html，2019 - 02 - 20.

［5］Antpedia. 夜话安进发家史，38 年成功之路上的亢奋与憋屈 ［EB/OL］. https：//ibook. antpedia. com/x/148154. html，2019 - 02 - 20.

［6］阿伦·拉奥，皮埃罗·斯加鲁菲. 硅谷百年史 ［M］. 北京：人民邮电出版社，2014.

［7］阿浦美股. 成为 NO2. 美国有线电视巨头：特许通讯做对了什么？［EB/OL］. https：//xueqiu. com/8542099883/165838326，2020 - 12 - 15.

［8］爱集微. 细说"大佬"博通的并购史 ［EB/OL］. https：//www. sohu. com/a/450507253_166680，2021 - 02 - 11.

［9］半导体产业纵横. 德州仪器发家史：从晶体管到模拟大佬 ［EB/OL］. https：//www. eet-china. com/mp/a108891. html，2022 - 02 - 05.

［10］保观. 管理式医疗等于资源协同整合？来看看年收入 700 亿美元的 Centene ［EB/OL］. https：//zhuanlan. zhihu. com/p/367952057，2021 - 04 - 26.

［11］保观.3 万字解读联合健康模式：成为中国版联合健康必须翻过的"三座大山"［EB/OL］. https：//new. qq. com/rain/a/20211105A09D6N00，2021 – 11 – 05.

［12］博满澳财. 新能源推动"铜牛"暴涨，超级周期还能狂多久？［EB/OL］. https：//bmyg. com. au/zh-hans，2021 – 06 – 21.

［13］卜淑情. 页岩油企的黄金年代：无债一身轻，分红分到手抽筋［EB/OL］. https：//wallstreetcn. com/articles/3667532，2022 – 08 – 12.

［14］财经无忌. 彼得·林奇靠什么，在这两家公司赚到了最多的钱［EB/OL］. https：//news. futunn. com/post/13476840？level = 2&data_ticket = 1666519394951436，2022 – 03 – 05.

［15］China IT. Capital One 发展史：消费金融中的差异化战略［EB/OL］. https：//www. chinait. com/newconsumption-fintech/18622. html，2019 – 03 – 09.

［16］Cloud Chiu. Cloudflare：产业分析与竞争分析［EB/OL］. https：//medium. com/@ chiu. cloud/cloudflare，2020 – 09 – 21.

［17］曹健. 美国 HCA：世界最大医院集团是如何炼成的？［EB/OL］. https：//page. om. qq. com/page/OwnsqgQRyHhd2Lm6JYza5YEQ0，2019 – 07 – 19.

［18］曹旭特，刘晨辰. Biotech 崛起的确定性分析［R］. 申港证券，2020 – 06 – 30.

［19］陈宝健，邓芳程，刘逍遥. SaaS 鼻祖 Salesforce 的千亿帝国［R］. 华创证券，2019 – 07 – 28.

［20］陈宝健，邓芳程，刘逍遥. SaaS 让 Adobe 重回伟大，平台化 & 智能化让其强者愈强［R］. 华泰证券，2019 – 08 – 04.

［21］陈果，张雪娇. 美国滞胀期纳斯达克的崛起：美股 70 年代复盘［R］. 安信证券，2021 – 10 – 17.

［22］陈佳. 四大粮商之 ADM：打造以农产品加工为核心的产业链闭环［R］. 长江证券，2015 – 03 – 08.

［23］陈见南.1 个多月涨 13 倍，锂电池颠覆者涨疯了，比尔·盖茨下重注！［EB/OL］. https：//wap. stcn. com/zqsbapp/tj/202012/t20201223_2659331. html，2020 – 12 – 23.

［24］陈敬. 苹果深度复盘，两万亿之路［R］. 兴业证券，2020 – 08 – 21.

［25］陈俊云，许英博. NoSQL 数据库的先行者，Cloud 2.0 时代核心受益者［R］. 中信证券，2021 – 12 – 23.

［26］陈珺诚，王宇飞. 军工海外映射系列之二：寻找中国的 TransDigm Group

［R］. 中金公司，2018 – 10 – 24.

［27］陈萌，叶乐. 第三方宠物疾病诊断实验室，宠物诊疗领域的下一个风口［R］. 中信建投证券，2017 – 11 – 14.

［28］陈淑娴. 资本开支不足，油价开启上行周期：2022 年石化行业中期投资策略［R］. 信达证券，2022 – 05 – 03.

［29］陈泰先. 巴菲特最有价值的 8 条投资商律［M］. 北京：中国纺织出版社，2007.

［30］陈希. 美国百年并购历史回顾及启示［R］. 上海证券交易所资本市场研究所，2017.

［31］陈曦炳，李虹达，张超. 人工心脏瓣膜："心"香一"瓣"：替代与发展［R］. 国信证券，2020 – 09 – 29.

［32］陈显顺，夏仕霖. 大小风格之变的两点经验：来自 70 年代美股的启示（二）［R］. 国泰君安证券，2021 – 11 – 30.

［33］陈显顺，夏仕霖. 滞与胀的抉择，殊途同归：来自 70 年代美股的启示（一）［R］. 国泰君安证券，2021 – 11 – 10.

［34］陈羽锋，倪娇娇，周鑫. 精准定位市场需求，渠道发力铸造龙头：海外龙头成长复盘系列之家得宝［R］. 华泰证券，2019 – 07 – 03.

［35］陈竹，韩世通，朱奕彰. 第三代核酸疫苗技术颠覆性创新，开拓千亿蓝海市场［R］. 中信证券，2022 – 07 – 29.

［36］DRG 变量. 美国医疗支付混乱了 40 年，我们还能学什么？［EB/OL］. https：//page. om. qq. com/page/OwnsqgQRyHhd2Lm6JYza5YEQ0，2019 – 07 – 19.

［37］戴佳娴，方振. 西学东渐，中美对标：论中国啤酒行业囚徒困境之破局［R］. 中信证券，2018 – 06 – 26.

［38］邓文慧，马继愈. Netflix 缘何崛起？基于产业发展史与巨头成长史视角的思考［R］. 东方证券，2018 – 03 – 13.

［39］邓学，常菁. Lucid：三电性能卓越，差异化定义电动车奢品［R］. 中金公司，2022 – 03 – 08.

［40］邓周宇，林小伟. PBM 与零售药店的共生与交织：医疗商业专题研究（上篇）：海外经验［R］. 国信证券，2015 – 03 – 10.

［41］邓周宇，张威亚，高睿婷. 中国医保之路：敢问路在何方？［R］. 中银国际证券，2018 – 01 – 11.

［42］第一财经日报 . 互联网泡沫波及电信业？［EB/OL］. https：//www. yicai. com/news/815382. html，2011 - 05 - 26.

［43］电源管理 . 细说高通发展史：崛起、鼎盛与隐忧［EB/OL］. https：//www. dianyuan. com/article/47850. html，2019 - 05 - 06.

［44］东方网 . 解码 FleetCor 和它的中国"朋友们"［EB/OL］. http：//tech. chinadaily. com. cn/a/201907/04/WS5d1d613da310a6dd41e84495. html，2019 - 07 - 04.

［45］动脉网 . 全美百强，年收入超 600 亿美元，医保公司 Centene Corporation 如何做到的？［EB/OL］. https：//www. toutiao. com/article/6669522268722299400/？& source = m_redirect&wid = 1666616276241，2019 - 03 - 18.

［46］Equanimity Investing. 肥料价格飙升，美盛高增长倒计时还有多久？［EB/OL］. https：//www. eet-china. com/mp/a121610. html，2022 - 03 - 31.

［47］FlowingCash. Micron 美光科技：半导体中的周期股［EB/OL］. https：// www. laohu8. com/post/394180631，2020 - 12 - 14.

［48］Franky Lau，Richard Li，Evelyn Ye. Salesforce（CRM. N）：全球云计算领导者，强壁垒高留存打开云化趋势下长期空间［R］. 富途证券，2022 - 07 - 05.

［49］Franky Lau，Wenbo Wei. 露露乐蒙 Lululemon（LULU. O）：百亿美元雄心，"Power of Three"继续驱动增长［R］. 富途证券，2022 - 05 - 05.

［50］樊俊豪，徐卓楠 . 中金看海外·Costco 的成功没有秘密［R］. 中金公司，2019 - 09 - 19.

［51］樊鑫 . 年收入 2400 亿美元的联合健康是怎样炼成的？［EB/OL］. https：// www. vbdata. cn/46771，2020 - 04 - 18.

［52］方云朋，陈文博 . 可口可乐与其百年红色帝国［R］. 中金公司，2020 - 05.

［53］冯仑 . 雅虎兴衰故事：一个"流量"企业的没落［EB/OL］. https：// www. sohu. com/a/299173530_100117963，2019 - 03 - 05.

［54］符蓉，方一苇 . 软饮料专题之可口可乐［R］. 国盛证券，2020 - 08 - 10.

［55］付昊 . Adobe，一个卖 P 图软件的怎么就成了全球最大营销 SaaS 公司［EB/ OL］. https：//www. iyiou. com/analysis，2021 - 08 - 06.

［56］富途港股 . 美国美盛：业绩坐火箭，化肥股为何今年那么强？［EB/OL］. https：//www. 163. com/dy/article/H9CF2D790539W11D. html，2022 - 06 - 08.

［57］盖德化工网 . 再生元制药：两个学霸的创业之路［EB/OL］. https：// new. qq. com/rain/a/20211108A016NX00，2021 - 11 - 08.

［58］高登，高伊楠，陈斯竹．长江消费海外复盘系列五：特斯拉的璀璨星光［R］.长江证券，2022 – 07 – 19.

［59］高登，高伊楠，邓晨亮．福特因何落，因何起？［R］.长江证券，2019 – 01 – 19.

［60］高禾投资研究中心.“隐适美”：10 年 30 倍的超级成长史［EB/OL］. https：//xueqiu. com/8918472511/210949142，2022 – 02 – 09.

［61］高康平.美国快捷药方 VS 海虹控股，PBM 中美案例对比［EB/OL］. https：//www. vbdata. cn/36468，2017 – 06 – 17.

［62］高嵩.他山之石五：美国雷神公司［R］.中信证券，2017 – 12 – 21.

［63］格隆汇.博通 1000 亿收购昔日“杀毒英雄”赛门铁克，图啥？［EB/OL］. https：//cn. investing. com/analysis/article-200431453，2019 – 07 – 08.

［64］耿琛.从 Square 的崛起看中国移动互联网 B 端服务市场［R］.华创证券，2018 – 11 – 15.

［65］郭鹏.把握消费成长主题，浅谈百事可乐的成功营销［R］.申银万国证券，2013 – 04 – 01.

［66］国民基金.从美国零售药店发展背景，看 CVS 与 WBA 间的博弈［EB/OL］. https：//www. iyiou. com/analysis/2017102358056，2017 – 10 – 23.

［67］郝凤茹.为什么 ZARA、优衣库、GAP 都是“SPA 模式”？［EB/OL］. https：//www. sohu. com/a/166720671_398293，2017 – 08 – 23.

［68］和志毅，李钰萱，任益聪，等.TD Ameritrade：不寻常的互联网券商发展史［EB/OL］. https：//www. weiyangx. com/353235. html，2020 – 03 – 16.

［69］贺燕青，李铁生，陈语匆.OTA 系列之一：产业空间广阔，模式百花齐放［R］.中银国际证券，2019 – 05 – 21.

［70］胡国成.微软垄断案解析［J］.美国研究，2000（3）：21.

［71］胡又文，曹佩.亚马逊：云计算与科技零售巨擘［R］.安信证券，2018 – 07 – 09.

［72］胡正洋，赵炳楠.美国军民融合发展历程［R］.广发证券，2018 – 07 – 18.

［73］虎嗅.Booking 毛利率 98%，市值近千亿美元，酒店预定含金量惊人［EB/OL］. https：//www. sohu. com/a/240023129_115207，2018 – 07 – 09.

［74］虎嗅.美国医药零售巨头 Walgreen 的线上线下之路［EB/OL］. https：//www. huxiu. com/article/17153. html，2013 – 07 – 12.

［75］花小伟．兼并收购成巨头，牛股 VF 成长之路［R］．中信建投证券，2015 - 11 - 26．

［76］花小伟，罗乾生．美国消费史"大众到品牌到理性"三大变迁［R］．中信建投证券，2019 - 09 - 30．

［77］华尔街见闻．高盛：本轮粮食涨价影响的七问七答［EB/OL］．https：// wallstreetcn. com/articles/3659575，2022 - 05 - 17．

［78］华强森，等．"中国加速迈向碳中和"钢铁篇：钢铁行业碳减排路径［EB/OL］．https：//www. mckinsey. com. cn，2022．

［79］黄翰漾，孙媛媛，徐佳熹．"心"之所向，新赛道大市场：论心脏瓣膜市场发展现状及未来空间［R］．兴业证券，2020 - 11 - 26．

［80］黄乐平，陈旭东，等．中金看海外·Apple 苹果公司：全球消费电子领导品牌，积极向服务类公司转型［R］．中金公司，2019 - 10 - 10．

［81］黄乐平，丁宁，成乔升．英伟达：从绘图到计算，从 GPU 到 AI 芯片［R］．中金公司，2019 - 10 - 18．

［82］Ifenxi. 20 年股价涨 60 倍，美国汽配零售巨头 O'Reilly 为何倍受市场肯定？［EB/OL］．https：//xueqiu. com/5243595231/83247265，2017 - 03 - 29．

［83］Ifenxi. 英伟达荣耀背后：过去、现在和未来（上篇）［EB/OL］．https：// ifenxi. com/research/content/3304，2017 - 02 - 28．

［84］IPO 早知道．复盘 | Bill. com：SaaS 独角兽的"拓荒"之路［EB/OL］．ht-tps：//mp. ofweek. com/cloud/a156714504017，2020 - 10 - 04．

［85］吉姆·柯林斯．从优秀到卓越［M］．北京：中信出版社，2006．

［86］极客业界．对标天狼星 XM，中国智能车载音频商的市场空间有多大？［EB/OL］．https：//www. geekpark. net/news/247256，2019 - 09 - 05．

［87］姜超，周霞．货币起伏、泡沫生灭：美国次贷危机启示系列之一［R］．海通证券，2014 - 05 - 20．

［88］蒋颖．云上通信，大有可为［R］．信达证券，2021 - 03 - 21．

［89］蒋宇捷．Bill. com：冉冉升起的企业支付独角兽 ‖ TOB 对标分析［EB/OL］．https：//www. sohu. com/a/365952587_640930，2020 - 01 - 10．

［90］焦娟．科技巨头布局元宇宙系列报告12：阿里巴巴 & 亚马逊：云计算巨头布局元宇宙的同与异［R］．安信证券，2021 - 12 - 19．

［91］焦俊，何富丽．OTA（在线旅游）行业：知识分子红利驱动行业繁荣，竞

争格局变数仍存［R］. 国盛证券，2019－01－16.

［92］金融界 . DocuSign：电子签名的市场空间远不止 250 亿美元［EB/OL］. http：//hk. jrj. com. cn/2021/08/23230933305621. shtml，2021－08－23.

［93］金融界 . 赚肿了的页岩油为什么拒绝增产？［EB/OL］. https：//www. 163. com/dy/article/H3CLISN00519QIKK. html，2022－03－26.

［94］靳毅，吕剑宇 . 百年美债，从互联网泡沫到金融危机［R］. 国海证券，2021－10－28.

［95］日经中文网 . 化肥价格 1 年暴涨至 2 倍，或加剧粮食危机［EB/OL］. https：//cn. nikkei. com/politicsaeconomy/commodity/48473-2022-05-09-05-00-20. html，2022－05－09.

［96］开文明 . 美股 Ten bagger：SolarEdge 和 Enphase 对国内逆变器行业启示：光伏逆变器行业深度报告［R］. 新时代证券，2020－06－30.

［97］36 氪 . 南方电商新蓝海市场：拉美电商市场［EB/OL］. https：//letschuhai. com/latin-america-e-commerce-electronic-paymen-start-a-business-retail，2022－07－11.

［98］孔蓉，杨雨辰 . SQUARE（SQ. N）：极致利用网络效应，打造金融科技 B 端＋C 端生态系统［R］. 天风证券，2021－11－13.

［99］宽带资本 . 通信世界发展简史［EB/OL］. https：//36kr. com/p/1723832287233，2019－06－12.

［100］旷实 . OTA 市场跟踪报告：Priceline 的成长路径映射携程的成长空间［R］. 中银国际证券，2016－02－29.

［101］旷实 . 腾讯会议：Zoom 为借鉴的视频会议产品迭代与商业化路径探讨［R］. 广发证券，2022－08－09.

［102］旷实，叶敏婷 . 小红书：头部内容社区，助力商家"生于内容，长于交易"［R］. 广发证券，2021－09－30.

［103］蓝湖资本 . "美国第一资本金融公司"Capital One 三十年成长启示录［EB/OL］. https：//www. huxiu. com/article/141798. html，2016－03－14.

［104］老虎证券 . Roku：美版"小米盒子"，如何成为流媒体新贵？［R］. 老虎证券，2019－07－22.

［105］老虎证券 . 阿莱技术公司：高景气赛道下的隐形矫治龙头［R］. 老虎证券，2021－06－15.

［106］李锦，陈亮，罗祎 . 从美国电器连锁龙头百思买看苏宁长期成长空间

［R］．长江证券，2018 - 04 - 17.

［107］李锦，陈亮，罗祎．纵观电商之二：亚马逊的护城河［R］．长江证券，2020 - 03 - 12.

［108］李沐华．以史为鉴：复盘 Oracle 历史变迁和演进体系［R］．国泰君安证券，2019 - 09 - 08.

［109］李跃博，刘嘉仁．新消费系列之四：从 Ulta 看中国日化［R］．兴业证券，2017 - 06 - 26.

［110］李志虹．美股逆变器，为何成黑马：光伏逆变器专题深度［R］．浙商证券，2020 - 03 - 25.

［111］李志勇．雷曼兄弟破产原因分析［R］．中金公司，2008 - 10 - 06.

［112］砺石商业评论．惠普成长史：没有惠普，就没有蓬勃发展的硅谷［EB/OL］．http：//tech. sina. com. cn/zl/post/detail/it/2016-09-18/pid_8508527. htm，2016 - 09 - 18.

［113］砺石商业评论．思科发展历程：从路由器起家到影响整个网络世界［EB/OL］．https：//www. ithome. com/0/286/565. htm，2017 - 01 - 04.

［114］粒场财经．能源数字化标杆 FleetCor：10 年成长 10 倍，市值破千亿！［EB/OL］．https：//finance. sina. com. cn/stock/stockzmt/2020-08-03/doc-iivhvpwx8996996. shtml，2020 - 08 - 03.

［115］梁超，唐旭霞，陶定坤．特斯拉复盘、竞争优势与投资机遇［R］．国信证券，2020 - 02 - 07.

［116］梁中华，李林芷．美国地产泡沫回忆录：房地产回落，如何影响经济？［R］．海通证券，2021 - 10 - 21.

［117］林发勤．全球疫情期间食品价格为何上涨？［EB/OL］．https：//m. 21jingji. com/article/20210607/herald/0bc1616529ea4826820714f1965ec891. html，2021 - 06 - 07.

［118］林思婕，郭海燕．公司麦当劳全球餐饮连锁标杆［R］．中金公司，2019 - 10 - 24.

［119］林晓晨．再生元 VS 吉利德：两种模式，殊途同归［EB/OL］．https：//www. sohu. com/a/539941095_116132，2022 - 04 - 21.

［120］林志轩，刘千琳，邢重阳．美国汽车后市场：规模大牛股辈出 龙头企业高增长给中国市场的启示［R］．华泰证券，2020 - 03 - 22.

［121］领智财经．从 1G 到 5G 的发展史［EB/OL］．https：//new. qq. com/rain/a/

20200811A0TE8T00，2020 - 08 - 11.

[122] 刘晨明，李如娟，等. 漂亮50，泡沫为何破灭？之后又为何能跑赢30年？[R]. 天风证券，2021 - 01 - 17.

[123] 刘恩阳，田世豪. 风起于青萍之末：中国瓣膜行业几点发展趋势的探讨 [R]. 东方证券，2021 - 04 - 06.

[124] 刘刚，等. 衰退担忧下的美股盈利前景 [R]. 中金公司，2022 - 07 - 10.

[125] 刘慧敏. 隐形正畸悄然变美，冠军赛道未来可期：隐形正畸行业深度报告 [R]. 国元证券，2021 - 03 - 11.

[126] 刘洋，孙天一. 钢铁碳中和：必要性及去产量可能路径探讨 [R]. 东方证券，2021 - 03 - 04.

[127] 刘玉萍. 从ServiceNow看国内OA行业前景 [R]. 招商证券，2021 - 12 - 31.

[128] 刘泽晶，刘玉萍，宋兴未. Salesforce10 年 20 倍的传奇 [R]. 招商证券，2017 - 09 - 04.

[129] 刘正，扈世民. 复盘美国航空，格局优化良性成长 [R]. 中信证券，2019 - 04 - 04.

[130] 六合商业研选. MercadoLibre 拉美头部电商 [EB/OL]. https：//www. laohu8. com/post/681858424，2022 - 07 - 04.

[131] 卢巴. 疯狂的特斯拉：股价一年暴涨 8 倍的逻辑究竟是什么？[EB/OL]. https：//finance. sina. com. cn/stock/stockzmt/2020-07-27/doc-iivhvpwx7767541. shtml，2020 - 07 - 27.

[132] MedTrend 医趋势. 全球 IVD 风云榜：站在巨人肩上：贝克曼库尔特 [EB/OL]. https：//www. sohu. com/a/129107328_617205，2017 - 03 - 16.

[133] 毛晴晴，王子咸，姚泽宇. 从联合健康看中国保险创新支付的发展空间 [R]. 中金公司，2021 - 09 - 22.

[134] 糜韩杰，左琴琴. 从美国制服行业龙头信达思成长史看中国制服行业未来发展 [R]. 广发证券，2021 - 08 - 04.

[135] 牟一凌，方智勇. 揭秘"滞胀牛" [R]. 开源证券，2021 - 10 - 04.

[136] 牟一凌. 结构转型往事：产业政策与日本股市 [R]. 开源证券，2021 - 08 - 12.

[137] N_Research. Xilinx 复盘研究：Once a King, Always a King [EB/OL]. https：//xueqiu. com/8119285554/216793286，2022 - 04 - 12.

［138］脑极体. 芯片破壁者：CPU 战争三十年［EB/OL］. https：//www. jiemian. com/article/5204598. html，2020 – 11 – 01.

［139］欧亚菲. TJX：高周转及多品牌战略成就折扣百货龙头［R］. 广发证券，2013 – 05 – 31.

［140］欧阳予，范子盼，董广阳. 中国软饮料行业深度报告：变中求进，百舸争流［R］. 华创证券，2021 – 05 – 23.

［141］欧冶材料技术中心. 美国的钢铁发展历史［EB/OL］. https：//www. sohu. com/a/222400364_651160，2018 – 02 – 12.

［142］彭毅. 美国电商巨头 eBay 兴衰之路［R］. 中泰证券，2019 – 04 – 09.

［143］前瞻网. 全球医疗健康行业投融资现状分析［EB/OL］. https：//www. sohu. com/a/407371058_114835，2020 – 07 – 13.

［144］钱劲宇. Datadog：性能监测领域王者［R］. 国泰君安证券，2020 – 09 – 29.

［145］乔永远，等. 全球金融机构深度研究系列：如何定义标准普尔［R］. 兴业证券，2019 – 06 – 25.

［146］乔永远，等. 全球金融机构深度研究系列之二：穆迪转型之路［R］. 兴业证券，2019 – 07 – 01.

［147］秦聪慧. Twilio 靠什么支撑 600 亿美元市值？［EB/OL］. https：//finance. sina. com. cn/tech/2021-02-25/doc-ikftssap8639776. shtml，2021 – 02 – 25.

［148］申建国，王东华. 从海外逆变器龙头估值变化看国内逆变器厂商［R］. 方正证券，2021 – 08 – 07.

［149］申建国，王东华. 海外逆变器厂商复盘与展望：全球布局大势所趋，国产逆变乘势成长［R］. 方正证券，2021 – 01 – 29.

［150］沈雯琪. 露露柠檬（LULU. O）：独领运动休闲风骚，挑战与机遇并存［R］. 西南证券，2018 – 10 – 24.

［151］施红梅，崔凡平. 复盘 TJX 看国内折扣零售业发展机遇［R］. 东方证券，2021 – 02 – 23.

［152］施红梅，赵越峰. 品牌服饰困境反转系列之一：李维斯如何两度走出困境，重获新生［R］. 东方证券，2019 – 04 – 21.

［153］十万个品牌故事. 身为剃须刀行业领军者的吉列，为何会以 570 亿美元身价卖身宝洁？［EB/OL］. https：//www. 163. com/dy/article/FMQ30BAA0518J3SG. html，2020 – 09 – 18.

［154］石康，等．兴业军工方法论系列之五：它山之石：从美股军工股走强看中国军工的成长之路［R］．兴业证券，2018－09－07．

［155］石林．借鉴 ULTA BEAUTY 重审渠道机遇［R］．德邦证券，2022－04－13．

［156］石油 Link．哈里伯顿成立 100 周年了，来看看这家油服巨头是如何炼成的！［EB/OL］．https：//page．om．qq．com/page/OGfbJuVKnsIhUdzwVr76rdsA0，2019－10－06．

［157］史琨．从美国超市发展史复盘沃尔玛［R］．中信建投证券，2019－05－27．

［158］史琨．耐克六十年风雨启示录［R］．中信建投证券，2019－12－20．

［159］市值风云．汽车自动售货机？！美国最大在线二手车零售商 Carvana：先颠覆行业，还是先学会赚钱［EB/OL］．https：//youwuqiong．top/505382．html，2021－11－11．

［160］思宇 MedTech．回顾史赛克发展史［EB/OL］．http：//www．cn-witmed．com/list/6/2787．html，2022－07－28．

［161］宋嘉吉，赵丕业．Twilio：云通信龙头是如何进化而成的？［R］．国盛证券，2021－01－31．

［162］孙灿，杨广．从美军工企业表现探寻我国军工企业发展［R］．川财证券，2018－10－24．

［163］孙丹阳，沈晓峰，梅昕．美妆零售连锁龙头对我国的经验启示［R］．华泰证券，2022－04－13．

［164］孙海洋，范张翔．露露柠檬（LULU．O）：瑜伽核心奠基，多维社群运营，拓展品类勾勒 LULU 成长蓝图［R］．天风证券，2020－12－30．

［165］孙妤，刘丽．从海外巨头 Nike 及 Adidas 兴衰探寻运动品牌长青之道［R］．招商证券，2019－07－23．

［166］谭菁，陈瑶．特斯拉股价及估值复盘分析（一）［R］．西南证券，2022－07－19．

［167］汤十三．王安电脑兴衰史［EB/OL］．https：//www．pingwest．com/a/185812，2019－04－02．

［168］唐思思．EA：IP 运营为核心，持续并购推动发展［R］．中信证券，2019－01－18．

［169］唐涯，陈靖．金钱永不眠：80 年代美国的杠杆收购浪潮［EB/OL］．

https：//tangya. blog. caixin. com/archives/155121，2016 – 12 – 05.

［170］天贝合资产. 费哲金融服务：专注于为金融机构提供服务［EB/OL］. ht-tps：//caifuhao. eastmoney. com/news/20220329115711509750730，2022 – 03 – 29.

［171］天贝合资产. 历史十倍股分享 – CloudFlare［EB/OL］. https：//xueqiu. com/1369924623/201604028，2021 – 10 – 29.

［172］田加强，孙晓晖. 全球器械龙头，创新、整合持续的多赛道王者［R］. 中信证券，2019 – 06 – 28.

［173］田文天. 普信集团：后金融危机时代的主动投资巨头［EB/OL］. https：//youwuqiong. top/332566. html，2021 – 05 – 13.

［174］同花顺财经. Enphase：美国光伏发电"山大王"微型逆变器龙头［EB/OL］. https：//solar. in-en. com/html/solar-2404588. shtml，2022 – 06 – 17.

［175］Vornor. 麦克莫兰，铜周期的大牛股［EB/OL］. https：//www. laohu8. com/post/377358084，2021 – 04 – 27.

［176］万域. 分析与警示：王安破产谁之过？［EB/OL］. https：//www. sohu. com/a/327397584_100272654，2019 – 08 – 10.

［177］汪刘胜，杨献宇. 福特汽车：汽车行业的推动者［R］. 招商证券，2020 – 03 – 19.

［178］汪伟杰. 以美国为鉴，探寻销量波动之源；我国车市仍具空间，把握消费风潮［R］. 国元证券，2020 – 01 – 12.

［179］王安. 教训［M］. 北京：生活・读书・新知三联书店，1986.

［180］王德伦，李美岑，等. 牛市轮流转 2：从美股十年牛市看 A 股长牛［R］. 兴业证券，2020 – 03 – 11.

［181］王凤华，李志新，徐鸿飞，等. 中国医疗福利管理首选标的，覆盖人口比肩 BAT［R］. 联讯证券，2016 – 10 – 14.

［182］王俊杰，金秋. Costco：品质与价格的极致追求，以顾客为本的最佳典范［R］. 兴业证券，2019 – 01 – 19.

［183］王俊杰，金秋. 以供应链之手，执低价之矛：沃尔玛经营历程和股价走势深度复盘［R］. 兴业证券，2018 – 12 – 10.

［184］王可，沈娟，汪煜. 从普信金融看海外主动资管长期主义［R］. 华泰证券，2020 – 07 – 30.

［185］王鸣飞. 雷曼兄弟沉浮录［R］. 东方证券，2013 – 06 – 28.

［186］王薇娜. 从麦当劳看美式快餐业系列（一）：筚路蓝缕，以启山林［R］. 华创证券，2018 – 03 – 15.

［187］王薇娜. 从麦当劳看美式快餐系列（二）：地产 + 餐饮的现金牛［R］. 华创证券，2018 – 03 – 28.

［188］王蔚祺，居嘉骁，李恒源. 纵观全局：全球碳中和现实与愿景［R］. 国信证券，2021 – 02 – 17.

［189］王文宇. 150 亿美元的王朝过客：从 Symantec 的前世今生谈起［EB/OL］. https：//www. secrss. com/articles/12034，2019 – 07 – 07.

［190］王瑶平，姚泽宇，蒲寒. 中金看海外·维萨 VISA：如何看待全球金融业市值增长的皇冠［R］. 中金公司，2019 – 12 – 17.

［191］王莺. 中国葡萄酒将复制美国崛起，张裕对标星座集团［R］. 华创证券，2015 – 11 – 05.

［192］王宇飞，吴慧敏. 全球军工系列报告之一：美国军工研究［R］. 中金公司，2015 – 09 – 17.

［193］王紫敬. 5 年 46 倍，复盘 GPU 巨头英伟达股价暴涨之路［R］. 东吴证券，2021 – 09 – 01.

［194］网易号. 45 年手机发展简史［EB/OL］. https：//www. 163. com/dy/article/G6H86FRJ0525BAJR. html，2021 – 04 – 01.

［195］网易号. 通信技术 32 年发展史［EB/OL］. https：//www. 163. com/dy/article/EOFUPKOR053299CD. html，2019 – 09 – 07.

［196］韦三甲. 10 年涨 10 倍，一心只卖"骨折价"商品的罗斯百货，市值 2800 亿人民币［EB/OL］. https：//www. kanzhiqiu. com/newsadapter/newcjnews/read_news. htm，2021 – 08 – 03.

［197］魏昊铭. 原油走高助涨施肥成本，粮食减供或拉升食物价格［EB/OL］. https：//www. zhitongcaijing. com/content/detail/618688. html，2021 – 12 – 09.

［198］魏利军. Biogen 发家史：他山之石，能为我国的 Biotech 发展带来怎样的启示［EB/OL］. https：//ibook. antpedia. com/x/567305. html，2021 – 01 – 11.

［199］温朝会. Adobe：软件巨头腾云而上，体验营销增长亮眼［R］. 广证恒生，2020 – 02 – 27.

［200］温朝会. 微软（MSFT）：三大板块均衡发展，云转型助力重回巅峰［R］. 广证恒生证券，2020 – 09 – 16.

［201］五矿经济研究院. 自由港麦克莫兰：成也并购，败也并购［EB/OL］. https：//finance. sina. com. cn/money/future/indu/2020-10-27/doc-iiznctkc7912583. shtml，2020 – 10 – 27.

［202］夏昌盛，周颖婕. 为什么中国没有联合健康模式专题 1：什么是联合健康模式？［R］. 天风证券，2021 – 11 – 23.

［203］向问东. 跨国医疗巨头系列之一：百年雅培风云录及历任明星 CEO［EB/OL］. https：//new. qq. com/rain/a/20210730A0FTCZ00，2021 – 07 – 30.

［204］肖斐斐，彭博，周基明. VISA：简单到极致的力量［R］. 中信证券，2020 – 10 – 13.

［205］谢春生，郑宏达. 美股思考系列（1）：透析 Adobe，看软件公司如何升级［R］. 海通证券，2017 – 08 – 01.

［206］芯东西. 闯荡半导体江湖 60 年屹立不倒！德州仪器（TXN. US）强在哪？［EB/OL］. https：//finance. sina. com. cn/stock/hkstock/hkstocknews/2021-03-09/doc-ikknscsi0063822. shtml，2021 – 03 – 09.

［207］新智元. 英特尔今天 50 岁，一文看尽芯片 50 年发展史［EB/OL］. http：//tech. sina. com. cn/csj/2018-07-18/doc-ihfnsvyz8087528. shtml，2018 – 07 – 18.

［208］行业报告研究院. 世界半导体集成电路发展史［EB/OL］. https：//www. kanzhiqiu. com/newsadapter/newcjnews/read＿news. htm？id＝2280503&search＝% E9% 9B% 86% E6% 88% 90% E7% 94% B5% E8% B7% AF% 20% E5% 8F% 91% E5% B1% 95% E5% 8F% B2，2019 – 10 – 17.

［209］熊莉，库宏垚. 海外网安巨头如何映射国内：Crowdstrike 终端云安全可复制［R］. 国信证券，2021 – 01 – 04.

［210］徐春，李锦，杨靖凤. 聚焦 Ross 百货：集中经营集中优势，打包库存"打包利润"［R］. 长江证券，2014 – 06 – 17.

［211］徐涛，郑泽科，胡叶倩雯."架构＋工艺"，CPU 业务拉动业绩持续成长：AMD（AMD. O）投资价值分析报告［R］. 中信证券，2019 – 10 – 10.

［212］许英博，陈俊云. Datadog：全球领先的云监控平台［R］. 中信证券，2020 – 10 – 28.

［213］许英博，陈俊云. ServiceNow：全球工作流 SaaS 龙头［R］. 中信证券，2020 – 04 – 28.

［214］雪球. The Trade Desk：广告界的淘宝，DSP 领域的独角兽［EB/OL］.

https：//xueqiu. com/9397005618/165139354，2020 － 12 － 07.

［215］雪球. 半导体产业中的低调潜力股：安森美（ON）［EB/OL］. https：//xueqiu. com/3441470850/180786085，2021 － 06 － 10.

［216］雪球. 成长股之神：普莱斯［EB/OL］. https：//xueqiu. com/2014265372/135939267，2019 － 11 － 18.

［217］雪球. 回购之王：被称为巴菲特孪生兄弟的辛尔顿［EB/OL］. https：//xueqiu. com/8868815713/197838897，2021 － 09 － 15.

［218］荀玉根，姚佩. 回顾美国 1980 － 2000 年科技长牛［R］. 海通证券，2020 － 01 － 09.

［219］雅斯顿. 特斯拉美国最大竞争对手的头衔，Lucid Motors 扛得起吗？［EB/OL］. https：//www. jiemian. com/article/5723611. html，2021 － 02 － 25.

［220］亚马逊云开发者. 激荡十年，从未来窗口 re：Invent 看云计算发展变迁［EB/OL］. https：//segmentfault. com/a/1190000041012628，2021 － 11 － 24.

［221］闫伟，区少萍，胡春霞. 红"新"闪闪，放光彩：进口葡萄酒专题系列报告之"新世界篇"［R］. 国泰君安证券，2016 － 01 － 25.

［222］言财经. 数据中心芯片巨头，迈威尔科技（MRVL）千亿美金市值可期？［EB/OL］. https：//www. laohu8. com/post/871846327，2021 － 11 － 16.

［223］言财. 8 年 17 倍，是飞轮模型铸就了 Hubspot？［EB/OL］. https：//caifu-hao. eastmoney. com/news/202202111174002389659500，2022 － 02 － 11.

［224］燕翔，等. 美股 70 年：1948 ~ 2018 年美国股市行情复盘［M］. 北京：经济科学出版社，2020.

［225］燕翔，金晗. 全球股市启示录：行情脉络与板块轮动［M］. 北京：经济科学出版社，2022.

［226］燕翔. 70 年代能源危机中的股市表现［R］. 国信证券，2021 － 10 － 06.

［227］燕翔，许茹纯. 美股发债回购：机制、逻辑、风险［R］. 国信证券，2020 － 04 － 24.

［228］杨艾莉. 从跌幅 80% 到 10 倍股：Snapchat 股价复盘［R］. 中信建投证券，2021 － 08 － 24.

［229］杨程. 阿波罗教育集团退市：历史，问题及展望［J］. 清华大学教育研究，2019，40（3）：7.

［230］杨然. AMD 三年十五倍的背后，摩尔定律失效后的追赶机会［R］. 国盛

证券，2018 – 09 – 09.

[231] 杨勇胜，张夏，于佳琦，等. 品质消费的黄金时代：复盘美日 1980 消费时代探究中国消费投资前景（食饮篇）[R]. 招商证券，2020 – 09 – 16.

[232] 姚新颖. 碳中和政策对钢铁行业的影响 下半年钢市展望 [EB/OL]. https：//huanbao. bjx. com. cn/news/20210915/1176861. shtml，2021 – 09 – 15.

[233] 姚泽宇，樊优，蒲寒. 中金看海外·MSCI 全球领先的指数及分析工具供应商 [R]. 中金公司，2021 – 10 – 15.

[234] 姚泽宇，蒲寒，王瑶平. 中金看海外·Capital One：错位竞争、数据驱动的信用卡行业巨擘 [R]. 中金公司，2020 – 07 – 30.

[235] 姚泽宇，蒲寒，王瑶平. 中金看海外·Square：支付赛道的后起之秀 [R]. 中金公司，2020 – 08 – 25.

[236] 姚泽宇，蒲寒，王瑶平. 中金看海外·标普全球：全球金融数据及信息服务市场的"百年老店"[R]. 中金公司，2021 – 02 – 25.

[237] 姚泽宇，蒲寒，王瑶平. 中金看海外·嘉信理财：全球领先的一站式零售财富管理平台 [R]. 中金公司，2020 – 07 – 28.

[238] 姚泽宇，蒲寒，王瑶平. 中金看海外·万亿美金市值的美国支付产业链是如何铸就的？[R]. 中金公司，2019 – 11 – 21.

[239] 姚泽宇，吴维佳，蒲寒. 中金看海外·银行卡清算组织：美国支付产业链"皇冠上的宝石"[R]. 中金公司，2021 – 02 – 02.

[240] 医药故事. 胃酸之抑：西咪替丁的发现 [EB/OL]. https：//zhuanlan. zhihu. com/p/97703521，2021 – 10 – 12.

[241] 医业观察. 爱德士：兽医诊断王者之路 [EB/OL]. https：//xueqiu. com/6432534821/164001904，2020 – 11 – 23.

[242] 医业观察. 200 亿美元美国独立医学实验室，"龙头"与"新贵"的启示 [EB/OL]. https：//m. innomd. org/article/608bb4c223ce9654742055cb，2021 – 04 – 30.

[243] 亿欧家居. 老炮、巨头与新贵：美国家居企业哪家强 [EB/OL]. https：//www. lejucaijing. com/news-6518312985059179724. html，2019 – 04 – 01.

[244] 殷中枢，马瑞山. 普拉格能源：绑定优质客户，自下而上完善核心竞争力 [R]. 光大证券，2021 – 05 – 20.

[245] 于旭辉，雷玉，李俐璇. 巨头之路系列Ⅲ：昔日王者 Gap 的得与失 [R]. 长江证券，2018 – 08 – 26.

［246］于钟海，卓德麟，王之昊．Docusign：如何抢占网络效应核心节点？［R］．中金公司，2021 – 09 – 23．

［247］余文心，等．隐形正畸方兴未艾，黄金赛道未来可期［R］．海通证券，2021 – 06 – 16．

［248］袁钉，常涛．无形供给侧改革，9 年长牛 10 倍股：美国航空大牛市深度思考［R］．招商证券，2018 – 03 – 12．

［249］袁祥，胡世煜，等．美股计算机牛市是盈利驱动还是估值驱动？［R］．长江证券，2019 – 12 – 01．

［250］袁煜明，徐聪．ITSM 造就 SaaS 巨头公司，迈向全方位企业级服务［R］．兴业证券，2017 – 09 – 19．

［251］岳恒宇，唐笑，贾宏坤．从美日钢铁行业发展史看我国钢铁业的现状和未来［R］．招商证券，2021 – 11 – 01．

［252］张继强，张健．美国 70 年代滞胀历史启示录［R］．华泰证券，2021 – 10 – 20．

［253］张蛟龙．新冠疫情下的全球粮食安全：影响路径与应对战略［EB/OL］．https：//www.ciis.org.cn/yjcg/xslw/202105/t20210519_7936.html，2021 – 05 – 19．

［254］张金洋，胡偌碧，应沁心．mRNA 迎风起势，海内外研发同入快车道［R］．国盛证券，2022 – 07 – 17．

［255］张良卫，王紫敬，刘睿哲．从硬件 GPU 设计到软件 CUDA + Omniverse 开发，建立人工智能和元宇宙生态系统［R］．东吴证券，2022 – 04 – 01．

［256］张路璐．零售样本研究：TJX 成为美国最大服装零售公司的背后秘籍［EB/OL］．https：//www.cyzone.cn/article/529770.html，2019 – 06 – 03．

［257］张启尧，陈恭懿．复盘：石油危机下的美股［R］．兴业证券，2021 – 10 – 14．

［258］张启尧，程鲁尧．复盘科网泡沫：大浪淘沙，沉者为金［R］．国盛证券，2020 – 09 – 15．

［259］张启尧，张倩婷．复盘六轮油价上涨：资产表现及启示［R］．兴业证券，2022 – 02 – 28．

［260］张夏，陈刚．从美日 80 年代十倍股诞生环境看 A 股当前最大机会［R］．招商证券，2017 – 06 – 12．

［261］张夏，等．科技长牛：细数美股十年十倍股系列之（科技篇）［R］．招商

证券，2020 - 03 - 26.

[262] 张夏，陈刚.消费长青：细数美股十年十倍股系列之（消费篇）[R].招商证券，2020 - 04 - 02.

[263] 张雪晴，肖俨衍，焦杉.Netflix：急流勇进，内容制胜的视频平台 [R].中金公司，2021 - 08 - 11.

[264] 张雪晴，余歆瑶.动视暴雪极简史：探寻微软收购的背后 [R].中金公司，2022 - 02 - 27.

[265] 张忆东，王文洲.Facebook：社交巨头 [R].兴业证券，2018 - 06 - 28.

[266] 张忆东，王源.可口可乐的前瞻性战略是持久取胜的关键 [R].兴业证券，2018 - 06 - 19.

[267] 赵伟，顾皓卿."结构主义·转型为鉴"系列之日本篇转型得与失 [R].长江证券，2018 - 02 - 27.

[268] 浙商.20 年前的微软也曾因反垄断陷入至暗时刻 [EB/OL].https：//zhuanlan. zhihu. com/p/343379724，2021 - 01 - 11.

[269] 郑宏达，等.中国领先的金融 PaaS 平台公司 [R].海通证券，2021 - 08 - 23.

[270] 郑积沙，刘雨辰，曾广荣.保险 + 医疗，健康险的下一个蓝海，美国联合健康（UNH. N）发展经验的启示 [R].招商证券，2021 - 11 - 07.

[271] 郑闵钢，宋劲.TJX：从品牌折扣之王看线下百货另一出路 [R].东兴证券，2018 - 04 - 29.

[272] 郑薇，李扬.医疗器械，黄金时代的周期起点 [R].天风证券，2019 - 03 - 11.

[273] 郑震湘，佘凌星.回顾海外巨头发展，看国内平台型龙头崛起 [R].国盛证券，2022 - 06 - 16.

[274] 智通编选.一文盘点海外锂企业 2021 年经营情况：扩产计划进展如何？未来展望如何？[EB/OL].https：//www. zhitongcaijing. com/content/detail/670933. html，2022 - 03 - 08.

[275] 钟华，时伟翔.西行东渐 19：高知特科技（Cognizant）IT 外包公司的成长之路 [R].国泰君安证券，2012 - 06 - 16.

[276] 周鹏.中国设立教育银行的可行性分析：以美国学生贷款公司萨利美（Sallie Mae）为例 [EB/OL].http：//www. thfr. com. cn/m. php？p = 11911，2015 -

02 – 05.

［277］朱国广. 优质 BIOTECH 标的已具备战略性配置价值：从发达市场看我国创新药/技术产业的发展前景［R］. 东吴证券，2022 – 02.

［278］朱涛. Salesforce 系列（一）：20 年发展史回顾［EB/OL］. https：//www. iyiou. com/interview/20190920113192，2019 – 09 – 20.

［279］朱雪莹. 原油供给"困境"：巨头们赚翻了也不增产，美国页岩油厂商甚至在减产［EB/OL］. https：//wallstreetcn. com/articles/3658772，2022 – 05 – 08.

［280］诸海滨. 深度剖析美国第三方支付公司 Square 后，我们看到了什么？［R］. 安信证券，2019 – 02 – 13.

［281］转化医学网. 基因帝国的崛起：深扒测序巨鳄 Illumina 发展史［EB/OL］. https：//www. 360zhyx. com/home-research-index-rid-67422. shtml，2017 – 01 – 17.

［282］訾猛，徐洋，陈力宇. 借鉴怪物饮料，探中国能量饮料破局之道：中国能量饮料行业深度报告［R］. 国泰君安证券，2021 – 06 – 12.

［283］邹朋，赵利建. 危机与重构系列二：美国医保控费下制药企业表现如何？［R］. 中金公司，2019 – 06 – 03.

［284］Alex Cocotas. Android Rockets Ahead In The Smartphone Race［EB/OL］. https：//www. businessinsider. com/chart-android-rockets-ahead-in-the-smartphone-race-2012-11，2012 – 11 – 15.

［285］Doug Berenson，Chris Higgins，Jim Tinsley. The U. S. Defense Industry in A New Era［EB/OL］. https：//warontherocks. com/2021/01/the-u-s-defense-industry-in-a-new-era/，2021 – 01 – 13.

［286］EETAsia. FPGAs must shape up to accelerate growth［EB/OL］. https：//archive. eetasia. com/www. eetasia. com/ART _ 8800697490 _ 499485 _ NT _ 01667eda. HTM，2014 – 04 – 22.

［287］Employ America. A Brief History of Semiconductors：How The US Cut Costs and Lost the Leading Edge［EB/OL］. https：//employamerica. medium. com/a-brief-history-of-semiconductors-how-the-us-cut-costs-and-lost-the-leading-edge-c21b96707cd2，2021 – 03 – 21.

［288］Jon. The Teledyne Buyback Effect［EB/OL］. https：//novelinvestor. com/the-teledyne-buyback-effect/，2019 – 04 – 14.

［289］Kathleen Doler. Onsemi Drives Profits With Semiconductors For Cars and Factories［EB/OL］. https：//www. investors. com/news/technology/on-stock-onsemi-drives-profits-with-semiconductors-for-cars-factories/，2022 - 04 - 29.

［290］Megan Willett-Wei. Here's the hierarchy of luxury brands around the world ［EB/OL］. https：//www. jiemodui. com/N/1413. html，2015 - 03 - 23.

［291］Mike Bederka. How Incyte Reached the'Cutting Edge'of Cancer Research ［EB/OL］. https：//delawaretoday. com/life-style/how-incyte-reached-the-cutting-edge-of-cancer-research/，2018 - 07 - 20.

［292］Modernglobe. Animation：How the Mobile Phone Market Has Evolved Over 30 Years ［EB/OL］. https：//www. modernglobe. com/animation-how-the-mobile-phone-market-has-evolved-over-30-years/，2022.

［293］Sam Ro. The epic rise of Marlboro cigarettes ［EB/OL］. https：//www. businessinsider. com/marlboro-retail-share-growth-2015-2，2015 - 02 - 19.

［294］Shivani Parashar. Android Smartphone SoC Market：MediaTek Leads in Low-Mid Tiers，Qualcomm in Upper ［EB/OL］. https：//www. counterpointresearch. com/android-smartphone-soc-market-2021/，2022 - 03 - 11.